乱世を生き抜く!

水晶玉子のキングダム占い

KINGDOM

原 泰久原作　水晶玉子著

集英社

乱世を生き抜く!

水晶玉子の『キングダム』占い　目次

Contents

占い×『キングダム』が奇跡のコラボ！

「水晶玉子の『キングダム』占い」とは？

「メンズノンノ」別冊付録が大反響

本占いは、2019年３月発売の『メンズノンノ４月号』の付録として誕生。実写映画『キングダム』の公開を記念し、同誌で長らく星占い連載を担当する水晶玉子とのコラボ企画が実現した。

大ヒットコミック『キングダム』とは？

中国の春秋戦国時代末期が舞台の本格歴史エンタメ漫画。2006年１月より『週刊ヤングジャンプ』で連載開始し、2023年に集英社青年漫画誌史上初の累計発行部数１億部を突破！

ベースとなった占いは「オリエンタル占星術」

東洋のホロスコープといわれる「宿曜経」をベースに、その起源を同じにするインド占星術と西洋占星術の要素を取り入れ、現代的な解釈を加えて蘇《よみがえ》らせたのが「オリエンタル占星術」。27の宿(=タイプ)の性格占い、運勢、相性などさまざまなことが占える。

キーワードは〝ビジネス〟！ 本書の魅力

『メンズノンノ』付録に掲載した27タイプの性格占いを加筆修正しただけでなく、キャラごとの強みやビジネス相性占い、10年分占える出世すごろくなど、〝ビジネス〟をキーワードにした占いを大ボリュームで掲載。『キングダム』イラストとのマッチングにも注目！

原作者・著書プロフィール

水晶玉子 Tamako Suisho

占術研究家。西洋・東洋の枠を超え、多様な占術を研究。雑誌の連載・特集記事の執筆のほか、「ダウンタウンDX」「ゴゴスマ」などのTV番組やラジオにも多数出演。占いサイトも好評。

原 泰久 Yasuhisa Hara

2003年に「週刊ヤングジャンプ」主催のMANGAグランプリにて奨励賞を受賞し、2006年より同誌で『キングダム』を連載開始。同作は、2013年に第17回手塚治虫文化賞・マンガ大賞を受賞。

27の『キングダム』キャラタイプで占う！

「オリエンタル占星術」の宿（＝性格タイプ）を、『キングダム』のキャラクターに当てはめて解説。自分の『キングダム』キャラタイプは、288ページからのキャラ早見表でチェックできます。

騰

桓騎

昌平君

李牧

昌文君

王翦

成蟜

麃公

紫夏

李斯

王賁

蔡沢

蒙驁

蒙恬

信

廉頗

呂不韋

慶舎

蒙武

楊端和

龐煖

媧燐

嬴政

羌瘣

王騎

壁

河了貂

「『キングダム』占い」の楽しみ方

基本性格

27に分類された個性豊かなオリエンタル占星術の宿（＝タイプ）の性格を、『キングダム』キャラのエピソードになぞらえて解説。主人公・信《しん》の宿は「亢宿」だが、「亢」が意味するのは、たかぶる、きわめる、立ち向かう、など。自分なりの理想や正義を曲げず、どんな状況や相手にも立ち向かっていく頑固で妥協のない性格はまさに、天下の大将軍をめざし全力で戦い続ける信を彷彿とさせる。

肩を並べるんじゃねエ！
俺はあんたらをぶち抜いて〝史上最強〟の天下の大将軍になるんだ!!

だから あいつは国を一つにまとめるんだ

得意戦術&必勝陣形

ビジネスで生かせるキャラの特性を「得意戦術」として紹介。例えば嬴政《えいせい》タイプの「虚宿」の得意戦術は、他の人は思いつかないようなスケールの大きな夢を描けること。中華統一を本気で成し遂げようとする嬴政のように、普通は無理だと思うようなことにも本気で取り組めるからこそ、オリジナリティのある結果を残せる。特性が生かせる陣形にも注目だ。

ポジション別・強みを生かす戦い方

若手、中間管理職、トップ職、フリーランスの４つに分け、ポジションごとにどう立ち回るのがいいかを解説。信に「この地を〝平定〟してみせなさい」とザックリとした指示を出した王騎《おうき》のように、王騎タイプの「室宿」は中間管理職でも部下の面倒を細やかに見る性格ではない。だがその分、実力や結果を見せて「ついていきたい」と思わせる点は王騎に通じる。

この地を〝平定《へいてい》〟してみせなさい

『キングダム』ビジネス相性占い

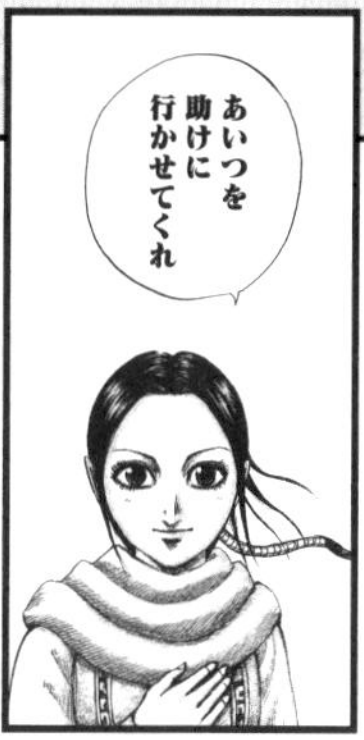
あいつを
助けに
行かせてくれ

原作とぴったりの相性もあれば、意外な組み合わせも。
信タイプをどんなときでも助けてくれる部下は羌瘣《きょうかい》タイプだ。

〈オリエンタル占星術の相性解説〉

コインの裏と表のように、「安と壊」「栄と親」「友と衰」「危と成」「業と胎」という5つの組み合わせで表される。自分から見て「安」になる相手は、相手からあなたを見ると「壊」に。また、同じ宿同士は「命」の相性に。それぞれの相性に単純な吉凶はなく、縁の強さや関わり方の質に違いがある。

安壊の関係

お互いに魔力的な魅力を感じ、強く惹かれ合う濃密な関係。自分から見て「安」の人は安心してつき合える相手だが、反対に「壊」の人には自分が尽くしてしまう、アンバランスな関係。濃く関わるため、時間がたつと負担を感じ、一緒にいるのが苦しくなることも。

友衰の関係

心と心で結ばれるやさしい関係。一緒にいると安らげ、癒やし癒やされながら、ゆっくり絆を強めていく。打算や世間体は抜きにして、互いのために親身になれる。お金や立場などの現実的な問題に直面すると弱いので、チームに他の相性の人をプラスすると安定。

業胎の関係

車の両輪のように一緒に何かを成し遂げる運命を背負っているふたり。仲間や友人なら、同じことをめざす同志のような存在。〝運命共同体〟的に互いを必要とする強い結びつきだが、果たすべき役割や使命がなくなると、一緒にいる意味をなくして離れることも。

栄親の関係

よい影響を与え合い、相手を尊重できる、発展的で調和のとれた相性。穏やかな縁だけに、出会いのインパクトはあまりないが、一緒にいるうちに信頼が芽生え、理解者として認め合うようになる。互いに能力を引き出し合えるので、ビジネスの相性としては理想的。

危成の関係

基本的に性質の違う者同士の結びつき。強い縁とはいえず、顔見知り程度で終わっても不思議ではない関係だが、共通する仕事や目標があればそれが絆に。違いが刺激となり、可能性を広げられる。近づきすぎると、張り合ってライバル関係になる可能性も。

命の関係

同じ宿同士、同じようなものに興味があり、考え方も似ていて、それが縁で出会うことも多い相手。最初から親近感を持ってつき合えるが、年代や環境が重なりすぎると、近親憎悪を抱いたり、地位を争ったりすることも。立場に差があれば強い信頼関係も生まれる。

2024~2033年の10年を占う！ 出世すごろく

2024～2033年の10年間の運勢占いを掲載。とくに全力を引き出して戦うべき年は、炎のマークつき。『キングダム』はキャラクターの紆余曲折ある過去が丁寧に描かれることで人物像に深みが生まれているが、我々の人生もまた、ひと筋縄ではいかない。山も谷も越え、技を磨き、仲間をつくっていくことで、夢や目標の実現に少しずつ近づいていくのだ。迷い立ち止まったときには、占いが何かヒントをくれるかもしれない。

おまけコラム・個性ランキング

そこで儂は
大王ごと この国を
余さず平らげるぞ
オカネモチ

「金運が一番いいのは？」「好奇心旺盛なのは？」「カリスマ性No.1は？」…などなど、キャラの個性をランキング。金運No.1はもちろん呂不韋《りょふい》タイプ、カリスマ性No.1はやっぱり王騎タイプのように、『キングダム』キャラのイメージぴったりのランキングもあれば、意外な順位も。自分の個性を知り、『キングダム』キャラのように、〝キャラ〟を立てれば、より自分らしい活躍につながるはずだ。

あれを
見に行きます

王騎将軍
万歳!!
オオオオ
王騎将軍
万歳
ウオオ
オオ
オ

キングダム
KINGDOM
占い
27キャラ
詳細解説

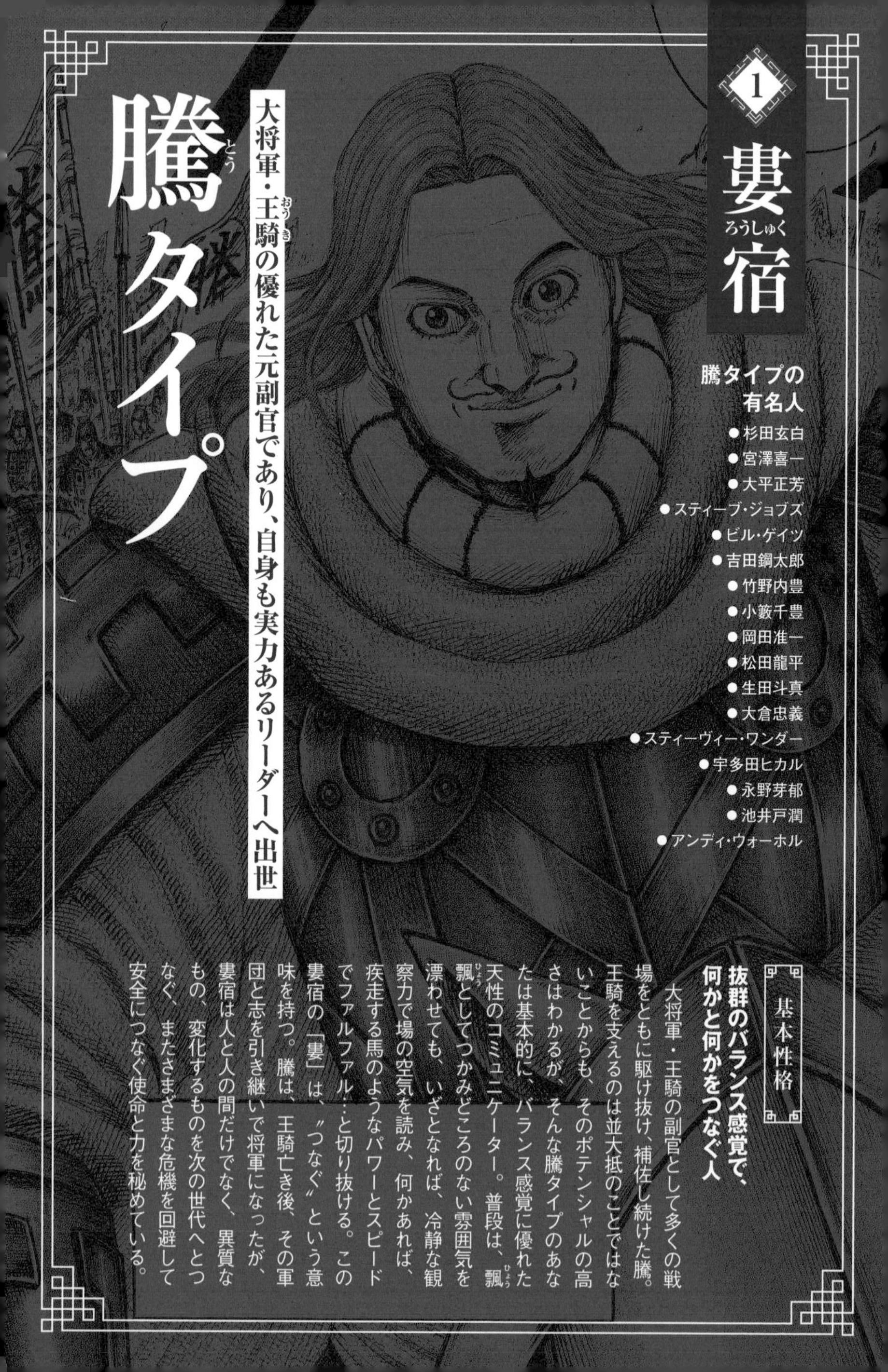

1 婁宿《ろうしゅく》

騰《とう》タイプ

大将軍・王騎《おうき》の優れた元副官であり、自身も実力あるリーダーへ出世

基本性格

抜群のバランス感覚で、何かと何かをつなぐ人

大将軍・王騎の副官として多くの戦場をともに駆け抜け、補佐し続けた騰。王騎を支えるのは並大抵のことではないことからも、そのポテンシャルの高さはわかるが、そんな騰タイプのあなたは基本的に、バランス感覚に優れた天性のコミュニケーター。普段は、飄《ひょう》飄《ひょう》としてつかみどころのない雰囲気を漂わせても、いざとなれば、冷静な観察力で場の空気を読み、何かあれば、疾走する馬のようなパワーとスピードでファルファル…と切り抜ける。この婁宿の「婁」は、〝つなぐ〟という意味を持つ。騰は、王騎亡き後、その軍団と志を引き継いで将軍になったが、婁宿は人と人の間だけでなく、異質なもの、変化するものを次の世代へとつなぐ、またさまざまな危機を回避して安全につなぐ使命と力を秘めている。

騰タイプの有名人

- 杉田玄白
- 宮澤喜一
- 大平正芳
- スティーブ・ジョブズ
- ビル・ゲイツ
- 吉田鋼太郎
- 竹野内豊
- 小籔千豊
- 岡田准一
- 松田龍平
- 生田斗真
- 大倉忠義
- スティーヴィー・ワンダー
- 宇多田ヒカル
- 永野芽郁
- 池井戸潤
- アンディ・ウォーホル

はっ
お呼びでしょうか
王騎《おうき》軍 副官
騰

騰タイプってこんな人

優れたNo.2体質

婁宿の人は、最も優れた〝No.2〟になるといわれる。それは実力あるトップの隣で濃密な体験と貴重な教えを得たいあなたの願望と、あなたの細やかなサポートを喜ぶトップの側の意向が合致した結果だ。下剋上っぽく人を押しのけてまで上に行く気がないため、No.2の座に甘んじる場合もあるが、誰よりトップの薫陶を受けたあなたは、やがて人から推されて、No.1の座に就くことになるだろう。

経験を糧にして強くなる

副将として あの王騎《おうき》と共に 数多《あまた》の戦《いくさ》をくぐってきた 〝経験〟により 奴には隙《すき》がありません
ココココ
ザム

騰タイプのレベルアップに必要なのはさまざまな〝経験〟。本来、持って生まれた資質は、決して図太くも大胆でもないので、いきなり大勝負の戦場に立つより、小さな戦い、目の前の課題を自分なりに切り抜けながら、少しずつ大きくなっていくのがあなたらしい進み方。現場で得た経験に詰まった情報を分析しながら、工夫して独自のスタイルができたとき、あなたは誰にも打ち破られない存在になる。

なぜ動かぬ
私の心配をしているのなら無用だぞ

極端にミスが少ない

緻密に考え、慎重に動く騰タイプは、小さな失敗から多くのこと学び、セーフティネットを張り巡らすので、危機管理能力は高く、ミスの少なさで大きな信頼を得る。ただ理性的で周囲がよく見えるため、実は批判精神も強い。それで怖がられたり、嫌われたりして人間関係でつまずいたりすると、その鋭さをオブラートに包むように軽めな言動を見せるようになることも少なくない。

―― 個性を生かして勝て！ ――

騰タイプの得意戦術

得意戦術❶

緻密で実務能力が高い

とても緻密で、細かいスケジュールや計画を立てるのが得意。お金の扱いも巧みで、金銭面に関してもシビアに細かく見ることができるため、予算の組み立てなどにも長《た》けている。王騎のような派手さはないが、有能で実務能力が高い騰のように、戦いの中でも冷静に計算ができる。

故に一刻かせぐは
大きな益を生む

得意戦術❷

私情を挟まず、常に状況を客観視

上が言うことに無条件で従うわけではなく、悪いものは悪いと言える、内に秘めた鋭い批判精神がある。人情派というよりエビデンス重視で、騰のように自分の感情を挟むことなく、物事や状況を客観的にとらえて判断できるので、そうした姿勢が上からも下からも信頼を集めていく。

ハ！
豚の発想です

得意戦術❸

個の力も引き出すトップの器

優秀なNo.2の印象が強いが、トップの器でもある。婁宿は人と人をつなぐ力がありコミュ力も高いので、上とも下とも話をつけながら、個々の力を引き出し、全体をまとめる調整型トップに。天下の大将軍・王騎亡き後の軍を見事にまとめ上げ、安定化に導けたのも騰だからこそ。

“大将軍”

―― この陣形で勝負！ ――

協力型
隙なしネットワークの陣

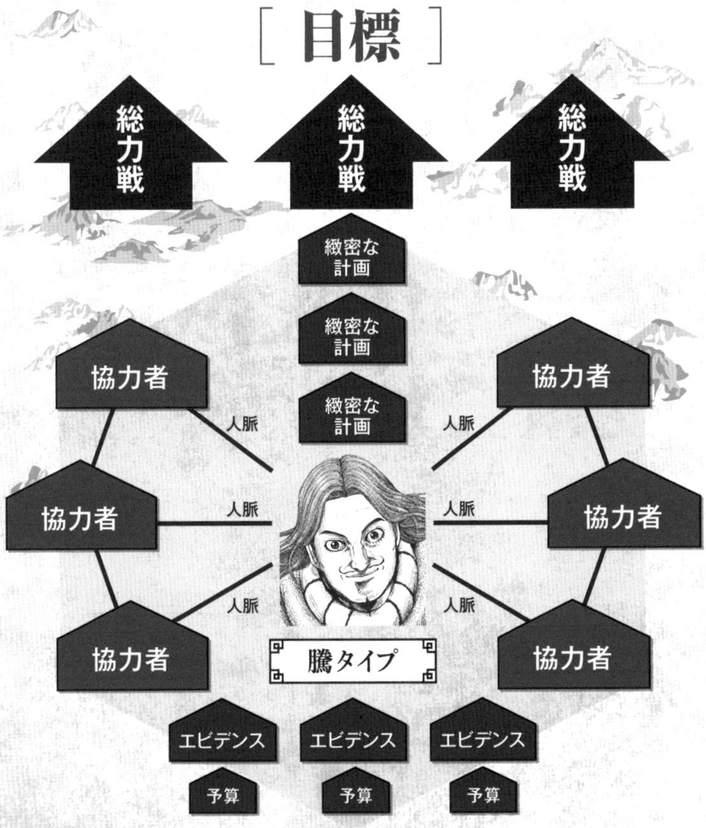

立場の上下を問わず、自分と人、人と人とをつなげる能力に長ける騰タイプの何よりの武器はその〝人脈〟。協力者それぞれが持つ強みを、目標達成のためにうまく使うことができるが、自分が目立とうとはしないため、それを嫌味なくできてしまう。緻密で計算ができるため、エビデンスや予算の準備も抜かりなく、計画の下支えもバッチリ。隙なく張り巡らされたネットワークで、どんな目標や敵もからめとっていけるだろう。

ポジション別

強みを生かす戦い方は？

王騎《おうき》が認めていた
男だということだ
ドン

若手なら…

ロールモデルから学び取れ！

新人の頃は地味であまり目立つ存在ではないが、この人のようになりたい、この人から学びたいと思えるようなロールモデルを見つけ、その人のそばで学ぶことで実力をつけていくタイプ。そうすることで持ち前の緻密さを武器に居場所ややりがいを見つけられる。騰が王騎からその実力を認められたように、上からの信頼を得ていけば、多くのものを受け継ぐこともできる。

中間管理職なら…

上と下を上手につないで輝け！

待っていたぞ
二人共
乳くり合うのは
本番が終わって
からだ
ゴゴゴ

コミュニケーション能力を生かして、相手の考えや思いを上手に伝えながら上と下をつなぐことができるので、双方にとってありがたい存在に。騰がいることで、軍の組織全体がうまく回るように、人をつなぐポジションでこそ輝ける〝天性の中間管理職〟。それだけに、重宝がられて中間管理職からなかなか動けない場合もあるが、無理に上をめざして急いで上り詰めるよりも、ひと味違う能力を発揮できるかもしれない。

トップ職なら…

先を見据えて
次世代にバトンを!

トップに立ってもワンマンにならず、みんなの意見を聞き、吸い上げていける。先代やモデルケースとなる人のやり方を踏襲しながら、自分の個性や時代に合った感覚を取り入れていくことで力を発揮。若き蒙恬《もうてん》や王賁《おうほん》を重要なポジションに抜てきした騰のように人の配置も巧みで、後進を育てるのもうまい。先のことまで考える目も持っているので、次の世代へと安定して引き継いでいけそうだ。

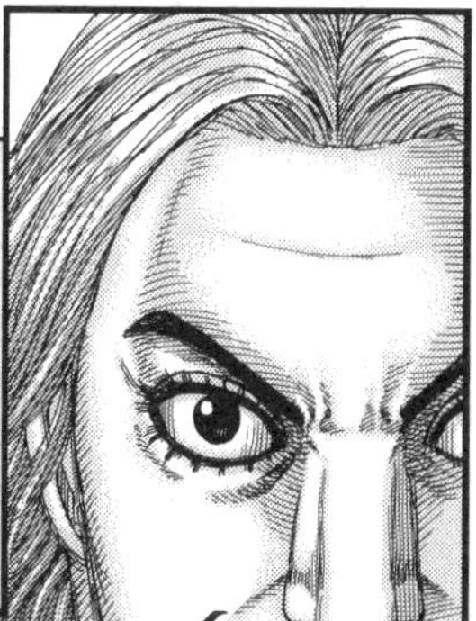

私が抜擢《ばってき》しました
ココココ

ゴ
いよいよ
その均衡が
崩れる時が近付いている
!?

フリーランスなら…

人脈を生かして存在感を!

人脈づくりに長けているので、クライアントが求める人材を紹介したり、人の縁をつなぐマッチング的な役割でも活躍。一方で、八方美人に見られてしまう点は注意。慎重派なので、中華の動向を先読みする力を持つ騰のように世の流れを見極め、自分ひとりでもやっていけるという目算が立たないと簡単には独立しない。いきなり起業するよりも、副業から始めるほうが吉。

騰タイプの弱点は？

騰のように客観的な目を持っているが、情で動かないためドライに見えたり、正論や本音をストレートに言いすぎて相手を傷つけたり、きつい印象を与えがちなので、批判精神はほどほどに。指摘の細かさが人に煙たがられることも。あまり冒険しないので小さくまとまりがちな面も。

騰タイプに向いている職種は？

ネットで世界をつなぐIT業界や人と物をつなぐ流通業界など、〝つなぐ〟がテーマの仕事がベスト。困っている人を助けたり、命をつなぐ医師や薬剤師、公務員のような失敗が許されない仕事もきっちりこなせる。騰のように実務能力も高いので、秘書室や企画室などの室長も適職。

ビジネス相性占い

オーイ
誰か右龍に……
あなたに言っていますよ
騰《とう》

尊敬できる上司は… 室宿 王騎《おうき》タイプ 壊

自分にはない大胆さを学べる人

自信家でダイナミックな王騎タイプに騰タイプは振り回され、いつもの緻密な計画も通じない。ときにはむちゃ振りもされ、自分勝手な人と感じることもあるが、自分とはまったく違う大胆さを持つ人だから学ぶことも多い。王騎と騰は人柄も魅力も違ったタイプだが、騰が大将軍にまで上り詰めたのは、王騎のような人のそばで鍛えられたからこそだ。

参ったか？

最強のライバルは… 氐宿 廉頗《れんぱ》タイプ 壊

正攻法じゃ勝てない強敵

太っ腹な廉頗タイプと、緻密で管理能力の高い騰タイプは、同僚だと意見がぶつかり合い、競合他社なら最強のライバルに。騰タイプが正攻法でいくところに、廉頗タイプは意外な策で返してくるので、敵に回すと戦いづらい相手だ。騰がこの先廉頗率いる楚《そ》軍と戦うことがあれば、思わぬ反撃でくじかれる可能性があるかもしれない。

1 婁宿

騰タイプ×他23タイプの相性は？

騰×李斯 業
李斯タイプの高い目標を支えてあげて吉。お互いに持続力がある。

騰×成蟜 壊
互いに細かいので話が合うが、批判のし合いや論戦では負ける。

騰×李牧 安
李牧タイプが部下なら使えるが、立場が逆だと騰タイプが反抗。

騰×騰 命
表面的には仲よくお互い認め合えるが、チェックが厳しくなる面も。

騰×王賁 栄
騰タイプは王賁タイプのお気に入り。王賁タイプが上司だと◎。

騰×麃公 友
ケンカもするが、本質を理解し合えるのですぐに仲直りできる。

騰×昌文君 危
似ているようで違うので気になるが、一定の距離を保ったほうが吉。

騰×桓騎 栄
いい意味でライバル。桓騎タイプの激しさを行動力に変えられる。

騰×蔡沢 衰
似たところがあり、話も合い自然体でつき合える。まったりできる。

騰×紫夏 親
頼りにしてくれてこちらも惹かれるが、いつの間にか離れることも。

騰×王翦 成
王翦タイプからパワーをもらえる。後方支援役に回るといい関係に。

騰×昌平君 衰
互いにやることを面白がれるし、やりたいことも尊重し合える仲。

キーパーソンは誰？『キングダム』

相《あい》分《わ》かった

頼りになる部下は… 箕宿 楊端和《ようたんわ》タイプ 栄

思い切りのよさが頼りになる存在

大胆で思い切りがよく、自分にはできないこともやってのけるので、そんなところが頼りになる部下。生意気で偉そうに見えることもある楊端和タイプだが、尊敬できる上司に対しては尽くすし、恩義も感じる。基本は楊端和タイプが騰タイプをフォローする形だが、ときには花を持たせて、目立つ立場も任せてあげることで、さらに良好な関係に。

高め合える同僚は… 尾宿 蒙武《もうぶ》タイプ 胎

──で 話とは何ですかァ ンフフフフ
オイ
グッ
分かった もう止める

最後まで一緒に戦ってくれる仲間

地道に着実に事を進める点が似ており、共感できる相手。ただ、どちらかというと騰タイプが密かに蒙武タイプの力になることが多い。戦いの前に、騰が蒙武に声をかけ、王騎の死の後に蒙武が成長した部分に気づかせて鼓舞したように、不器用な蒙武タイプをさりげなくサポート。みんなが諦めても、最後まで戦い抜くことができるふたりだ。

騰×媧燐 安
どちらも自分が管理したいタイプなので、主導権争いが起きやすい。

騰×呂不韋 友
呂不韋タイプのお気楽さが鼻につくが、長くつき合うと仲よく。

騰×蒙驁 安
こちらに気を使ってくれるので、軽んじなければ無難につき合える。

騰×壁 友
冷静な騰タイプは、壁タイプのマニアックな没頭ぶりに引くことも。

騰×嬴政 危
あまりにも感性が違うので惹かれ合うが、ふたりだと間が持たない。

騰×慶舎 親
一緒にいると楽しいが、本音を探り合うと驚くのはこちらのほう。

騰×蒙恬 危
コントロールしづらい相手。足をすくわれないように注意して。

騰×河了貂 親
知的で冷静な者同士理解し合えるが、緻密な面がぶつかることも。

騰×羌瘣 成
ペースを乱してくるが羌瘣タイプに悪気はない。こちらも気にせず。

騰×龐煖 衰
精神的に支えてもらう代わりに、現実面はこちらがサポートする。

騰×信 成
信タイプに主導権を渡すと安定。正面からぶつかると勝てない相手。

2024～2033の10年を占う！

『キングダム』

出世すごろく

2024

休息の年。後半は情報収集を

量より質
〝量〟で劣る
秦《しん》軍が勝つには
〝質〟で上回る
必要がある

リラックスを重視して、英気を養いたい年。自分から勝負を仕掛けるより、受け身でいたほうがよい運が巡ってくる。とくに3、4月は心身のデトックス時間を増やそう。5月28日～8月29日は対人関係が活発な時期。ここで情報収集を始めると問題解決の手がかりも見つかるだろう。

→

2025

次の挑戦への準備を本格化させるべきとき。過去を整理すると、進むべき方向性が絞られるので、必要なスキルを磨きながら備えよう。

↓

2026

己の殻を破り、新たな戦術を得る！

転機となる決戦の年。転職する、以前から温めていたアイデアを発表するなど、やりたいことに攻めの姿勢で臨もう。周囲の誘いや引き立てに乗るのもOK。望まない変化もあるが、弱気になる必要はない。それをきっかけに己の使命に気づき、自分の殻を破ることにもつながるはずだ。

よし行くぞ
我らで本陣を
落とす
ハハ
ドッ

←

2027

微調整しながら動く。人間関係は良好

変化が多かった前年の影響を受けて、職場やプライベートでやるべきことが増加。責任も重くなりそうだ。だが実務能力に優れたあなたなら、それも個性発揮と実力磨きの糧に。出会い運には恵まれる一年。大事な人との絆を育てよう。

↓

2028

変えるべきこと、次の目標が具体的に見える。対人関係は引き続き好調。人脈づくりはもちろん、身近な人の長所にも目を向けたい。

2033

攻めるよりも
守りに注力せよ

意外なことに足をすくわれがち。家族の都合などで思うように動けない局面もあるかも。健康診断、目や歯などのボディメンテナンス、住まいの補修、家族のケアなど、自分の体や今の生活環境を整え、攻めるよりも守りを盤石にするといい年だ。

←

2032

前の年に続いて仕事運は好調だが、一方で仕事と私生活のバランスのとり方に悩むかもしれない。働き方、時間の使い方を見直そう。

↑

……ついに来たか

2030

物事の決着がつき、
人生の楽園を味わえる

前年までの試練や戦いは、何らかの形で決着がつく。少し気が抜ける感じはあるが、のんびりできる人生のサービスタイム的な一年。人との交流も楽しくなってくる。私生活やビジネスでよいパートナーシップを手にする人もいそうだ。

→

2031

ついていきたい人を見つけ、
次の目的地を定めるとき

目標に向かって突き進める充実の年。頑張ってきたことは10月以降、目的達成のチャンス。とくに仕事では出世の可能性あり。理想とする成功者を見つけ、ついていくのもいい。

↑

ファルファル
はがっ
かっ

2029

敵との神経戦！
交渉能力が必要になる

手強いライバルや難しい課題と向き合う年。派手な出陣や決戦というよりは地味だがじわじわくる神経戦になりがち。予想どおりにならない場面では思い込みやこだわりを捨て、相手の提案も受け入れ、よい落とし所を探そう。財政難の気配もあり、金銭面の安全管理は怠らずに。

←

2

胃宿《いしゅく》

桓《かん》騎《き》タイプ

元は野盗団を束ねる首領だった将軍。型にはまらぬ戦い方で勝利をあげる

桓騎タイプの有名人

- 徳川家茂
- 西郷隆盛
- 橋本龍太郎
- ジョー・バイデン
- 小池百合子
- 東山紀之
- 及川光博
- 大森南朋
- ケンドーコバヤシ
- 大泉洋
- 柳楽優弥
- 神木隆之介
- 高畑充希
- 二階堂ふみ
- 芥川龍之介
- 夏目漱石
- 松本清張

基本性格

どんな手段でも、欲しいものを必ず手に入れる人

桓騎は、かつては野盗の頭目として非道の限りを尽くしてきた、異色の経歴を持つ将軍。でも、その正攻法ではない発想と技で勝利をもぎ取ってくる。そんな桓騎タイプのあなたは、エネルギッシュで怖いもの知らず。欲しいものは、どんな手段でも手に入れる野心家だ。胃宿の「胃」は文字どおり消化器官。食べたものは消えてなくなるため、欲望が果てしなく強く、生半可なことでは満足できない。また桓騎の戦い方は残虐で冷酷だが、あなたも自分の行く手をじゃまする人間には容赦ない。また人を頼らない代わりに、人にも与えないシビアさもあり、荒っぽい印象も与える。だが、どんなときも自信満々なハートの強さと迷いのない言動には自分なりの美意識もあり、それが独特の人間味と魅力になっている。

桓騎タイプってこんな人

全部 上手くいく

反逆軍のリーダー

胃宿のパワーの源の〝怒り〟を個人的に小さなところで爆発させれば、怒りっぽい怖いヤツで終わるが、大きなもの、世の中の理不尽に向けると、世間に一石を投じ、多くの人を救う存在となる。桓騎の軍団にも元野盗が多いが、ピカイチの実行力と統率力、不思議な人間味で人を集めれば、いつの間にか挑戦的で個性的な反逆軍のリーダーとして、王道を行かない形でも一国一城の主となって君臨する。

意外に秘密主義。本音は見えにくい

押しが強く、どんな相手にもひるまない胃宿だが、若いときにはそれなりに痛い経験もして、そこで〝隠す〟〝表に見せない〟という防御法を身につけていく。大事なこと、ヤバいことほど表には出さず、見えないところで動き、準備をするようになる。それが意表をついた戦術となって、勝利をもぎ取ってくることが多いが、身近な人にも本音を隠すようになり、ミステリアスな存在となっていくことも。

いや
……ちょっとな

最初に言ったの忘れたのか？
俺は・・・・・・何でもやると

欲しいものは力業で手に入れる

桓騎タイプの胃宿の貪欲さは飢餓状況での食欲に似ている。すいたお腹を満たさねば、何事も始まらないように、人のものを奪ったり押しのけてでも自分の欲望には忠実。そのため、行くところに波乱をもたらすことも多い。一見穏やかでも、常にイライラしがちなのは、自己イメージの高さと向上心の強さゆえ。〝飢餓状態の食欲〟をおさめることが胃宿の底力と胆力を生む。

―― 個性を生かして勝て! ――

桓騎タイプの得意戦術

得意戦術❶

大胆不敵な奇策で敵を翻弄《ほんろう》

ときに残酷なほどの予想外の作戦を繰り出して勝利をもぎ取る桓騎のように、気が強く大胆不敵。普通の人では思いつかないようなことも平気でやってのける度胸がある。また、秘密めいたところもあるため、味方をも欺くような驚きの策を隠密に進めて、敵の意表を突く奇襲もお手のものだ。

何でそこに・・・・第四の選択肢がねェんだよ
ドン
!?

こうやって勝つんだよ
ニィ

得意戦術❷

目的のためなら手段を選ばない

胃宿はその名のとおり、何でも飲み込んで消化するパワーがあるため、清濁併せのみ、目的のためなら手段を選ばない。これは桓騎の冷酷さにも通じる。ただ、情が薄いわけではなく、親分気質なところも。また、この人!と見込んだらどんな手を使っても接近する握力もかなりのもの。

得意戦術❸

自分の美学を貫く潔さ

自分なりの美学があり、そのカッコよさで人の心をつかむ。地位や名誉のためというより、自分の中の大義のために動く姿はまさに桓騎そのもの。反逆精神もあるので、嫌な上司に盾突いたり体制に物申したりと、人々の不満を行動に移してくれるため、その姿に人がついてくる。

バーカ
そんなダセェことするわけねェだろ

この陣形で勝負!

反逆型
美学と美食フルコースの陣

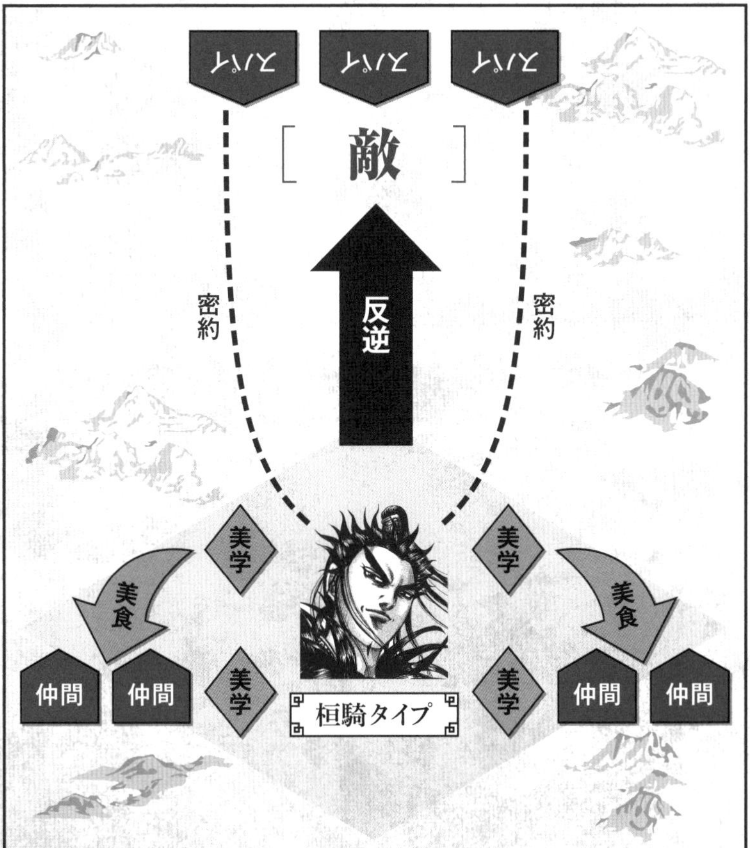

桓騎タイプが戦うときは、いつも具体的な〝敵〟がいる。それは会社の上層部だったり、業界の古い慣習だったり。「これではダメだ」という自分なりの美学が人を惹きつけ、いつの間にか仲間を集めていく。文字どおり、人の胃袋をつかむ接待攻撃も得意。また、善も悪も関係なく、目的のためだったら何でもやる性格なので、腹芸やスパイを使うこともあり。秘密の会食をとりつけて、油断した敵の寝首をかく戦術はお手のものだ。

ポジション別

強みを生かす戦い方は？

若手なら…

ザッ
あんたの副将に
なってやるよ
じーさん

有力者のもとでキャリアを磨け！

これ！と思ったものをつかむ握力が強いので、この人についていけば間違いないという上司や自分を引き上げてくれそうな人を見つけたらロック・オン。そんな力のある人のもとでキャリアを積んでいこう。とくに仕事で面白い企画を提案して期待に応えれば、重用されるはず。桓騎のように偉そうで生意気な部分があっても、物怖じしないところが案外、かわいがられる。

中間管理職なら…

……
だが桓騎軍《ここ》に来たからには
桓騎軍《ここ》の戦《や》り方に従ってもらう

派閥をつくって存在感を拡大！

若手の頃から存在感は満点だが、ポジションが上がるにつれて個性も強く出てくる。それなりの実績を上げ、慕う部下も集まってくるため、早いうちから派閥をつくり、リーダーとして人をまとめる力もある。一方でそれをよく思わない人とは厳しく対立、派閥争いなど嵐を起こすことも。大野盗団の首領から六将まで上り詰めた桓騎も、他派閥とはよくもめ事を起こす。

今は桓騎軍《かんきぐん》として
一つにまとまってるけど
元々はそれぞれ別の
野盗団《やとうだん》だったんだよ
それをお頭《かしら》が
一つ一つつぶしたり
説得しながら傘下《さんか》に
取り込んでこんだけ
でかくなったんだよ
えっ

トップ職なら…

戦い続ける反逆心をパワーに！

胃宿は反逆の星なので、体制に反抗して戦っているときこそ輝く。そのため、正統派のトップというより野党や反逆者のリーダー的な立場でいたほうが力を発揮し、社長の座に就いたとしても業界の異端児のような存在に。それはまさに、型破りで王道の将軍とはかけ離れた桓騎そのもの。結果は出していくが、何事にも貪欲なので手柄を独り占めする傾向がある点は注意。

得意なんだよ
留守中に
しのび込むのがな

フリーランスなら…

度胸と好奇心で切り込め！

敵陣に忍び込み指揮官の首をとってくる桓騎のように怖いもの知らずなので、自ら大きな仕事をとってくる実力主義者。好奇心旺盛で、新しいことや本流と違うことをやろうとしている人と組むと、さらにいい仕事をする。また、基本的に一国一城の主で、人に使われるより使うタイプなので、自分と同じフリーランスの人を束ねてチームで力をつけていったりと、起業してもうまくいくタイプだ。

桓騎タイプの弱点は？

我が強く、お金や欲が絡むとかなり強引で人も利用するうえ、偉そうで俺様気質な部分が反感を買うと嫌われ者のトラブルメーカーに。人を信じず、孤立しがち。パワーは人のために使おう。また、桓騎のように奇襲が得意な反面、守りはあまり強くないため、王道の策には弱い部分も。

桓騎タイプに向いている職種は？

グルメなので飲食や料理関係は適職。秘密主義な部分を生かし、探偵や警察関係、社内の秘密を扱う部署なども向いている。また、桓騎のように戦いの中でも力を発揮できるので、時代の先端を行くようなベンチャービジネスや競争の激しい業界でトップをめざすのも性に合っている。

ビジネス相性占い

そして戦《いくさ》の頭脳は そこらの軍師の 遥か上をゆく
やるでは ないか桓騎

尊敬できる上司は…

軫宿 蒙驁《もうごう》タイプ 衰

実力を認め引き立ててくれる人

蒙驁が桓騎を見いだし、自分の副官として引き立てたように、桓騎タイプの実力を認め、頼ってくれる上司。蒙驁タイプは口よりも手を動かしてくれる部下が好きなので、行動力のある桓騎タイプと相性バッチリ。許容範囲も広いので、桓騎タイプのやりすぎな部分も許してはくれるが、だからといって甘えすぎず、誠実につき合うべし。

桓騎《かんき》
楊端和《ようたんわ》の

最強のライバルは…

箕宿 楊端和《ようたんわ》タイプ 胎

競い合うことで、より高みに到達

負けず嫌い同士、よき戦友に。敵同士として戦うのではなく、鄴《ぎょう》攻めの戦いでともに将軍を務めた桓騎と楊端和のように、同じ会社や部署などでどちらが成果を上げるか競うと、お互い高め合える存在に。切磋琢磨し合うふたりが両輪となり、全体を前進させていく。楊端和タイプのむちゃ振りも桓騎タイプにはちょっと楽しい。

桓騎タイプ×他23タイプの相性は？

桓騎×王賁 業 近くにいると、桓騎タイプのアクの強さを和らげてくれる存在。	**桓騎×麃公 壊** アグレッシブ同士で気が合うが、こちらが強く出ると離れてしまう。	**桓騎×昌文君 安** 目的が一致すればうまく協力し合えるが、最後はこちらが得をする。	**桓騎×騰 親** 激しさを冷ましてくれる存在。騰タイプに説得されるとなぜか納得。
桓騎×蔡沢 栄 桓騎タイプは蔡沢タイプの軽やかさが好きだが、意外に頑固な面も。	**桓騎×紫夏 友** 頼られると気持ちよく、お互い忙しいのが好きでテンポが合う。	**桓騎×王翦 危** パワフルなことではお互いに負けない。干渉せずバランスを保って。	**桓騎×桓騎 命** 互いに本音を見せないし、ぶつかり合うのを嫌がり敬遠しがち。
桓騎×蒙恬 安 人に好かれる蒙恬タイプのよさを桓騎タイプがうまく利用する。	**桓騎×李斯 親** 既存のものにこびず我が道を行くところが似ていて尊重し合える。	**桓騎×成蟜 成** 性質は違うが、お互いに知恵があり足りないものを補い合える。	**桓騎×李牧 衰** 話すにはいいが、行動パターンが違うので共同作業には不向き。

キーパーソンは誰？『キングダム』

やるしかない

頼りになる部下は… 奎宿 河了貂《かりょうてん》タイプ 友

秘密の司令も粛々とこなす

桓騎タイプと河了貂タイプの共通点は、どちらも〝秘密を抱えるのがうまい〟こと。目標達成のために水面下で事を進めることが多い桓騎タイプなので、秘密を漏らさず粛々とこなしてくれる河了貂タイプは信頼のおける部下だし、河了貂タイプにとっても頼れる上司。良好な関係を築けるが、河了貂タイプの意外な面に時折、あっと驚かされることもありそうだ。

ではこれより
軍を率いる
将軍を発表
する

高め合える同僚は… 昴宿 昌平君《しょうへいくん》タイプ 栄

異質だからこそ、お互いに補い合える

優等生的な昌平君タイプと貪欲な桓騎タイプは異質な存在だが、その違いを尊重し合える相手。ふたりがタッグを組めば、ひとりではできないことにも挑戦できるいいコンビに。昌平君タイプにとっては肝の据わった桓騎タイプが頼もしい。昌平君が鄴攻めで桓騎に重要な役割を任せたのも、「桓騎ならばやってくれる」という信頼があってこそだ。

桓騎×嫣燐 衰
いつも一緒にいるわけではないが、困ったときの相談相手には最適。

桓騎×慶舎 友
どちらも秘密主義で、はじめはそれが魅力だが、次第に探り合いに。

桓騎×信 危
甘く見ると痛い目に遭う相手。ぶつからず共存する道を探って。

桓騎×王騎 成
どちらもパワフルで一目おき合う。戦うと執念深さでこちらが勝つ。

桓騎×嬴政 安
嬴政タイプのプライドの高さと臆病さを見抜き、追い詰めやすい。

桓騎×蒙武 親
徹底的に戦う桓騎タイプと、粘り強い蒙武タイプはいいコンビに。

桓騎×廉頗 成
争うと徹底的にやり合うので、必要以上に刺激しないようにしよう。

桓騎×壁 壊
興味深く魅力的な相手だが、心を探り合って疲弊して終わりそう。

桓騎×羌瘣 危
軽く見える羌瘣タイプだが、その発想力にはかなわないと感じる。

桓騎×龐煖 栄
どちらも自分なりのスタイルを持ち、尊重し合えるので心地よい。

桓騎×呂不韋 壊
互いにつき合うのにふさわしい相手だと思うが、深入りは禁物。

2024〜2033の10年を占う!

『キングダム』出世すごろく

2024

公私にわたり、味方が増える

努力が実を結び、ステップアップ。自分のやりたいことができる。ビジネスでも私生活でも、よき出会いがあり、味方が増えるけれど、わがままにならないように。相手に尽くす気持ちも大切。７、８月は活力が増し、新規開拓への興味も湧くが、勝負をかけるなら11月１日〜12月17日。

ぐ
よく来たな
!

2025

時流に身を任せ他者と交わる

自分から仕掛けるより、無理はせず、流れに乗りたい年。地味でも、人のサポート役に回ったり、頼まれた案件を引き受けると、意外なやりがい、楽しさを見いだせるかも。健康面は要注意。

2026

好きなことを副業にするにもよい年

これまで人のために頑張ってきたことが形になる。一方で、土台や基礎をつくるときでもあり、地味で目立たない作業に集中するべき時期。好きなことが仕事になる可能性も秘めた年ゆえ、副業などに挑戦をするのもいい。

2027

決戦の年！躊躇なく戦いの場へ出るべし

あなたが持つ、大胆かつ攻めの能力の高さを最高に生かせる決戦の一年だ。転職、希望していた部署への異動、独立、起業など、やりたいことは臆さず挑戦を。チャレンジ精神を試されたり、魅力的なプロジェクトへの誘いもあるはずだ。思い切って変革・変化を楽しんでいこう！

ゴ
ゴ
ゴ
さアて
始めるか

2033

無理をせず、職場環境、生活環境を整えよう。ひとりで多くを背負おうとしないほうがよいとき。チームや仲間におおいに助けられる。

2032 マンネリを打破！挑戦を仕掛けるとき

仕事では新たな挑戦が必要な年。何もしないと、マンネリ感やジリ貧に陥る。一方で、私生活では束縛される問題が生じる可能性も。でも奇策でその場をしのぐより、今の自分の実力で堂々勝負を。それで次の一手が見えてくる。

いよいよだな

2031

昨年の変化を受け、新たな夢や目標が芽生えそう。５年後、10年後の己の姿を思い描こう。資格取得に向けて勉強を開始するのもいい。

ここで大人の戦いを
覚えていけ
飛《ひ》信《しん》隊《たい》

2030 敵がいなくなる!? 変化に身をゆだねてよし

自分を取り巻く環境が変わる年。戦う予定だったライバルが自滅したり、意外なコネクションから新しい世界が開けたり。誰かのためにしていたことが、自分の成功につながることも。この年は変化に逆らうのは得策ではない。迷ったら、新しいこと、未知の挑戦のほうを選んで動こう。

2029

対人関係は広げるより深めよう。その中に、人生の伴侶や共同経営者となる人物も。また、経済面を引き締めると運気が上向いていく。

2028 焦らず人脈を構築しながら、コスパも熟考を

難問にもぶつかるが、焦らず、コツコツと対処するのが肝心。とくに、タイパとコスパを意識して動こう。人脈も広がり、この年に出会った人の中にベストパートナーがいそうだ。金運は厳しくなるので、経費や月々の出費の見直しを。

3

昴宿《ぼうしゅく》

昌《しょう》平《へい》君《くん》タイプ

軍総司令と右丞相《うじょうしょう》を兼ねる秦《しん》国の頭脳。自らの美学に従い、王の味方に

昌平君タイプの有名人

- 岩倉具視
- 三木武夫
- チェ・ゲバラ
- バラク・オバマ
- 大坂なおみ
- 立川談志
- 木梨憲武
- 田中裕二
- 佐々木蔵之介
- ISSA
- 相葉雅紀
- 山田孝之
- 綾瀬はるか
- 新垣結衣
- 広瀬すず
- 宮﨑駿
- 庵野秀明

基本性格

文武に優れ、エリート街道を進む人

秦国の軍総司令と右丞相を兼ねる立場の昌平君。まさに秦国の〝頭脳〟ともいうべき存在だが、そんな昌平君タイプのあなたは、基本的には頭脳明晰。成績はそれほどでもないという場合も、自分が情熱をかけるフィールドでは切れ味のよい知性を発揮して賢い優等生的雰囲気を醸し出すのが特徴だ。「昴《すばる》」は〝統べる〟に通じ、星をまとめるという意味から、昴宿は27宿の中でも位の高い吉祥の宿とされ、文武に優れた資質を持っている。また、強い出世運でエリート街道的な道を進むとされる。

そして昌平君も最終的に、人の欲望に忠実であろうとする呂不韋《りょふい》ではなく、中華統一を夢見る嬴政《えいせい》の高い志に共感して味方になるが、それは昴宿が損得抜きで理想を求めて動く清潔感あふれる善人であるからにほかならない。

あの蒙武《もうぶ》より
強かったのだぞ
がっ
うっ!?

昌平君タイプってこんな人

表から見えない意外な一面あり

いつもは清廉潔白で非のうちどころのないように見える昴宿だが、〝昼と夜は違う顔〟を持つともいわれる。実は、お酒やアイドルが好きで、息抜きの時間には普段の端正な姿からは想像もできない愉快な遊び方もする意外性を持つ昴宿も多い。嫪毐《ろうあい》の反乱のとき、物静かな姿から一転、バリバリの武闘派の顔を見せた昌平君も実は夜な夜な鍛錬を欠かさない筋肉オタクな一面があるのかもしれない。

目上の人にかわいがられる

昌平君《しょうへいくん》を
右丞相《うじょうしょう》に任命する
オ
オ
オ
オ

頭の回転がよいだけでなく、比較的、性格にクセがないこともあって、昴宿は、目上の人にかわいがられ、若くして才能を伸ばせる環境、生かせるポジションに身を置けるチャンスに恵まれる。昌平君も、もともと身分が高く不自由のない生い立ちだが、最初は、呂不韋に引き立てられて呂氏四柱のひとりとして秦の国政の中枢に関わり、その才知で頭角を現すことになる。

……
読め

頭のよさではダントツ

群を抜いて利発な昴宿。もし今、あなたが自分はそんなに賢くないと思うなら、本気で学びたいこと、身につけたいことが定まっていないからかも。よき指導者に出会うと昴宿の頭脳は覚醒するはず。また学び上手である以上に教え上手なのが昴宿の特徴。昌平君は軍師を養成する学校を自費で運営しているが、教える立場になると、昴宿の運気はよりいっそう伸びるだろう。

── 個性を生かして勝て! ──

昌平君タイプの得意戦術

取る・・・に足らぬ・・・小事です

得意戦術❶

教養と視野の広さは随一

自分が培ってきた知識や学問を武器に勝負していくエリートの星。教養があり視点も高いので、細かいことに惑わされることなく、全体を俯瞰して見渡すことができる。それは、大局をとらえながら巧妙な戦術を立てて戦い、秦国を勝利に導く軍総司令・昌平君の姿そのもの。

得意戦術❷

人に教える立場で存在感を増す

高い教養を武器に難しいことも細かく噛み砕いて教えることが得意。人に教えられるだけの弁舌の巧みさも大きな強み。教える立場に立つと大きな力を発揮し、師として尊敬されることでさらに存在感を増す。優秀な後進を育てる軍師養成学校の運営は昴宿にとってはまさに天職。

キイ
どうぞお入りを

ついに昌平君が・・・呂不韋と袂を分かつという意思表示でもあるんだよ!!

得意戦術❸

バランス感覚と柔軟性が抜群

バランス感覚に優れており、ダメだと思ったら誰につくかの方向転換も柔軟。その裏には、ドロドロしたものを生理的に受けつけない美意識の高さが。昌平君が呂不韋と袂を分かち、嬴政とともに高みをめざしたのも、昴宿らしい形而上学的でアカデミックな判断基準が見える。

この陣形で勝負!

後方司令型
遠隔操作の陣

昌平君のように前線で戦う軍に指示を出し、自分は体当たりでは戦わずに目標を達成していく司令官的な戦い方が得意。また、視野が広く大局をとらえることができるため、戦いの目的はそのとき勝つことだけでなく、その先にあるもっと大きな〝理想〟であることが多い。いつか来るときを見据えて、手駒や後進の育成にも力を注ぐことも忘れない。そんな努力をつないでいき、自分が思い描く未来を実現していくことができる。

ポジション別

強みを生かす戦い方は？

若手なら…

ドン
昌平君《しょうへいくん》

スキル習得のため とにかく学べ！

若いうちは資格試験の勉強をしたり、スキルを身につけるために学ぶことが重要。秦国の軍総司令を任される昌平君にも、かつての六大将軍一の軍略家・胡傷《こしょう》に学んだ過去がある。昴宿の学びは経験からというより、座学。得意なことを見つけて極めることで台頭していく。優秀なので、若いときから持ち上げられることもあるが、学歴などを鼻にかけないことが大事。

中間管理職なら…

教える技術で スペシャリストに！

学があり、教わる立場でも目立つが、知識を取り入れスキルを磨いていくうちに、自分の専門分野について教える立場でスペシャリストに成長。教える技術を磨いてこそ、中間管理職へとステップアップしていける。昌平君が運営する軍師養成学校から蒙恬《もうてん》や蒙毅《もうき》、河了貂《かりょうてん》など優秀な教え子が輩出されているように、人を育てる能力は極めて高く、後進の育成にも力を発揮。

お前の隣の部屋をその子に
はい

昌平君《しょうへいくん》を右丞相《うじょうしょう》に任命する

トップ職なら…

精神的な高みをめざせ！

昴宿のトップは、社長というより博士や学長など、その学問における権威や最高峰といったイメージ。そして、トップにのし上がるための必要条件はやはり自身が持つ技術や知識。企業のトップになった場合も、精神的な高みをめざすことで会社を引っ張り、社会全体をよりよくしていく原動力となる。昌平君も中華統一の実現をめざし、軍才を武器に右丞相へと上り詰めた。

フリーランスなら…

人を育て、救いとなる教えを！

自分から望むより、人に求められてフリーの立場になることも多いが、それも人材育成の使命感が根底にあってのこと。また、教えを言葉にして文筆で広く伝えることも。単に知識を教えるだけでなく、大事な何かを伝えることで誰かや社会の救いになりたいという思いでフリーランスになると力を発揮。昌平君も嬴政の抱く夢に共感する、高い志を持つ者のひとりだ。

私も中華を統《す》べることを夢に揺く男の一人だ

昌平君タイプの弱点は？

プライドが高く、とくに自分がやってきたことに対して、人と比べられたり評価されないとカチンとくるタイプ。また、潔癖で臆病なので、クールな昌平君のように、どこかバカになれず、自分からへりくだってお願いをすることが苦手。失敗しそうなことには手を出さず、好機を逃しがち。

昌平君タイプに向いている職種は？

何かを教える立場になったときに運を伸ばすので、教師やインストラクターは適職。昌平君のように、物よりも蓄えた知識や技術を売りにする仕事がよく、研究職や文筆業、通訳などもよい。また、視点が高く、全体を俯瞰して見られるため、映画やスポーツなどの監督業も向いている。

ビジネス相性占い

尊敬できる上司は…

斗宿 龐《ほう》煖《けん》タイプ 胎

打ち砕くのが
我が刃

支えることで、才能が花開く

理想の高さで共感し合うふたり。昌平君タイプは座学的な学びを重視しがちだが、龐煖タイプは実践的な学びも重んじる人。自分にはない部分を尊敬でき、昌平君タイプのカタい部分を打ち砕いてくれる上司だ。実行力のある龐煖タイプについていく形になるが、それで自分の才能が花開くことも。龐煖タイプもまた、昌平君タイプから多くのことを学ぶ。

〝沈黙の狩人《かりゅうど》〟
本能型の武将で
私が最も恐ろしいのは 彼です

最強のライバルは…

心宿 慶《けい》舎《しゃ》タイプ 壊

沈黙の裏側を恐れすぎて苦戦する

考えていることが読めず、必要以上に恐れてしまう相手。実態はどうあれ、なぜか「あいつにはかなわないんじゃないか」と思わせられる。それは、慶舎タイプが自分をそう見せるのがうまいから。昌平君も慶舎も緻密な策を操る者同士だが、もしふたりが直接対決したら、深読みしすぎて裏をかかれるのは昌平君のほうかもしれない。

昌平君タイプ×他23タイプの相性は？

昌平君×蔡沢 業
お互いに必要とする何かを持ち合う関係。腐れ縁にもなりがち。

昌平君×麃公 成
気楽につき合えるが、下に見ていると一発逆転されることもあり。

昌平君×昌文君 衰
何かと立ててくれるのでつき合いやすく、気を許して話ができる。

昌平君×騰 友
才能を認め引き立ててくれる人。どちらも潔癖で、心地いい関係。

昌平君×蒙驁 栄
大切にしてくれるので居心地はいいが、甘えすぎると逃げられる。

昌平君×紫夏 壊
頼り上手な紫夏タイプに尽くしてしまいがちだが、長くは続かない。

昌平君×王翦 安
恐れ知らずな面が魅力的だが、近づきすぎると耐えられないことも。

昌平君×昌平君 命
互いに優柔不断で曖昧な関係。衝突もしないが近づきもしない。

昌平君×蒙恬 衰
昌平君タイプの隠れた遊び好きな一面を引き出してくれる相手。

昌平君×王賁 親
必要なものを与え合い、一緒にいるとお互い輝けて目立てる。

昌平君×成蟜 危
表面的にはいいが本質的なところでぶつかり、結果こちらが折れる。

昌平君×李牧 栄
普段はこちらがリードするが、いざというときには支えてくれる。

昌平君

この李斯《りし》に
言って頂ければ
確実でありましたぞ

キーパーソンは誰？

『キングダム』

頼りになる部下は…

星宿 李斯《りし》タイプ 友

任せておけば超安心の完成度

頼んだことを予想以上のクオリティで仕上げてくれるので、つい頼りたくなる部下。お互いに仕事に求めるレベルが高いため、昌平君タイプとしては信頼がおけるし、李斯タイプからしてもやりがいのある仕事を与えてくれる上司でいい関係。大きな戦略を描ける昌平君タイプの右腕には、計画の細部を〝確実〟に仕上げてくれる李斯タイプのような人が必要だ。

高め合える同僚は…

胃宿 桓騎《かんき》タイプ 親

だが 何だかんだで
あの逃げ方が 一番多く
助かるんだよなァ

ふたりなら、アイデアは無限大！

どちらも知恵があり、物事を深いところまで考える者同士だが、発想の方向はまったく別。優等生的な昌平君タイプに対し、桓騎タイプはアブノーマルな策も平気で使うが、一緒にいると多くのアイデアが生まれる相性。実はグルメなところも共通点。昌平君と桓騎がもし現代の会社員だったら、よく一緒に飲みに行く同僚になるかもしれない!?

昌平君×嬴政 衰
精神性が高いので話が合う。落ち込んだときに話すと前向きに。

昌平君×蒙武 友
迷いを断ち切るヒントをくれる。思い切りのよさに学べる相手。

昌平君×信 安
同じ理想を追えそうで追えない。関わりすぎると人生が荒れる。

昌平君×壁 成
カッコつけずに素の部分を見せたほうが、距離を縮められる。

昌平君×羌瘣 安
遊び相手には最適だが、踏み込みすぎると興味を失うことも。

昌平君×楊端和 親
与える印象は正反対でも息がピッタリのふたり。助け合える関係。

昌平君×廉頗 危
真逆の価値観を持つふたり。違いすぎて惹かれるが、理解できない。

昌平君×河了貂 壊
警戒心を持たれて打ち解けられない。隠し事をされることも多い。

昌平君×王騎 危
自分にない魅力を認め侮らずにつき合えば、助け合える関係に。

昌平君×媧燐 栄
トラブルが少ないので、抜かりなく物事をやり通すにはよい相手。

昌平君×呂不韋 成
似たものを感じるが、距離が縮まらない。共通点を探すと近づける。

2024〜2033の10年を占う!

『キングダム』出世すごろく

2024

金銭面は好調。手堅い挑戦で次につなげ

手堅く、でも攻めたい年だが、1、2月は焦らず、動くのは3月5日以降。4月26日から金運が上向くので、生活に新たな道具、機器、技術などを導入するのも吉。仕事は外部的な原因で状況、環境が変わってくる暗示もあるが、柔軟に対処すれば、ピンチをチャンスに変えられる。

ほう

2025

安定を求めたくなるが、想定外の出来事もある年。スキルアップの勉強を始めるなど、先々に向けて備えておこう。対人面は良好。

2026

プライドを捨て、戦闘能力を磨こう

前年から始めた学びを強化すべき年。とくに、今いる業界の研究、IT関連の知識はアップデートしないと、時流に乗り遅れる。プライドの高いあなただが、弱点強化の年でもあり、わからないことは素直に聞く姿勢を持つといい。

!!
しかし 今
李牧《りぼく》が陣頭指揮を
執《と》りだした 趙西部からの
攻略の糸口が
全く見えませぬ!

2027

副業の仕込みなど、楽しみながら変化に備えて

翌年の変化の予兆を感じながらも、プライベートは充実し、楽しく過ごせる年。家族との時間も大切に。興味がある趣味や遊びにも、どんどんチャレンジして、本気で取り組んでみるのもいい。そこに転職や副業のヒントもあるかもしれない。

ド
ド

2028 己がライバル！ 成長のために戦うとき

責任やプレッシャーに直面する年だが、〝職業人〟としては、ひと皮むける成長のとき。〝習うより慣れよ〟で、とにかく経験を積もう。環境や立場の変化があっても、意識を変えて、生まれ変わるつもりで取り組むうちに、運は開ける。敵は己の中にあり。自分との厳しい戦いの年でもある。

2029

前年の変化を、どうカスタマイズするかがテーマ。下積み的な仕事も増えるが、厭わずにやる。そんなあなたを評価する人は必ずいる。

2030 直感を信じて 相棒をつくる年

パートナーに恵まれる年。仕事も、１人より２人で組んだほうが実力がつき、成果も出せる。私生活では、結婚運もあり。相手を選ぶときは、肩書や経歴だけではなく、共通の好きなものがある人。そしてあなたの直感を信じて！

2031 味方と行動することで、ポジティブな変化が

自分ではコントロールできないことが起こったり、想定外の変化に見舞われそうだ。頭脳明晰なあなただが、迷ったり、困ったときほど独断専行しないこと。やりたいことがある場合も、単独行動は避け、誰かとともに行うほうがいい。そのほうが、ポジティブな方向へ転換していける。

2032

頑張ってきたことに成果が出る。パートナーとともにつくり上げたものも安定する。そんな中、あなた自身の新たな夢も生まれそうだ。

……
しかし本当に よくやったのは 現場の者達です

2033 新たなチャレンジの場が。楽しんだもの勝ち

私生活よりも、仕事で新たなチャレンジができる運気が巡る年。力のある人と接近、評価される暗示があり、引き立てや推薦を受けての部署異動、ヘッドハンティングもあり。興味のある業界などへの転職に踏み切るのもいい。

4

畢宿《ひっしゅく》

李《り》牧《ぼく》タイプ

類いまれな才知で立ちはだかる。敵国・趙《ちょう》軍を率いる軍略家

李牧タイプの有名人

- 乃木希典
- 福田赳夫
- 菅直人
- 松本人志
- 稲葉浩志
- 古田新太
- 博多華丸
- 西島秀俊
- 若林正恭
- 山口百恵
- 松田聖子
- 有働由美子
- 米倉涼子
- 開高健
- 藤子・F・不二雄
- 三谷幸喜
- 新海誠

基本性格

一度決めたことは生涯をかけて達成する人

趙の新三大天筆頭の大将軍。類いまれな才知を持つ軍略家であり、常にラスボス的な存在として秦《しん》国の前に立ちはだかる李牧。ただ司馬遷は『史記』の中で李牧を「守戦の名将」と記しているように、決して好戦的、攻撃的な性格ではない。そんな李牧タイプのあなたも、おっとりとした穏やかな印象なはず。ただ畢宿の「畢」の字は〝畢生〟(終生)に通じ、一度、決めたことは一生をかけて頑張る強い信念と持続力の持ち主だ。スピードはあまり出ず、何事も時間がかかるが、重い荷を引く牛車のように、動きだせば、大勢を引っ張る大きな力を発揮。ひとつひとつ目標を実現していく確実さと粘り強さが身上。ただし頑固で、どこでも自己流を貫くと予想もしないところに敵をつくる恐れがあることは忘れずに。

分かっています
だからこうして
まだ生きながらえて
いるのです

李牧タイプってこんな人

逆境に屈しない粘り強さ

合従軍の参謀として参加した秦国攻めに失敗。一時的に左遷されたりする描写もあった李牧。でも畢宿は、気力も体力も強靭なので、逆境に陥っても、それをバネにすることができるタイプ。自分を信じて何も変えずに周囲が変わるのを待って捲土重来《けんどちょうらい》を期すのか、信念や目標は曲げずとも、やり方を柔軟に変えてみるのか。畢宿の復活と出世には、そこを見誤らないことが大事なポイントになる。

やると決めたら徹底的にやる

畢宿は、やり始めたことは簡単には諦めない。あの手この手で取り組んで、その目的達成率の高さは27宿の中でも一、二を争う。そして自分が「OK」と思うまでは、周囲が「やりすぎ」と思っても手綱を緩めない。温和な印象なので目立たないが、逆に自分がやりたくないことには手を出さず、やや自己中心的。意外な相手から攻撃を受けるときは、自分勝手と思われやすい面に一因があるかも。

もちろん秦国《しん》が
滅ぶまでです

無意味な死だけは
絶対に許しません

ムダな戦いはしない

黒幕となった秦国攻めの合従軍の結成も、秦王・嬴政《えいせい》の中華統一構想の阻止に動いたのも、常に李牧は、自国の犠牲を最小限におさめたいという思いで戦っているから。そんな畢宿は基本的には平和主義者で保守的。自分が力を持って、できれば戦わなくて済むようにしたいと思って、何事も頑張る。その意味では見かけより権力欲は強く、一度、手にした立場や力には執着する。

── 個性を生かして勝て! ──
李牧タイプの得意戦術

得意戦術❶
じっくりと着実に大きな目標を実現

地を這うような粘り強さは目標達成率の高さにもつながっている。空気を読まずに自分のペースでじっくりと進んでいくため、スピード感はないが、大きな仕事を成し遂げていく。結果的に敗北を喫したものの、秦を滅ぼすため、李牧が6か国を束ねて合従軍を起こせたのも畢宿のなせる業。

この戦《いくさ》を描《えが》くのは
最初から最後まで
合従軍《がっしょうぐん》参謀を務める
李牧《りぼく》だ

得意戦術❷
粘り強く、持久戦に強い

十五日目
である
全軍
出撃!

とにかく持続力があり、心も折れないため、長期戦や持久戦にはめっぽう強い。一方でリアリストでもあるので、ムダに粘るわけではなく、危険を察知したら引くという冷静な判断力も持ち合わせている。函《かん》谷《こく》関《かん》の戦いで15日目に一気に攻めに転じた李牧の粘りも畢宿らしい戦術といえるだろう。

得意戦術❸
戦わずして勝利を収める

基本的に好戦的ではなく平和主義なので、できる限り戦わずして目標を達成しようとする。そのため、交渉や和睦など話し合いによって解決の道を模索しながら、自分の思いどおりに事が運ぶように動く。それはムダな犠牲を出さないことを信条とする李牧の戦い方とも通じる。

だから戦は
嫌いです

―― この陣形で勝負! ――

蛇行型
マイペース粘り勝ちの陣

自分が定めた目標に対する粘り強さはピカイチ。周りの意見には耳を貸さず、自分の信じた道をマイペースに進み続ける。リアリストで判断力にも優れるため「このルートではダメだ」と思ったら方向転換は厭わないが、そんなときでも目標からは目をそらさず、どれだけ蛇行しても一歩一歩前に進んでいき、最終的に求めるものをその手につかむ。周囲にはむちゃ振りすることもあるが、無邪気な感じなのであまり嫌われない。

ポジション別

強みを生かす戦い方は？

若手なら…

想像して
いたよりも
恐ろしい男だぞ
…
ザッ

小さくても着実に勝ちをつかめ！

大器晩成型で、若手のときはあまり目立つタイプではないが、経験を積むにつれて存在感を発揮。体が丈夫で体力勝負にも強いうえに、精神的にもタフなので、小さくても着実に勝ちを重ねることで、頭角を現せる。趙の三大天である李牧も、不遇の時代を経験しつつも、さまざまな戦いで実力を見せつけて、いつしか軍略家として中華を揺るがす存在に。

中間管理職なら…

明確な目標を見据えてひたすら上をめざせ！

猶予は
あります

スロースターターなので、管理職になるまでに時間はかかるが、目的意識さえ明確であれば、冷静に戦況を見て粘る李牧のように、ひたすら上をめざし努力できる。自分がタフな働き者なので、部下にも、できて当然と無邪気にむちゃを言ってしまう点は注意。人づき合いがうまいわけではないが、無闇に戦いを起こさず、上司に逆らうこともなく、上からの覚えは悪くない。

ゴゴゴ
とにかく生き延びるのです
嘉様が死ねばこの国の光も消えてしまいます
どうか再起の日が来るまで何としても……

トップ職なら…

強い信念で夢を実現させろ!

余計な争いを起こさないので、周りに敵がいないことで結果的にトップに収まったり、粘り勝ちのような形でトップの座を得る。ひとたびトップに立てば、どんなときでも諦めない李牧のように、信念を持って自分の目標を実現させながら安定した組織を構築できる。ただし、苦労してトップの座を手にするためか権力をなかなか下に譲らず、〝長期政権〟として君臨が長くなりがちな傾向も。

フリーランスなら…

自分のペースでできる仕事を!

意外と権力欲が強いので、組織の中で上をめざすほうが向いているが、仕事が丁寧なので自分のペースでやれる職種や体力勝負の仕事ならば力を発揮。自分のやり方や信念を曲げられず、何事も時間をかけるタイプなので、臨機応変な対応やスピード感を求められる仕事だとうまくいかないことも。李牧のように状況を見ながら柔軟な動きができればフリーでも活躍できる。

…やはり始めるしかないか…

李牧タイプの弱点は?

ソフトな印象だが、頑固で、柔軟性はない。李牧のような信念の強さは長所でもあるが、粘り強さが諦めの悪さにつながると後手に回ったり、撤退が遅れて大きなダメージに。自信過剰な面もあるため、過去の成功体験に固執したり、人の意見をなかなか受け入れずに失敗することも。

李牧タイプに向いている職種は?

丁寧な仕事で自分が納得いくものを作り出すので、職人向き。李牧が元は趙北部の将軍だったように、畢宿も意外に田舎暮らしが好きで、農業や漁業など自然を相手にする仕事も合っている。努力を惜しまないので、どの業界でも結果を出せるが、生き馬の目を抜く最先端の業界は不向き。

ビジネス相性占い

李牧《りぼく》も同行して
秦《しん》王と謁見《えっけん》する
機会をと
言われたので
〝可〟として
連れて来た

尊敬できる上司は… 翼宿 蔡《さい》沢《たく》タイプ 親

未知の世界に連れていってくれる人

李牧タイプは自分が「これ！」と思うと一直線なのに対し、蔡沢タイプは視野が広くさまざまな選択肢を持てる人なので、自分の考えにこだわりがちな李牧タイプにいい刺激を与えてくれる上司だ。また、さまざまな場所に出向く蔡沢タイプに一緒についていくことで、自分も仕事や人間関係のフィールドを広げることができるだろう。

三大天《さんだいてん》の首
この矛で
絶対俺が
取ってやる
からな 李牧《りぼく》

最強のライバルは… 亢宿 信《しん》タイプ 衰

真逆の戦い方だが、強さは互角

李牧タイプも相当な負けず嫌いだが、それに匹敵するのが信タイプ。ただ、戦い方はまったくの逆方向。李牧タイプがなるべく平和的に自分の希望を通したいと思うのに対し、信タイプは真正面からぶつかってくる。負け知らずな李牧タイプが唯一、自分と互角かそれ以上だと思える相手だし、味方になれば、最強のコンビにもなれる。

李牧タイプ×他23タイプの相性は？

李牧×蒙驁 業
力になり合うが、現実的な李牧タイプが珍しく情に流されることも。

李牧×紫夏 成
一時的に密につき合うが、長くは続かない。こちらが利用されがち。

李牧×李牧 命
マイペース同士だが、同じ目的を持てば手を組み助け合う関係に。

李牧×騰 壊
自分にはない柔軟さや知性に憧れる。こちらからの歩み寄りが必要。

李牧×蒙恬 栄
明るさと判断力から学べる相手。長くつき合うと互いに成長できる。

李牧×李斯 壊
働き者同士だが、お互いマイペースなので協力プレーには不向き。

李牧×成蟜 安
言い負かされがちだが、粘り強く向き合えば刺激のある関係に。

李牧×桓騎 友
両者、気が強い。長期的に物事を見るところが似ていて気が合う。

李牧×廉頗 安
我が道を行く廉頗タイプにとって、李牧タイプは目の上のたんこぶ。

李牧×王賁 友
お互いこだわるポイントは違うが、筋を通そうとする姿勢は同じ。

李牧×麃公 危
近づけば近づくほど、性格の違いを感じて気持ちもすれ違う関係。

李牧×昌平君 親
こちらの個性をプラスととらえてくれるので、のびのびできる相手。

認めざるを得ぬな
李牧
私と同じ
怪物と

李牧

キーパーソンは誰？

『キングダム』

頼りになる部下は…

参宿 王《おう》翦《せん》タイプ 衰

ズバッと言い返してくれる存在

李牧タイプはパワフルなので繊細なタイプの部下だとへこたれてしまうが、同じくらい強い王翦タイプは食らいついてくる。アイデアが豊富なので、ひとつの案に固執しがちな李牧タイプを補ってもくれる。周囲からは進言しづらいと思われがちな李牧タイプだが、王翦タイプは上司に対してもズバッと言い返すので、職場の他メンバーからしてもありがたい存在。生意気でなかなか人を認めない王翦タイプに認められる上司を目指そう。

高め合える同僚は…

觜宿 昌《しょう》文《ぶん》君《くん》タイプ 栄

だからこそ意味があるのだ
今日ここで中華七国の目で大王様が秦国の紛《まぎ》れもなく君主であると認識される――!!

言葉のパワーで後押ししてくれる仲間に

お互いを尊敬し合える間柄。やりたいことへの思いが強い李牧タイプと、如才なくコミュニケーションが上手な昌文君タイプがタッグを組めば、お互いのよさを生かし合って大きなこともできる。昌文君タイプは言葉で説明をするのが得意なので、李牧タイプの計画の意義や目標をわかりやすく言語化して周囲にも伝えてくれる。

李牧×嬴政 栄
生き方の違いに興味津々。関わると互いにスケールが広がる。

李牧×楊端和 友
考え方が似ており、物事を進めやすい。立場が違えばいい縁に。

李牧×呂不韋 危
強気に出れば押し切れるかもしれないが、甘く見ると関係が悪化。

李牧×壁 危
粘り強い者同士なので、違和感を感じても長続きする間柄。

李牧×羌瘣 衰
一緒にいると明るくなれる相手。公私ともに支え合える関係に。

李牧×龐煖 親
よきライバル。お互い意識し合うことによって、成長できる関係。

李牧×慶舎 成
自分にない柔軟さに憧れるが、近づくと望むものの違いに傷つく。

李牧×河了貂 成
物事へのアプローチ方法が違い面白いが、ライバル心を燃やされる。

李牧×王騎 安
互いに一目おくが、近づきすぎるとパワーバランスがくずれる。

李牧×媧燐 胎
こちらが一方的に評価して尽くしてしまう。片思い的な関係に。

李牧×蒙武 壊
努力家同士気が合うが、主導権を握れない蒙武タイプがいらだつ。

2024〜2033の10年を占う!

『キングダム』出世すごろく

2024

成果を出して、次のステージに進む年

続けていたことに何か結論を出すことがあり、同時に新規のスタートにも向く年。この年から始めた物事は、時間がかかっても成就しやすいので、3〜5月は新たな挑戦を。転職・勝負事は6月20日〜8月20日、11月6日〜12月19日がよいタイミング。自分の意思で動きやすい年なので、軽やかに次の一歩を踏み出そう。

さァ始めましょうか

→

2025

少し気持ちが緩む年。ただ、あまりのんびりしすぎないように。リスキリングなどとはまた別に好きな習い事や勉強を始めるとよい。

↓

2026

引き続きスピード感はないが、マイペースで過ごせる。いい人や情報と出会うことで、自分に足りないものや問題点に気づくことあり。

↓

あの李《り》牧《ぼく》が

2027

休息が必要。ペースダウンも悪くない

勢いが停滞。職場でも集中力が落ちたり、漠然とした不安を抱えがちな年になるだろう。年の前半は、無理をせずに休息をとり、デトックスと過去の整理をしよう。そうすると後半は意欲も創造力もアップ。モテ運も上がる可能性大。

←

2028

マイペースもほどほどにすべし

年の前半は楽しく過ごせるが、油断は禁物。マイペースが過ぎると、やるべきことへの準備が不足したり、変えたほうがいい現状への対策が遅くなる。ラクなやり方に流されず、客観性を持って行動を。人の忠告にも耳を傾けて。

2033

刷新した戦力を確認&調整すべし

前年で挑戦したり、リニューアルしたことを、さらに調整して戦力をアップさせながら前進する年。そんな中、離れていく人もいるが、逆に信頼して交流できる人もでき、これまでとは違う人間関係に身を置くことになる。

李《り》牧《ぼく》様の時代でもある

2032

仕事で好機到来!手放すことで、得るものが多い

新規開拓や挑戦が成功したり、向こうからチャンスが飛び込んでくる気配。こだわりや古いやり方など、何かを手放すことで、より好機に恵まれる。ただ立場や役割が変わることで、あなた自身の興味やめざすものが変わってしまい、これまでの人間関係や愛などから遠ざかることも。

2031

身近な人の意見から学びを得る

引き続きパートナー運はよいが、この年は、相手に振り回される傾向あり。何かと人の意見をスルーしがちなあなただが、人の話を受け入れることで、よい方向に変われる。お金は使うことが多い年。有意義な使い方を。

2030

よきパートナーとの出会いがあるとき。困ったときに手を貸してくれたり、励ましてくれる相手は大切。人との交流であなたも成長。

先の展望が見えました

2029

新たな戦術が必要になる

自分を大きく変えるタイミング。変化はあなたの考えの甘い部分を直撃。外から追い詰めてくるような形でやってくることも多い。逃げ出さず、過去の成功体験や自己流にとらわれず、今までとは別の方法で受けて立とう。

5

觜宿《ししゅく》

昌文君タイプの有名人

- 徳川綱吉
- 麻生太郎
- マザー・テレサ
- 朝青龍
- オカダ・カズチカ
- 大谷翔平
- 吉田沙保里
- 織田裕二
- 高橋克典
- 有田哲平
- 日村勇紀
- 松本潤
- 小栗旬
- 吉村崇
- あいみょん
- 正岡子規
- 司馬遼太郎

昌《しょう》文《ぶん》君《くん》タイプ

知識と経験でピンチを乗り越える文官。王の教育係から頼りになる側近へ

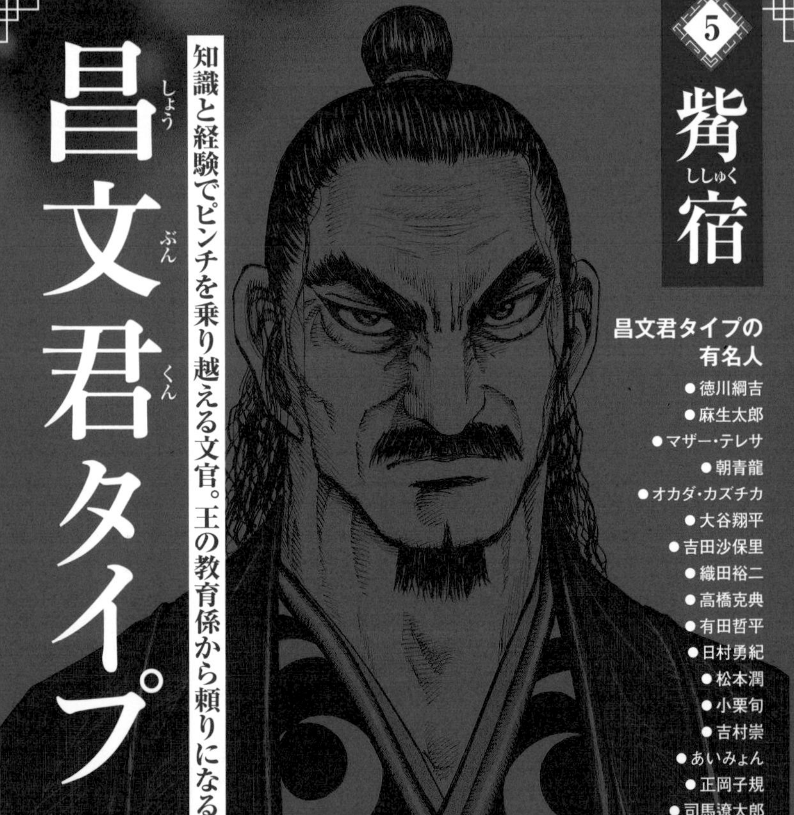

基本性格

思慮深く論理的。力ある言葉で人を動かす人

昌文君は、若き秦《しん》王・嬴政《えいせい》を支え続ける第一の側近。武骨だが義理堅い昌文君は、機転がきき、頼りになる存在。そんな昌文君タイプのあなたは思慮深く、論理的。慎重でむちゃなことはしない性格だ。觜宿の「觜」はくちばしのこと。觜宿にはよくしゃべるタイプと寡黙なタイプがいるが、どちらも自分自身のことはあまり話さない。それでも、いざというときに力のある言葉で人を動かす資質を秘めている。昌文君は、元は武官で戦場に立っており、政の教育係として文官に転じたが、この觜宿の知恵や言葉の力も、机上の論理ではなく、〝現場〟を知ることでこそ磨かれる、まさに実践的なものであることが強み。大きすぎる欲を持たない限りは、觜宿は失敗や落ち込みの少ない運気を生きることが多いだろう。

呂不韋の一挙手一投足
この儂《わし》が決して見逃さぬぞ!!

昌文君タイプってこんな人

高い危機管理能力

髷宿は、機転がきき、起こりそうな未来の危機をキャッチして、それをいかに回避するかを考える能力はダントツ。秦王・嬴政と信《しん》がつながるきっかけも、昌文君の優れたリスクマネジメントがもたらしたといっていい。本質的にクールで合理的なので、見かけよりずっと〝安全運転〟。だが、無難に走りすぎると個性が消えることもあり、ここぞ！というときには熱く本音でぶつかることも必要だ。

統一後の世のためには
この男の力が必要だと!!
頼む
お前の力を貸してくれ!!

コミュニケーション能力は高い

髷宿は、言葉に魅力と強さがあり、話し方や声にも特徴が。また、話す以上に聞き上手であり、どんな相手とも、その気になれば、うまくコミュニケーションをとれるのも長所といえる。昌文君も、当初は下僕だった信に協力を求めたり、かつては敵対していた李斯《りし》にも頭を下げるなど、身分やバックグラウンドを問わず協力を求め、結果的にはよき関係性を築いていった。

昌文君《しょうぶんくん》を
左《さ》丞相《じょうしょう》に任命する
ものとする
つし

人脈をつかむのがうまい

昌文君は命がけで、趙《ちょう》国で人質として暮らしていた幼い政を秦国に帰還させる。対抗勢力に比べ力の弱かった嬴政をその手腕で助け、少しずついろいろな勢力と結託しながら、着実に実権をつかんでいく。賢く洞察力がある髷宿は、人を見る目も確かであり、その場で自分に求められることを察することもできるので、目立たないようで人間関係の要的存在になることが多いのだ。

── 個性を生かして勝て! ──

昌文君タイプの得意戦術

得意戦術❶

思慮深く 状況判断も的確

だから〝策〟を講じると言っておろうが

頭脳明晰で常に策を考えているため、戦略的な戦いができる。文官として嬴政に仕えながら、かつては戦場を走り回っていた昌文君のように、状況に応じて、どう動くべきか、何を求められているかを瞬時に判断する能力にも長けている。思慮深く目的達成を追求していくので、失敗の少なさも強さのポイントだ。

得意戦術❷

言葉に力があり 言葉で人を動かす

秦国の抱える全ての軍の所在と数を洗い直せ
大至急防衛線を描き変えるぞ
バッ
桂《けい》! 早馬を! 対楚配備で南下してる各軍の足を止めよ
ハ!!

言葉に力があり、自らの発言で人を動かすことができる。その意味で、武人より文官向き。戦術にも長けており、論理的な言葉を駆使して相手をその気にさせたり、交渉するのも上手。そして、嬴政を献身的に支える昌文君のように、必要なことは言葉にするが、不要なことは語らない。

得意戦術❸

価値あるものを 見抜く力がある

漂《ひょう》よ
明日より お前は王宮で働くのだ!

人や物の本質を見極める知性に恵まれているため、価値あるものを明確に見抜く力がある。また、美的センスに優れ、審美眼もある。嬴政の影武者として、信の幼馴染である漂を連れてきた昌文君のように、観察力の鋭さも戦略に生かせば、大きな作戦を成功させることもできる。

―― この陣形で勝負! ――

戦略型
言の葉の陣

武人から文官に転身した昌文君のように、武力だけでなく〝言葉〟の力も使い、協力者を集めて目標に近づいていく。目標達成のためであれば、「自分は主役でなくてもOK」というタイプなので、前線に立つことにこだわらず、ときには負けや引き分けを認めて和睦を結んだり、腰を低くして相手をおだてることもできるのが強みだ。また、緻密で戦略的な性格で、とくにお金の管理能力に長けるので、軍資金の準備も抜かりない。

ポジション別

強みを生かす戦い方は？

若手なら…

蒙武を総大将にすえるのはやめた方がいい

適切な対処で優秀さをアピール！

冷静かつ慎重に状況を見極め、適切な対処ができる強みを生かせば、何事もそつなくこなせてデキる若手に。センスのよさを磨けば、上からの評価も得られる。ただ、頭が回るだけに先を読んでむちゃな冒険を避けるため、経験がないうちは積極性に欠けたり、臆病と思われることも。昌文君のように、経験を積むことでさまざまな場面での適応力が身につく。

中間管理職なら…

勝負に出る時期を見極めろ！

言葉に力があることを生かして、下をまとめ、上を動かし、有能さが光る。昌文君のごとく清廉潔白でドロドロしていないので、良好な人間関係を築き、上からすると安心して仕事を任せられる存在。ただ、下からするとサッパリしすぎて本音が見えないことも。無謀に突っ走らないので大きな失敗はないが、やや小さくまとまりがちな面も。どこで勝負に出るかがポイント。

かたじけない
貴公が飛信隊《ひしんたい》へ反乱の知らせを送ってくれたことで我らは命拾いをした

よいか皆の者 軍脚を乱す者は 直《ただ》ちに離脱させる旨《むね》 肝《きも》に銘《めい》じておけィ

トップ職なら…

言葉で部下の士気を高めろ！

野心家ではないが、目的のためには大胆にもなる觜宿。出世運が強く、トップに立つと、何げなくかけたひと言が下の者の救いになったり、戦う原動力になるなど、言葉巧みな知将に。戦略は緻密で、訓示で士気を高めたり、言葉で人を動かすアジテーター的な一面も光る。冷静な昌文君もクーデターで王都を追われた嬴政を守るため、リスクを見極めながら、檄を飛ばしていた。

そこが狙い目だ

フリーランスなら…

持ち前のセンスを生かせ！

有能で、隙のない戦略も立てられるため、起業向き。自分が得意とする分野でセンスのよさを生かせば、財を成せる。ただ、なりふり構わずに泥くさく何かを取りに行くタイプではないので、競争の激しい業界や荒っぽい現場は不向き。リスクを早めに回避しすぎて損をすることも。言葉がキーワードなので、めざす目標や信念を書き出しておくとモチベーションアップになる。

昌文君タイプの弱点は？

頭がよく、思慮深いだけにバカになれずに損も。自分を客観視できるので自己制御機能が働きすぎて、せっかくのチャンスを逃してしまいがち。昌文君のように目的のために大胆になることも必要。また、心が荒れると言葉も荒れる傾向があるので、感情まかせに人に暴言をぶつけないこと。

昌文君タイプに向いている職種は？

言葉を操るコピーライターや文筆業、漫画家、出版業や広告業などは適職。一方で、昌文君のように秘密は守り抜くので、秘書やマネージャー、弁護士などプライバシーを扱う仕事も巧みにこなせる。緻密な頭脳を生かせる税理士や会計士、金融業界、研究職、IT関連なども性に合う。

ビジネス相性占い

お前もな

尊敬できる上司は… 虚宿 **嬴政《えいせい》タイプ** 胎

ともにいれば、生きる道が見つかる

なぜだかわからないけれど、尽くしたくなってしまう相手。嬴政タイプの語る大きな理想に惹きつけられ、「この人の夢の実現に自分も協力したい」と思うように。昌文君が嬴政を支え続けることで、自身の人生をも切り開いていったように、一緒にいることであなたの才能も開花していき、生きる道や働く方向性が見えてくるだろう。

そもそも“法”とは何だ？
言ってみろ 昌文君《しょうぶんくん》

最強のライバルは… 星宿 **李斯《りし》タイプ** 成

プロフェッショナル魂にかなわない

物事を大きくとらえ堅実に考えられる李斯タイプは、認めるところが多い相手。昌文君タイプは失敗が少ない反面、見切りも早いので、李斯タイプの一途さやひとつのことを深く究める姿勢にはかなわないと感じる。昌文君が法治国家の実現のために李斯に協力を仰いだように、自分には決してできないことを見せつけてくるライバルだ。

昌文君タイプ×他23タイプの相性は？

昌文君×王賁 壊
慕ってくれるが、昌文君タイプの神経質な面が出ると関係が変わる。

昌文君×成蟜 衰
お互いに言葉に力がある者同士なので、言葉の使い方には注意して。

昌文君×李牧 親
頼りになるが、李牧タイプはマイペースなので報・連・相を大切に。

昌文君×騰 成
損得に敏感な者同士ライバルになりやすい。お金の問題はクリアに。

昌文君×蔡沢 友
心を明るくしてくれるが、主導権は蔡沢タイプのほうが握っている。

昌文君×麃公 安
優しい関係だが、利害関係が絡むと途端にテンポが合わなくなる。

昌文君×昌文君 命
一緒にいると短所も長所も増幅。悪い状況のときは離れたほうが吉。

昌文君×桓騎 壊
隠している短所が引き出されてしまう相手。ほどよい距離が吉。

昌文君×蒙恬 業
一緒にいると楽しく明るくなれる相手だが、主導権はあちらに。

昌文君×紫夏 危
仕事関係だとうまくいくが、プライベートでは合わない点が多い。

昌文君×王翦 栄
こちらのアイデアを実現してくれる実行力を持っており頼りになる。

昌文君×昌平君 友
学ぶことが好きな点で気が合う。精神的によい影響を与えてくれる。

キーパーソンは誰？

『キングダム』

よォし!!
ド
ツ

頼りになる部下は…

軫宿 蒙驁《もうごう》タイプ 親

仕事がサクサク進む関係

お互い理性的で仕事が早いタイプなので、上下関係があってもやりやすく、お互いのプラスになる働き方ができる相性。意外と新しいもの好きな蒙驁タイプが流行りの情報や新しいアイデアをくれて、フレッシュな運気をもたらしてくれる。蒙驁タイプからしても、自分の提案を聞いてくれる上司なので、一緒にいるとやる気がアップ。

高め合える同僚は…

室宿 王騎《おうき》タイプ 衰

相変《あいか》わらず
渋いですねェ
昌文君《しょうぶんくん》はァ

そのおおらかさに助けられる

おおらかで余裕のある王騎タイプとは一緒にいるとホッとできるし、こちらが煮詰まったときには助けになってくれる存在。ビジネス上の関係であっても、ぶつかる感じがなく、冗談も言い合える。王騎タイプは業界全体のことを広く見ており、その中で自分がどう動くかを考えているスケールの大きな人。そんな視点の高さに学ぶことも多いだろう。

昌文君×龐煖 友
表面的には良好だが、ともに闘争心を秘めた隠れたライバル。

昌文君×慶舎 危
要領のいいところが羨ましい。相手のことがわからず翻弄される。

昌文君×信 栄
何かで一緒に戦うことがあれば、誰より力強い味方で裏切らない。

昌文君×壁 安
似ているようでまったく違うので、手を組むとケンカになりやすい。

昌文君×媧燐 親
言葉以外のことでわかり合える部分も多く、自然体でいられる。

昌文君×蒙武 成
共通点がないと関われない。近づくには相手のリサーチが大事。

昌文君×廉頗 衰
どちらもリアリストなので、衝突を避けてうまくつき合えば○。

昌文君×河了貂 危
合理的で隙がない者同士警戒し合う。心を開くきっかけが少ない。

昌文君×羌瘣 栄
楽しく気軽に会話でき、お互いの魅力を引き出し合える相手。

昌文君×楊端和 壊
気軽に話せて楽しい。一緒にいると互いのいい面を引き出し合える。

昌文君×呂不韋 安
現実的なことや打算でつき合う関係。精神的な結びつきは弱い。

2024〜2033の10年を占う!

『キングダム』

出世すごろく

2024 新しい自分になるために、脱皮が必要

ずっと頑張ってきたこともひとつの曲がり角。今までの手法、考え方は通じないし、無理に同じことを続けないほうがいい年。潔く気持ちを切り替えて。転職や仕事の挑戦は５月７日〜８月６日。11月４日〜12月20日に起こる出来事があなたをしかるべき場へと導くことになるかも。

俺の教育官の
昌文君《しょうぶんくん》
今は文官だが
若い頃は戦陣で矛《ほこ》を
ふるった英傑《えいけつ》だ

2025 出会った人や情報から学びを得る

前年の変化に対応し、うまく切り替えができた場合は、何か達成感を感じる出来事がある。交流する人々が入れ替わったり、つき合い方も変わる中で、意外な学びや気づきもあり、新しい情報に刺激を受ける場面もありそうだ。

お前が俺を援《たす》けるために
文官へと転じてくれたことが
今こそ大きな意味を持つ
大王…

2026

自分の〝原点〟や〝初心〟を思い出すことがある年。昔の経験が役に立ったり、古い人間関係、ご縁に助けられたりすることもあるだろう。

2027

派手な冒険や勝負はしないほうがいい年。変化もマイナーチェンジにとどめて。慎重でよいが、説明は丁寧にしないと人を失望させる。

2028 焦らずデトックス&リラックスを心がけよ

デトックスの年。頑張ってきたことへの疲れが噴き出てくる。無理をせず、背負っているもの、こじらせている関係を少しずつ手放そう。温泉、マッサージなど、リラックスできる場へ身を置き、エネルギー補給もしたい年だ。

こんなもの…
どこから手をつければよいと言うのじゃ
……

2033

翻弄されることも。価値観が変化する年に

これまでと同じことを続けられなくなったり、停滞したり。思うようにならないトラブル、上からの抑圧が生じそうだ。金銭トラブルの可能性もあり、価値観の変わり目にもなる年だろう。でも、守りに入るより、変化をジャンピングボードにして、あなたらしい世界を築く努力を。

↑

2031 協力関係を楽しみつつ、新たな体制づくりを

人に尽くすことがキモとなる年。悩める後輩や部下をサポート。あなたの放つ言葉には力があり、助言をもらって勇気が出る者も多いだろう。前年の変化を乗りこなせている人ほど、人との協力関係を楽しみながら新体制を築けるはずだ。

→

2032

好調な発展と上昇の中で、新たな夢や希望、目標が芽生えてくる。達成のために必要なスキルや手段を考え、次のステップへと進もう。

↑

2030

仲間との出会いで、使命に気づく

責任やプレッシャーのある立場を与えられたり、働き方や職場の変化を強いられるかもしれない。よき仲間も得られるが、あなたの意識、これまでのやり方を変える必要も。そんな中で、あなたは自分が今後、果たすべき使命や、役割に気づいていく年となるだろう。

雌雄を決するその戦いに
共に駆けつけて参戦いたそう
昌平君《しょうへいくん》

←

2029

次の出陣に向け地盤を固める

予想できる変化に向けて準備をしておきたい。コンプレックスを感じていることは真っ先に補強、対策。中途半端にしているタスクにも、すぐに着手。先延ばしにすれば、次の年の火種にもなるので、何事もテキパキと。

←

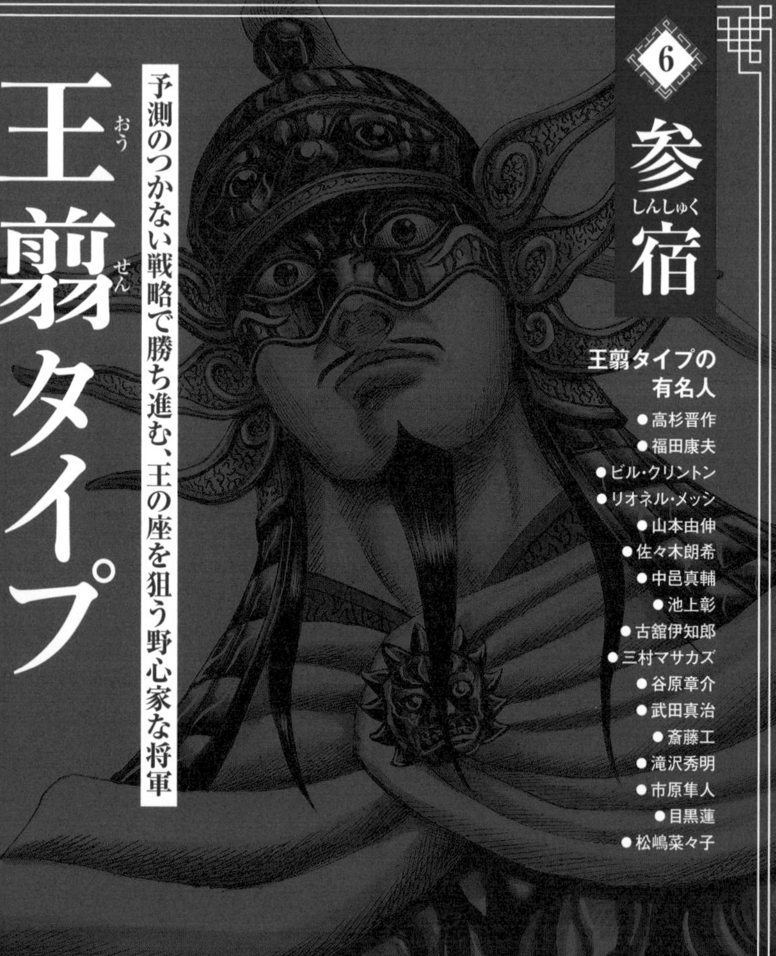

6

参宿《しんしゅく》

王《おう》翦《せん》タイプ

予測のつかない戦略で勝ち進む、王の座を狙う野心家な将軍

王翦タイプの有名人

- 高杉晋作
- 福田康夫
- ビル・クリントン
- リオネル・メッシ
- 山本由伸
- 佐々木朗希
- 中邑真輔
- 池上彰
- 古舘伊知郎
- 三村マサカズ
- 谷原章介
- 武田真治
- 斎藤工
- 滝沢秀明
- 市原隼人
- 目黒蓮
- 松嶋菜々子

基本性格

大胆不敵に、まったく新しいものを生み出していく人

王翦は名家・王家の当主にして、趙《ちょう》攻めの総大将。これまで数々の戦功をあげているが、〝王の座を狙っている〟という不穏な噂《うわさ》もつきまとうミステリアスな存在だ。そんな王翦タイプのあなたは、大胆不敵でエネルギッシュ。どんな場所でも、誰が相手でもひるまず、自分を押し通す度胸の持ち主。周囲にどう思われようと、自分が欲しいものは猛烈な努力でものにしていく。

また参宿は、嵐の神の宿ともいわれ、混乱と破壊の中から新しいものを生み出す革新的な才気を秘め、新しいこと、誰もやったことのない挑戦が大好きだ。王翦も、戦場に突然、砦《とりで》をつくり上げたり、上の命令を無視して独断の戦術を繰り出したりするが、そんな人の予想の斜め上をいく言動で周囲を驚かせるのも参宿の個性といえるだろう。

王翦タイプってこんな人

自分が
王様になりたいん
だってさ

現状を大きく変えたい願望

参宿の既成概念にとらわれない発想や動きは、目上の人や現状を守りたい人には脅威を与えるため、とくに若いときは「生意気」と思われがち。王翦が「王座を狙っている」と噂されるのも、そのあたりに理由が？　ただ批判精神が強く、現状にとどまらず、常に変化、進化を求めるので、誰もやっていない、初めてのことに取り組んでいるときに参宿は一番、生き生きする。

……だが
私は
慈悲深い

実は情にもろいところも

自分の考え、戦法、アイデアに自信を持ってグイグイ進むうえに、言葉がハッキリしていて、人に怖がられたりもする参宿。けれど本当は情には厚く、義理堅い。面倒見もよいので、後輩や部下からは慕われることも多い。そして実は泣き虫だったりもする。息子の王賁《おうほん》にも素っ気ない王翦だが、降伏してきた敵兵を自軍に迎え入れるなど、クールなようで慈悲深い振る舞いも少なくない。

その〝軍略の才〟だけで
六将の席に割り込んで
これる逸材だと

おおいなるアイデアマン

王翦は味方すらあざむき意表をつく、アイデアあふれる戦法をとって周囲を驚かせる。それもひとつだけでなく、さまざまな策を何重にも張り巡らして…。参宿も、人をアッと言わせたい天性のアイデアマン。でも思いつきでひっかき回して終わる恐れもあるので、じっくりと考え抜いた秘策をいくつも用意して、王翦のように、「勝てる戦いしかしない」といえる参宿になろう。

―― 個性を生かして勝て! ――

王翦タイプの得意戦術

一体何考えて
やがんだ
王翦《おうせん》将軍……

得意戦術❶

大胆さと 発想力の二刀流

嵐を呼ぶ“改革の星”といわれ、誰も考えつかないようなことを思いつき実行できる。勇気があって怖いもの知らずで綱渡りのようなことも平気でやる。王の座を狙う王翦のような大胆さを持っているが、ただの乱暴者ではなく、持ち前のアイデアで革新的なものを生み出していく。

得意戦術❷

余計な固執をせず スクラップ&ビルド

危険を察知すると、あっさり退却する王翦のように、自分が考えた策や既存の仕組みに固執することなく、スクラップ&ビルドができる。それは何かを倒すこと自体が目的というより、体制を作り変えることに重きをおくからこそ。そのため、新規事業の立ち上げや組織改変も得意。

では全軍
順次退却だ
しかし王翦《おうせん》は
そんな廉頗《れんぱ》の
期待を見事に
裏切つた
ドオオオ

許す

得意戦術❸

すべてを受け入れる度量の広さ

参宿は嵐により汚れたものを洗い流すという宿命を持っているため、すべてを水に流し、かつての敵であっても味方に引き入れ、使うことができる。ドライに見える王翦も自分への服従を誓えば、敵をも許す度量を備えている。情にもろく、面倒見のいい面が魅力になることも。

この陣形で勝負!

発想型
アイデア勝負の陣

王翦タイプが常に追い求めるのは〝革新〟。新たなアイデアをもって既存のものを打ち壊し、前人未到の地を切り開いていく。誰もやってこなかったこと・思いつかないようなことをやるし、ときには危険なこともやってのけるので、「理解できない」と離れる人もいるが、反面、面白がって味方になってくれる人も少なくない。意外と面倒見もよく、器が大きいので、支えてくれる味方と一緒に、思い描いた未来をつくっていく。

ポジション別

強みを生かす戦い方は？

中間管理職なら…

アイデアを形にして、チームの指揮をとれ！

持ち前の企画力で頭角を現し、人もついてきて比較的早くプロジェクトリーダーなど責任ある立場に。自分自身のアイデアを軸にチームの指揮をとるが、上も下も誰もが自由に企画提案ができる場でこそ輝ける。敵国にありながら、敵の民を使って兵糧攻めを繰り出す王翦の型破りな策も参宿らしい。ただ、激しさや奇抜さが出すぎると、部下や仲間に威圧感を与えるので注意。

あの王騎《おうき》の一族の宗家にして
才能は同世代の王騎と等しいとも
噂されていた
しかし危険思想から
昭王《しょうおう》に光を当てられなかった男…

ドガラ
やっぱお前ぶっ飛んでんな
王翦《おうせん》

若手なら…

型にハマらない企画力で勝負！

度胸があり怖いもの知らずなので、若手時代から目立つ。企画力もあり、人が考えつかない斬新なアイデアや発想力で型にハマらない提案をしていくことで認められ、引き立てられる。また、意外とハートフルで情に厚く、気にかけてくれる上司には恩義を抱いて尽くすが、それ以外の人には生意気に映りがち。鼻っ柱が強く、武将でありながら王座を狙う王翦のように危険視されることも。

私と
一緒に来い
李牧《りぼく》
お前が私と組み
力を貸すなら
二人で
全く新しい
最強の国を作る
ことが出来る
!?

トップ職なら…

作り上げたものを超え新たな価値を！

革新的なアイデアを生かした仕事で結果を出し、トップへ。何かを壊したり、古い体制を乗り越えて、また新たな価値あるものを作るパワーと実力で、業界の風雲児的な存在に。自分同様、面白いアイデアを出せる人間や自分のやりたいことについてこられる人間を重用してよく面倒も見る。才覚を見込めば敵である李牧にでさえも手を組むことを提案する大胆さも参宿らしい。

ゴ
ゴ
ゴ
王
負ける戦《いくさ》は
絶対に始めねェ

フリーランスなら…

冒険心を持って自由に動き回れ！

意外と愛社精神や組織への愛があるタイプだが、冒険心も強いので、自分がやりたいことが実現しやすいと感じれば、起業したり、フリーでも活躍。斬新なことを実現したいなら、自由に動ける場を求めていくべき。そうすれば、王翦のように勝機を見極めながらスペシャリストとして輝ける。ただし、金銭面などの打算優先で動くと本来の力を生かせない。

王翦タイプの弱点は？

好き嫌いの激しい自信家で、自己主張も強いので、敬遠されることも少なくない。命令も無視する王翦のように、好きなことを自由にできないと、組織を乱すことも。革新的でアイデア豊富だが、年長者や古いものへのリスペクトを忘れ、「オワコン」などと無礼な批判をすると運を落とす。

王翦タイプに向いている職種は？

王翦のように大胆で、アイデアや冒険心豊かなので、発明家の素質がある。広告などクリエイティブな業界でも力を発揮でき、新事業を立ち上げたり新基軸を打ち出す能力も。自分が面白いと思うものを追求できる研究職もアリ。危険も厭わないので消防士やレスキュー隊も適職。

ビジネス相性占い

今は
こらえよ

尊敬できる上司は…

觜宿 昌《しょう》文《ぶん》君《くん》タイ 親

ほどよくブレーキをかけてくれる

クリエイティブで新しいことをやりたがる王翦タイプは、一歩間違うと暴走してしまったり、本来の目的を見失ってしまうこともあるが、そんな部分を安定させてくれるのが昌文君タイプの上司だ。クールな視点を与えてくれることで、王翦タイプのアイデアも洗練されていき、よりいい形でのアウトプットにつなげることができるだろう。

っはははは

最強のライバルは…

房宿 呂《りょ》不《ふ》韋《い》タイプ 衰

悔しいけど憧れる、心のライバル

呂不韋タイプは、呂不韋のように生まれ持った金運のよさや華やかさがあり、王翦タイプはなぜかそれに惹かれてしまう。王翦タイプも存在感のある人だが、自分とは違うタイプの魅力に憧れて、「認めざるを得ない」と思う心のライバル的存在に。近づきたいと思って強引なコミュニケーションをとると、敬遠されるので注意して。

⑥ 参宿

王翦タイプ×他23タイプの相性は？

王翦×王賁 成
こちらのペースに巻き込める相手。細やかなフォローをしてくれる。

王翦×麃公 衰
他の人にはわかりにくい麃公タイプの魅力をわかってあげられる。

王翦×李牧 友
努力を認め合えるが、互いに強いので同じ土俵には立たないほうが。

王翦×騰 危
手強い存在と感じ、一定の範囲以外ではあまりつき合わない相手。

王翦×蔡沢 壊
物怖じしない点で双璧だが、蔡沢タイプの信念の強さには勝てない。

王翦×紫夏 安
互いの才能に惹かれるが、一度こじれると、厳しいライバルになる。

王翦×王翦 命
気が強い者同士だが、互いの個性を面白がれるので仲はいい。

王翦×桓騎 成
似たタイプで気になる。戦うと桓騎タイプは裏技も使うので注意。

王翦×蒙驁 友
よい相談相手で、気配りもしてくれる。感謝の言葉を忘れないで。

王翦×李斯 危
よきライバルとして競い合いつつも、いざというときは一番頼りに。

王翦×成蟜 栄
論戦では勝てないが、会話を通して多くのことを学ぶことができる。

王翦×昌平君 壊
強気の王翦タイプがつい頼りたくなる相手。毒気を抜いてくれる。

キーパーソンは誰？ 『キングダム』

そなたはこれより
五千の将となりて
魏《ぎ》将　姜燕《きょうえん》を迎撃せよ！
!!
……

頼りになる部下は…　壁宿　壁《へき》タイプ 衰

予想外の発想で返してくれて面白い

変化球な指示もしっかり受け止めてくれるし、それに対して思いがけない、よい返球をくれる部下。斬新なアイデアが大好きな王翦タイプは、壁タイプが秘める意外な面白さを楽しんでかわいがる。王翦が急遽、壁を五千人将に抜てきしたように、ついハードルの高い指示を与えたくなるが、壁タイプもまた、それに応えるのがイヤではない。

高め合える同僚は…　女宿　媧《か》燐《りん》タイプ 友

同じテンションで仕事ができる仲間

野心家で前進力があるところが似ており、同じ組織やグループにいてひとつの目標を共有していると、「ああしよう」「これがいいよね」と同じ熱量で盛り上がって物事をどんどん進めていける。相談相手として最適だが、一緒にいるとお互いにブレーキがきかなくなる面はあるので、ときには意識的にクールダウンするようにしよう。

分かってんじゃんかよー
フフフ

王翦×龐煖 壊
尊重し合えるが、何かで龐煖タイプのスイッチが入ると攻撃される。

王翦×慶舎 安
意見が合うときはいいが、バランスがくずれると争い合う関係に。

王翦×蒙恬 親
ふたりでいると人間関係が広がるが、反面ハメを外しやすい部分も。

王翦×王騎 栄
ダイナミックに生きる者同士、よき理解者やパートナーになれる。

王翦×嬴政 親
現実面を共有するのは難しいが、大きな夢を描く点で共感できる。

王翦×蒙武 危
物事の取り組み方が違うので、ふたりきりだとギクシャクする。

王翦×信 業
どちらも仲間が多くて団体行動に。気にかけて支えてくれる存在。

王翦×河了貂 安
運命的にふたりを阻む出来事が起こりやすく、傷つけ合うことも。

王翦×羌瘣 胎
何かをしてあげたくなる相手。一緒にいると物事が急速に進む。

王翦×楊端和 成
ともに考えを曲げないので、衝突すると周囲も巻き込んで大惨事に。

王翦×廉頗 栄
いい面も悪い面も出し合えて楽だが、一緒にいると雑になりがち。

2024〜2033の10年を占う!

『キングダム』出世すごろく

2024

肝を据えて、課題へと挑む年

後半になるにつれて楽しさが増す。やりたいことが実現しやすいときだが、1、2月は迷いがちなので決断は3月8日以降。本気の選択、勝負はパワーが高まる5月26日〜8月31日に。プレッシャーも増えるが、調子のよいときほど気を引き締め、雑にならないように。肝を据えて向き合えば、ステップアップできる。

→

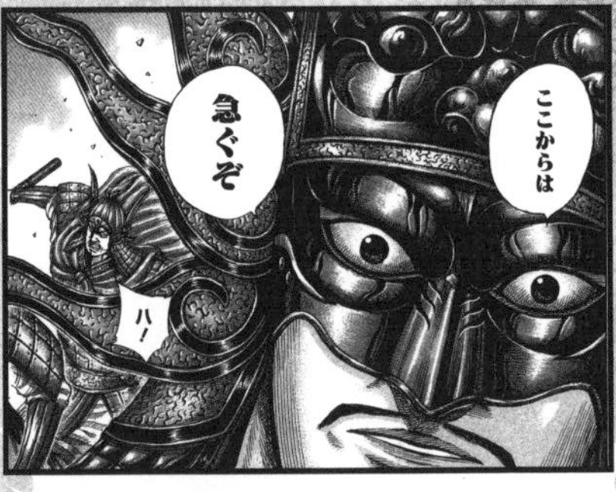

ここからは
急ぐぞ
ハ!

6 参宿

2025

使命が明らかになる。己が主役となって前進!

前年の出来事から、今後やるべきことや使命がはっきりしてくる。守りに入らず、変化や革新、冒険など、あなたの素質をビジネスの場でも存分に生かせる好機。「己が世の中を変える!」ぐらいの勢いで、目立ってよし。切り替えたい物事は、この年のうちにチェンジすること。

↓

2026

最近、変化したことを調整する年。お金、人脈、情報などの有効活用法を時代に合わせてアップデートすることで、さらに大きく成長。

←

ほう
そういうことか

2027

過去の失敗を改めて見直そう

過去に失敗したこと、やり残していたことに着手しておきたい。プライベートな生活環境を今のうちに整えるのにもよいとき。仕事に必要な機器もリニューアルを。最新の武器をそろえて、どんな戦いにも万全の体制にしておこう。

面倒だ
まとめて一気に決着をつける
!?

2032

コスパやタイパなど、利潤の追求が最優先になりそう。結果的には、そこから新たな取引先、新技術などを得ることができそうだ。

2033 新たな出会いと冒険が未来の自分を助ける

金銭面の苦境を逆手にとり、未知なる冒険をするにもよい年。新たな分野への進出も悪くないタイミング。ここで知識や人脈をどんどん広げておくと、次の変化やチャンスで、それがあなたを助ける。

オ
オ
オ

2030 現実を把握し、次の年に備える

勢いまかせ、慣例などでやっている事案をキチンとしたモードにチェンジ。コンプライアンスのチェックも。実務的なことをなおざりにしないこと。ここでの冷静な整理が次の年への飛躍の準備となる。

2031 持続可能な働き方をつくる ターニングポイントの年

無理のない、現状に合った働き方へ変えるターニングポイントの年。新しいもの好きなあなただが、思いつきで突っ走るのではなく、その先の持続性を意識しよう。地味で泥臭くても、今、確実にできることを積み重ねることで、味方や理解者が少しずつ増え、よい方向へと脱皮できる。

2029 速度を緩め、周囲に合わせて丁寧に

次の戦いに向け、プライベートな生活の整備や体のメンテナンスをしておきたい。遊びや趣味の中に面白い発想、アイデアに出会うはずだ。自分のやりたいことより人に望まれ、期待に応える中で勝利の方程式を見つけることも。

2028

あなたらしいアイデアが湧き出てくる年。すぐには無理でも、少し先で実現できる可能性もあるので、何かに記録して、温めておこう。

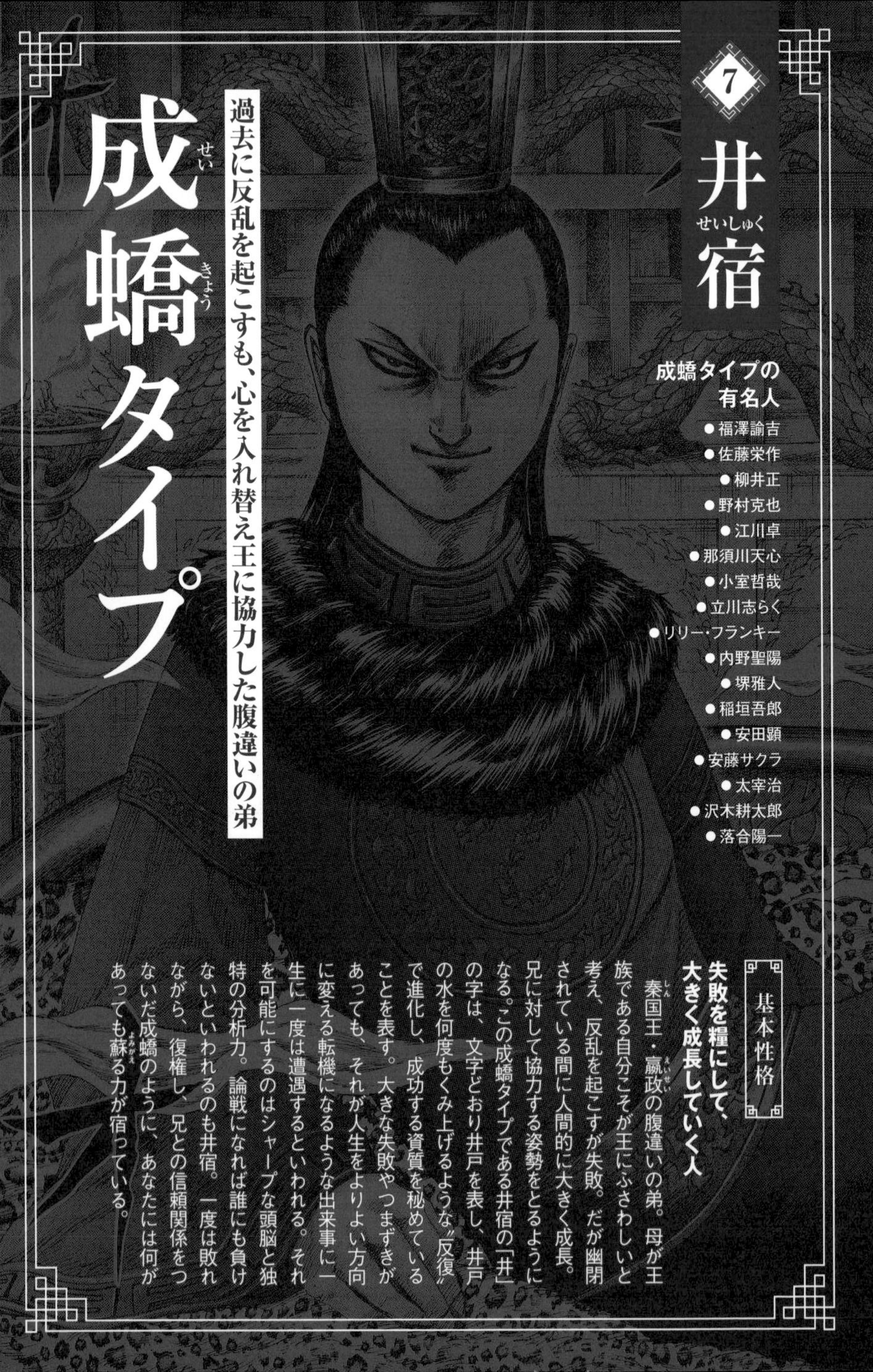

7

井宿《せいしゅく》

成《せい》蟜《きょう》タイプ

過去に反乱を起こすも、心を入れ替え王に協力した腹違いの弟

成蟜タイプの有名人

- 福澤諭吉
- 佐藤栄作
- 柳井正
- 野村克也
- 江川卓
- 那須川天心
- 小室哲哉
- 立川志らく
- リリー・フランキー
- 内野聖陽
- 堺雅人
- 稲垣吾郎
- 安田顕
- 安藤サクラ
- 太宰治
- 沢木耕太郎
- 落合陽一

基本性格

失敗を糧にして、大きく成長していく人

秦《しん》国王・嬴政《えいせい》の腹違いの弟。母が王族である自分こそが王にふさわしいと考え、反乱を起こすが失敗。だが幽閉されている間に人間的に大きく成長。兄に対して協力する姿勢をとるようになる。この成蟜タイプである井宿の「井」の字は、文字どおり井戸を表し、井戸の水を何度もくみ上げるような〝反復〟で進化し、成功する資質を秘めていることを表す。大きな失敗やつまずきがあっても、それが人生をよりよい方向に変える転機になるような出来事に一生に一度は遭遇するといわれる。それを可能にするのはシャープな頭脳と独特の分析力。論戦になれば誰にも負けないといわれるのも井宿。一度は敗れながら、復権し、兄との信頼関係をつないだ成蟜のように、あなたには何があっても蘇《よみがえ》る力が宿っている。

特に蕞《さい》以降・・
さらに成蟜様の
中で変化が
あったように感じる…

成蟜タイプってこんな人

トラブルで生き方を変える

兄王を追い落とす反乱に失敗した後、幽閉されて過ごすうちに成蟜は変わる。王族の誇りを守るために、憎んでいたはずの兄の政とも手を組むまでに成長。井宿は若いうちに、一度、ドン底に落ちるような経験をしたり、挫折を味わう宿命を背負うとされるが、それがきっかけとなって自分本来の生き方や本当に大事にすべきものや人など多くのことに気づき、その後の幸せと成功に導かれる。

ナイーブで寂しがり屋

利己的でわがまま、人を人とも思わない残虐さを持ち、朝廷内で高圧的に育った成蟜の振る舞いは、自分を認めろ！という〝悲鳴〟のようなものだったのかも。彼が持つ、こまやかなやさしさは愛妻・瑠《る》衣《い》への行き届いた心遣いにも表れている。本来の井宿は、ナイーブで寂しがり屋。繊細で傷つきやすい面もあるだけに、身内や心を許した相手には思い切り甘えるし、とても愛情深いタイプなのだ。

フッ
あの時から
ずっと
お前に
ほれている

俺をここから
出せば
お前らも家族も
粛清されず
本当に大金を
手にすることが
できるぞ

クールな理論派

井宿は知的でクール。物事を理路整然と考え、筋を通して語り、対処することができる。成蟜も、兄・嬴政の王としての姿勢と覚悟を知り、冷静な判断力でそれを認めた。ただ井宿は理詰めで相手を追い込むことがあり、正しいことを言っても恨まれたり、反発をくらいやすい点は注意が必要だ。また情報収集の能力はピカイチ。成蟜は幽閉中にも関わらず有力者とつながりをつくっていた。

― 個性を生かして勝て! ―

成蟜タイプの得意戦術

得意戦術❶

常に論理的で論戦は最強

データやエビデンスを収集・分析し、活用しながら、クールで知的な戦略を立てる。また、弁が立ち、相手が熱くなっても冷静に理路整然と返すので、ディベートや論戦にはめっぽう強い。論理的で話に説得力があるので、成蟜のように相手を自分の陣営に取り込む交渉力も高い。

呂不韋《りょふい》の如《ごと》き狸《たぬき》に四苦八苦しておる体《てい》たらくで能天気に絵空事《えそらごと》を語るな愚か者が

…しかしずっと送り続けた俺の申し出を・・・無視し続け
よくもこんな黴《かび》臭い城に三年も閉じ込めてくれたなァ
嬴政《えいせい》

得意戦術❷

積み重ねや継続を大きな力に

井宿の分析能力やエビデンスを集めて活用する能力の高さは、毎日ひたすらコツコツとデータを取り続ける継続力に裏打ちされたもの。クーデター失敗で幽閉されながらも、自陣の解放を条件に打倒呂不韋《りょふい》に協力する申し出を３年間、嬴政に送り続けた成蟜の根気強さも井宿らしい。

得意戦術❸

失敗や挫折を糧にして成長

井宿はちょっとしたトラブルに巻き込まれやすい運を持つが、そこから必ず立ち直り、さらに強くなるという特徴がある。失敗も糧として成長できるため、身勝手な反乱後、優秀な王弟へと見事な転身を遂げた成蟜のように、挫折があったほうが気づきも多く、成長できる。

今 陣営《ここ》には以前存在しなかった「忠《ちゅう》」がある
!
ちょっとお声が…
ハッハッハ

この陣形で勝負!

論破型 裏づけ鉄壁の陣

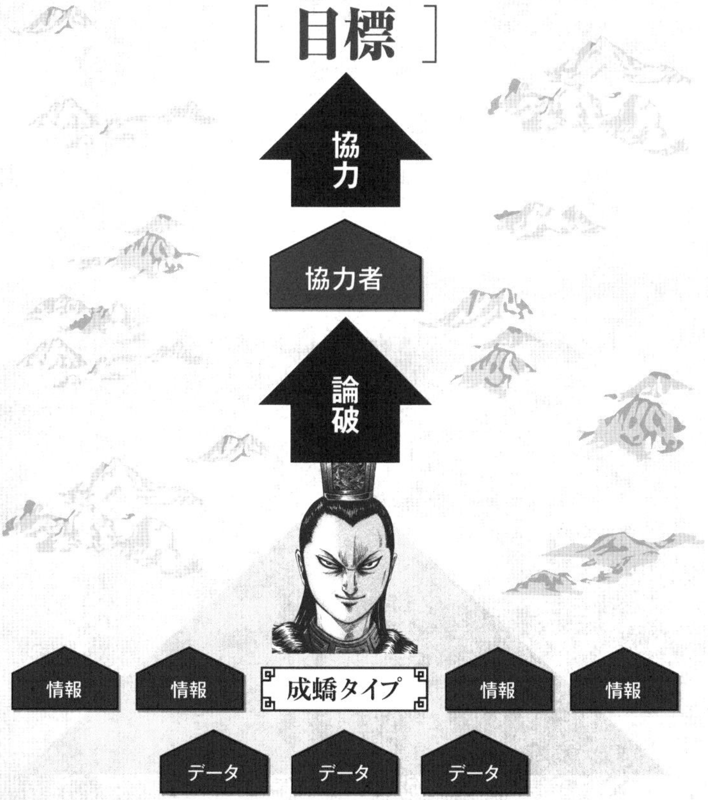

論戦ならば誰にも負けない成蟜タイプ。その強さを支えているのは、コツコツと集めた情報やデータなどの〝知の集積〞だ。自分が前線に出て泥にまみれるようなことはあまりせず、言葉や情報で誰かを動かすことで、目標を達成していく。また、行動範囲はそれほど広くないが、動いたところはすべて重要な情報源となる。ひとつのことを深く掘り下げてスペシャリストをめざしたほうが、他の人にはない自分だけの強みにできるだろう。

ポジション別

強みを生かす戦い方は？

ふざけるな!!
バカか貴様は!!
そんなことが
許されるとでも
思っているのか!!
玉座に
在《あ》る王をっ
そんなことっっ

若手なら…

見識を広げるため経験を積め！

若いときはクールな理論派の爽やか系で好印象。一方で、王族純血の自分を差し置いて、庶民の母を持つ嬴政が王位に就いたことに強い憎悪を抱いた成蟜のように、自分の視点からしかものを見られず視野が狭くなり、周りへの配慮を欠くことも。そのため、見識を広げたり経験を積むことが大きなテーマ。頭脳明晰な反面、頭でっかちになっての挫折も多いが、それがよい転機に。

7 井宿

中間管理職なら…

情報収集や分析力を生かして強みを発揮！

若手時代の経験をどう生かすかがポイント。呂不韋に対抗するために嬴政と手を結び、見違えるほどの成長を見せた成蟜のように、つまずきやトラブルをきっかけに視野も心の幅も広がれば、人間関係も好転、安定していく。スペシャリストタイプなので、コツコツ極めてきた分野で強みを発揮。自分で培ったデータと経験を生かせば、上を説得したり下を導くこともできる。

まだ足りぬ
旧大家《たいか》の
雲波《うんは》と赤倉《せきそう》も
取り込みにかかれ
あくの強い連中だが
俺が一手にまとめ上げる

今の成蟜《せいきょう》様はより国を富ますため強くするための道を――正に聖王の道を真剣に模索されてますそんなお方が今この時
無駄に国力を削《そ》ぐ反乱など起こしましょうや

トップ職なら…

データと経験で道を極めろ！

トップになると、ひとつの道を極めてきた名物社長として、その業界では右に出る者はいないと一目おかれる存在に。その言葉はデータや経験に基づいているため、説得力も抜群。社員のデータも把握し、適材適所で人を使う能力も発揮。華やかなリーダーではないが、内外から信頼を集め、ご意見番のような存在に。一時は失脚した成蟜も嬴政のもと国家の繁栄を願い、自身の一派を率いた。

しかし この貸《か》しは高くつくぞ

フリーランスなら…

専門分野を絞り込め！

フリーランスになるなら、専門的な知識や情報を武器にするのがベスト。井戸から水を汲み上げるように繰り返しデータを取り蓄積していくことで、ビジネス感覚も研ぎ澄まされる。成蟜の一派が拡大していったのも経験の蓄積が大きかった。広く浅くというスタイルには向かず、自分の得意なこと、専門分野をピンポイントに絞り込むほど力を発揮し、活躍できるはずだ。

成蟜タイプの弱点は？

クールで情で動かないため、冷たく、ノリが悪いと思われてしまいがち。データを持ち出しながらキツい言葉で、成蟜のように相手を追い詰めてしまう傾向は注意点。理論的で正しいことを言うからこそ、言葉に血が通っていないように思われ、恨みを買ったり、ついていけなくなる人も。

成蟜タイプに向いている職種は？

情報処理能力や分析力を生かしてデータを扱う仕事、エンジニア系や研究職などは適職。反復作業が得意で地道に腕を磨くので、職人としても有能。成蟜のように論理的で弁が立ち、言葉に説得力があるため弁護士、文筆業、教育関係などもよく、あまり泥くさい世界や商売は合わない。

ビジネス相性占い

俺にお前の力を貸せ 成蟜《せいきょう》

尊敬できる上司は… 虚宿 嬴《えい》政《せい》タイプ 友

力を貸し合って、大きな夢を実現

データや情報をうまく使えるのが成蟜タイプの強みだが、それゆえに視野が狭くなりがちな面も。嬴政の果てしない夢を知り刺激を受けた成蟜のように、嬴政タイプのスケールの大きさに学ぶことは多い。嬴政タイプからしても、現実面をサポートしてくれる成蟜タイプは頼りになる部下。お互いのよさと真の力を引き出し合う相性だ。

条件次第かと

最強のライバルは… 昴宿 昌《しょう》平《へい》君《くん》タイプ 成

知的バトルの勝者はどちらか？

互いに知的で認め合える関係だけれど、どちらもプライドが高く、ときには折り合いがつかないことも。そこに好き嫌いが絡んだり、敵味方の関係になれば手強い相手に。冷静に話し合っている間はいいが、お互い譲れない条件があると対立が激化。成蟜タイプは論戦では負け知らずだけれど、唯一、昌平君タイプには苦戦するかも。

成蟜タイプ×他23タイプの相性は？

成蟜×王賁 危
ライトなつき合いはいいが、近づくと心理的な駆け引きが始まる。

成蟜×麃公 栄
クールな成蟜タイプの心を、ホットな優しさで温めてくれる存在。

成蟜×昌文君 友
議論するのが楽しい相手。深い話もできると、ぐっと絆が深まる。

成蟜×騰 安
互いに議論好きだが勝つのはこちら。次第に避けられるようになる。

成蟜×蔡沢 成
意見が合わなくても理性的に話し合える。ほどよい距離感が吉。

成蟜×紫夏 衰
凝り性な者同士楽しいが、興味の対象がかけ離れてしまうと疎遠に。

成蟜×王翦 親
王翦タイプのパッションに刺激を受け、一歩踏み出すきっかけに。

成蟜×桓騎 危
自分にないものを持っているようで警戒心が働く。本音が見えない。

成蟜×蒙鷔 壊
蒙鷔タイプの気持ちの切り替えについていけないことがある。

成蟜×李斯 安
大きな夢を求める李斯タイプを、理詰めで責めると避けられる。

成蟜×成蟜 命
上下関係があるほうが安定。対等な関係だと冷たい火花が散るかも。

成蟜×李牧 壊
こちらの言葉が響きにくい相手。でもそれが行動のきっかけになる。

キーパーソンは誰？

『キングダム』

いかにも

頼りになる部下は…

房宿 呂《りょ》不《ふ》韋《い》タイプ 栄

抜群の〝察し力〟で支えてくれる

冷静で論理的な成蟜タイプと、おおらかに見えて実は繊細で洞察力のある呂不韋タイプはよいコンビ。成蟜タイプがやりたいことに対して細かな意図を汲んで協力してくれるし、ちょっと不器用な面もうまくフォローしてくれる、頼りになる部下。もしも成蟜と呂不韋がタッグを組んでいたら、嬴政にとっては、より手強い敵となっていたかも？

高め合える同僚は…

奎宿 河《か》了《りょう》貂《てん》タイプ 衰

絶対勝とう
この戦《いくさ》

クールなつき合いが心地いい

論理的・計画的に動く面が似ており、共感し合えるし気持ちよくやりとりができる相手。感情面で深入りせず、クールにつき合っている限り、ビジネスの相手としては最適だ。成蟜と河了貂がタッグを組んで戦ったことはなかったが、もし同じ目標を共有することができたら、ふたりの知性を掛け合わせて、大きなこともできそうだ。

成蟜×龐煖 成
互いの立場を明確にすると○。争い事はこちらが大人の対応を。

成蟜×慶舎 衰
予測しきれない言動に惹かれる。相手もこちらの冷静さが好き。

成蟜×蒙恬 友
理屈っぽい成蟜タイプも、一緒にいるとラフな自分になれる相手。

成蟜×王騎 胎
なぜか気になり、手助けしてしまう相手。精神面のサポートをして。

成蟜×媧燐 壊
相手が誠実で向上心がある人であれば、いい関係を築ける相性。

成蟜×蒙武 安
蒙武タイプのブレない思いに心動かされる。主導権はこちらに。

成蟜×信 親
一緒にいるとお互いの能力を引き出せる。仕切り役は相手に任せて。

成蟜×壁 栄
ユニークな面を引き出してくれて、困ったときには助けてもくれる。

成蟜×羌瘣 親
人間関係の幅を広げるヒントをくれる。ふたりきりより複数人が吉。

成蟜×楊端和 危
相手を立てることで、こちらも楽にやりたいことができるいい関係。

成蟜×廉頗 業
いろいろと手を貸してくれる、現実的な廉頗タイプに刺激を受ける。

2024～2033の10年を占う!

『キングダム』

出世すごろく

2024

自分の使命を理解し、挑戦を続ける年

28年に一度のターニングポイントだった2023年を経て、自らの〝使命〟に目覚めた人ほど好調の波に乗れる。今、必要と感じている学びのスタートは3月から。本領発揮の活躍ができるのは、5月3日～7月3日。誰かをフォローする立場で、専門的技能や個性を生かせることも。

俺が行く
ゴゴ
ゴゴ

2025

これまでの頑張りが花開く年。自由に動けるので、転職、起業、独立、副業のスタートなど、やりたいことは、この年にやりきろう。

7 井宿

2026

ステップアップできるか否かの分かれ道

あれから お前も大きく変わってたんだな
成蟜《せいきょう》

仕事の流れや環境に変化がある年。予期せぬ出来事や曲がり角を経験するかも。頑張ってきた人、専門分野を絞ってきた人には、ステップアップを実感できる、充実の年になるだろう。不本意な出来事に見舞われることもあるが、落ち込まず、方向性を変えてリスタートをしよう。

2027

新たな試みを始動させるべし

前年の転換期を経て、あなた自身の興味も周囲の人間関係も変わってくる。探していたものや人に遭遇できる暗示もあり、好奇心の赴くまま出会いを求めて、停滞感を打ち破ろう。リスキリングなどで自分自身の戦力アップを図るのもいい。

2028

新しい趣味や古い人間関係にビジネスチャンス

仕事よりプライベートが充実。新しい趣味や好きなことに出会ったり、家族や住居に力を注ぐ必要が。過去の経験や身につけたスキルが役に立ち、そこにビジネスチャンスを見つけそうだ。昔の友人との交流の復活もあり。

2029

安定感のある年。着実に仕事をしつつ、趣味、推し活などを存分に楽しめる。恋愛や子ども、家族との時間を大切にしたほうがよいとき。

2030

何事も過剰にならないよう注意

仕事だけでなく、楽しいことも過剰にならないように注意が必要な警戒年。体調のチェックはマスト。不要品の処分、放置していて気になっている案件、メンタル面で割り切れないことなども、何らかの形で対処しておくと心身が軽くなる。

2031

ピンチに思えたことが幸福を運んでくる

前年に抱えた困り事や悩みが、幸運を呼ぶきっかけになるようなことが。今、できることをキチンとやっていれば、あなたを理解し、寄り添ってくれる人たちとの絆が強まっていく。パートナーと呼べる相手も現れそうだ。

2032

責任や覚悟が必要に。さらに成長できるチャンス!

仕事でも、プライベートでも、あなたの責任や覚悟を問われる出来事がある。公私で守るべきものが増え、そのために闘うこともあるが、あなたの本気、真剣さは周囲を動かすはず。さまざまな試練と正面から向き合うことで、あなた自身だけでなく、周囲も変わるとき。迷ったら、大変でも正しいと思うことを選んでいこう。

留守中
この国を頼むぞ
成蟜《せいきょう》
今
託《たく》せるのは
お前だけだ

隙《すき》を
見せるなよ

2033

前年に背負った責任のおかげで成長し、視野が広がる。リアルに旅行へ出かけて、見識を広げ、あなたの器をさらに大きくする年に。

part1
魅力編
❶

個性ランキング

それぞれの魅力や才能が光る『キングダム』キャラタイプをランキング化！ あなたのキャラは何位に入ってる？

心がピュア Best3

1位 麃《ひょう》公《こう》タイプ
2位 楊《よう》端《たん》和《わ》タイプ
3位 王《おう》翦《せん》タイプ

損得抜きで自分の心に正直に生きる麃公タイプが１位。楊端和タイプには裏表がなく、王翦タイプの仮面の裏には、実は天真爛漫な素顔が…!?

カリスマ性 Best3

王騎将軍万歳!!
オオオオ
王騎将軍万歳
ウオオオオ
オ
ココココ

1位 王《おう》騎《き》タイプ
2位 嬴《えい》政《せい》タイプ
3位 昌《しょう》平《へい》君《くん》タイプ

王騎同様の圧倒的なオーラで堂々の１位。嬴政タイプのスケールの大きい活躍に惹きつけられる人も。昌平君タイプは生まれ持った品格が魅力。

負けず嫌い Best3

1位 桓《かん》騎《き》タイプ
2位 信《しん》タイプ
3位 龐《ほう》煖《けん》タイプ

相手が強いほどパワーを発揮する桓騎タイプ。信タイプはライバルがいてこそ成長する。龐煖タイプは、胸に秘めた正義感を最後まで貫く。

厘《りん》玉《ぎょく》
一秒でも先に死んだらそいつの負けだよな

感受性が強い Best3

1位 嬴《えい》政《せい》タイプ
2位 慶《けい》舎《しゃ》タイプ
3位 羌《きょう》瘣《かい》タイプ

嬴政タイプは同じものを見ても人と違うことを感じる。慶舎タイプは人の心や場の空気にとても敏感。羌瘣タイプは素直で感情表現も豊かな人。

華がある Best3

1位 王《おう》賁《ほん》タイプ

2位 王《おう》騎《き》タイプ

3位 呂《りょ》不《ふ》韋《い》タイプ

１位はパリッとしたカッコよさのある王賁タイプ。王騎タイプは、その場にいるだけで圧倒的な存在感を放つ。呂不韋タイプには美形が多い。

粘り強い Best3

1位 蒙《もう》武《ぶ》タイプ

2位 李《り》斯《し》タイプ

3位 媧《か》燐《りん》タイプ

並外れた集中力で最後まで粘るのは蒙武タイプ。時間がかかっても諦めない李斯タイプ、じっくり自分の世界をつくり上げる媧燐タイプが続く。

中華最強は
この俺だ!!
ゴゴゴ

好奇心旺盛 Best3

あれを
見に行きます

1位 王《おう》翦《せん》タイプ

2位 蒙《もう》恬《てん》タイプ

3位 蒙《もう》武《ぶ》タイプ

王翦タイプは自分のためになることを貪欲に追求する人。興味の幅が広いのは蒙恬タイプ。蒙武タイプは人に教わることで才能が開花する。

マイペース Best3

1位 廉《れん》頗《ぱ》タイプ

2位 壁《へき》タイプ

3位 李《り》牧《ぼく》タイプ

人に合わせているようで、全部自分のペースなのが廉頗タイプ。壁タイプは人との違いを気にしない。李牧タイプは、自分の信念や思いが最優先。

8

鬼宿《きしゅく》

麃《ひょう》公《こう》タイプ

地位や名誉には興味なし。本能で戦局を読み取る個性派将軍

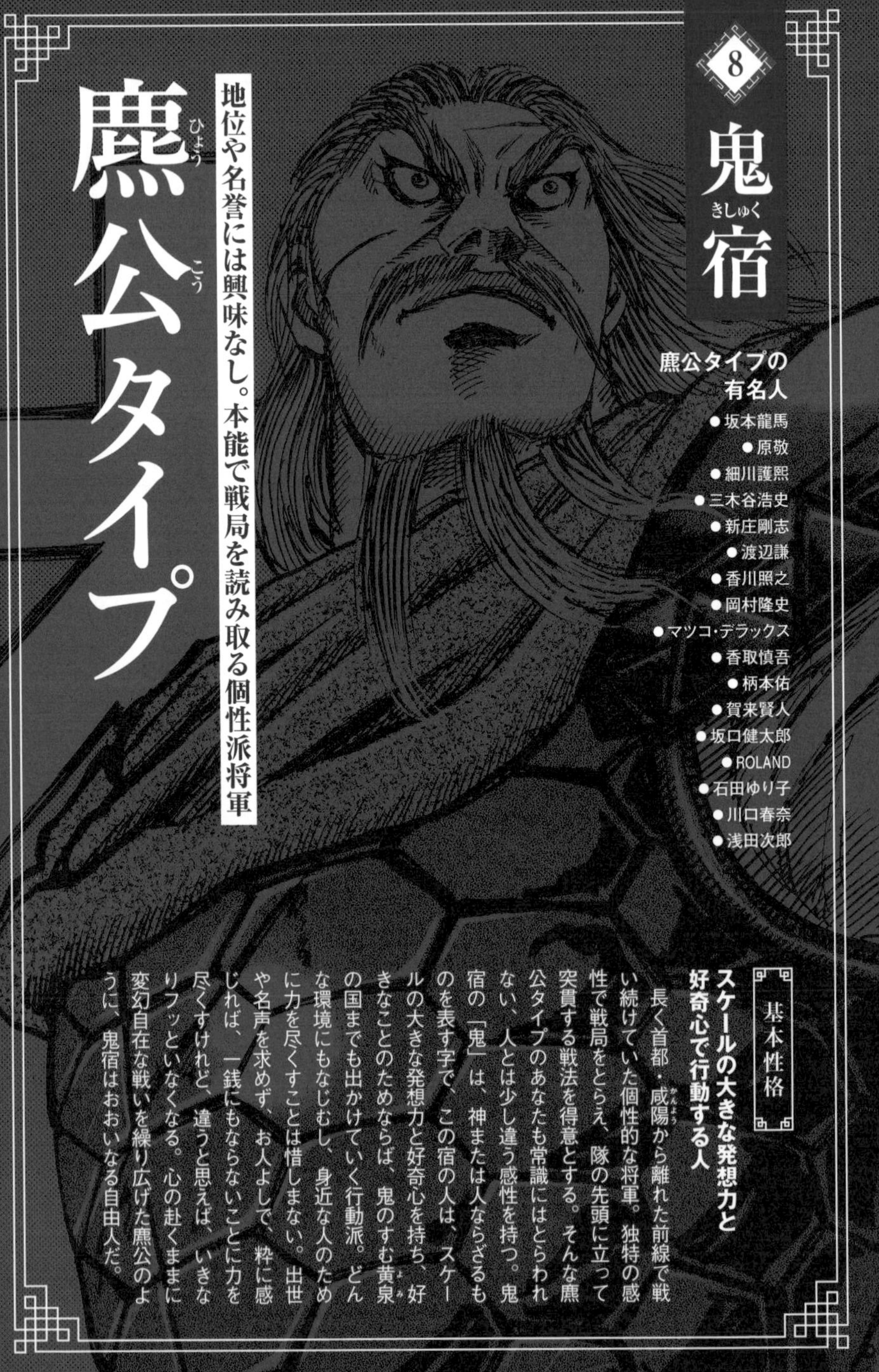

麃公タイプの有名人

- 坂本龍馬
- 原敬
- 細川護熙
- 三木谷浩史
- 新庄剛志
- 渡辺謙
- 香川照之
- 岡村隆史
- マツコ・デラックス
- 香取慎吾
- 柄本佑
- 賀来賢人
- 坂口健太郎
- ROLAND
- 石田ゆり子
- 川口春奈
- 浅田次郎

基本性格

スケールの大きな発想力と好奇心で行動する人

長く首都・咸陽《かんよう》から離れた前線で戦い続けていた個性的な将軍。独特の感性で戦局をとらえ、隊の先頭に立って突貫する戦法を得意とする。そんな麃公タイプのあなたも常識にはとらわれない、人とは少し違う感性を持つ。鬼宿の「鬼」は、神または人ならざるものを表す字で、この宿の人は、スケールの大きな発想力と好奇心を持ち、好きなことのためならば、鬼のすむ黄泉《よみ》の国までも出かけていく行動派。どんな環境にもなじむし、身近な人のために力を尽くすことは惜しまない。出世や名声を求めず、お人よしで、粋に感じれば、一銭にもならないことに力を尽くすけれど、違うと思えば、いきなりフッといなくなる。心の赴くままに変幻自在な戦いを繰り広げた麃公のように、鬼宿はおおいなる自由人だ。

飲めい 小童《こわっぱ》ァ
今日の勲功者《くんこうしゃ》は貴様じゃァ
ド

麃公タイプってこんな人

そこはかとない父性

戦場に生まれ、戦場をすみかとして生涯を過ごした麃公にとっては、率いる兵士たちは家族、子どものようなもの。大きな野心と強い情熱を見せる信《しん》に対しても温かく、どこか父親のような態度で接し、盾と力強い言葉を残していった。鬼宿は、心の器が大きいので、人やものを育てる力を秘めているとされる。あなたも育てたいもの、育てたい相手に出会ったとき、自分でも驚くほど変わるだろう。

個性が強く、はみ出しやすい

常識の中におさまらない感性に従って、社会的な価値観よりも自分の心に正直に生きようとする鬼宿は、とても無邪気だけれど、愚かに見られることもありがち。組織などでは、はみ出しやすく、ときに疎外感を味わうことも。でも、持ち前の本能的なセンサーを発揮して、自分に合う人や場所をキャッチしていけば大丈夫。わずかでも味方がいれば、何倍も強くなれるのが鬼宿だ。

そういうものに儂《わし》が興味なかったというだけじゃ
!?
!?
!?

ドドドドドドド
〝本能〟が勝つのかァ

本能型の猛将

麃公は敵の匂いや気配を感じて動き、戦う。それは他の人にはよくわからない感覚なので〝本能型〟といわれるが、そんなふうに、他の人には理解できない直感を信じて突っ走れるのは鬼宿の特徴でもある。ズバリ言えば、変わり者。でも、それは鬼宿が何にもとらわれることなく物事をシンプルに見るから。普通の人が持つバイアスがないがゆえに、本能が発動することになるのだ。

── 個性を生かして勝て! ──

麃公タイプの得意戦術

得意戦術❶

発想も実行力も規格外

常人では思いつかないことをさらりとやる鬼宿。アイデアも豊富で、突飛な企画提案や意外なアプローチを繰り出す。麃公が魏《ぎ》軍総大将・呉慶《ごけい》との一騎打ちで〝相手を知る〟という独特な戦い方をとったように、自由で何にもとらわれないので、型にハマった仕事はしないタイプだ。

麃公《ひょうこう》様は
…………
……不思議なお方なのだ

これより先は臭《くさ》くてかなわん
引き返すぞ

得意戦術❷

鋭い勘で大きな獲物を仕留める

勘が鋭いので、仕事でも大きな当たりを引き当てたり、思わぬ大物を引っ張ってくることも。危険察知の勘も働くが、何よりも面白そうなことに鼻がきくタイプ。人と違うセンスを持っていて、感覚派であり天才型。麃公が独特の勘で相手の戦術を見抜き撤退を決めるのも鬼宿らしい動きといえる。

得意戦術❸

深い情で後進を守り育てる

信に目をかけ、熱い思いを託した麃公のように、鬼宿の心の奥には父性的な情の深さがある。学歴や出自にとらわれず、面白いことをやっている者を温かく見守り、慈しみ、育てようとするため、後進の面倒見もいい。また、その情の深さが会社や業界全体を守ろうとする使命感にもつながる。

火を絶やすでないぞォ

―― この陣形で勝負! ――

直感型 ファミリーの絆の陣

麃公タイプにとって大切なのは、〝ファミリーの絆〞。信頼し合える人に囲まれていたいタイプのため、身内と思える仲間を世話し育てることが、自分のやる気と強さにもつながっていく。麃公のように出世や名声に興味がなく、動くとしたらそれは心が「やるべきだ」と命じる〝使命〞のため。また、実行するときのやり方も独特。自分の直感に従って変化球的なアイデアを繰り出し、ひと味違う成果を上げ、人を驚かせるだろう。

ポジション別

強みを生かす戦い方は？

麃公《ひょうこう》さんの戦《いくさ》のとらえ方は独特ですよォ

若手なら…

なるべく自由に動ける職場を選ぼう！

鬼宿の場合、やりたいことが明確ならば、自分が好きな分野でなるべく自由に動ける職場を選ぼう。戦場を炎ととらえて本能で戦う麃公のように、みんなと同じ仕事をやっても、一風変わったアプローチと企画力で他の人と一線を画す活躍ができる。一躍、期待の新人になることも。既成概念を超えた奇抜な思考や行動が武器なので、理解者は少数でもよいが、堅苦しく制約の多い職場だと伸びないし、続かない。

中間管理職なら…

個性を生かせる場で存在感を発揮せよ！

個人的には何歳になっても未知の分野に飛び込んで、やりたいことを自由にしたいタイプだが、個性を生かせる部門を任されればチームリーダーとしても力を発揮。麃公が信に期待を寄せたように、そこはかとない面倒見のよさがあり、自分と感覚が合う部下はかわいがるので、人気がある。自分と合わない部下も排除はしないが、好き嫌いが激しく、その差は明らか。

この大戦《おおいくさ》で化けてみせろ童《わっぱ》信《しん》

面白いのォ

トップ職なら…

業界や社会にまで貢献を！

独自路線を貫いて出世するので、その分野でも異彩を放つトップに上り詰める。敵の動きを見て瞬時に戦術を変える麃公のように、鬼宿がトップに立つ組織は変幻自在に面白いことをやる集団になっていく。下にいるときは自分自身が楽しみたい気持ちが強いが、上に行けば行くほど自分の個性を通して会社に貢献する気持ちが強くなり、業界全体や社会まで考えられる存在に。

フリーランスなら…

未知の分野を開拓せよ!

得意分野への愛は深いので、この人に仕事を任せたいと思われるフリーランスに。好きなことを生かせる分野でも成功するが、常識にとらわれない持ち味を生かせば、誰も踏み入れていない未知のジャンルを開拓できたり、まだ見ぬ新たな職業も生み出せる。人づき合いが巧みなわけではないが、麃公と王騎が互いを認め合っていたように、共鳴した人との深い交わりが力に。

道違えど 漢《おとこ》なら
強者《つわもの》同士ひかれ合うのは
当然であろうがァ
ず…
……

麃公タイプの弱点は？

好きなこと以外はやる気も出ないし、あまり役に立たない。特定のものへの偏愛が強すぎてバランスが悪くなることも。本能型の麃公が相手を翻《ほん》弄《ろう》するように、何を考えているかわからないと思われがち。枠にはまらないだけに、社会人として常識はずれなところを見せると、問題児に。

麃公タイプに向いている職種は？

サラリーマンでも自由に動けて、活動範囲も海外など幅広い職種がベスト。麃公のように行動の裏には愛があるので、コンサルタントや福祉関係、保育士の他、何かを育てる農業や畜産業も向いている。教師も性に合うが、学校よりも自由なスタイルで教えられる塾講師のほうがベター。

ビジネス相性占い

ドン
百の〝精神力〟!!

尊敬できる上司は… 氐宿 廉《れん》頗《ぱ》タイプ 親

安定感のあるフォローが心強い

人とは違う感性を持ち、少し現実離れしている面もある麃公タイプの実務的な部分を支えてくれる人。麃公タイプの、人に理解されがたい部分もわかってくれて、かばってくれる上司だ。こちらが無防備になっているときも、強い精神力でカバーしてくれる。逆に廉頗タイプが逆境に陥ったときには、麃公タイプの発想力で救い出せる。

ヒョッヒョ さすが鋭いな
じゃがまー この際 そこは どうでもよい

最強のライバルは… 翼宿 蔡《さい》沢《たく》タイプ 危

こだわりポイントが違いすぎ

広い世界を相手にするところや、どんな場所でもなじめる部分は似ているが、お互いの大事にしているものも「どうでもいい」と思うものもまったく違う。がっつり戦うのでなければお互いに面白がれる存在だが、戦うと相手の作戦が読めずに苦戦するし、仲間として手を組むと、お互いのこだわりが理解し合えずすれ違うこともある。

麃公タイプ×他23タイプの相性は？

麃公×王賁 安
正反対な性格を認め合い、楽しみ合えればいいコンビになれる。

麃公×成蟜 親
冷静で論理的な成蟜タイプの言葉をよく聞くといいことがある。

麃公×李牧 成
引っかき回されるので、必要以上に近づかず、距離をおいて吉。

麃公×騰 衰
しっかり者の騰タイプからすると、麃公タイプは危なっかしい。

麃公×蒙驁 成
深い関係を求める麃公タイプは、蒙驁タイプの八方美人さが寂しい。

麃公×麃公 命
素直な者同士盛り上がることもあるが、一度すれ違うと離れる。

麃公×昌文君 壊
麃公タイプの独創性が、真面目な昌文君タイプには理解できない。

麃公×桓騎 安
どちらも自分のペースでしか動けないので、足並みがそろわない。

麃公×蒙恬 壊
甘え上手な蒙恬タイプに、つい一方的に尽くしてしまう関係に。

麃公×李斯 衰
こちらの純粋さを真摯に受け止めてくれて、まっすぐ応えてくれる。

麃公×王翦 友
どちらも自分を偽らないので、本音が見せ合えて仲よくなれる。

麃公×昌平君 危
向上心を高め合える相手だが、現実を動かせる相性ではないかも。

キーパーソンは誰？

『キングダム』

あなたは ちゃんと感じていますよ
あの晩 一緒に月の輝きに感動したじゃありませんか

頼りになる部下は… 柳宿 紫夏《しか》タイプ 栄

情を大切にする姿勢が似ている

どちらも情が深く、身近な人間関係を大切にする感性が似ている。周囲に対する思いやりや気配りが同じレベルでできるので、同じチームにいると、一緒にみんなをまとめてくれる頼りになる存在だ。ともに行動的なので、同じテンポで仕事ができるのもありがたい。もし紫夏が麃公隊にいたら、一緒にチームをまとめ上げる存在感のある右腕になっていたかもしれない。

高め合える同僚は… 壁宿 壁《へき》タイプ 胎

楽しくて、助けたくなってしまう相手

どちらもちょっと変わっている面があり、そんなところを互いに楽しみ合える関係。元から現実的な欲が少ない麃公タイプだが、壁タイプと一緒にいると楽しくて、さらにお人よしになり、いろいろとしてあげたくなってしまう。壁のように、真面目だけれど感情豊かで個性的な面に惹かれて、一緒に何かに取り組みたいと思う同僚だ。

ん？

麃公×媧燐 成
価値観もタイプも大きく異なる。お互いに敬遠し合い近づかない。

麃公×蒙武 衰
信頼できる相手だが、こちらの繊細さはあまりわかってもらえない。

麃公×信 友
メンタルの強さが頼もしい。感謝の気持ちを忘れないように接して。

麃公×王騎 親
互いを認め合い、よさを引き出す関係。つき合うほど大切な存在に。

麃公×嬴政 壊
夢を追う者同士だが、嬴政タイプのほうが重め。それを理解して。

麃公×楊端和 安
気が強いので一緒にいるとキツいこともあるが、耐えれば得する。

麃公×呂不韋 業
何かと気にかけてくれる人。あまり構われると離れたくなることも。

麃公×河了貂 栄
計画的な河了貂タイプと一緒にいると、効率的に動けるようになる。

麃公×羌瘣 友
すべてを受け入れてくれて頼もしい。一緒にいると癒やされる存在。

麃公×龐煖 危
闘争心の強さがちょっと苦手で、あまり近づこうと思わない。

麃公×慶舎 栄
麃公タイプの優しさやおおらかさが、慶舎タイプの癒やしになる。

2024〜2033の10年を占う!

『キングダム』出世すごろく

2024

28年に一度の大転機の年

28年に一度のターニングポイントの年。今後の生き方や働き方について考えさせられる、エポックメイキングな出来事もありそう。〝命〟について考える機会もあるかも。4月1日〜7月31日は周囲に恵まれ前進できる。11、12月は大事なことを代理で担ったり、継承したりすることも。

↓

2025 どんな挑戦も有意義な経験に

前年の経験をベースに、少し大胆な挑戦もできる年。行きたいところへ行き、会いたい人に会って、少し時間がかかる、長期的なチャレンジもしてみよう。どんな戦局でも、勝っても負けても、この年の勝負は有意義な経験となる。

それでいこう
え——!!

↓

どこも盛り上がって来たようじゃのォ

2026

前年に引き続き、自由に動いて、自分の世界を広げていける。ただ後半から仕事モードに切り替えて。翌年の前触れで不穏な変化も。

→

2027

伸《の》るか反《そ》るか、決断を迫られる

分かれ道となる年。今いる場所や仕事の状況が変わり、進む道が絞られそう。ステップアップして、大きな仕事や重い役割を担うこともあれば、望まない方向へ追いやられる恐れも。戦い続けるか、転職か。セミリタイア、副業の選択もあり、伸るか反るかの大勝負をすることになる暗示が。

←

2028 新たな道を穏やかに整えていくべし

前年に選んだ新たな道を整えよう。あまりガツガツせず、家族や周囲の人とコミュニケーションをとる時間を大切に。プライベート重視で、住まいを居心地よくしたり、ストレスフリーな生活を意識すると、仕事のモチベUPにつながる。

なかなか楽しい
濁流《だくりゅう》であったぞォ

2033

責任とともに自らを変えていく

何事も我流を通したいあなただが、この年は予想外の軌道修正や方向転換をしなければならず、我慢、忍耐を強いられそう。昇進するも責任や想定外の働きを求められ、大人としての対応を試される展開に。でも不本意なことも取り組んでみれば、きっと〝新しい自分〟に出会える。

↑

2032

人とのつながりや縁に助けられる。パートナー運もよいので、何事も１人よりは、２人。何かでコンビになった相手は大切にしよう。

←

2031

大変なことはひとりで背負い込まない

仕事モード、それもかなりハードに働くことになる年。誰かをサポートする、されるという形になりやすい。どんな立場でも、この年はひとりで重荷を背負い込まないで。体調にも留意し、休みや睡眠をしっかりとろう。

麃公

もちろん
酒じゃア
うわっ

2030

個性を存分に発揮できる！

あなたが秘めている遊び心、ユニークで鋭い感覚を仕事でもプライベートでもおおいに発揮できる。何かで自己表現を志し、クリエイティブな作業に取り組むと、個性が輝き、評価もされ、モテ運も到来。オーディション、懸賞にも挑戦を。

→

2029

前半はプライベートを充実させて、パワー回復を。後半からは楽しいこと、歩みや遊びの中からアイデアや発想を得ることがありそう。

← ←

9

柳宿《りゅうしゅく》

紫《し》夏《か》タイプ

趙《ちょう》国を脱する政《せい》を助けた、正義心と母性にあふれる女闇商人

紫夏タイプの有名人

- 稲盛和夫
- 髙田延彦
- 内田篤人
- 香川真司
- 八村塁
- 井上陽水
- ヒロミ
- 大野智
- 松田翔太
- キアヌ・リーブス
- クリント・イーストウッド
- トム・クルーズ
- 吉田羊
- 宮﨑あおい
- 手塚治虫
- 水木しげる
- 村上春樹

基本性格

好感度の高さで、相手の心にスルリと入り込む人

趙で人質生活をしていた政を秦《しん》に送り届ける計画に命がけで手を貸した闇商人の女頭目。関わった時間は短いが、政の閉じた心を開き、鮮烈な影響を与えた印象的な存在だ。そんな紫夏タイプのあなたは、人間関係では〝つかみ上手〟。誰からも好感を持たれ、相手の心にスルリと入り込むことができる。それは、温かなフレンドリーさと持っている専門的な能力などが人を惹きつけるから。柳宿の「柳」は、細く長い葉が特徴だが、それはあなたが狭いけれど深い関わりを人と持つこと、そして特定の専門分野に精通したり、マニアックなものに興味を持つことを示している。紫夏も、闇商売を通して地域の情報を熟知していて政を助けたが、柳宿も、そうした専門性を〝武器〟として人生を切り開くタイプだ。

さぁ
一緒に秦《しん》へ帰りましょう

紫夏タイプってこんな人

ファミリー的人間関係を大事にする

愛する気持ちが強く、深い柳宿。家族を大事にし、周囲にファミリー的な人間関係を築くことで運気も安定する。とくに弱く、いたいけな存在は放っておけないので、紫夏が政に見せた献身も、柳宿ならではの愛かも？　ただし愛を大事にし、集中するあまり、視野が狭くなり、無意識にそれ以外の人を排除したり、ファミリーを束縛してしまうこともあるので、〝愛しすぎ〟にはご用心。

専門的な知識・能力を持つ

柳宿の特徴は、限られた分野に熱狂的な情熱を注ぐこと。精通する分野が狭ければ狭いほど、それがスペシャルな能力となってあなたの運気を押し上げるが、本気で好きで熱中できるものに取り組まないと、結局は中途半端に終わる。仕事などでは役に立たない趣味や遊びの分野でも、本気で熱中できるものを見つければ、それはあなたの人生を豊かに支え、彩り、多くの幸せを運ぶものになるだろう。

商人が運ぶ〝品《しな》〟を確認するのは当然ではありませんか

大丈夫

圧倒的な母性あり

柳はとてもたおやかな樹木。そのせいか柳宿の男性はやや線が細いけれど、やさしく穏やかで、女性の柳宿のほうがたくましい女傑タイプが多いとされる。男性でも細やかな気配りができ、世話好きでマメに家事などもしたりするので、組織の中で、〝おかあさん〟っぽい役割を担うこともしばしば。そして「絶対に守る」と思うものができると、本当に母のような強さを見せることも多いのだ。

── 個性を生かして勝て！ ──

紫夏タイプの得意戦術

得意戦術❶

高い専門性とプロ意識

柳のように細く長く、究極のオタクといえるほどピンポイントな専門分野を持ち、プロ意識も高い。それは闇商人の頭目として、命を懸けて幼い政を秦に送り届けた紫夏の姿にも通じる。そのジャンルでの熱意は一番だという自負を持つことで、仕事において存在感を発揮する。

私らは商人
熱くなるのは商売の話だけでしょうが

⑨ 柳宿

得意戦術❷

ファミリー的な環境で力を発揮

孤児だった自分や亜門《あもん》、江彰《こうしょう》を拾ってくれた養父の跡を継ぎ、闇商人として頭角を現した紫夏のように、実際の家族やファミリー的な人間関係の中で仕事を回していくことで力を発揮。プロの個性派集団に。家族や身近な人の存在が仕事選びのきっかけになることも。

この仕事引き受けましょう
〝闇商紫夏《やみしょうしか》〟の名において政《せい》様を秦《しん》にお届けします
ゴガガ

違法なモノを運ぶ闇商《やみしょう》ですからね
常《つね》日《ひ》頃《ごろ》から手回しを怠《おこた》ってはいませんよ

得意戦術❸

本音と建前を巧妙に使い分ける

日頃から関門の番人に手を回し、闇商売を成立させる紫夏のように本音と建前の使い分けが巧み。その絶妙な加減が商才にも大きく生かされる。外面がいい一方で身内に対して厳しいという面もあるが、柳宿の厳しさには、彼らの生活が成り立つように仲間を支えたいという母性的な愛が根底にある。

―― この陣形で勝負! ――

専門型
ピンポイント攻めの陣

紫夏タイプの何よりの強みはその専門性。分野が狭ければ狭いほど研ぎ澄まされ、強い武器となる。活躍する場が狭かったとしても、結果を出し続けることで「こいつに任せれば間違いない」と思わせれば勝ちだ。そんな紫夏タイプを公私ともに支えてくれるのが、ファミリー的な絆でつながった少人数の仲間たち。多くの人を束ねるというよりは、紫夏にとっての亜門と江彰のように、阿《あ》吽《うん》の呼吸で動ける人が数人いれば十分。

ポジション別

強みを生かす戦い方は？

紫夏《しか》だから
できるんだ
何つったって こいつは
家督《かとく》を継《つ》いでから
紫商《ししょう》を倍の規模に
膨《ふく》らませたんだからな

若手なら…

ニッチでも自分の専門性を探せ！

早いうちに自分の好きな分野や専門性を見つけることが成功の第一歩。オタク的な資質を持つので、マニアックなところばかりに力を注いでいるように見えても、ひとつのことを極めるスタイルが合っている。専門分野が見つからない場合は、養父から継いだ商売を拡大させた紫夏のように、親のやっていた仕事や家族や地元、身近な人との縁にヒントがあることも。

中間管理職なら…

ファミリー的なチームで道を極めろ！

柳宿が管理職として才能を発揮するのは、研究者とその仲間のような関係性をつくれる職場。リスペクトできる上司と自身の専門性についてこられる部下とのファミリー的なチームで、一丸となると働きやすい。利益追求にガツガツしたり、大きな部署を束ねるのは向かないが、指導力や面倒見のよさで発展。政を闇から救い出した紫夏にも、そんな母性的な面が垣間見える。

お前が手を
さしのべてくれた
おかげだ
ぐっ

どんなに些細《ささい》な
ことでもいい……
受けた恩恵《おんけい》を次の者へ

トップ職なら…

ついてきてくれた人への恩返しを忘れずに

高い専門性で人を率いていくので、トップに立ったら専門外の部分は部下に任せていくことが重要。母が子に委ねるような気持ちで、大事なことも少しずつ任せること。養父から受けた恩を次につなぐ紫夏のように、目をかけた部下や、自分についてきてくれた者が身を立てていけるように、〝母親〟として束縛しすぎずに心を配ることで、組織はうまく回り、発展していく。

我々がすることは
明白ではないか

フリーランスなら…

ひとりより仲間と組め！

自分の好きなことや得意分野をいかに仕事に結びつけていくかがポイント。闇商として優れた商才を発揮し危険な任務も受ける紫夏のように、専門性ありきでないと成功しない。家族や家業のためにフリーランスや起業に踏み出すような選択も、柳宿にとってはありかも。完全にひとりで活動するよりも、仲間と事務所を作ったり、手伝ってくれる人を見つけたり、一緒に動く人がいるほうが働きやすいはず。

紫夏タイプの弱点は？

専門知識はあるが、守備範囲は決して広くない。自分の考えにとらわれがちで、視野が狭くなる傾向も。紫夏のように身近な人と徒党を組んだり、ファミリーとの結束が深いだけに、それ以外の人とは無用の軋轢《あつれき》を招いたり、仲間びいきという批判を受けたり、仕事に感情が絡みがち。

紫夏タイプに向いている職種は？

紫夏のように自分の専門性を生かした仕事がベスト。マニアックな好奇心を生かせる研究職や表現を生業とするエンタメ系は適職で、漫画家なども向いている。家族をターゲットにした仕事もよく、大衆性を生かしながらニッチなニーズを狙うのもあり。女性が多い職場で成功しやすい。

ビジネス相性占い

尊敬できる上司は… 胃宿 **桓《かん》騎《き》タイプ** 衰

行くか

度胸のよさを生かせる場をくれる

人当たりがよく、スペシャリスト志向な紫夏タイプは、あまりそうは見えないが、実は度胸があり危ない橋も渡れる人。大胆な戦い方をする桓騎タイプにとっては、そんなところが頼もしく、役に立ってくれる部下だ。紫夏タイプからしても、ここぞというときに役割を与えてもらえて、自分のこだわりを生かせる場をくれるのがうれしい。

ふ。（今は）
ふ、ふふ。（機嫌が悪い）

最強のライバルは… 箕宿 **楊《よう》端《たん》和《わ》タイプ** 衰

頭を下げない者同士が衝突

どちらも主張が強く、頭を下げない者同士なので、衝突するとバチバチに。紫夏タイプが針一本で刺すような攻め方をするのに対し、楊端和タイプは束になってかかってくる戦い方。特定の分野では勝てるが、全体では負けがちな結果に。紫夏と楊端和の女ボス対決は、もし実際に戦うことがあったら、楊端和の勢いに押されてしまうかも。

9 柳宿

紫夏タイプ×他23タイプの相性は？

紫夏×蔡沢 安
自分の考えに固執してしまうと関係が冷める。相手を見下さずに。

紫夏×紫夏 命
身近な人に好かれる者同士、生活範囲は重ならないほうが無難。

紫夏×昌文君 成
最初は支えてくれるが、こちらが頑なな面を見せると離れる。

紫夏×騰 栄
身のまわりのことや、人間関係のフォローを入れてくれる存在。

紫夏×蒙驁 危
どちらも人気者なので、関係を長続きさせるには努力が必要。

紫夏×李斯 栄
一歩引いて支えてくれる人。一緒にいるとこちらの実力が伸びる。

紫夏×王翦 壊
互いにはっきりした性格なので、衝突するとこじれて強敵になる。

紫夏×昌平君 安
無意識に、昌平君タイプのよいところを利用してしまう関係に。

紫夏×蒙恬 成
楽しい関係が築けるが、いつの間にか自然消滅することも多い。

紫夏×王賁 衰
一緒にいるとお互いに短所を長所に変えられる。リラックスできる。

紫夏×成蟜 友
イライラを抑えて怒りを鎮めてくれる。悩みも親身に聞いてくれる。

紫夏×李牧 危
一度何かで機嫌を損ねたりすれ違うと、許してもらえなくなる。

キーパーソンは誰？

『キングダム』

頼りになる部下は…

尾宿 蒙《もう》武《ぶ》タイプ 栄

業務面でも精神面でも頼りになる

粘り強く頑張り屋な蒙武タイプは、仕事を任せると必ず結果を出してくれる部下。ただおとなしく「ハイハイ」と言うことを聞くのではなく、自分の思っていることはハッキリ伝えて、こちらの至らない点もズバッと指摘してくる。対等にコミュニケーションがとれるところがありがたく、結果的に紫夏タイプを成長させてくれる存在だ。

高め合える同僚は…

鬼宿 麃《ひょう》公《こう》タイプ 親

一緒に飲みに行きたい同僚No.1

どちらも仕事仲間を大切にするタイプなので、落ち込んだときは励まし合ったり、よきアドバイスをくれたりするいい関係。ポジティブで人とは違う独特な感性を持つ麃公タイプの反応や言葉に助けられることも多い。仕事終わりには一緒に飲みに行き、グチを言い合ったり、これからについて熱く語り合っているような絵が浮かぶふたりだ。

紫夏×嬴政 成
嬴政タイプが紫夏タイプの明るさや強さに憧れて関係が始まる。

紫夏×慶舎 業
心をつかまれ、何かしてあげたくなる。縁が長続きする関係。

紫夏×信 壊
人気者の紫夏タイプになびかず、振り向かせたくなってしまう。

紫夏×壁 親
最後まで支えてくれる人。ふたりだけの親密な関係を築く傾向。

紫夏×羌瘣 壊
こちらのダメな面も見抜いてくるので、ペースが乱される存在。

紫夏×龐煖 安
利害関係がぶつかりがち。集中力と粘りがあれば、こちらが勝つ。

紫夏×廉頗 友
ふたりとも気性が激しいので、周りも巻き込んで大騒ぎになる。

紫夏×河了貂 胎
世話を焼いてくれるが、依存すると重荷に。でも離れはしない。

紫夏×王騎 友
長所も短所も受け止め、面倒を見てくれる。のびのびできる相手。

紫夏×媧燐 危
表には出したくない秘めた部分を、ついさらけ出してしまう相手。

紫夏×呂不韋 親
息ピッタリ。こちらが引っ張っていったほうが、しっくりくる関係。

2024〜2033の10年を占う!

『キングダム』

出世すごろく

2024

今までの積み重ねが結果につながる

今までの集大成となる年。運気好調な3月10日〜6月17日には、これまで積み重ねてきた実力、成果を発揮、夢がかないそうだ。もし、結果が少し物足りなくても、現実を受け止め、今後の計画を立てよう。次の目標はなるべく実現可能なレベルのものにするほうがよい流れをつくれる。

ご心配は無用ですよ
この紫夏《しか》が必ず無事に秦まで お届け致します

→

2025

28年に一度の運命の出会いが

新たな挑戦の場に巡り合う運命の年。独立、起業、転職もよく、チャンスと思ったら、臆せずに、ものにしていくべし。根っからのスペシャリストタイプのあなた。今の仕事の中から、専門性を絞り込むきっかけと遭遇する出来事も。もし、まったく違う専門性を追求したくなったら、それも運命。

あきらめずに
ガガ
ゴ

←

2026 目標を絞り込むことで成果に近づく

前年に打ち立てた目標や使命を現実に近づけていくために一歩、進むべきとき。そのために職場や立場を変えるのもあり。また極めたいものや専門分野を、よりニッチなところまで絞り込むのもいい。上司や目上との関係には注意を。

↓

2027

努力や頑張りが報われて、経済面が好調。機材、資材への先行投資もよいが、貯蓄に励んでおくと、それが次の挑戦時に心の余裕に。

2028 時代や周囲に合わせて方向転換を

これまでの好調だった流れが変わり、今後の方向性や働き方を見直す必要が生まれる年。何かが終わったり、不本意な変化を余儀なくされることもあるが、周りの状況や時代の流れを読み、あなたの意識のアップデートにつなげて。そうすれば、どんなピンチも次のチャンスに変わるはずだ。

2029

焦らずに息継ぎをしたい。職場環境を整えたり、ワークライフバランスも大切に。落ち着いて働ける状態をつくり、パワーをチャージ。

2030 楽しい冒険がその後の肥やしになる

冒険ができる年。創造性が高まるので、少し本筋から外れたチャレンジもでき、意外な体験が後で役に立つはずだ。プライベートでも年齢や性別、立場にとらわれずにやりたいことに挑戦を。〝恋するように〟何かにのめり込むことも。

2031

周囲に振り回されがちな年。誰かの後方支援や周囲の依頼、期待に応えて超多忙になる。自分のことをする時間は減るが、実力はつく。

2032 衝突も糧に。意識改革が必要な年

今までと異なる人間関係の中で、さらなる成長や意識改革を求められる年。ライバルやコンビを組んだ相手の影響、上からの厳しい助言、トラブルも糧に、現実を受け入れ、あなたが変わろう。自分から譲歩することで有利な流れに。

2033 模索していた勝ちパターンが見えてくる

戦っても勝ちが見えてこなかった前年からの試練を乗り越えて前に進めるとき。抱いていた理想と現実との折り合いをつけられたり、金銭面の目途がついたり。ここから有利な状況へと向かう、今後の勝ちパターンが見えてくる。

10

星宿《せいしゅく》

李《り》斯《し》タイプ

法律のエキスパートとして、秦《しん》国で存在感を発揮する文官

李斯タイプの有名人

- 足利尊氏
- 徳川秀忠
- 土方歳三
- 前澤友作
- 棚橋弘至
- 田中将大
- 西田敏行
- 五代目坂東玉三郎
- 上川隆也
- トータス松本
- 沢村一樹
- 春日俊彰
- ポール・マッカートニー
- 松任谷由実
- アンミカ
- 平手友梨奈
- 是枝裕和

基本性格

遠大な理想をコツコツと追いかける人

呂不韋《りょふい》に抜てきされた文官。呂不韋失脚で投獄されるが、実は法律のエキスパート。中華統一をめざす秦国において、重要なキーパーソンとなっていく。そんな李斯タイプのあなたは、ユニークで遠大な理想や目標をコツコツと追いかける個性派。でも、そんなめざすべきもの、生きるフィールドを見つけるのに少し時間がかかるかも。あなたの戦いは長期戦なのだ。また星宿の「星」は太陽や月に比べると、やはりちょっと控えめ。それだけに星宿は、主役というよりは脇から〝いぶし銀〟的な能力や個性で全体を支えるような天命を持っている。でも、とくに若い頃に、そうした縁の下の力持ち的な場所や№2的な目立たない立場でしっかり実力をつけておくことで、やがて主役をしのぐ存在になる星宿も多いのだ。

馬鹿な 有り得ぬ
反乱成功のために
咸陽《かんよう》にある全軍容は
細かく把握している
その俺の目を盗んで
咸陽内に一万もの兵を
隠せるわけがない
無論ここ雍《よう》も同様だ
式典警護のためにこの古都に
軍は入っているが
それも半分は呂不韋《りょふい》派
純粋に大王を守る兵など
せいぜい三千 その他に…
ましてや一万もの
軍を伏せさせる程
俺の目は曇って
おらぬ

李斯タイプってこんな人

ときには悪知恵を働かせたい誘惑も

目的達成に長い時間がかかるせいか、その過程での成り行きで、うっかり心の黒い部分が噴出してしまうこともある星宿。李斯も、呂不韋陣営にいる頃は、暗殺の手配を申し出たりもしている。情に厚いので、身内や身近な人のトラブルに巻き込まれやすいが、そこで悪知恵を実行すれば、時間をムダにし、遠回りになるだけ。夢や目的達成のためにはショートカットはせず、ブレない心を大切に。

めざすはスペシャリスト

星宿はライフスタイルやファッションにも自分なりのこだわりがあり、人とは少し違うオリジナリティあふれるものを好む。それを生み出すための技術や知識は星宿の重要な〝武器〟になる。李斯が、法律の知識に通じていたことで起死回生のチャンスを得たように、星宿は、何でもこだわりを持って、スペシャリストをめざしておくと、それが人生の荒波を乗り切る力となるだろう。

李斯《りし》──
奴こそ〝法〟の化物だ

事を起こすには・・・・・
相当慎重《しんちょう》に
推し進める必要が
あります

時間はかかるが目的達成率は高い

星宿の特徴は、物事や人生を長いスパンで見られる、考えられること。だから目の前の楽しみを追いかけてばかりいたり、日々の生活の安定を最優先に考えて過ごしてしまうと、何のハリも、喜びもない日々に。すぐには実現できないこと、遠い未来になりたい自分のために、小さなことでよいので今できることを始めたときに、星宿の生活は大きく変わっていくはずだ。

―― 個性を生かして勝て! ――

李斯タイプの得意戦術

得意戦術❶

一生を捧げる夢が原動力

この世界の真実や正義や美など、遠い星のように遠大なものに身を捧げ、それを明かし、つくり、守ることに使命感を見いだす。個人の欲や損得ではなく、一生を捧げられる目標を見つけるところから人生が始まる。〝法〟というシステムに大きな願いを託す李斯の姿は星宿そのもの。

〝法〟とは願い！
国家がその国民に望む人間の在《あ》り方の理想を形にしたものだ！

用がすんだら失《う》せろ
貴様が思っている程俺は暇ではないぞ

得意戦術❷

休まず働き続け、理想を実現

呂不韋失脚に伴い、幽閉されながらも法学書を読み、新法の草案を考え、法の道を極めていた李斯のように、とにかく働き者。ハードに見えても本人にとっては当たり前。ただ愚直に何かをやるだけでなく、進化しながら働き続ける。そうしているうちに、大きな理想を成し遂げていく。

得意戦術❸

長期的戦略でいぶし銀の活躍

……
ああ 見える

遠大な理想を描く星宿なので、物事も戦略もおのずとロングスパンでとらえる。思い描く夢が大きく、明確なほど力を発揮。遠くの目標を見据えて進化していく李斯のように、地味だが役立ついぶし銀的な働きぶり。目の前のことをコツコツと片づけながらも、理想を成し遂げていく継続力も持ち味。

―― この陣形で勝負！ ――

長期戦型
孤軍極みの陣

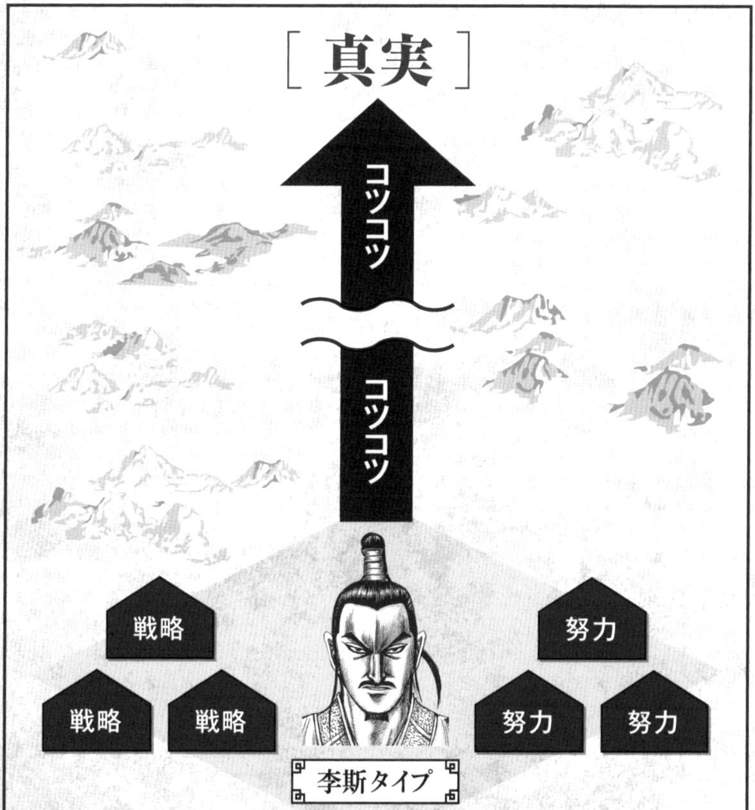

李斯タイプが追い求めるのは、はるか彼方にある〝真実〟や〝正しさ〟のようなもの。そこに自分がどう近づいていくかが、人生のテーマだ。自分が求めるものが見つかっていないときは中途半端な人にもなりがちだが、どれだけ遠くても、めざす〝星〟が見つかると個性的で魅力ある人物に。努力も戦略立ても惜しまずできるし、ひとりで戦える強さもあり、時間がかかってもコツコツと続ければ、光り輝くものを手にするだろう。

ポジション別

強みを生かす戦い方は？

無論 その先が
大変なのだが
まずはそこからだ

若手なら…

自分なりの夢や目標を見つけろ!

まずは自分なりの目標や夢を持つことが大事。それが定まらないうちは迷走することも。目標がしっくりこないと力を発揮できないが、若いときの試行錯誤はムダにはならない。どんな夢でもトライすることで自分探しを長引かせずに済む。法の整備という途方もない道でも実直に歩みを続ける李斯のように、下積みが長くても地道に努力できるので、やがて自分のスキルを生かして独特の存在に。

バカか
お前ら
李斯《りし》に
一喝《いっかつ》され
法案と共に
姿を消した
今の強国 秦《しん》は
国籍問わず
実力主義に
徹した恩恵で
あろうが
ひィ

中間管理職なら…

経験を積み信頼を勝ち取れ!

働き者で仕事をきっちりこなすので、徐々に上司からも信頼され、安心して任せられる存在に。長期的にコツコツと経験値を積めば、やがて組織の要に。プライベートにも仕事を持ち込むほどの頑張り屋で、その姿勢は部下から尊敬を集める一方、自分はそこまでできないと思われることも。実力主義を妬む貴族を一喝した李斯のように、周囲には厳しく映る面も。

統一後
この全中華の人間に
どうあって欲しいのか

トップ職なら…

満足することなく、夢を追い続けろ！

トップに立つより、脇から全体を支えるほうが向いているが、トップになっても遠い将来まで見越した大きな目標を追い続けて、組織を支える。ただ周囲がもう十分だろうと思う結果を残しても、理想の高い本人は本音では満足しない。中華統一後、人々にどうあってほしいかを思い描くことで法の形が見えるという李斯が、はるか遠い理想を追い続けるように、星宿の心には定年はないのだ。

フリーランスなら…

もはや
呂氏《りょし》四柱としての
立場は消えた
俺は今
純粋なただの
〝法家《ほうか》〟だ

スキルを磨き続けて第一人者をめざせ！

会社勤めよりも時間が自由で、思う存分、仕事に没頭できるという点でフリーをめざしたりもするタイプ。職人のように独自のスキルや特殊技能を磨き続けることで、存在感を発揮。李斯が役職を追われた後に純粋な〝法家〟としての道を極めていったように、地道に努力と経験を重ねていけば、その分野の第一人者としてクライアントからも信頼される存在に。

李斯タイプの弱点は？

大きな目標が見つからなかったり、なかなか定まらないと、延々と自分探しを続け、パワーを変な方向に使いがち。また、李斯のような働き者の気質が行きすぎると、自分は休まなくても大丈夫なので、働きすぎて、知らないうちに周りの人にプレッシャーをかけてしまうこともある。

李斯タイプに向いている職種は？

李斯のように、社会を統べるものを追求するのはよく、資格があれば定年なく働ける法律家や研究職は適職。星宿は財産を土地で持つといいといわれ、不動産業や土木、建築業で、公共事業など大きな仕事をするのもアリ。人智を超えた世界にも縁があるので、神職や芸術家にも向く。

ビジネス相性占い

誰にも見えておらぬ道を探すのだ
必ずどこかに答えにたどり着く道の入り口がある

尊敬できる上司は… 昴宿 昌平君《しょうへいくん》タイプ 衰

理想を理解し、心の支えに

遠大な理想を持ち、誰も通ったことのない道を歩もうとする李斯タイプの〝志〞に共感してくれる昌平君タイプ。現実面ばかり見て夢を否定するのではなく、話を聞いてくれるのがうれしい。リアルな面を補強してくれるというよりは、精神的な支えになってくれるタイプの上司だ。何かあったら相談できて、的確なアドバイスをくれる。

……
てめェかよ

最強のライバルは… 女宿 媧燐《かりん》タイプ 安

戦うことで自分らしさが浮き彫りに

李斯タイプは遠くにある夢を追い求めるが、媧燐タイプは目の前の成功をめざすタイプなので相入れない。戦ったとしても、戦う目的が違いすぎて、何のために戦っているのかを見失いがち。しかしその戦いは無意味というわけではなく、戦いを通して、自分のめざしているものやお互いの欠点などを気づかせてくれるライバルだ。

李斯タイプ×他23タイプの相性は？

李斯×蔡沢 衰
完璧主義同士、妥協点を探すのが難しい。好きでもそりが合わない。

李斯×麃公 友
麃公タイプの予想できないユニークさが、李斯タイプに力を与える。

李斯×昌文君 危
大人としてつき合えるが、ときに昌文君タイプの頑固さにいらだつ。

李斯×騰 胎
周囲から比較されがちなふたりだが、こちらが引き立て役でも満足。

李斯×蒙驁 安
蒙驁タイプの社交性に助けられ、こちらがおいしい思いをできる。

李斯×紫夏 親
期間限定なら楽しい。関係が長くなると、こちらが損をしがち。

李斯×王翦 成
努力家同士理解できる面もあるが、性格は真逆なのでときに衝突。

李斯×桓騎 栄
張り合わないほうがいいと直感でわかる。バランスのよい関係。

李斯×蒙恬 危
物事の考え方は違うが、蒙恬タイプのアレンジ力は役に立つ。

李斯×李斯 命
共有するものがあると協力し合うが、基本はあっさりした関係。

李斯×成蟜 壊
気持ちはわかり合えるが、現実的な問題で反論されるとかなわない。

李斯×李牧 安
どちらも超頑固なので衝突しやすいが、案外一目おき合う仲に。

キーパーソンは誰？『キングダム』

後で亜光将軍から説教ですな
うるさい

頼りになる部下は… 張宿 王《おう》賁《ほん》タイプ 栄

プライドを理解して引き立てて

プライドの高さと用心深さが似ているふたり。王賁タイプはなかなか本音を見せないが、李斯タイプはそんなところも理解して資質を引き出してあげられる。プライドを傷つけずにうまくつき合えば、粘り強さや緻密さを必要とする仕事において最高のパートナーになれる。李斯タイプのはっきりした目的意識が王賁タイプの力になり、生意気ながらも頑張ってくれる部下に。

高め合える同僚は… 心宿 慶《けい》舎《しゃ》タイプ 親

本音で語り合い、高め合える関係

人の気持ちを気にしすぎて無理をしてしまうこともある慶舎タイプだが、なぜか李斯タイプとは無理をせずつき合える。李斯タイプとしても、自分の素を出しやすい相手。自分の思っていることややりたいことについて慶舎タイプに打ち明けることで、自分の中でも整理がつき、スケールアップできる。ともに学び高め合える関係だ。

趙将 慶舎《けいしゃ》

李斯×嬴政 危
頑張りを表に出さない嬴政タイプを理解できず興味も湧かない。

李斯×蒙武 業
好意を持って尽くしてくれる。ズレている部分もあるが盟友的存在。

李斯×信 成
ともに自分のテリトリーから出てこないので、争うことは少ない。

李斯×壁 友
何事も一生懸命な李斯タイプをさまざまな形でサポートしてくれる。

李斯×羌瘣 成
個性的な発想には注目するが、必要以上には踏み込まない相手。

李斯×楊端和 栄
どちらも働き者。違う道を歩めば尊重できるが、近づくと張り合う。

李斯×廉頗 壊
廉頗タイプの現実的な欲を満たすことに利用されがちな面も。

李斯×河了貂 親
助け合える相手だが、細部ですれ違いがないよう気配りの必要も。

李斯×王騎 壊
真逆のタイプだが生き方に共感。対等な関係をキープする努力を。

李斯×龐煖 衰
夢や理想を語り合うにはいい仲。利害関係が絡むとトラブルに。

李斯×呂不韋 友
こちらのペースに合わさせると息切れ。無理させないように。

2024〜2033の10年を占う!

『キングダム』

出世すごろく

2024

仕事で結果が出せる年。自分しだいでさらに上へ

仕事運は年の前半にチャンスが集中！　実現したいことは３月11日から始動。敵陣に攻め込む好機は、５月３日〜７月16日。ここで仕掛ければ８月には朗報を聞けるはず。一年を通じて心がけるべきは己のスキルアップと体調管理。この年の密かな頑張りが今後の戦いの明暗を決める。

→

2025

前年からの自分磨きや体調管理を継続。虎視眈々《こしたんたん》と実力を磨こう。前年同様、人をアテにできないが、人間関係の苦労は必ずのちの糧に。

↓

2026

28年に一度のチャンス。〝大器晩成〟元年!!!

生きる〝使命〟や目標を見つけられないうちは日々にハリがなく、迷走もする星宿だが、この年は、まさに人生のテーマに遭遇するチャンス！　人間関係もうまく回りだし、成長させてくれる人との出会いや気づきもある。大器晩成型のあなたが覚醒し、〝真の人生〟が始まるだろう。

全中華を治める法治国家――
……

←

2027

運気が味方。攻めの一手で

希望に満ちた一年。前年に見つけた遠大な目標に向かって新しい一歩を踏み出せば、戦況は追い風ムード。自分の意図が周囲に理解され、願いもかないやすい。コトを仕掛けるには絶好のタイミング。勢いに乗って未来を切り開こう。

↓

2028

ここまでが好調であればあるほど、小さな違和感、気づいた課題をスルーせず、情報収集や己の鍛錬で今後の変化への準備をすべき年。

オオオオ
こらえよ李斯《りし》お前の時代は必ず来る
…分かっています

2033 味方を見極め 連携プレーで行こう

自分の力の及ばない問題に遭遇しそうだ。体力の限界を超えるような仕事、苦手な分野、コンプレックスを刺激される仕事が来たり。でも必ず味方が現れる！　ひとりで頑張りすぎず、大変なときは協力者と連携し、集団戦で。

2032

〝継続は力なり〟で、コツコツ地道に実力を磨く年。本業以外も多忙の暗示。副業を持つのもよく、そちらが発展するようなこともあり。

2031 仕事も恋愛も 強気で挑戦！

心に余裕が生まれ、個性を発揮できて、魅力ある人として輝けるとき。趣味も増え、モテ期到来の兆しも。仕事もプライベートも、ちゃんと自己主張したほうがうまくいく。自分が楽しいと思えることに挑戦すると、すべてがプラスに。

!
コト

2030 今の場所で、 基盤を固める年

2029年に選んだ変化に対応していく年。自分の〝拠点〟、よって立つところを整えるべく地を這うような努力が必要。この年に始めたことは、すぐには無理だが、長いスパンで成就する暗示が。辛抱強く、粉《ふん》骨《こつ》砕《さい》身《しん》の気持ちで。

2029 〝本当にやりたかったこと〟へ 準備を整え、進軍開始

人生の岐路に立つ年。留学、転職、弟子入り、起業…。たとえ、リストラや派遣切りなど、撤退や敗戦のような不本意な変化がきっかけでも、ピンチをチャンスに。次の道は自分が本当にやりたかったことに舵を切るのもいい。専門性を絞っていけばステップアップの可能性も。

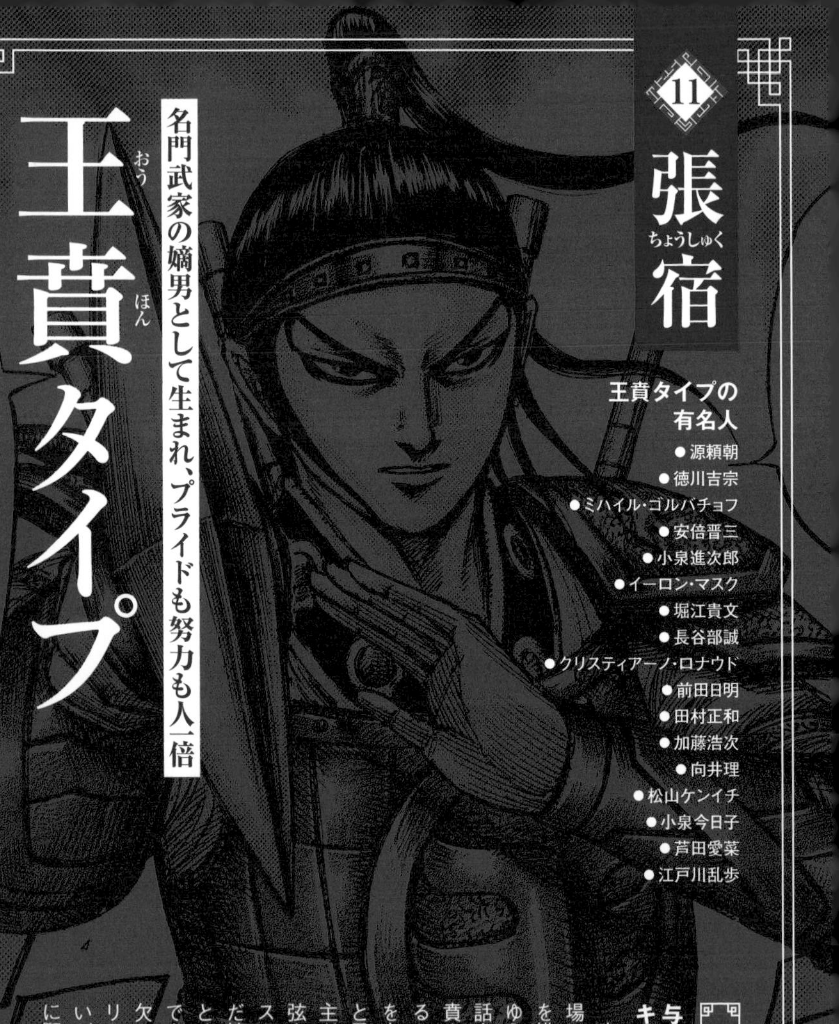

11

張宿《ちょうしゅく》

王《おう》賁《ほん》タイプ

名門武家の嫡男として生まれ、プライドも努力も人一倍

王賁タイプの有名人

- 源頼朝
- 徳川吉宗
- ミハイル・ゴルバチョフ
- 安倍晋三
- 小泉進次郎
- イーロン・マスク
- 堀江貴文
- 長谷部誠
- クリスティアーノ・ロナウド
- 前田日明
- 田村正和
- 加藤浩次
- 向井理
- 松山ケンイチ
- 小泉今日子
- 芦田愛菜
- 江戸川乱歩

基本性格

与えられた役割をキッチリこなす孤高の人

武門の名門・王家の御曹司。その立場にふさわしい活躍をするために努力を惜しまないが、エリート意識の強さゆえか、気楽に同世代の若者たちとも話さず、いわば孤高の存在。そんな王賁タイプのあなたは、隙や弱みを見せることを嫌い、与えられた立場や役割を大きな努力でキチンとこなす、知恵と勇気を兼ね備えた武人の資質の持ち主だ。また張宿の「張」は強く張った弦を表し、張宿の人のパンッと張ったスタイリッシュなイメージの象徴。ただ性格的には、見かけによらず神経質。とくに女性より男性の張宿は、几帳面でさまざまな部分の細かなチェックを欠かさない一面が。王賁も、なかなかリラックスした表情を人前では見せないが、張宿の「張」はこの宿の人が常に緊張を携えていることも表している。

王賁タイプってこんな人

7

お前ら如《ごと》きに
遅れをとっていたとは

どうしても上から目線に…

カッコよくて好感度も高く、目上の人から引き立てられて伸びる張宿。一方で自分がいろいろできてしまう張宿ほど、できない相手に対しては冷たく上から目線になりがち。王賁が率いる玉鳳《ぎょくほう》隊《たい》はエリート集団なので、その心配はないかもしれないが、張宿の場合、自分がトップに立ったときに高圧的で部下を大事にしないと失敗するといわれる。昇進するほど謙虚になるのが張宿の成功のコツだ。

緻密で、神経質な一面も

愚策《ぐさく》だ
今から
練り直すぞ
?

武人にとっては、戦場での一瞬の油断、心の揺らぎが命取りになるせいか、張宿は、実はとても細かなところまで目が行き届き、神経質といってもいいほど。だからこそ周到な準備、隙のない立案、機敏な状況判断ができる。やさしい気遣いなどに、こまやかさが生かされればよいが、人のささいなミスを細かく指摘したり、こまごまとつまらない批判を展開して、自分流を押しつけないように。

俺がやる

プライドを守るべく努力する

張宿は、王賁のようにエリート出身でなくても自尊心が強く自己評価が高いタイプ。自己演出がうまく、周囲によい印象を持たれることが多いが、実はそんな自分のイメージを守るためにも陰での努力を惜しまない。王賁も幼い頃から鍛えた必殺の槍術を身につけているが、プライドをパワーの源にして努力をしない張宿はただの張りぼて、見栄っ張りで終わってしまう。

―― 個性を生かして勝て! ――

王賁タイプの得意戦術

得意戦術❶

天性の華で注目を集める

名家の嫡男として選ばれしプリンス感を漂わせる王賁のように、生まれ持った容姿の華やかさや家柄のよさなど、天性のものを嫌味なく利用できるのは張宿の個性。アピールできるものを多く持っているなら臆さず利用して、注目を集め、存在感を発揮して、有利に仕事を進めよう。

生まれの良さも才能の一つだ

得意戦術❷

人知れず努力を続け、実力を磨く

持って生まれた華を枯らすことなく、さらに大輪に育てるため、実は人知れず努力ができるのも張宿の魅力。それは、槍術において天賦の才を持ちながら、たゆまぬ努力を続ける王賁の姿にも重なる。カッコ悪いところは見せられないという張宿のプライドこそが、実力を磨く原動力になっている。

あの日から貴様の槍の修練は始まり
たゆまぬ努力の積算で今……
ドドドドド

得意戦術❸

統率力があり、演説にも長《た》けている

友よ
力を貸してくれ

自己演出力があって、人を率いていく強いリーダーシップもあり、演説力にも長けている。華に頼りすぎると張りぼてのリーダーになってしまうが、陰の努力で結果もきっちり出すことで、下の者もついていくだろう。玉鳳隊の結束も、数々の戦果を上げてきた王賁の統率力あってこそだ。

この陣形で勝負!

努力型リーダーシップの陣

生まれ持った華があり、それで人を惹きつける王賁タイプだが、本当のリーダーになるためには、見えないところでの努力が欠かせない。自己イメージも高く、プライドに傷がつくことを何より恐れるので、それが自分を守る盾となり、努力の原動力にもなる。人に弱いところを見せず、いつも胸を張っているカッコよさに人がついてくるので、志高く、リーダーをめざす意識を常に持つことで、成功を引き寄せることができる。

ポジション別

強みを生かす戦い方は？

中間管理職なら…

隙のない実力をつけ期待を集める存在に！

いつでも堂々としている張宿だが、実は人からの見え方を意識したり、神経質で気が小さい一面も。そのギャップを埋めるために、人知れず努力を重ねることで、王一族総本家の嫡男・王賁のように、上からの期待に応え、下からもついていきたいと思われる存在に。立場がはっきりしていたほうがそれにふさわしい働きができるタイプだが、それができない相手には厳しい。

オ
オ
何者だ あの男は!?

同じなわけがないであろうが馬鹿者

若手なら…

天賦の才に甘えずたゆまぬ努力を！

初登場時からキラキラしていた王賁のように、見た目や出自に恵まれるなど、華やかさがあるため、とにかく目立つ期待の新人に。注目を集めることで得な部分もあるが、逆に何か失敗するとたたかれやすい面も。ときにはプライドを捨てねばならない場面も多いが、王賁が若いうちからたゆまぬ努力を重ねているように、天賦の才に甘んじることなく、腐らず実力を磨けるか否かが分かれ道。

ド
〝将軍〟だ

トップ職なら…

厳しさは抑えて 人に任せろ！

将軍になるべくしてなった王賁のように、次のトップはあの人だろうと内外から認められる王道の大企業トップのイメージ。本人も努力してそれに見合う力をつけていくので、業界全体のスター的存在に。ただ、カラーが強すぎてワンマン気質になりがちで、下に厳しく細かいので、後継者を育てているようで育ちにくい傾向も。謙虚さや人に任せる姿勢を持つことが大事。

この王賁《おうほん》の責務だ

フリーランスなら…

謙虚な姿勢で 技能を磨け！

本来は役職やポストに就く組織の中で輝くタイプなので、あまりフリーランス向きではない。人気運とアピールポイントの多さは売りになるが、張宿は武人の星で王賁のようにプライドが高いので、「お仕事をください」といった低姿勢はなかなか難しい。そのため、謙虚な姿勢を身につけつつも、黙っていても向こうから仕事が来るような技能を磨くことが必須。

王賁タイプの弱点は？

神経質で細かいところがあり、実はネチネチと不満をためがち。上から目線になることもあるので、王賁にとっての玉鳳隊副長・番陽《はんよう》のように、よき補佐役がいないとワンマンになって裸の王様状態に。プライドが高く、努力は人に見せないが、少しは見せたほうが、とっつきやすい印象に。

王賁タイプに向いている職種は？

警察や自衛官など、統制のとれた組織が向いている。王賁が将軍をめざして上り詰めていったように、順調に階級を上っていける大きな組織の中で、上をめざすのがいい。存在感もあって目立つのでスポーツやエンタメ系も適職。教師や弁護士、会計士、政治家など立場を伴う職業も吉。

ビジネス相性占い

ニコ
ヒョッ
ぎゅ

尊敬できる上司は…

翼宿 蔡《さい》沢《たく》タイプ 栄

失敗してもいいと教えてくれる

プライドが高く弱いところは見せないようにする王賁タイプだけれど、そんなところも認めてくれて、むしろいいところとして扱ってくれるのが蔡沢タイプの上司。中華をまたにかける蔡沢のようにいろんなところを飛び回る蔡沢タイプの上司についていけば、経験値がアップして、失敗を恐れて狭い世界にいることもなくなるだろう。

てっ てめェ 王賁《おうほん》!!

最強のライバルは…

亢宿 信《しん》タイプ 危

これが本気でぶつかる強さ

どちらも負けず嫌いではあるが、なるべくスマートにカッコよく戦うことを信条にしている王賁タイプに対し、信タイプはなりふり構わず真正面から立ち向かってくるので、本気でやり合うと押されがちに。王賁も信の体当たりの戦い方を目の当たりにすることで、全身全霊でぶつかることの強さを知りつつあるのではないだろうか。

王賁タイプ×他23タイプの相性は？

王賁×李斯 親 李斯タイプの努力する姿勢、目的意識の高さに力をもらえる。	**王賁×成蟜 成** 弁舌ではかなわない。痛いところを突かれてドキッとすることも。	**王賁×李牧 衰** 味方になれば心強いが、気の強さと頑固さには手を焼くことも。	**王賁×騰 親** やさしく気を使い合える仲だが、気になる部分が微妙に違うことも。
王賁×王賁 命 傷つけ合わないように距離をとり合うので、関係は深まらない。	**王賁×廉公 壊** 気が楽になるワクワクする相手だが、束縛すると嫌われるので注意。	**王賁×昌文君 安** 協力できる関係だが、こちらが地位を得ると壊れることもある。	**王賁×桓騎 胎** 頼ってはこないが、細やかな気配りでサポートしたくなる相手。
王賁×蒙驁 衰 気軽につき合えるが、甘く見ると意外なことで裏をかかれる。	**王賁×紫夏 友** 遠慮せずに話ができ、一緒にいると元気になって仲よくつき合える。	**王賁×王翦 危** 構えて接するよりも、考えずに飛び込んだほうがスムーズにいく。	**王賁×昌平君 栄** 自然体で接し本音を言える相手。ふたりだけで話す時間を持つと吉。

キーパーソンは誰？『キングダム』

力を貸してくれ
媧燐《かりん》

頼りになる部下は… 女宿 媧《か》燐《りん》タイプ 衰

協力して序列を上げていく

どちらも序列を大切にするタイプなので、裏切られることのない統制のとれた関係に。華があるが、人からどう見られるかを気にする王賁タイプを陰からサポートし、上司を引き立ててくれるありがたい部下。博識で戦略立てもうまい媧燐タイプに助けられることで王賁タイプは出世していけるし、媧燐タイプもまた、引き上げてもらうことでWIN-WINの関係に。

高め合える同僚は… 心宿 慶《けい》舎《しゃ》タイプ 友

弱まっている部分を攻めるのが自然界の鉄則だ

合わせてくれるならそれでいい

なかなか心の隙を見せない王賁タイプだが、そこにうまくスルスルッと入ってくるのが慶舎タイプ。心のツボを押してくれるような感じだが、それは慶舎タイプが合わせてくれているから。あまり相手の本音は探らず、合わせてくれるままにしたほうがお互いのためにいい。ただ、期待しすぎたり、甘えすぎたりしないように注意しよう。

王賁×嬴政 安
ともに繊細さがあるので、ふたりだけで手を組むと壊れやすい関係。

王賁×蒙武 親
どちらも自分の〝分〟を守るので、各々立場あるつき合いなら良好。

王賁×蒙恬 安
ライトな関係ならうまくいくが、共同作業だとこだわりの差が出る。

王賁×壁 壊
甘く見て軽んじた態度をとると、裏から足をすくわれる危険あり。

王賁×羌瘣 危
細かい部分を指摘すると、羌瘣タイプの個性を損ねてしまうかも。

王賁×楊端和 業
こちらのために何でもしてくれるが、ときにそれが重荷にも感じる。

王賁×廉頗 成
学ぶ点が多いが、対抗心を持たれないように距離を保って。

王賁×河了貂 友
相手のことを知るほどに、居心地のよさを実感でき、仲よくなる。

王賁×王騎 成
忍耐強さと細やかな気配りが縁を深める。頼もしい味方になる人。

王賁×龐煖 栄
見栄を張り合うと近づけない。張り合われたら上手にかわして。

王賁×呂不韋 壊
こちらが欲しいものをみんな持っているように見えて強く惹かれる。

2024〜2033の10年を占う!

『キングダム』出世すごろく

2024

上をめざせる年。ねたみそねみにご用心

その気になれば、結果を出せる年。転身を考えるなら５月23日までにエントリー。５月７日〜７月17日は抜てきや昇進もかなう運気。ただし意外な相手や場所で足を引っ張られる恐れもあり、金銭関係、情報管理に隙をつくらずに。逆に一緒に頑張れた相手とはよい絆も生まれる。

玉鳳隊《ぎょくほうたい》だっ!!
王賁《おうほん》が初めて前に出たぞ!!
ドドドドド

2025

"これまで"を整理。そして、自己改革を

自己改革が必要。過去を整理し、重荷を下ろし、今のやり方を変えるべきタイミング。華やかなことには縁がないが、目立たないところで、苦手を克服し、体調を整え、次の戦場に備えよう。密かに温めてきた計画の資金調達は、プロの意見も聞き、地道に。妙にうまい話には要注意。

2026

運気の曲がり角の2027年を前に変えたい、挑戦したいことも出てくる年。焦らず、ムダを省き、己の武器を磨いて虎視眈々《こしたんたん》と準備を。

2027

生き方がジャッジされる、誠実なあなたの大開運年

28年に一度訪れる、生き方を問われる年。これまでのことにジャッジが下る年でもあり、不正や間違いは正されるが、誠実な努力には運気の追い風が。思いどおりにできることが増え、実力発揮の場もあり、活躍のフィールドも広がる。今後のあなたの進むべき道が示される出来事も。

この流れは止められぬ!

2028 覚悟を決め、戦場を絞って上昇

勝負の年。金運も好調。出世して、周囲からは順調そのものに見られるが、立場が変わり、内部の人間関係や外部との対応に苦慮しそうだ。要領よくやりたくても手は抜けない。覚悟を決め、戦場を絞り込めば、願いはかない、運気上昇。

2029

安定期なので、小さな変化に鈍感にならないこと。2027年に始めたことは一度中締め的に区切りをつけて。仕事ばかりでなく家庭にも意識を向ける必要が。

2030 ポジティブ発想がよい変化を生む

変化の年。終了、中断することもあるけれど、すべて、よい方向に〝作り変える〟ためと考えよう。継続のためには大胆にやり方を変えることも必要だ。何も変わらないよりは変化があったほうが幸運を呼べるときでもある。

ド
ド
ド
ド
ド
ド

2031 モテ期到来! 仕事も幸運の波に

あなたの魅力が際立ち、注目を浴びるかなりの幸運年。クリエイティブな才能も発揮。好きなことができ、結果も出せる。恋愛も好調なモテ期。だが、ここではじけすぎると、翌年にしっぺ返しが。脇が甘くならないように。

2032 〝やりすぎ〟のツケが回ってくる

前年にはじけすぎ、やりすぎたことのツケを払わねばならないかも。体に無理をさせたこと、ルールを破ったことは反省しつつ慎重に過ごそう。今まで大丈夫だったからと悪しき慣例を踏襲すると、ハラスメント問題になる恐れも。

せいぜい気をつけて戦え
お前達の対面になった尭雲《ぎょううん》軍は危険な敵だ

2033

パートナー運のよい年。一匹狼では苦しくなるので、協力体制がとれる人を探そう。目標の賛同者を得ることで、次の戦場が有利に。

王賁

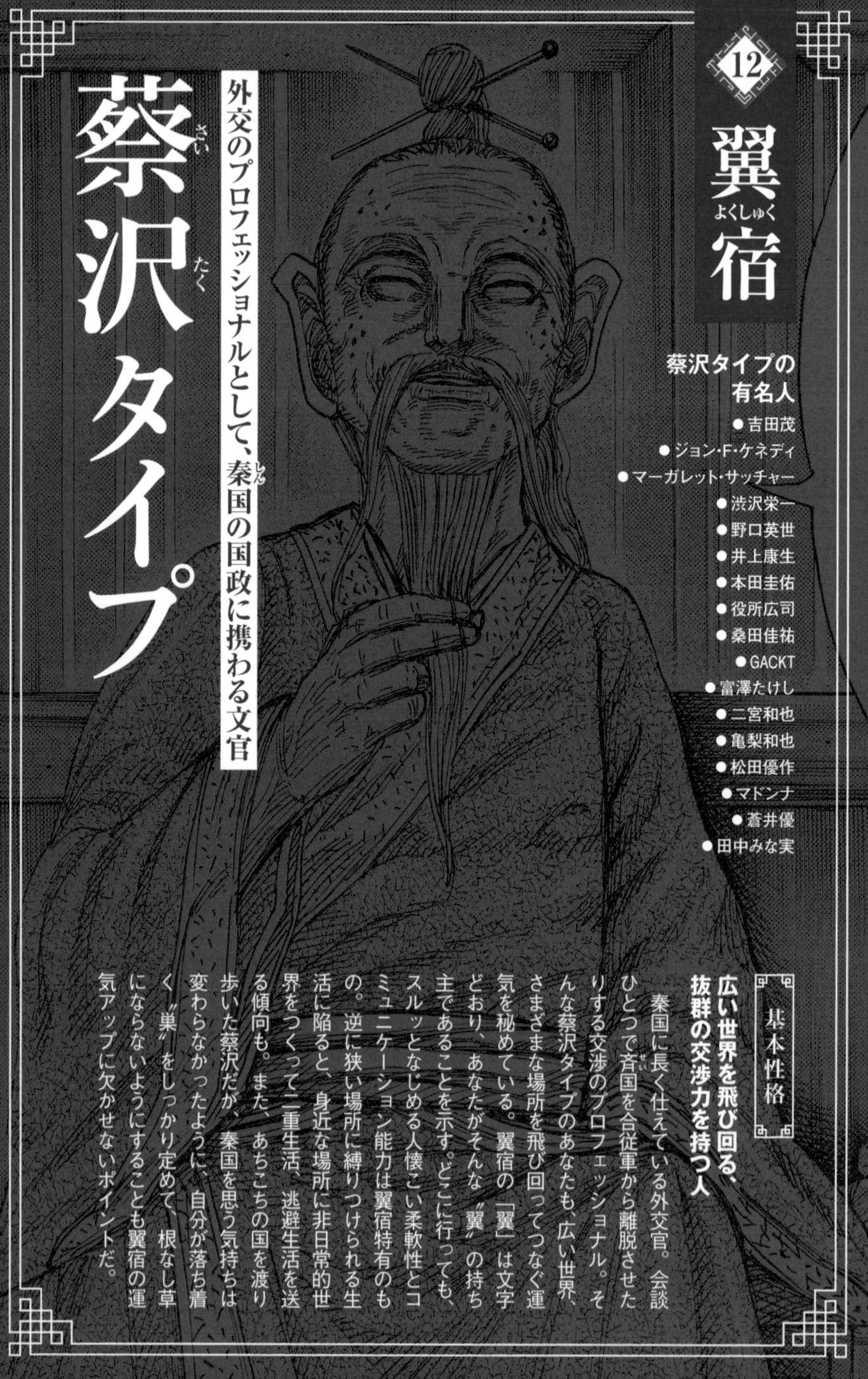

⑫

翼宿《よくしゅく》

蔡《さい》沢《たく》タイプ

外交のプロフェッショナルとして、秦《しん》国の国政に携わる文官

蔡沢タイプの有名人

- 吉田茂
- ジョン・F・ケネディ
- マーガレット・サッチャー
- 渋沢栄一
- 野口英世
- 井上康生
- 本田圭佑
- 役所広司
- 桑田佳祐
- GACKT
- 富澤たけし
- 二宮和也
- 亀梨和也
- 松田優作
- マドンナ
- 蒼井優
- 田中みな実

基本性格

広い世界を飛び回る、抜群の交渉力を持つ人

秦国に長く仕えている外交官。会談ひとつで斉《せい》国を合従軍から離脱させたりする交渉のプロフェッショナル。そんな蔡沢タイプのあなたも、広い世界、さまざまな場所を飛び回ってつなぐ運気を秘めている。翼宿の「翼」は文字どおり、あなたがそんな〝翼〟の持ち主であることを示す。どこに行っても、スルッとなじめる人懐こい柔軟性とコミュニケーション能力は翼宿特有のもの。逆に狭い場所に縛りつけられる生活に陥ると、身近な場所に非日常的世界をつくって二重生活、逃避生活を送る傾向も。また、あちこちの国を渡り歩いた蔡沢だが、秦国を思う気持ちは変わらなかったように、自分が落ち着く〝巣〟をしっかり定めて、根なし草にならないようにすることも翼宿の運気アップに欠かせないポイントだ。

ヒョッヒョッ
感謝するのは
この老人の方です

蔡沢タイプってこんな人

意外に私利私欲は少なめ…

翼宿は、究極の選択をすることになれば、物欲より名誉欲、お金よりは名声を求めるタイプ。形ある重いものを持っていては、“翼”を使って飛べないからかもしれないが、その意味では私利私欲に走ることは少なく、あっさりしている。ただ、浮気や兼業などで1か所だけでなく、あちこちに帰るべき“巣”をつくってしまうと、人間関係も複雑になり、お金もかかり、運気が乱れるもとになるかも。

案外、組織になじむ

あちこちを飛び回る翼宿だが、独立独歩でひとりで遠方に移住したり、起業したり、何かを開拓していくような生き方は意外になじまない。翼宿は企業や組織の一員として、何かの役割を担って遠方に飛んだほうが活躍できる傾向が。蔡沢も自分は「強い者のみに仕える」と言っているが、翼宿は意外に組織人。そうした制約や枠組みの中にいるほうが自分の使命を見つけやすかったりする。

強き者にのみ
お仕えいたしまするぞ

せっせせ
斉《せい》の大王 ご本人まで
連れて来るなどっ…

遠い場所をつなぐ使命

翼宿は、その翼を使って何かを伝えたり、何かを運んだり、遠いところとの縁をつなぐ使命を秘めている。実際に自分が行くことはなくても、最近ならSNSで知った情報やつながった人、好きになった海外のスター、ある地方の特産品などがきっかけで人生が動きだしたりすることも。視野を広げ、自分の翼を広げられそうな世界を探してみると、面白いことが起きてくるはずだ。

―― 個性を生かして勝て！ ――

蔡沢タイプの得意戦術

得意戦術❶

遠方でこそ力を発揮

“翼”を使って遠方まで飛び回り、何かを伝えたり交渉で道を切り開く。ただし、それは単純に商売のためというより、国政に携わる外交官として中華をまたにかける蔡沢のように、もっと大きなミッションにつながっている傾向が。海外など遠方でチャンスをつかむという特徴も。

遠交《えんこう》のために儂《わし》がまだ東に張っておいてよかったのォ
ヒョッヒョッヒョ

ヒョッヒョッヒョッ
茶番はもうすみましたかな？

得意戦術❷

適応能力と度胸で何事にも動じない

いつも飄々《ひょうひょう》とした佇まいの蔡沢同様、どんな環境にも適応し、誰の前でも決して物怖じしない度胸がある。海外など言葉の通じない場でも、おどおどすることなく、自分のペースで乗り切れる。大物相手でもフレンドリーにタメ口をきいたり、懐に飛び込めたりもする人間関係の強者。

得意戦術❸

公共の利益に大きく貢献

自分の利益のために動くより、会社全体や社会など公共の利益を考えて動くことで結果を出せる。蔡沢も秦国のため、斉の合従軍離脱の交渉を見事成立させたが、新しい支社や拠点づくりのために先遣隊として遠方に出向くなどの任務はピッタリ。おおいなる架け橋になれる。

その倍の額をこの蔡沢《さいたく》がお約束しますぞィ

この陣形で勝負!

飛行型
どこでもマイペースの陣

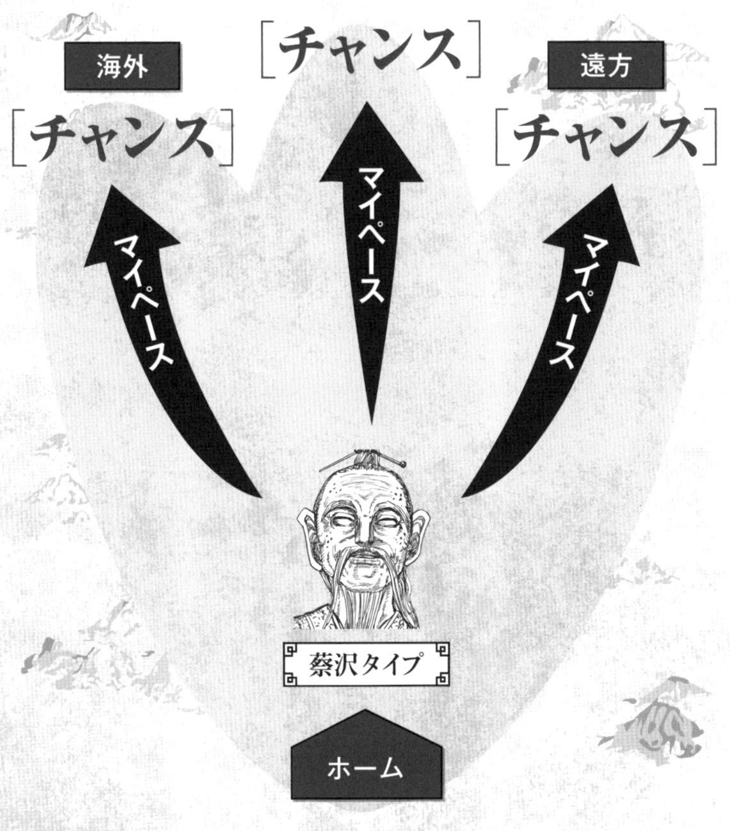

ひとところにとどまらず、国内海外問わずいろんなところを飛び回ってこそ発揮される蔡沢タイプの魅力と能力。世界中にあるチャンスを自ら飛んで取りに行くことができる人だ。蔡沢のように飄々とした雰囲気と天性の人懐っこさがあり、どこでもマイペース。そんな人柄に仕事の評価もついてくる。広く飛び回るだけに、根なし草にならないよう、帰ってくるべき〝ホーム〟があるほうが、より安定した戦い方ができるだろう。

ポジション別

強みを生かす戦い方は？

おお 蔡沢《さいたく》老師か
こんな所で何をしておられる
ひき殺されるぞ ワッハッハ
ゴットト

若手なら…

広い世界に出て吸収せよ！

見聞を広めるため、若いうちから語学留学をしたり海外の人と交流をするなど、外の世界からいろいろなものを吸収しておくことが重要。翼宿は〝翼〟を生かして遠方でチャンスをつかむという特徴があるので、本社にとどまっているより、転勤や赴任など動きがあるほうが開運。蔡沢も燕《えん》国出身だが秦にたどり着き、外交官として国から国へと飛び回り才覚を発揮している。

ご武運を
ニコ

中間管理職なら…

物怖じせず新たな拠点で力をつけろ！

ある地域の担当を任されたり、本社からの出向などで地方や海外に赴任し、そこで実力をつけて支店長など責任あるポストを得て、自分なりの拠点を築いていく。たとえ左遷されてどこかに飛ばされたとしても、そこでの出会いから別のチャンスをつかむ傾向が。物怖じせず、どんな環境にも適応できるので、蔡沢が嬴政と斉の王建王《おうけんおう》を引き合わせたように、上も下もなく、さまざまな人や物の架け橋的な存在にもなれる。

トップ職なら…

トップになっても飛び回れ！

ヒョッヒョ
独断・無断で動いたことは心から詫《わ》びる
じゃが 段取りを踏んでおると
危険度も増すし
何より実現が困難であったろうて

企業や個人の儲けより、全体の利益を意識すると一番力を発揮するので、公共事業や政治の分野でトップに向く。トップであっても中央でドンと構えているより、何かミッションを持って自ら地方や支社に出向き視察したいタイプ。そのほうが本人の技能や個性を生かせて結果も出せる。大事な使命のためなら独断で動く蔡沢のように、ルールに縛られない自由さも持ち味。

フリーランスなら…

世界を駆け巡り続けろ！

「史記《しき》」列伝《れつでん》によれば
蔡沢《さいたく》は燕《えん》の人で身一つで遊説《ゆうぜい》し秦《しん》にたどり着き当時の絶対権力者丞相《じょうしょう》范雎《はんしょ》との舌戦により その席を譲《ゆず》り受けた
以後 昭王《しょうおう》・孝文王《こうぶんおう》・荘襄王《そうじょうおう》・嬴政《えいせい》と四代の王に仕え
その間 祖国 燕にても重職についた稀有《けう》な政治家であったという

移動を厭わないので、個人で動けるデリバリー業のスタッフから、国などからの大きなミッションを背負って動くエージェント業務まで、あちこち飛び回る仕事で重宝される。蔡沢も中華統一に向け、斉との同盟という重要任務を成し遂げた。ただし、私利私欲では動かないので自分の利益は度外視しがち。いいように使われないようにその点を管理してくれる人をつけたほうが。

蔡沢タイプの弱点は？

あちこち飛び回って鉄砲玉のようになかなか戻ってこず、私生活が乱れる恐れが。また、蔡沢ほどの大物になれば許されるが、いざとなるとわりとルール無視で動くので、それがトラブルを招くことも。商売においても個人の裁量でサービスしたりして、儲けを取り損ねたりしがち。

蔡沢タイプに向いている職種は？

蔡沢のような国の任務で各国を飛び回る外交官のほか、貿易関係や商社など世界をまたにかける仕事はまさに適職。鉄道や航空などの交通、運輸業も向いている。海外の企業や海外の支店や支社で成功のきっかけをつかむ人も。サービス精神があるので、旅行業や観光業でも力を発揮。

ビジネス相性占い

尊敬できる上司は…　箕宿　楊《よう》端《たん》和《わ》タイプ　親

(蹴《け》散《ち》らせェ)

広い世界に出るきっかけをくれる

楊端和タイプはリーダーシップがあり、「こうしたい」と方針をハッキリ打ち出すタイプの上司。だが、細かいやり方は部下の自由に任せる派なので、ホームを持ちつつも自由に飛び回りたい蔡沢タイプとは好相性。「この人のために何かしたい」と思う上司のために働くのが楽しい。どちらも度胸と行動力があるので、一緒にいるとより大きな仕事ができるだろう。

つまらぬ……
やはりこんな戦では
燃え上がらんのォ

最強のライバルは…　氏宿　廉《れん》頗《ぱ》タイプ　危

求めるものも着火点も違う

理想と使命に生きる蔡沢タイプと、現実の欲が強い廉頗タイプでは、求めるものが全然違う。清濁併せのめる廉頗タイプからすると、蔡沢タイプが言っていることが綺麗事に思えてしまうことも。お互い燃え上がるポイントが違うので戦いづらいと感じるが、少し離れてみれば、自分にない部分を学ぶことができる相手でもあるだろう。

蔡沢タイプ×他23タイプの相性は？

蔡沢×王賁　親
手早さで息が合う。細かいことをやらせたら鉄壁のコンビに。

蔡沢×成蟜　危
成蟜タイプの理屈は頭ではわかっても、気持ちは反発したくなる。

蔡沢×李牧　栄
李牧タイプの強い気性を受け止め、よい方向へと昇華させられる。

蔡沢×騰　友
どちらもやることが丁寧なので心地よく、気を使わなくてOKな仲。

蔡沢×蔡沢　命
尊重し助け合うが、ふたりきりでつき合うことはあまりない関係。

蔡沢×麃公　成
好印象を持たれるが、こだわりを押しつけると逃げられるので注意。

蔡沢×昌文君　衰
静かに努力する昌文君タイプを、蔡沢タイプは認めて大事にする。

蔡沢×桓騎　親
物事の取り組み方が似ていて、飾らない関係。公私で頼もしい存在。

蔡沢×蒙恬　衰
自分にはない世界観や価値観に大きな影響を受け、ついていく。

蔡沢×紫夏　壊
献身的に尽くすのは嫌ではない。ただ共同作業をするには不向き。

蔡沢×王翦　安
世話を焼いてくれるので、つい依存して甘えすぎてしまうことも。

蔡沢×昌平君　胎
昌平君タイプのよさを誰より高く評価するのが蔡沢タイプ。

キーパーソンは誰？

『キングダム』

六国それぞれに文字も違えば
秤《はかり》も違う
貨幣《かへい》も違えば
思想も違う

頼りになる部下は…

星宿 李《り》斯《し》タイプ 友

ともに世界をとらえる目を持つ

中華を駆け回る蔡沢と、六国の文化の違いを理解する李斯は、その目に大きな世界をとらえていることが共通点。蔡沢タイプと李斯タイプも、視野の広さに通じるものがある。ひとところに留まらず活躍する蔡沢タイプの動きを、細やかにサポートしてくれる。めざすところが似ていて、リスペクトしてくれるので、上司としては引き立てたくなる存在。

フォ

高め合える同僚は…

軫宿 蒙《もう》驁《ごう》タイプ 栄

同じテンポでサクサク進める

ふたりとも軽やかに動くタイプなので、ペースが似ていて一緒にいると物事が発展する。一緒に行動するのもいいが、信頼し合っていれば離れていても安心して、別々の場所で仕事を進めるのもOK。どちらも飄々《ひょうひょう》としたタイプで人に好かれるので、いろんなところでヒョッヒョフォッフォと事を進めて、プロジェクトを前進させる。

蔡沢

蔡沢×嬴政 衰
ロマンチスト同士気が合うが、ふたりでいると現実離れすることも。

蔡沢×蒙武 友
頑固で一途なふたりだからこそ、信頼関係ができれば長い縁になる。

蔡沢×信 安
個性的な生き方に惹かれるが、互いに自分の個性を曲げず衝突。

蔡沢×壁 成
わかりにくい相手。時間をかけることができれば理解できる。

蔡沢×羌瘣 安
羌瘣タイプの行き当たりばったりさが理解できず、一定の距離が。

蔡沢×龐煖 業
龐煖タイプの闘争心の強さが刺激となり、行動の後押しとなる。

蔡沢×呂不韋 成
表面的にはうまくやれるが、呂不韋タイプの身勝手さはやや苦手。

蔡沢×河了貂 壊
好感は持つが、一緒にいると行動のスケールが小さくなることも。

蔡沢×王騎 危
実力は認めるし憧れもするが、自分とは違う道を行く人という感覚。

蔡沢×媧燐 栄
媧燐タイプの知恵は人生を豊かにしてくれるので、感謝を忘れず。

蔡沢×慶舎 壊
裏をかかれることも多いが、純粋に向き合えば安定した関係に。

2024～2033の10年を占う!

『キングダム』

出世すごろく

2024

起業も転身も！ 挑戦した数だけ成長

上をめざして闘う年。とくに6月3日～8月31日は力量を発揮できる幸運期。起業も転身も視野に入れてOK。2024年は新しいこと、広い世界、分野へと踏み出せば、それを次に生かせる運気なので、ときにはリスキーな戦いでも挑戦を。度胸も適応力もあるあなたなら夢への扉を開ける。

ヒョッヒョ
まー年寄り故《ゆえ》許されよ

秦《しん》国最高外交官
蔡沢《さいたく》

2025

人間関係に朗報あり。とくに、前年までうまくいっていなかったパートナーや身近な人がいたら、これまでとつき合い方、距離感を変えることで関係改善が見込めそうだ。

2026

人との距離感に注意。金絡みの〝いい話〟は罠

人間関係がよいだけに、少し隙もできやすい年。とくにお金の話、お金の扱いには注意。友人絡みで来る〝いい話〟、貸借、仕事の経費、税金などは慎重に。人まかせにしすぎないこと。気やすくなりすぎてのハラスメント問題も警戒。意外な人からの忠告にも素直に耳を傾けて。

悪いが退《さ》がってくれるか？

2027

再び夢を追う発展的な年に!!

前年の難しい人づき合いの中から、悪縁を切り、距離をおく相手、諦める事案も出てくるが、整理がつくと運気が浮上。思いがけない話が舞い込んで、新しい夢を描けたり、突然の新しい出会い、気づきから次の飛躍の機運が。

2028

グローバルな視野を持て。あなたの〝器〟はもっと大きい

新しい生き方を模索する28年に一度のターニングポイント。ここで描く夢は、地に足のついた実現可能な計画として確実に進む可能性が。遠方との縁をつなぐ翼宿の使命を実感、体現する出来事も。リアルでもリモートでもグローバルな世界との縁があなたの生き方を変えていく。

2029

風は追い風で、意向が通りやすいとき。さまざまな出会いや発展があり、人脈も広がる。とくに年後半、SNSなどのフォロワーが爆増。

2030

私生活に変化。内憂を断つ努力を

プライベートや家庭に重きがおかれる年。住まい、育児、介護などで問題噴出の予感も。そこであなたがどう変わるか、公私のバランスをどうとるかを真剣に考えることで、よりよい働き方、快適な生活環境にも手が届くはずだ。

2031

現状維持はNG！伸《の》るか反《そ》るかの選択のとき

仕事は安定していても、さまざまな岐路に立たされる出来事がある。大きな仕事を引き受けるか否か、副業を本業にするか、上をめざすか、もっと現場にいるのかなどの選択が。漠然とこのまま続けていくと、来年は面白くない方向に行く危険性も。自分の戦い方は自分で決めよう。

2032

公私でのよきパートナー、生涯の〝盟友〟との出会いも

2031年に選択したことの先に、あなたらしい個性を発揮できる戦場が待っている。仕事でもプライベートでも、よきパートナーに恵まれる運気が巡ってくるので、この年、縁のあった人は大切に。困ったときに助け、助けられた人は生涯の盟友になることも。

長生きをして
よかったと

2033

多忙な年。誰かのために動かねばならず、時間に余裕がなくなり、体力も削られる。だが、多くの経験を積んで真の実力が磨かれる。

……何？

13

軫《しんしゅく》宿

蒙《もう》驁《ごう》タイプ

定石どおりの戦い方ながら、確かな戦果をあげる人格者な大将軍

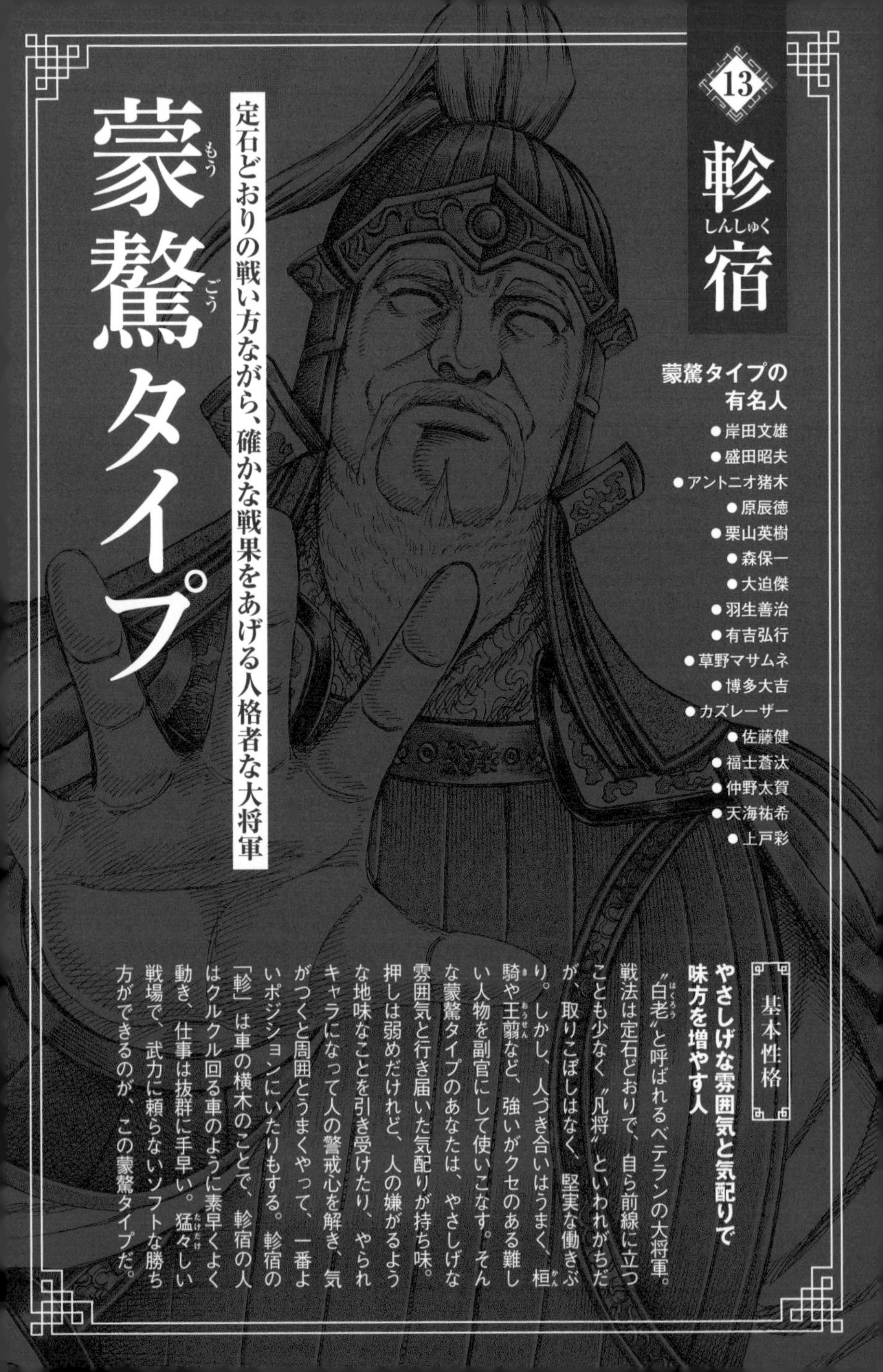

蒙驁タイプの有名人

- 岸田文雄
- 盛田昭夫
- アントニオ猪木
- 原辰徳
- 栗山英樹
- 森保一
- 大迫傑
- 羽生善治
- 有吉弘行
- 草野マサムネ
- 博多大吉
- カズレーザー
- 佐藤健
- 福士蒼汰
- 仲野太賀
- 天海祐希
- 上戸彩

基本性格

やさしげな雰囲気と気配りで味方を増やす人

〝白老《はくろう》〟と呼ばれるベテランの大将軍。戦法は定石どおりで、自ら前線に立つことも少なく〝凡将〟といわれがちだが、取りこぼしはなく、堅実な働きぶり。しかし、人づき合いはうまく、桓《かん》騎《き》や王翦《おうせん》など、強いがクセのある難しい人物を副官にして使いこなす。そんな蒙驁タイプのあなたは、やさしげな雰囲気と行き届いた気配りが持ち味。押しは弱めだけれど、人の嫌がるような地味なことを引き受けたり、やられキャラになって人の警戒心を解き、気がつくと周囲とうまくやって、一番よいポジションにいたりもする。軫宿の「軫」は車の横木のことで、軫宿の人はクルクル回る車のように素早くよく動き、仕事は抜群に手早い。猛々《たけだけ》しい戦場で、武力に頼らないソフトな勝ち方ができるのが、この蒙驁タイプだ。

蒙驁タイプってこんな人

撃てェッ!!!

動くと決めたらスピーディ

ほんわかのんびりしているようで、軫宿は何をやらせてもスピーディでフットワークも軽い。テキパキしていて事務処理能力も高い。決断したらグズグズせずに、さっと動くのも軫宿のよいところ。蒙驁も武人として芽が出なかった斉《せい》での出世を諦め、秦《しん》に移ってからチャンスをつかんだが、「ダメだ」と思った場所には長くとどまらないことも、軫宿がその能力と運気を伸ばすためのポイントとなる。

人の力をうまく使う

皆に
戦術を一つ
伝えに来た

気がよくて、どんな相手も受け入れ、相手の個性に合わせて上手につき合える軫宿は、ある意味、人間関係の達人。自分は一歩引いたところにいて、人の能力と魅力をうまく引き出すプロデューサー、フィクサーとしての手腕はピカイチ。結果的によいスタッフや部下にも恵まれる。その中で「自分が」としゃしゃり出るよりも、一歩引いているほうがなぜか目立ち、力が発揮できるのが軫宿だ。

軽く現実逃避を
じゃな
ワハハ
何だそれ

弱く見えても実は強い

「柔よく剛を制す」という言葉がぴったりの軫宿。決して強くない、自分の弱さや欠点を知り、認めることで、それを補う対策、動き方を事前に準備ができる。それで〝勝てなくても負けない〟戦い方ができる。蒙驁も極度の緊張を抱えると、一兵卒に変装して陣地を徘徊《はいかい》。草原に転がって息抜きをしていたが、下手に強がらず、上手なストレス解消をするのも強さの秘けつだ。

― 個性を生かして勝て! ―
蒙驁タイプの得意戦術

得意戦術①
強そうに見せない強さ

総大将を任された戦場でも微笑《ほほえ》みをたたえる蒙驁のように、ソフトな雰囲気とやさしい気配りで人の心をつかむ。好戦的な印象や高圧的なところもなく、むしろ下手に出て、強そうに見せないのも戦略。最弱の宿といわれる軫宿だが、自ら負けを受け入れる強さがあるともいえる。

秦の〝白老《はくろう》〟こと蒙驁《もうごう》大将軍である
フォッフォッフォ
あまり気負うとケガをするぞ
オ
オ
オ
オ

桓騎《かんき》の才はひょっとしたら六将にひけをとらぬかもしれぬ

得意戦術②
フィクサーのように陰で糸を引く

一歩引いて、プロデューサーやフィクサー的な立場で力を発揮。頭の回転が速く、自己顕示欲も強くないため、誰に何をやらせ、自分は陰でどう動けばいいかを本能的に察して、結果的に望む勝利をつかめる。桓騎や王翦など有能な副将を抱える蒙驁はまさに名プロデューサーでもある。

得意戦術③
負けから多くのことを得る

相手を上げて自分を下げたり、相手を見ながら立ち位置や対応を柔軟に変えることができるので、人間関係におけるバランサー的役割も担える。ときには自ら負けを認め、折れることで思いどおりに事を運ぶ。負け続けてきた宿敵・廉頗《れんぱ》を、長年考え抜いた策で迎え撃つ蒙驁も弱さを武器にしていた。

うろたえることはない
奴の前ではいつでも儂《わし》は〝敗者〟だ

―― この陣形で勝負! ――

バランス型 敏腕プロデューサーの陣

現場で働くことも大好きだが、それ以上に人を使って目標を達成していくのが蒙驁タイプの戦い方。たとえ有能でも「自分だけではできないことがある」と、自分の弱さや足りない部分を認められることこそが蒙驁タイプの強さの秘けつだ。抜群のコミュニケーション能力を生かし、上下問わずさまざまな立場の人に協力を仰ぐこともできる。頭の回転が速く、器用なので、複数の案件を同時に回して目標達成するのもお手のもの。

ポジション別

強みを生かす戦い方は？

動かせっ!!

若手なら…

地味な仕事もきっちりこなせ！

アピール上手ではなく、一見頼りなくも見えるが、器用で仕事は抜群に手早いので、着実に結果を出して少しずつ認められていく。割に合わない地味な仕事や小さな仕事も嫌な顔をせず引き受けて、的確に片づけていくことで評価は上がる。そのため、派手な活躍はないが、安心して任せられる存在に。格下相手には勝ちを取りこぼすことのない蒙驁のように、安定感をめざそう。

あとで傷ついた部隊の見舞いに回ることを忘れないようにとな
秦《しん》軍総大将
大将軍蒙驁《もうごう》

中間管理職なら…

部下にも仕事を任せ成果を上げろ！

自分がスピード感を持って多くの仕事をこなせるので、部下にも同じような質と量を求めて、どんどん仕事を任せて回していき、上から認められる。一歩引いたところから人を動かすフィクサー的な能力で、見込みのある人材を抜てきし、ダメだと思ったら別の人と替えたり、人の力を上手に使いながら結果を出す。ただし、仕事を任される部下も大変なので、蒙驁のように部下へのケアを忘れず、大事にすることが必須。

トップ職なら…

大好きな現場で指揮をとれ！

今日で
野盗をやめて
儂《わし》の元へ来い
桓騎《かんき》

仕事が早く的確なので、上に立っても現場好き。人に任せたい気持ちはあるが、いつまでも参加型で、どっしり君臨するトップにはなりきれない。
口出しも多いが、下の意見も聞く調整能力もあり、人を使うのが上手なので、適材適所で人を置き、現場をうまく回す実務型のリーダー。やさしげで、蒙驁のように癒やしキャラだが、王翦や桓騎などクセのある部下も抜てきし、使いこなす力量もある。

老将には老将にしか
務《つと》まらぬ役目がある

フリーランスなら…

スピードと的確さを売りに！

頭の回転が速く、多くの仕事をスピーディかつ確実にこなしていけるので、重宝がられる。蒙驁も老将ながら函谷関《かんこくかん》を守り抜き、手堅く仕事をこなした。また、ソフトで社交的なので、人間関係ではどんな相手ともうまくやっていけるのも強み。しかし、本来は使う側が向いており、フリーランスで相手に対し強く出られないと、むちゃなオーダーにストレスをためることも。

蒙驁タイプの弱点は？

寂しがり屋で、蒙驁が人を動かすことで強さを発揮するように、一人で何かやろうとしても意外にうまくいかない。人間関係は巧みなのにアピール下手で自分を売り込むのも苦手なので、自分から前に出ようと頑張っても裏目に出る。控えめでいたほうが目立つし、運も味方する。

蒙驁タイプに向いている職種は？

流行の最先端にいたいタイプなので、マスコミやファッション関係、IT系などは適職で、田舎にいるより都会で新しいものを追い求めるほうがいい。また、手先の器用さを生かした仕事も向いている。蒙驁のように人をうまく動かす才能を生かすなら、人材仲介業やコンサルタントも。

ビジネス相性占い

ヒョッヒョッヒョ

尊敬できる上司は… 翼宿 蔡《さい》沢《たく》タイプ 親

一緒に世界を飛び回って楽しい

さまざまな国を渡り歩いて活躍した蒙驁と蔡沢のように、ひとところに留まらず、動き回って活躍するタイプのふたりは、上司と部下としても好相性。世界をまたにかける蔡沢タイプの実働隊として力になるのが楽しい。自分の実力を認め、いろんなところに同伴させてくれたり、派遣してくれるので、一緒にいると大きく成長できる。

あれは手強《てごわ》いぞ

最強のライバルは… 婁宿 騰《とう》タイプ 壊

似ているけれど、一枚上手な存在

ともに手早く失敗も少なく、コミュニケーションがうまいタイプなので、若干キャラがかぶりぎみ。仕事の迅速さではこちらの勝ちだが、試合に勝って勝負に負けているような気がすることも。蒙驁タイプが真面目に目の前の仕事を高い完成度でこなしている間に、騰タイプは人間関係のおいしいところをファルファルと刈り取っていく。

蒙驁タイプ×他23タイプの相性は？

蒙驁×蒙恬 栄
ふたりが一緒にいるとたくさんの人が集まり、いつもにぎやかに。

蒙驁×李斯 壊
働き者同士好ましく思い合うが、パワーは李斯タイプのほうが上。

蒙驁×成蟜 安
論戦では勝てないが、人間関係の巧みさではこちらに分があり。

蒙驁×桓騎 友
自信に満ちた桓騎タイプに憧れるが、向こうは自分に関心薄め。

蒙驁×信 衰
信タイプが仕切ったほうが関係が安定。蒙驁タイプもそれが楽しい。

蒙驁×王賁 友
同じテンポで動けるので、気楽で気持ちのいいつき合いができる。

蒙驁×麃公 危
勘が鋭い麃公タイプには考えていることがバレる。嘘はつかないで。

蒙驁×昌平君 親
尊敬できる相手。何かを学ぶ形で、よいつき合いができる。

蒙驁×廉頗 安
蒙驁タイプが、よかれと思ってしたことが空回り。利用されがち。

蒙驁×蒙驁 命
一緒にいると交友関係が広がり楽しいが、ふたりだと盛り上がらず。

蒙驁×紫夏 成
頼れる相談役。その代わり、向こうから頼られることも多い関係。

蒙驁×王翦 衰
新しいものが好き同士、いろいろな情報を与え合って発展。

キーパーソンは誰？

『キングダム』

頼りになる部下は…

畢宿 李牧《りぼく》タイプ 胎

自分にはない粘りが頼りに

手早く正確に仕事をこなす蒙驁タイプに対し、時間をかけてじっくりと大きな仕事を成し遂げる李牧タイプ。ちょっとテンポが合わないと感じることもあるが、粘るからこそ任せられる仕事もある。蒙驁のように、ときには負けを認めて割り切るのも強さだが、李牧のように決して諦めず戦い続けるのも違った強さ。使い方次第で大きな戦力になる存在。

高め合える同僚は…

觜宿 昌文君《しょうぶんくん》タイプ 栄

お互いのよさを引き出し合える相性

真面目で思慮深い昌文君タイプと、コミュニケーション能力に長けた蒙驁タイプは、お互いの長所を引き出し合える鉄壁のパートナーシップで大発展。蒙驁タイプは人を使うのも人に使われるのもうまいが、一番巻き込むべき相手は昌文君タイプ。お互いにぶつかり合うこともなく、どんな戦いでも、一緒にいれば安心して戦える。

蒙驁×嬴政 栄
傷つけ合わない優しい関係。気持ちの面でつながり癒やされる。

蒙驁×楊端和 友
主導権は相手に渡して吉。こちらが仕切ろうとすると疲れてしまう。

蒙驁×呂不韋 危
仲よくはなれるが、こちらの優先順位を高くしてはもらえない。

蒙驁×壁 危
表面的なつき合いはできるが、本心が読めず、遠く感じることも。

蒙驁×羌瘣 衰
どちらも社交性があり楽しいが、大変なときには頼りにならない。

蒙驁×龐煖 親
闘争心の強い人だが、蒙驁タイプの気配りには礼を尽くしてくれる。

蒙驁×慶舎 成
楽しくつき合えるが、信用していると意外に裏をかかれたりする。

蒙驁×河了貂 成
きちんとしていて信頼できるが、一緒にいると型にハマりすぎる。

蒙驁×王騎 安
すぐに仲よくなるが、王騎タイプの押し出しの強さに疲れることも。

蒙驁×媧燐 業
触れ合うと向上心や方向性が生まれ、前に進むための知恵もくれる。

蒙驁×蒙武 壊
蒙驁タイプの気配りは蒙武タイプを甘やかして周囲も振り回される。

2024～2033の10年を占う!

『キングダム』

出世すごろく

2024

新天地に種をまく年。〝一軍の将〟となれ!

今まで切り開いてきた土地に、新しい種をまく年。時間はかかるが後々豊かな実りが得られるはず。成功運はあるが、ひと筋縄ではいかず、不本意なことが発展につながったり、厳しい指導やクレームが重要なヒントになることも。6月5日以降、実力を発揮。〝一軍の将〟にもなれる。

これこれ
そう慌てることも無かろうて
ズイ
!?

→

2025

知己を得て成長。果敢に挑戦を

大きなことを任されたり、未経験の分野にトライさせられたり。リスキーな挑戦もするけれど、仕事で結果を出せる年。前年、こじれやすかった人間関係は改善傾向。新たな仲間ができることで、あなた自身の進化も促される。

だってそれは この期に及んで
じーさんに一発逆転の好機が
生まれたって話だろ!

↓

2026

人間関係が安定して働きやすい年。ここ数年間のチャレンジの結果が明らかになる。ダメだった部分はここで地味に軌道修正を。

←

2027

人のために頑張るとき。健康管理は万全に

人のために尽力したり、苦労をかけられたりする年。後輩や後継者の育成、心配事の解決が急務。仕事での不安材料だけでなく、あなた自身の心身の不調などもありそう。早めに原因を突き止めて、手当てすることを心がけて。

2028

幸運期に突入！
チャンスをつかめ

運気は追い風。新しい分野、場所に攻め込む好機。今年、舞い込む話、チャレンジなどが来年以降の大きな飛躍の準備になる。転職前のスキルアップの好機。人にすすめられたり、ホメられたことにビジネスチャンスあり。

2029

〝自分の生きるべき道〟を発見。
信頼できる仲間とタッグを

改めて、自分のやるべきこと、〝使命〟に目覚める年。前年にトライを始めたことの中に「これだ」という手応えを得られるものも。趣味の延長でも、儲け重視でもいいが、社会全体のことを考える視点を持つと、ピンとくることが見つかる。志を立てれば、協力者との出会いにも恵まれる。

だが
今度だけは

2030

分かれ道の年。
意識を改める必要が

死力を尽くす戦いが
近づいているとな

仕事は微妙な分かれ道。昨年、心に決めたことが、転職、生活スタイルの変化をもたらしたり、立場が変わって、何かを選択する必要も生まれる。意に沿わない出来事があっても、まず意識改革を。〝二足のわらじ〟的生活は難しくなるかも。

2031

プライベートが充実する年。仕事は少しペースダウンしてOK。どうバランスをとるか悩むことはあるが、案外うまくやれて、幸せ。

2032

周囲に変化が。
去る者は追わない

とくに人間関係が大きく変わる年。職場の顔ぶれが変わるかもしれないが、新しい人がいい風を吹かせてくれる。プライベートも、遠距離恋愛や単身赴任になって、かえってうまくいくことも。今までとは違う交友関係が新しい運を運んでくる年だ。

2033

人間関係の変化に伴い、生活スタイルも変化。現状に合わせて、働き方、習慣を見直し、無理のない形に整えれば、楽になり成果もUP。

14

角宿《かくしゅく》

蒙《もう》恬《てん》タイプ

飄々《ひょうひょう》とした性格だが、武の才にあふれ次代を担う武家一族の子息

蒙恬タイプの有名人

- 森喜朗
- 貴乃花光司
- 谷亮子
- みのもんた
- 武田鉄矢
- 玉置浩二
- 小日向文世
- 加瀬亮
- オダギリジョー
- 鈴木亮平
- 柴田英嗣
- 澤部佑
- 広末涼子
- 水卜麻美
- 浜辺美波
- 石川啄木
- 横尾忠則

基本性格

柔らかな人当たりの中に、激しさも秘める人

武人の名家・蒙家の嫡子。人当たりがよく、穏やかな人柄ながら、戦いとなれば、一転して鋭さと勇猛さを見せる。そんな蒙恬タイプのあなたは、爽やかな優等生風なのに、遊ぶことや楽しむことも好きという明るく、好感度の高い人。けれど角宿の「角」はとがった〝かど〟であり、これは角宿の人が、人とは調和しきれない〝ツノ〟のようなものを心に秘めていることを示している。蒙恬も、柔和でお気楽そうだが、戦場で見せる別人のような苛烈な戦い方が、彼の中にある驚くほどの激しさを感じさせる。本来の角宿も、好き嫌いが激しく、止められても好きなものに向かっては突っ走る奔放さ、嫌いなものは徹底的に避ける頑《かたく》なさを秘め、それが外面とのギャップになることも含めて、独特の魅力を放つ人だ。

どうかご武運を
父上

蒙恬タイプってこんな人

家族にはこだわりあり

蒙恬の父は蒙武《もうぶ》、祖父は蒙驁《もうごう》。それぞれ父子は全然、似ていないけれど、蒙恬は、父の蒙武の戦闘を側面から助けたり、弟の蒙毅《もうき》を信《しん》の軍師に推薦しようとしたり、家族のことは何かと気にかけている。角宿も実は、家族との関わりが深い生まれ。親や家族の生き方に影響を受けやすい分、愛憎が絡み合うこともあるが、家族との関係がうまくいくと角宿のハッピー度が何割増しにもなるはずだ。

バタ
バタ
楽華隊《がくかたい》による城門突入から本城落城までまさに電光石火の早業《はやわざ》であった

意外に器用でユニークな才能

角宿は、一見、堅物に見えても、面白いこと、楽しいことが大好き。アート的なものから俗っぽい遊びまで、気楽に手を出すことが多く、そこで持ち前の独特のセンス、美意識を発揮して、ユニークにアレンジしていくような才能を秘めている。そんな趣味的な場での発想や技、出会いが、思いがけず本業で生かされることも多いので、やるのであれば、遊びも全力投球でやってみるべし。

軽やかで爽やかで好感度高め

……いつも通りだよ
また後で会おう じィ
ニコ

角宿は、周囲が自分に望んでいることを察し、それにうまく応えたり、シビアな状況でも緊張を緩めるようなことをサラッと言ったりできるので、同性からも異性からも人気運は抜群。その社交性で運気を開いていく。ただ生真面目かというと、そうでもなく、アバウトでわがままな一面も秘める。表面的な好感度とのギャップが大きすぎると、マイナスの印象になる恐れもある。

── 個性を生かして勝て！ ──

蒙恬タイプの得意戦術

よーっス
蒙恬！
と楽華隊！

得意戦術❶

高い好感度が最大の武器

第一印象最強といわれる角宿は、キラキラした爽やかな優等生オーラが漂う蒙恬のように、初対面からとにかく感じがよく、好感度の高さで勝負できる。何かマイナスポイントがあっても、最初の好印象で帳消しにできるほど。人たらしなところもあるので、後々まで人気運は高い。

うん…
〝柔〟で対応した
蒙恬に軍配が
上がったのである
……うん
……

得意戦術❷

センスのよさで人の心をつかむ

好きなことを仕事にすると、天性のセンスのよさを生かして、既存のものをアレンジすることで力を発揮。蒙恬の場合は、軍才でそのセンスをおおいに発揮している。人や物のいいところを見つけるのが上手で、それをわかりやすく伝えるアピール力もあるため、多くの人の心をつかむことができる。

二隊の活躍により
第一の城 高狼《こうろう》は
わずか十一日で
陥落《かんらく》した
ギャハハハ
ヒー

得意戦術❸

遊び心が働く原動力

遊んでいないと生きている気がしないというほど遊び好きな角宿。楽華隊《がくかたい》の空気感にも蒙恬の陽気な気質が現れている。そのため、遊びを上手に仕事に生かし、遊ぶように働くことで結果を出していく。堅苦しいことは性に合わないので、遊び心を生かせる仕事を選ぶことで才能を発揮できる。

この陣形で勝負!

センス型
遊び上手の陣

蒙恬タイプがめざすのは人生を〝楽しむこと〟。世間で価値があるとされていても、自分が楽しくなければ意味がない。仕事でもそれを実現できるだけのセンスがある。それを武器に、遊ぶように戦う人。好感度が高く人気があるが、日頃のコミュニケーションを大切にすることで、助け合う仲間にも恵まれる。実は内面には頑固さを秘め、人とぶつかることもあるが、そんな自分をコントロールできれば向かうところ敵なしだ。

ポジション別

強みを生かす戦い方は？

もっと気楽に
行こーよ
先は長いんだし
!?
ドガラ

若手なら…

好きなことに触れられる仕事を！

若手の頃は、いわゆる感じのいい若者という印象で、社内外で人気者に。初対面の信に対してもフランクに接する蒙恬のように、いい意味での隙があるのも大きな魅力。何より大事なのは、自分の好きなことに触れられる仕事を選ぶこと。魅力やセンスを生かせる場で、上からも引き立てられて伸びる。少々遊び好きで凝り性なので、時間と約束はきっちり守ることも大事。

中間管理職なら…

持ち前のセンスと実力で人望を集めろ！

自分が楽しめる分野に進んでいれば、持ち前のセンスで実力を発揮でき、みんなの憧れの存在に。難しい技術も堅苦しさを感じさせずにシェアできるので人望も集まる。下に向けては、蒙恬のように士気を上げるツボを心得ていてよき先輩。ただし、ポジションが上がり隠れていた〝角〞が出て、こだわりやわがままが表に出ると、しだいに面倒くさく扱いづらい人になることも。

悪いが
宜《よろ》しく頼むよ
みんな

トップ職なら…

人間関係や人脈を大切に!

高い能力を買われて臨時で将軍を任された蒙恬のように、センスと技能を磨くことでトップの座をつかむ。また、食事会など仕事を離れた社交の場をうまく生かしながら、社内外の人と人脈をつくり上げていけるのも大きな武器。ただし、上に人がいなくなると、我の強さが表面化しがち。損得やプライド、こだわりの強さがパワハラ的な言動になると、人がついてこなくなる。

宜しくお願いします
蒙恬《もうてん》将軍!!
……
ちょっと待て――

よ

フリーランスなら…

幅広いつき合いで仕事を!

とにかく印象がいいので、技術を磨いていくことでフリーランスの世界も上手に渡っていける。堅苦しい会社だと息が詰まるので、その場合は外の世界に出るのも良案。また、どこかと深くガッツリ組んで仕事をするより、スポット的にライトなおつき合いで仕事をしていったほうが、好き嫌いの激しさなどの面倒な部分を露呈せずに済む。蒙恬のライトさはまさにお手本。

蒙恬タイプの弱点は?

“角”を出すと、自分勝手なパワハラ気質が表面化して意外なところで敵をつくる。好感度との落差が大きいので、わがままな面をコントロールすることが大事。蒙恬のように、我の強さは戦場だけに。また、奔放で楽しいことが好きとはいえ、遊び優先で仕事をおろそかにしないように。

蒙恬タイプに向いている職種は?

手先が器用でセンスがよく、アレンジ力もあるので、職人など技術を求められる仕事で力を発揮。既存の商品をリメイクして価値をプラスするといった能力も。また、芸能などの人気商売でも活躍。ただし、気持ちにムラがあるので、医療や金融などミスが許されない業種は向かない。

ビジネス相性占い

この一戦で全てを終わらせるぞ!

尊敬できる上司は… 畢宿 **李牧《りぼく》タイプ** 親

お調子者の引き締め係に

遊び好きで適当な面もある蒙恬タイプを引き締めてくれる上司。李牧タイプは人が言いにくいこともズバッと言える人なので、人気者の蒙恬タイプにとっては痛くもありがたい存在だ。逆に、肩に力が入りがちな李牧タイプにとっても、一緒にいるとほどよくリラックスできる部下なので、お互いにいいバランスでつき合っていける。

紫《し》夏《か》!

最強のライバルは… 柳宿 **紫夏《しか》タイプ** 危

どっちのほうが人気者?

第一印象最強で人ウケする蒙恬タイプだが、紫夏タイプも同様。ただ、人気運抜群のふたりが同じ場所にいると、おいしいところを持っていくのはどちらかというと紫夏タイプ。その理由は、紫夏タイプのほうが何事にも目的意識が強いから。正面からぶつかるライバルではないが、人気やアピール力で勝負する場では、手強い相手となる。

蒙恬タイプ×他23タイプの相性は?

蒙恬×蒙驁 親 ふたりでいると人間関係が広がり、チャンスを作ってくれる存在。	**蒙恬×李斯** 成 物事の取り組み方は似ているが、本質は違うので共同作業は△。	**蒙恬×昌文君** 胎 自分本位なところがある蒙恬タイプも、昌文君タイプには尽くす。	**蒙恬×騰** 成 お互いにすっきり生きているように見えて、根本的に異質の存在。
蒙恬×蒙恬 命 遊び仲間のほうがいい。相手の雑な面も見えるので信用はしない。	**蒙恬×王賁** 壊 王賁タイプのカッコよさに惹かれるが、細かい面はちょっと苦手。	**蒙恬×成蟜** 衰 冷静で論理的な成蟜タイプから刺さるダメ出しを食らうことも多い。	**蒙恬×桓騎** 壊 痛いところを突かれる。蒙恬タイプの人気運も通じない相手。
蒙恬×信 栄 手を組むとよい協力体制が築ける。意見が違うときはスルーして。	**蒙恬×蔡沢** 友 信念を通すところが尊敬できる。こちらのことも認めてくれる。	**蒙恬×麃公** 安 麃公タイプのユニークな行動が理解できず、不器用に見えてしまう。	**蒙恬×昌平君** 友 相手をいたわれる関係。長くつき合ったほうが、理解し合える。

キーパーソンは誰？

『キングダム』

貴様の〝役目〟は
まだ何も
果たされていない

頼りになる部下は… 斗宿 龐《ほう》煖《けん》タイプ 友

自分にない真面目さがいい刺激

楽しいことが大好きな蒙恬タイプに対し、龐煖タイプは真面目にコツコツ努力する人。上司になってもラフになりがちなところがある蒙恬タイプだが、龐煖タイプが部下にいると、きちんと上司としての役目を果たしているのかをチェックしてくるので背筋が伸びる。龐煖タイプからすると、蒙恬タイプの人気運にあやかり得をすることもあるのでいい関係だ。

将軍それではっ
問題無い

高め合える同僚は… 参宿 王《おう》翦《せん》タイプ 栄

面白いものをつくるなら一緒に

型にハマらない発想が生まれやすい組み合わせ。楽しいことが好きでアレンジ力のある蒙恬タイプと、斬新なアイデアを思いつく王翦タイプがタッグを組むと、周囲を驚かせるものが出来上がる。人当たりがよく見えて実は棘を秘める蒙恬タイプにチクッと言われることがあっても、王翦タイプ的には「問題ない」。言いたいことを言い合える関係だ。

蒙恬×嬴政 業
精神面を支えてくれるが、本当に深い部分は見せられないかも。

蒙恬×蒙武 成
敵に回すと手強い相手。気を抜くと、いつの間にか負ける恐れが。

蒙恬×廉頗 衰
廉頗タイプは現実的な部分で、蒙恬タイプは精神的な部分で自由。

蒙恬×壁 安
仲よくなれるが、気を抜くとバランスがくずれて、腐れ縁状態に。

蒙恬×羌瘣 栄
一緒に楽しめるが、ふたりして現実的な問題から逃げないように。

蒙恬×楊端和 壊
面倒見のいい楊端和タイプだが、身勝手にしていると怒られる。

蒙恬×呂不韋 安
尽くしてくれる呂不韋タイプに対して感謝の気持ちを忘れずに。

蒙恬×河了貂 危
無責任だと思われることがあり、意見がぶつかることもある。

蒙恬×王騎 衰
どちらも勝手に動いているようで、困ったときには助け合える。

蒙恬×媧燐 親
意外な分野で気が合う。影響を受け合い、人生の軌道修正も。

蒙恬×慶舎 危
油断すると横やりを入れられたり、横取りされたりすることも。

2024〜2033の10年を占う!

『キングダム』

出世すごろく

2024

自分のスタイルに現状をつくり変えろ!

否が応でもこれまでと生活がガラリと変わる年。現状を少しでも自分に心地よい形につくり変えるのが2024年の大命題。少しストイックにならねばならないが、仕事面ではそれで才能開花。特にクリエイティブ系が強い。次の戦いのため、やるべきことは６月３日〜８月30日に整えよう。

だったら仕方がない

→

2025

前年、変化した生活スタイルが日常となって、安定していく年。仕事運は上向き、多くのチャンスが舞い込む。苦手な仕事の中に意外な幸運が。

今は拠《よ》り所が必要だ

↓

2026

争いは避けるべき年。普段よりガードを堅く

人とのつき合い方を変えるべき年。思わぬ逆風に、人間関係の厳しさや孤独を実感。大切な人に去られたり、逆にヘンな人につけこまれたりもするので、公私ともにガードは堅く。ライバルも出現するが全面対決は避けたい。

↓

2027

助けたり、助けられたりの中で、誠実な関係を

前年の見直し、反省で人間関係が安定。困ったときに助けたり、助けられたりすることで、一緒にいて安心できる存在にも出会えそうだ。〝いいとこどり〟はない、誠実な関係を築こう。仕事はできることを確実に、質の向上を。

←

2028

無理なく楽しんでできることに集中

次々とチャンスが舞い込むが、あれもこれもと手を出すと、いい加減なやり方になるので、戦う場や相手は絞って。無理なく、自分が楽しんでできることを優先、集中して。人に頼ったりアテにしすぎると失望することが。

2029

迷いや悩みが少しずつ消え、今までのマイナスがプラスに変わるような変化が。新たに好奇心を刺激されるような人や物との出会いも。

2030

生き方が定まる年。未来図を描いて発進！

今後、自分が本当にやりたいこと、やるべきことを改めて考える年。そのきっかけとなる出来事が起こるだろう。28年に一度のターニングポイントの年でもあり、今までの生き方を問われる出来事もあるが、今後の指針となることをひらめいたり、出会ったりしたら、心を切り替え、未来志向で。

!!
!!
!!
この戦《いくさ》の期間中に限り
蒙恬《もうてん》を〝将軍〟の位へ
格上げし 左翼の全権限を
与えることとする!!

2031

前年、自分なりの生き方をつかんだ人ほど、さまざまな挑戦ができる年。焦らず、起業、転職、留学など、少しずつ準備をしていこう。

左にも敵がいるぞォ
・・・狩り場へようこそ
旋回しろ
奴らを殲滅する！
オオ

2032

分かれ道あり。信念を持って突撃

仕事運は分かれ道。ステップアップできるか、否か、今後のだいたいの予測ができるとき。出世などより、2030年に見つけた〝本当にやりたいこと〟に向かって、自然に道が開けていくことも。家族や家庭にも目を向けよう。

2033

変化に受け身はNG。自分から変わろう

変化の年。生き方や仕事に対して、明確な目標がないままなんとなく過ごしてきた場合、2033年の変化は、リストラのような不本意なものになる恐れも。でも、今の自分を客観視し、働き方や仕事への意識を変えて、〝変えられる〟のではなく〝自分から変わる〟ようにすれば運気は上向く。自分の個性と得意技を生かそう。

part2
魅力編
❷

個性ランキング

まさにイメージどおり！なキャラタイプが多数ランクイン。
『キングダム』キャラにならって、自分の個性を生かそう。

度胸がある Best3

（血祭りだ）

1位 楊端和《ようたんわ》タイプ
2位 廉頗《れんぱ》タイプ
3位 王騎《おうき》タイプ

楊端和タイプは威勢がよく、いつも本音。廉頗タイプは目的のためなら何も恐れない。王騎タイプは圧倒的な自信とパワーで突き進む人。

ひとり立ち運 Best3

1位 蒙驁《もうごう》タイプ
2位 蔡沢《さいたく》タイプ
3位 桓騎《かんき》タイプ

自由に動ける環境でこそ実力を発揮する蒙驁タイプ。蔡沢タイプは若いうちから広い世界を知ると〇。桓騎タイプも自立は早いほうが開運しやすい。

マニア体質 Best3

1位 壁《へき》タイプ
2位 麃公《ひょうこう》タイプ
3位 紫夏《しか》タイプ

実は人と違ったものに没頭しやすい壁タイプ。麃公タイプは、変わった趣味でも気軽に楽しむタイプだ。特定の分野を究めるのは紫夏タイプ。

説得力あり Best3

1位 成蟜《せいきょう》タイプ
2位 河了貂《かりょうてん》タイプ
3位 昌文君《しょうぶんくん》タイプ

頭脳明晰な成蟜タイプは、論戦では負け知らず。河了貂タイプは、正論を感じよく主張できる。昌文君タイプは、説得力のある言葉を語れる。

どう考えても お前のこの 屯留《とんりゅう》反乱には 先がない
ならば貴様は 中央の大物に 今後のことも 約束されている

勝負強い Best3

奴をぶっ倒して
・・
俺達が今の
〝英雄〟になる！

1位 信《しん》タイプ

2位 桓騎《かんき》タイプ

3位 廉頗《れんぱ》タイプ

大事な場面で勝負に出られる信タイプが1位。桓騎タイプは迫力とパワーで勝ちに行く。打たれ強さと底力で廉頗タイプの右に出る者はいない。

平和主義者 Best3

1位 李牧《りぼく》タイプ

2位 壁《へき》タイプ

3位 昌平君《しょうへいくん》タイプ

李牧タイプはできれば戦わずにおさめたいと思っている人。壁タイプは、攻撃よりも守りを重視。昌平君タイプは武力よりも頭脳で勝負する。

継続を力にする Best3

1位 信《しん》タイプ

2位 蒙武《もうぶ》タイプ

3位 騰《とう》タイプ

始めたことはどこまでも続ける信タイプ、小さなことを積み重ねる蒙武タイプ、経験を糧にする騰タイプ。不器用だが続けることで強くなる。

金運抜群 Best3

1位 呂不韋《りょふい》タイプ

2位 昌文君《しょうぶんくん》タイプ

3位 楊端和《ようたんわ》タイプ

人から譲り受けるものに恵まれる呂不韋タイプ。昌文君タイプは才能を使い着実に貯蓄。楊端和タイプは優れたビジネス感覚で人のために稼ぐ。

そこで儂は
大王ごと この国を
余さず平らげるぞ
オカネモチ

15

亢宿《こうしゅく》

信《しん》タイプ

強い意志を持って数々の戦に向かう、天下の大将軍をめざす主人公

信タイプの有名人

- 大隈重信
- 小泉純一郎
- ジーコ
- 三浦知良
- イチロー
- 秋元康
- 石原裕次郎
- 奥田民生
- 福山雅治
- 安住紳一郎
- 長谷川博己
- 春風亭一之輔
- 堂本剛
- 山﨑賢人
- 椎名林檎
- シルベスター・スタローン
- ウォルト・ディズニー

基本性格

理想と信念を胸に、困難に立ち向かう人

秦《しん》国の若き将軍。戦災孤児から、鍛錬した武力と諦めない熱い思いを胸に数々の戦功をあげ、異例のスピードで昇進。そんな信タイプのあなたは自立心も闘争心も強く、自分の理想と信念を信じて困難な道を行く人。亢宿の「亢」は〝立ち向かう〟の意味があり、亢宿の人は波風のない生ぬるい場所より、激しい競争やギリギリのところの勝負をするようなシビアな環境に身を置いたときに、生き生きと個性を発揮する。亢宿は、その信念の強さでトップを狙える器だが、リーダーになるには力まかせの強行突破ばかりでなく、周囲とうまく交流する知性が必要。信が、王騎《おうき》や麃公《ひょうこう》など大将軍から貴重な教えを受け取っていくように、あなたの未来も〝負けず嫌い〟の上に、何を加えていくかにかかっている。

信タイプってこんな人

じゃあ 政《せい》が玉座《ぎょくざ》を取り戻した暁には
俺は土地をもらって家を建ててもらって財をもらえばいいんだな!!
ついでに下僕《げぼく》って身分も抹消してもらおー

普通の人とは感覚にズレあり

どんな窮地でもポジティブで明るかったり、ときには無謀とも思える行動に出たりする信に対して周囲は「バカなのか？　わざとなのか？」と首をかしげるが、亢宿はわざとバカをするような回りくどいマネはしない。もともと亢宿の感覚、センスは一般的なものとズレていることも多いのだ。それも個性なので問題はないが、金銭感覚だけは少し注意。あまり世間とズレていると評判を下げる。

ライバルがいるほど強く成長する

肩を並べるんじゃねェ！
俺はあんたらをぶち抜いて〝史上最強〟の天下の大将軍になるんだ!!

天性のファイターの亢宿だがひとりでコツコツする努力は苦手。無意識に心の中にライバル、反抗できる大きな存在、負けたくない相手などを想定して頑張ることが多い。その相手からは強い影響も受けるので誰を仮想敵にするか、何と戦うかの設定はとても重要。幼い信が同じ境遇の漂《ひょう》と懸命に剣の稽古をしたように、実際にライバルがいれば、ともに切磋琢磨《せっさたくま》して実力を伸ばせるだろう。

だがそれは戦争じゃねェ!!

反骨精神の塊

自我が強く、自分で納得できないことに対してはとことん向き合い、ときには大きな相手にも平気でぶつかっていく亢宿。正義感が強く、自分なりに筋を通さずにはいられないからだが、「ノー」を言い続けるばかりでは、ただのわからず屋の困った人で終わる。何が自分にとっての「イエス」なのかを見つけ、それを求めて戦うことで亢宿の〝反骨〟は個性とパワーに変わる。

―― 個性を生かして勝て! ――

信タイプの得意戦術

安心しろ 政《せい》 この三人でぶちかましてきてやるぜ!!

得意戦術❶

ライバルの中で強くなる

信にとっての王賁《おうほん》や蒙恬《もうてん》のように、高め合える仲間やライバルの存在が自分を強くする。あらがうものや対立構造があることで、相手よりも上に行きたいという思いから個性や強さが引き出され、道が開ける。本気で負けたくない人や物に出会ったときに亢宿の未来の姿は決まっていく。

ンフフフ これはとても重要な任務ですよォ
童《わらべ》 信《しん》ン
……

得意戦術❷

逆風の中でこそいきいき燃える

普通の人なら参ってしまうような過酷な状況でも、それをやる気に変えて戦える。有力な敵将の首をたった百人で突撃してとってくるという王騎のむちゃ振りにも見事に応えた信のように、厳しいノルマや逆風の中でこそいきいきと燃えるので、結果次第で上に行ける実力主義の現場に向く。

得意戦術❸

反骨精神と強固な信念で戦う

亢宿は反骨精神の塊で、その信念の強さに人々がついてくるため、トップの器を持つ。飛信隊《ひしんたい》の結束も、天下の大将軍をめざすという信の強固な信念があってこそ。負けず嫌いで、たとえ失敗やトラブルが起こっても、決して折れることなく不屈の精神で立ち上がり、困難な道を切り開いていく。

お前達と一緒に天下の大将軍まで突っ走るんだ

この陣形で勝負!

反骨型
人生まるごと勝負の陣

信タイプの個性が輝くのは、大きな敵とやり合ってこそ。強い信念を胸に、「絶対に超えてやる」という反骨精神でぶち当たっていく。自分の気持ちに正直に、決して折れずに戦い続ける姿が人の心を動かして、ついてくる人たちも多いだろう。仲間やライバルと、日々競い合って自分を高めていくことも強さの秘けつ。常に何かを超えたい、誰かを打ち負かしたいというエネルギーで戦い続けるのが、信タイプの人生のテーマだ。

ポジション別

強みを生かす戦い方は？

俺は戦場に出る！
一《いっ》こ一《いっ》こ積み上げてって将軍になる！

若手なら…

競争相手の中で勝ちをつかめ！

愛想がなく、とっつきにくい印象なので、上からかわいがられたり人間関係を器用にこなせるタイプではないが、ライバルとの競争などで力を発揮し、結果を出していくことで評価される。信が戦場で一歩兵から一歩ずつ上をめざしたように、打たれ強いたたき上げの仕事人に。一緒に仕事をして力量を見せつけられた人を追い越そうとして、自分も伸びていく。

中間管理職なら…

全力で戦い頼られる存在に！

全力を尽くして真っ向勝負で戦うので、一緒に戦う仲間としてこれ以上、頼りになる存在はない。逆にいえば、敵に回したくない相手であり、上からすれば目的が一致していれば、忠実な部下といえるが、反抗されたら非常に面倒なタイプ。信の隊も百人将の頃からハードだったように、とにかくタフに頑張るので下からは頼りにされる一方、ついていけなくなる部下もいる。

俺の隊はとんでもなく大変だぜ
へへっ

力を貸してくれ
飛《ひ》信《しん》隊《たい》

トップ職なら…

トップの立場で自分の信念を実現！

強い信念の人なので、それを実現させるためにトップの座を狙っていく。天下の大将軍をめざす信のように戦うリーダーとして、大きなものも動かし、変えていく力があるので、ともに戦い、支えたいと思う人間が集まる大物に。ただし、内部で派閥争いに巻き込まれてエネルギーを消耗すると、信念がぼやけがち。信念より権力欲や利益優先に走ると、ただの傍若無人なトップに。

李《り》牧《ぼく》を斬るのだ
断る

フリーランスなら…

チャレンジ精神で戦え！

チャレンジ精神が旺盛で、勇気もあるのでフリーでも活躍。上からの命令でも信条に反すればあっさり断る信のように、組織の中にいたらできそうにないことを強い信念で成し遂げていく。組織のやり方に反発して離脱するパターンも。個人では歯が立たないと思ったら、仲間を募るのもアリだ。また金銭感覚は変わっているので、独立したら経理などは人に任せたほうが。

信タイプの弱点は？

自分の信念を曲げられないあまりに孤立したり、敵をつくることも多い。信のけんかっ早さも亢宿ならではといえる。少々荒っぽいところをコントロールして、無駄な争いは避けるべき。意外に人から影響を受けるので、協力する相手だけでなく戦う相手も自分の意思で選んでいこう。

信タイプに向いている職種は？

信のように正義感や信念が強く、妥協を許さないので、警察関係や弁護士などの法曹関係、金融業などは適職。ライバルと競うことで強さを発揮するので、アスリートも向いており、どの業界にいても競争相手に勝ち抜く力がある。ただし、愛想がないので営業やサービス業は向かない。

ビジネス相性占い

これはこれは
童信《わらべしん》では
ありませんかァ

尊敬できる上司は… 室宿 王《おう》騎《き》タイプ 栄

乗り越えたいタスクを与えてくれる

常に何かと戦い自分を高めていきたい信タイプにとって、大きく成長できるフィールドや力を発揮する機会を用意してくれる王騎タイプはついていきたい上司。王騎が信に対して数々のむちゃ振りをすることで結果的に信が強くなっていったように、他の人ならばへこたれるような難題だって、信タイプにとってはワクワクするチャンスだ。

結局　最後まで
あなたの刃が
私に届くことは
ありませんよ

最強のライバルは… 畢宿 李《り》牧《ぼく》タイプ 友

両者、負けを認めない強さが互角

勝てない相手。こちらの力が及んでいないというわけではなく、実質的に勝ったとしても相手が絶対に負けを認めないからだ。好戦的な信タイプとできれば平和的に解決したい李牧タイプでは、戦い方も目的も違ううえに、どちらも引かないので勝負がつくことがない。信と李牧の長い戦いも、そう簡単には決着はつきそうもない。

信タイプ×他23タイプの相性は？

信×王賁 成
情ではなく、現実的な利益のために割り切ったほうがいい関係に。

信×麃公 衰
信タイプは、麃公タイプのロマンを抱く部分に惹かれがち。

信×昌文君 親
つき合いが長いほどいい縁に。信タイプの激しさを抑えてくれる。

信×騰 危
力業で押し通そうとするほど、クールに心を閉ざされてしまう。

信×蔡沢 壊
蔡沢タイプの行動範囲の広さにはついていけず、ちょっと寂しい。

信×紫夏 安
短期決戦ではこちらが勝つが、長期戦になると決着がつきづらく。

信×王翦 胎
王翦タイプの役に立つことで、行動的になる世界を広げられる。

信×桓騎 成
同じものをめざしても、正反対の考え方と行動をするふたりに。

信×蒙驁 友
新しい人間関係や情報をもたらしてくれて、運気を伸ばしてくれる。

信×李斯 危
手強いライバル。信タイプは李斯タイプの強い意思を動かせない。

信×成蟜 栄
納得できないと動かないところで共感。仲間になるといい相性。

信×昌平君 壊
信タイプの性格の偏りを正してくれるが、ぶつかると距離ができる。

あいつを
助けに
行かせてくれ

キーパーソンは誰？ 『キングダム』

頼りになる部下は… 危宿 羌瘣《きょうかい》タイプ 業

どんなときも一緒に戦ってくれる

羌瘣タイプは、信タイプの常に戦っているところが大好き。自分もその戦いに身を投じサポートしたいと願うが、それは羌瘣が出世しても飛信隊《ひしんたい》を抜けず信の力になり続けることを選んだのと同じ。持ち前の発想力や、危ない橋も渡れる度胸を生かして、力になってくれる部下だ。信タイプは弱気になったときほど羌瘣タイプに頼りたくなる。

高め合える同僚は… 虚宿 嬴政《えいせい》タイプ 親

……気にするな
俺は もう何度も
お前に
つかまっている

支え合い、戦う理由をくれる人

中華統一というおおいなる野望を抱く嬴政のように、実態のない夢を求める嬴政タイプは、ときに不安を抱えることも。信タイプはそんな嬴政タイプの心の支えになり、鼓舞し、引っ張ることができる。また、中華統一という目標が嬴政だけでなく信の夢にもなったように、嬴政タイプが掲げる理想が信タイプの戦うモチベーションにもなる。

信×楊端和 成
プライドがぶつかりがちだが、心強い補佐役になってくれることも。

信×呂不韋 衰
やさしくしてくれる存在。新たな解決法を示してくれることも。

信×蒙恬 親
コンビを組むと物事が発展しやすい。自信がつくきっかけにもなる。

信×壁 衰
壁タイプと一緒にいることで、信タイプは協調性を身につける。

信×龐煖 壊
自分がかなわないものを持つ龐煖タイプを師とすると成長できる。

信×慶舎 安
空気を読んで考えを変える慶舎タイプを信頼できないと感じる。

信×信 命
ともにリーダー気質なので、気持ちはわかるが一定以上近づかない。

信×河了貂 安
一度縁ができると、無条件に尽くしてくれて、ありがたい味方に。

信×媧燐 友
目標に向かい努力するので、求めるものは違っても認め合える。

信×蒙武 危
ともに我が道を行くので、無関心になるか大バトルになるか。

信×廉頗 栄
廉頗タイプの器の大きさが、信タイプをたくましくしてくれる。

2024～2033の10年を占う！

『キングダム』出世すごろく

2024

仲間の助けあり。タッグを組んで新天地へ

重いプレッシャーや義務を背負うが、やればやるだけ結果がついてくる年。また、ここ数年好調のパートナー運は2024年がピーク。よき戦友に恵まれる。3月14日～4月30日は起業、転身の好機。6～8月は海外や遠方とも縁があり、予想外のオファーが来て新天地に攻め込むことも！

今がその時だ！
俺達の手でこの緒戦を勝利に導くんだ!!

→

2025

守りに入らず、高い壁に挑め

順調なことでも、これまでのやり方を変える必要がある変化の年。仕事では、さらに大きな冒険をすることになるが、無理そうだと思うことほど、やってみる価値がある。現状をよしとして守りに入らないこと。ただ変化の中、人間関係は意外な相手とモメやすいので丁寧な対応を。

↓

2026

関係性が変化。友との対立は回避を

人間関係が難しくなる年。翌2027年まで要注意期間。かつてない強敵と遭遇したり、友人と対立して縁が切れることも。年齢や立場を意識して、それにふさわしい振る舞いを。私生活でのパートナーとの関係には気を使って。

←

2027

甘えやなれ合いは禁物。危ない人に近づかない

引き続き人間関係は波乱。これまでのやり方が通用しない場面もあり、甘えやなれ合いは禁物。緊張感を持って戦おう。うれしくないことが露呈する恐れもあり、癒やしが欲しくなっても、リスキーな場所や人には近づかない。

↓

2028

主導権をとりにくい運気。でも、むやみに自己主張せず、流れに乗っていくほうが楽で安全かも。人のフォロー、アシストでよい働きも。

ド
ド
ド
空気が変わってきやがった
信達の軍勢も〝決戦の地〟に近付きつつあった
！

2033

新しい才能を発揮できる年。それは自分を追い込んだ先に出てくるもの。この年の才能開花と挑戦が今後の大勝負を有利にしてくれる。

2032

戦いがプライベートを変える。いきなり〝背水の陣〟もあり

めざすもののために人生を懸け、プライベートな生活を変えることもある年。ここまであまり戦い方を変えず、仕事への向き合い方がマンネリになっていると、いきなり〝背水の陣〟になるようなこともあるが、勝利にはまだ間に合う。

俺はこの戦いで〝将軍〟になる！

2031

新しい武器を手に新しい戦場をめざす

28年に一度の覚醒の年。今後、自分が担うべき〝使命〟に目覚めたり、これに懸けてみたい、と思えることに出会ったり。小さなきっかけのようでも、この後のあなたの道を決める出来事にも遭遇する。長期的な目標を持ち、それに添って生き方を変えて新たな戦場に飛び出していこう！

2030

運気に少し活気が戻り、未来図が具体的に見えてきそう。学びたいことも出てくる。金運がよいので、夢のための資金繰りを始めよう。

っしゃああ
こっから仕切り直しだア!!

2029

人生の休み時間。充電とメンテを

戦うことで運気が上がる亢宿だが、2029年はストレートではない、暗闘や足の引っ張り合いなど嫌な形の戦いがあるかも。とくに嫉妬には注意。何事もムキにならず、不必要なものを整理し、心と体のデトックスもして、パワーチャージを。

16

氏宿《ていしゅく》

廉《れん》頗《ぱ》タイプ

属す国が変わってもその強さは変わらない、豪快な天才武将

廉頗タイプの有名人

- 伊達政宗
- 石原慎太郎
- 美輪明宏
- 坂本龍一
- 長渕剛
- 太田光
- 野村萬斎
- 十三代目市川團十郎
- 藤木直人
- 中村倫也
- 平野紫耀
- レオナルド・ディカプリオ
- 浜崎あゆみ
- 石原さとみ
- 吉高由里子
- 渡辺直美
- 森鴎外

基本性格

精神も肉体もタフな、底力のある人

元趙《ちょう》三大天のひとりだが、その後、魏《ぎ》国に亡命した猛将。武力と知略を兼ね備えた伝説の天才武将であり、純粋に戦そのものに生きる価値を見いだしている。そんな廉頗タイプのあなたは、精神的にも肉体的にもなかなかタフな、底力の持ち主。氏宿の「氏」は、〝根底〟を表す字であり、物事の根本の部分をガッチリ支え、大きなものをまとめ、組織の要になるような力量があることを示している。人当たりがよく、いろいろなことができるので人に頼りにされるが、氏宿自身も利害に敏感で自分の欲望にも忠実なので、お人よしに見えても、自分の欲しいものはちゃんと手に入れている、しっかり者。氏宿は心の中に〝猛獣〟を一匹飼っていて、それが暴れないよう、コントロールすれば、安定した人生になる。

そして
百の腕力
さらに
百の知恵

廉頗タイプってこんな人

目的のためなら突っ走る

趙王に恨まれて大将を剥奪され、それを拒否したことで魏に亡命した廉頗。生涯、戦い続けるという目的のためならば、仕える国を変えることも厭わなかったが、一度、肝を据えた氐宿は、目的のためなら、どんなことでもする。それこそ昨日までの敵と手を組んだり、ギリギリの危ない橋を渡ることも。でも、そんな度胸と知恵を〝黒い〟ことに使うと自分をネガティブな方向へと追い込むのでご用心。

清濁併せのむ懐の深さ

かつて戦場で死闘を繰り広げた最大の敵である秦《しん》の六大将軍には、どこかで同世代の〝友〟のような感覚を持っているのか、廉頗は王騎《おうき》と酒を酌み交わした一夜もあった。本来は憎くてしかたがない相手でもリスペクトできるものがあったり、協力すべき状況になれば、割り切ってつき合える。そんな懐の深さこそ、氐宿の最大の特徴。逆に復讐《ふくしゅう》心や執着心は、氐宿の心の中の〝猛獣〟を育てる餌になる。

儂《わし》をしびれさせるのォ

度胸と知恵でどこでも重要人物

廉頗が出てきたことでこの一戦は中華全土が固唾《かたず》を呑んで注目するものになったんだ

賢いうえに気が強く、度胸も満点。どこでも堂々としている氐宿は、若い頃は、生意気に思われてたたかれたり、警戒されたりすることも。そのせいか氐宿は宿命的に一度は運気が大きく落ち込む出来事があるとされているが、それを〝修業〟と考えて精進することで、さらに大きくなったり、安定を得たりする。そして、どこに行っても大きな仕事ができる存在へとなっていく。

―― 個性を生かして勝て! ――

廉頗タイプの得意戦術

得意戦術❶

人から頼られることで成長

一匹狼で好き勝手にやっているように見えて、人との関わりの中で成長し、何かを成し遂げていく実力者。人のために動くとよく、組織の中枢の部分を支えられるだけの力を身につけ、いつの間にか重要なポジションに。元〝趙の三大天〟である廉頗も知略に優れた頼もしい剛将。

ヌハハ 案ずるな
儂《わし》に任せよ

儂《わし》や輪虎《りんこ》がそんなに器《うつわ》の小さい男に見えるか?

得意戦術❷

心身ともに強靭で底力がある

知恵とバイタリティがあり、心身ともに強靭。底力があって鋼のメンタルを持っているので、人に何を言われようと、どんなことがあろうと、それをバネに立ち直り、さらに強くなって次へと進んでいける。廉頗も趙から魏に亡命、魏からの追放を経て楚《そ》へと国を移しながらも軍才を発揮。

得意戦術❸

ドライな決断もできるリアリスト

廉頗が蒙驁の首まであと一歩のところまで迫りながら、戦況を見て和睦に持ち込んだように、豪快に見えて現実をしっかり受け止めるリアリスト。たとえ失敗したとしても「人間は失敗するものだ、現実はこういうもの」とドライに割り切る判断力があり、勇気ある英断ができる。

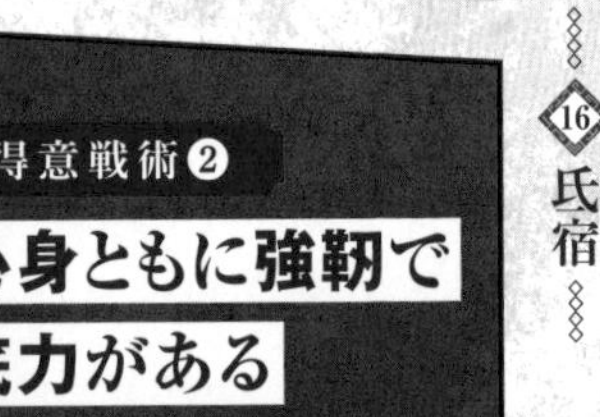

儂《わし》らの負けじゃ

―― この陣形で勝負! ――

復活型
つよつよメンタルの陣

人生で一度は、運気が大きく落ち込むことがあるといわれる廉頗タイプ。そんな運命を天が授けたのも、それを乗り越えられるだけの底力がある人だからだろう。まさに〝百の精神力〟といえるメンタルの強さで、どんな状況からも這い上がり、失敗を糧に未来へとジャンプしていく。目的のためにドライな選択もできるが、誰かのために働くことでより強くなれる人。自分の願望も人の依頼も、まるっとかなえられる胆力がある。

ポジション別

強みを生かす戦い方は？

お任せあれ

若手なら…

下積みを厭わず実力でのし上がれ!

かつては趙国三大天の一角で、魏に亡命した天才武将・廉頗のように、現実をよく見ていてやるべきことが的確にできるので、若い頃から頼りになる存在。信頼してくれる上司もいるが、正論を言いすぎると煙たがられる。実力を発揮すればするほど、その隙のなさが生意気に見えて嫉妬されることも。でも、そんな下積みの苦労も厭わず、のし上がっていく力がある。

中間管理職なら…

的確な仕事で部下をまとめ上げろ!

上に行ったほうがやりたいことができ、より実力を発揮できる。知略に優れながらも直感で戦局を見抜く本能型でもある廉頗のように、合理的な仕事ぶりと気前のよさで、部下をきっちりまとめて人気もある。ただ表には出さないものの好き嫌いは激しい。しっかりしすぎて、上からするとポジションをとって代わられそうな警戒感を与えるためか、意外にかわいがられない。

やはり儂《わし》の読み通りに動いたのォ

これが天下の大将軍!!

トップ職なら…

圧倒的な実力で大黒柱に!

根底となる部分を支える力がある人なので、トップになると絶対的な大黒柱に。四天王と呼ばれる有能な部下を持ち、圧倒的な実力で存在感を示す廉頗のように、知恵があり肝も据わっているので、いざとなれば業界全体も支えていく存在に。華やかなスター経営者タイプではないが、実務もしっかりとこなし、意外に下に対して情も示すので、安定感のあるトップとして君臨する。

武運を祈る!
殿も!

フリーランスなら…

仲間と働くことでさらに強く!

とても強い氏宿だが、寂しがり屋な面もあり、一匹狼タイプのフリーランスは不向き。戦の前にハグをして仲間の武運を祈り、パワーを注入する廉頗のように、ひとりで働くより仲間を見つけてともに働いたほうがさらに強くなる。起業してもうまくいくが、共同経営も悪くなく、自分の思うように働いてくれる人、自分同様、仕事ができて任せられる人を見つけるといい。

廉頗タイプの弱点は?

欲しいものが多いので、欲の深さで失敗しがち。とくに個人的な欲得で動くと評判を落としたり、巧妙な儲け話に引っかかるので、欲より信念で動いたほうがいい。また、ドライな割り切りで恨みを買わないように。廉頗のように体が丈夫でバイタリティもあるが、健康も過信しないこと。

廉頗タイプに向いている職種は?

人が何を望んでいるか、大衆のニーズを見極める力があるのでマーケティングやサービス業、接客業など人と関わる仕事は適職。また、廉頗のように勝負勘があるので、金融にも強い。業種はあまり問わないが、気力、体力ともに恵まれているので、ハードな仕事でも確実に結果を出す。

ビジネス相性占い

始めろォ

尊敬できる上司は… 井宿

成《せい》蟜《きょう》タイプ 胎

完璧な理論武装で守ってくれる

理詰めで冷静な成蟜タイプは、仕事をするための理由や道筋を与えてくれる上司。廉頗タイプのやりたい仕事を理論武装してかなえてくれるので、部下としては思いっ切り働ける。また、成蟜タイプにとっても、知恵も行動力もある廉頗タイプは頼りになる部下。持ち味はまったく違うふたりだが、お互いの強みを生かし合うことができれば、大きな夢も実現できる。

知略と武勇を兼ね備えた化け物だ

最強のライバルは… 畢宿

李《り》牧《ぼく》タイプ 壊

味方でも、敵でも意識する

欲しいものを手に入れるまで諦めない粘り強さが拮抗。仲間同士だと心強い存在だが、歯車が狂って対抗すると厄介な相手。正面突破系ではなく手練手管を使うところも似ており、戦いづらい。廉頗と李牧も、ともに趙にいたときは頼りになる味方だったが、敵国の将同士になってからは、常にその存在を意識し合う強力なライバルに。

廉頗タイプ×他23タイプの相性は？

廉頗×蒙驁 壊
気がつくと、蒙驁タイプにちゃっかり利用されていることも。

廉頗×李斯 安
最初は尽くしてくれるが、しだいに廉頗タイプのクセの強さに反発。

廉頗×昌文君 友
精神的な部分を支え合うやさしい関係。洞察力に学ぶところが多い。

廉頗×騰 安
役に立つ相手だが、次第に騰タイプの理屈っぽさが煩わしくなる。

廉頗×蒙恬 友
好き嫌いが激しい者同士だが惹かれ合う。でもほどほどの関係が吉。

廉頗×王賁 危
ミスが少ない王賁タイプからは学ぶことが多いが、ほどよい距離で。

廉頗×王翦 親
信頼でき、大きなことにも挑戦できる怖いものなしのコンビ。

廉頗×桓騎 危
気が強い者同士、緊張が続く。争いはできるだけ避けたほうが。

廉頗×信 親
志が高い信タイプには一目おき、信頼と現実的な利益を与える。

廉頗×蔡沢 成
好感を持ってもらえるが、こちらの強さに驚かれることがあるかも。

廉頗×紫夏 衰
気を使わずに済むが、遠慮がなくなると決裂することもある。

廉頗×昌平君 成
話が面白くて引き込まれるが、あまり期待はしすぎないように。

キーパーソンは誰？『キングダム』

廉頗

頼りになる部下は… 鬼宿 麃《ひょう》公《こう》タイプ 栄

とらわれない者同士、わかり合える

自由なところが似ており、お互いを面白いと感じ合える。麃公タイプは純粋すぎて周囲から変わり者だと思われがちだが、廉頗タイプはそんなところをいい形で生かすことができる。廉頗タイプは人に頼られるとやる気が出るが、とくに麃公タイプに頼られたときはパワーが倍増。廉頗タイプの現実的な強さと麃公タイプのロマンが重なり合い、新たな価値が生まれる。

高め合える同僚は… 壁宿 壁《へき》タイプ 栄

現実的な戦いに強い仲間に

誰かを支えることで自身も輝く壁タイプが、支えたくなるのが廉頗タイプ。廉頗タイプは目的のためなら清濁併せのめるが、そんなところが壁タイプにとってはわかりやすく好ましい。同僚でありながら、どちらかといえばこちらがリードして吉。一緒にめざせる目標を廉頗タイプのほうが用意できると、どこまでも一緒に戦ってくれるだろう。

廉頗×媧燐 壊
どちらも自分が仕切りたいタイプなので、主導権争いが起きる。

廉頗×蒙武 安
どちらも実直に努力するが、相手のプライドを傷つけると争いに。

廉頗×廉頗 命
強さだけでなく柔軟さもあるので、同じ性格の相手ともうまくいく。

廉頗×王騎 業
王騎タイプは廉頗タイプが気になり、いろいろ世話を焼いてくれる。

廉頗×嬴政 友
精神性の強い嬴政タイプと、現実的な廉頗タイプは補い合う。

廉頗×楊端和 危
怖いもの知らずの楊端和タイプを受け止めれば、楽しい関係に。

廉頗×呂不韋 栄
豊かな生活のために協力すると、深く結びつくが、欲望は抑えめに。

廉頗×河了貂 衰
一歩踏み込むと譲らないものを持っている相手。それが楽しい。

廉頗×羌瘣 親
自分のスタイルを持って軽やかに生きる羌瘣タイプは好ましい相手。

廉頗×龐煖 成
よきライバルだが、必要以上に関わると敵対心を持たれるかも。

廉頗×慶舎 衰
啓発し合えるいい関係。廉頗タイプの器の大きさに憧れられる。

2024～2033の10年を占う!

『キングダム』

出世すごろく

2024

自分の〝居場所〟を整えて しっかりと根を張ろう

自分の居場所を再構築するときだ。迷ったら、よきパートナーがいるほうへ舵を切ろう。2024年は〝連携〟と〝共有〟が成功の鍵となる。いい人間関係を築くことで、助けられ、前進がかなう。あなたから誰かを助けることも大事。仕掛けたい作戦は６月７日以降に。ただし、結実は翌年以降と心得て。

そなたが我が国に
亡命してより三年
……
今ほどありがたく
思うことはないぞ

2025

新しい人間関係にシフトするとき。前年に築いた濃い関係に加えて、新たな出会いも。仕事の幅が広がり、チャンスも増えていく。

2026

心に期すことがあるなら 立ち上がるのは今!

あなたのブレイクスルー元年になりうる年。さまざまなことにトライして、新たな方向性を切り開こう。予想外の流れ、不本意な変化もあるが、今までとはやり方を変えることが重要。無理！と思うことも手を伸ばせば、得ることもあり。安閑としていると、大きく出遅れる恐れも。

配置につけィ

2027

2026年にうまくブレイクできれば、活躍の場が広がり、大忙しの年。前年の挑戦で広がった人脈が次の勝利を引き寄せるきっかけにもなる。

2028

好敵手と競い合い 互いに高め合える

手強い敵やライバルが現れる暗示。１回では勝てなくても、敗北から学ぶことも多く、何度も挑んで、粘り強く、打倒を目指そう。戦う相手がいることで運気にいい風を呼び込める。苦手な人とタッグを組むことも、あなたによい変化をもたらす。

2029

躍進の年。前年から何度もトライしてきた戦いは、ひとつの成果を生むはず。成長したあなたに、これまでと違うチャンスが舞い込む。

2030

勝ちパターンがくずれる。リスクヘッジが必要な年

前年の成功をもう一度、と思うとそうはいかない。スピードが出なかったり、マンネリになったりで、同じ成果を出すのは難しい。体調や人間関係にも注意。金運面も甘くならないこと。生活全般、リスクヘッジが必要だ。

ド
ド
ド
ド
ハアッ

2031

試行錯誤を経て、脱皮を。情報戦を制して快進撃

前年からの迷走、試行錯誤から鮮やかに脱皮して飛躍をめざす年。必要なスキルを磨き、最新情報にもアクセス。まず情報戦に勝つことが大事なので、若者や後輩にもどんどん力を借りて。今までとは別の方向からのアプローチが成功を導く。

2032

大きな分岐点。生き方が変わる

28年に一度のターニングポイントの年。今まで、積み上げてきた、その〝根っこ〟の部分と向き合うような出来事があり、私生活も仕事も、〝初心〟に戻るようなことがありそうだ。家業や子ども時代の夢、自分のルーツなどが、今後の人生のテーマ、新たな〝使命〟、チャンスへのきっかけになるかも。

戦が廉《れん》頗《ぱ》の全てだ

2033

新しいフィールドで意外な自分を発見

それまでとまったく違う方向で活躍ができる。前年の分岐点から歩を進め、やるべきことが具体的になるのが2033年。「実はこんなことが得意だったのか」と自分の新しい一面を知るだろう。そして、自分の望むものがより浮き彫りになる。

17

房宿《ぼうしゅく》

呂《りょ》不《ふ》韋《い》タイプ

一介の商人から、知力と財力で秦《しん》の相国《しょうこく》まで上り詰めた大人物

呂不韋タイプの有名人

- 織田信長
- 徳川慶喜
- 伊藤博文
- マーク・ザッカーバーグ
- 藤田晋
- ジャイアント馬場
- 王貞治
- 三笘薫
- 阿部一二三
- 藤井聡太
- 明石家さんま
- 藤井フミヤ
- 横浜流星
- 沢口靖子
- 指原莉乃
- フランシス・F・コッポラ
- 古市憲寿

基本性格

天から与えられた何かを〝持ってる〟人

呂不韋は、一介の商人から身を起こし、秦国の臣下の最高位・相国にまで上り詰めた男。財力にものを言わせて才能ある人物を集め、着々と人脈をつくり、最終的には王座を狙っている。そんな呂不韋タイプのあなたは、美貌とか、何かの才能とか、親からの財産とか、何か〝持ってる〟人。房宿の「房」は、堂の傍らの小さな部屋のことで、房宿は、自分の部屋以外にもうひとつ部屋を持てるような恵まれた運気を持つことを表す。ただ、与えられたものにあぐらをかいて努力をしなければ、宝の持ち腐れ。また欲張りすぎたり、人を頼りすぎれば、突然、大ピンチに見舞われる。与えられることに慣れすぎず、人への思いやりや自分から与える気持ちを持つことが、房宿の本当の成功と幸せには不可欠とされている。

呂不韋タイプってこんな人

こちらへ

モテ度は高いが落とし穴も

房宿は、美しさや財運、才能などで惹きつけることも多いのでとてもモテる。人もうらやむパートナーを見つけることも。ただ、モテすぎて、浮気問題などでつまずくことも少なくない。また、美貌やお金は永遠には続かないし、恋人などに頼りすぎると、どこか不安定で心に不安を抱えることも多い。呂不韋も、昔、愛人だった太后との関係がアキレス腱《けん》になったが、恋愛関係では誠実さを心がけよう。

交渉のエキスパート

人を惹きつけるものを持っているうえに、緻密で何事にも熱心な房宿は人間関係も巧み。利害関係にも敏感なので、人との交渉、取引などは大得意。気がつくと、みんなが気持ちよく房宿を助けていたりする。有能な人の力を引き出し、借りるのもうまいが、それだけに身近な人を利用するばかりにならないよう、大事にすることが大切。そういえば、呂不韋の失脚の一因も側近の昌平《しょうへい》君《くん》の離反だった。

城でも一つ
おまけして
くれぬか

この呂不韋は
〝金〟を操って
国を治めまする

誰より強い金運を持つ

房宿は、27宿中で一番金運が強いとされる宿。自らの才覚で稼ぐだけでなく、生家が裕福だったり、財力のある配偶者に恵まれたり。豊かな生活をもたらす、さまざまなきっかけに出会える。そのせいか、お金や財産に執着したり、豊かさに大きな価値をおくことも多い。お金で世の中を変えようと考える呂不韋もそうだが、房宿は、ある意味で筋金入りのリアリストなのだ。

―― 個性を生かして勝て！ ――

呂不韋タイプの得意戦術

よって代案として
この呂不韋《りょふい》に忠誠を誓う
腹心共の中で特に武に通ずる者達を
六将に据《す》えるというのは
いかがでしょうか

得意戦術❶

人を動かして ちゃっかり得する

美貌や才能など人目を惹く魅力を生まれながらにして持っている人が多く、それを使って巧みに人を動かすことができる。相手の心の奥底まで読み取り、自分の利益につながるよう誘導するのもうまく、自分の都合のいいように六将復活を目論んだ呂不韋の心理戦も房宿らしい。

儂の蔵《くら》を少し
開《ひら》いてやっただけじゃ

得意戦術❷

実は努力家だが 決して表には出さない

目的のために役に立つと思えば、誰でも利用する策略家。自らの陣営を強化するため、財力にものを言わせて裏から手を回す呂不韋のように欲が深く、得られるものは何でも手に入れ、執着心も強い。一方で努力も怠らないが、それは表に出さず、表面上はあくまでスタイリッシュ。

オ
呂不韋《りょふい》は丞相《じょうしょう》の席をさらに越え
〝相国《しょうこく》〟という位についた

得意戦術❸

人から引き立てられる運がある

その才能が力のある人の目に留まり、引き立てられて、運をつかむことが多い。よほどの高望みをしなければ、望むポジションを手に入れられる。ただし、一介の商人から相国まで上り詰めた呂不韋のように、恩義などは社会や次世代に還元しないと、人を利用したように思われる。

―― この陣形で勝負! ――

サービス型
ギブ&テイクの陣

人は対価がないと動かないことを知っている呂不韋タイプは、仲間にしたい相手へのサービスは欠かさない。それでいて、自分もしっかりと利益を得る〝ギブ＆テイク〟の関係性をつくるのが得意だ。持って生まれた金運や見た目の華やかさで得することも多いが、それ以上に、緻密な計画力が本当の強み。人が望んでいるものを見抜く力があるので、根回しや駆け引きをして、したたかに自分の欲しいものを手に入れていく。

ポジション別

強みを生かす戦い方は？

若手なら…

一介の商人ではありません
私は必ず並み居る商賈《しょうこ》の頂点に登りつめ
全てを手に入れます

恩恵に甘んじず努力せよ！

若手のときから何か光るものがあり、いわゆる〝持っている〟タイプ。呂不韋が一商人から強大な権力を手にしたのも、この資質が大きいといえる。周りからチヤホヤされたりかわいがられ、人からの援助にも恵まれるが、それに甘んじればそこまで。自分なりに努力を積み重ねることも大事。褒められたこと、すすめられたことを深めたところに開運のヒントが。

中間管理職なら…

下を大事にして足固めをしておけ！

恵まれた状況の中で、どれだけ努力できるかがポイント。中間管理職になったら上ばかり見ず下にも目を向け、有能な部下を抜てきしていこう。呂氏四柱の昌平君が贏政《えいせい》派へ寝返ってもびくともしない、呂不韋のような足固めが重要。持って生まれた武器を磨かず、引き立ててくれた上のコネをいつまでも頼りにしていると、状況が変わっていきなり失脚の憂き目に遭うかも。

この呂不韋《りょふい》という人間の強大さは一切揺らぐものではないぞ

それが私の考える正しい
『中華の統治』です

トップ職なら…

緻密さと柔軟性で会社を発展させよ！

上の引き立てで、抜け目なく出世したようでも、頭がよく、時代にも柔軟に対応し、金銭面にも強い有能なトップに。だが、房宿は突然、情勢の変化に巻き込まれやすい運を秘めるので、高望みをすると急に退任に追い込まれることも。国を我がものにしようとした呂不韋のように、会社を私物化したり私利私欲に走らず、早めに次世代への引き継ぎを考えておくと理想のトップに。

フリーランスなら…

よき取引先を見つけて組め！

持ち前の才能で一目おかれる、人気のフリーランサーに。人に努力を見せるタイプではないので、コネクションの力などで得をしていると妬まれやすいが、地味な勉強も欠かさない。交渉上手で、人をその気にさせるのもうまいので、まず、ひいきにしてくれる取引先やスポンサーをがっちりつかむのが成功のポイント。見込まれて、どこかの後継ぎに収まったりするようなことも。

全員客として抱え込む
!?
はっは これで大王陣営をはるかに上回るぞ

呂不韋タイプの弱点は？

何かと恵まれているだけに、人から妬まれて誹謗中傷を受けたり、足を引っ張られがちなので、呂不韋を反面教師としてお金の面は特にクリーンに。陰では努力もしているが、本音を見せないので誤解を受けやすい。また、実は臆病で怖がりなので、頼る人がいないともろさが出ることも。

呂不韋タイプに向いている職種は？

人の目に触れる仕事のほうがチャンスが広がる。一代で財を築いた呂不韋同様、金運もあるので、富裕層をターゲットにしたジャンルで力を発揮できる。愛想もいいので、高級ホテルなどのサービス業も向いている。意外に仕事熱心で緻密さもあるので、金融関連や医療系なども適職。

ビジネス相性占い

呂《りょ》不《ふ》韋《い》

尊敬できる上司は… 井宿 成蟜《せいきょう》タイプ 親

ふたりで隙のない計画を立てる

冷静で論理的、エビデンスを大事にしてあまりむちゃは言わない成蟜タイプの上司はついていくにはやりやすい。見かけによらず緻密な呂不韋タイプの性質も評価してくれる人だ。成蟜タイプの少し不器用な部分も呂不韋タイプの器用さがカバー。成蟜の下についたのが竭氏《けっし》ではなく呂不韋だったら、成蟜が王座に就くこともあったかも!?

何をもって中華統一を狂気と断ずるのか
まずはその理由をお前の言葉で明らかにしろ
上辺の中傷では俺の夢には通じぬぞ

最強のライバルは… 虚宿 嬴政《えいせい》タイプ 壊

まさに呂不韋と嬴政のような二極

物質的な豊かさを重んじるリアリストの呂不韋タイプと、精神的な豊かさを大事にするロマンチストな嬴政タイプは、求めるものがまったく違う。嬴政タイプが描く夢が理解できず、戦うと苦戦する。呂不韋タイプは一度は崖から落ちるような経験をするといわれているが、呂不韋のように、自分にはないロマンの力の前に敗れるかもしれない。

呂不韋タイプ×他23タイプの相性は？

呂不韋×蔡沢 危
好感を持つが、お互いに自分の世界を守るのであまり踏み込まない。

呂不韋×廉公 胎
こちらのプラスになるものを与えてくれる人。束縛してはダメ。

呂不韋×李牧 成
相手の能力は認めるが、考え方が違うので近くにいると消耗。

呂不韋×騰 衰
表向きは穏やかな関係を築けるが、金銭感覚の違いには注意。

呂不韋×蒙驁 成
こちらは苦手に思うが、向こうからはそう思われていない。

呂不韋×李斯 衰
目標のために頑張り続ける李斯タイプを応援。心からのエールを。

呂不韋×昌文君 壊
昌文君タイプに勝とうとすると運が荒れるので学ぶ姿勢で接して。

呂不韋×桓騎 安
尽くしてくれるが、利用したり感謝の心を忘れると恨みを買う。

呂不韋×蒙恬 壊
第一印象はいいが、嫉妬し合うように。期待を裏切られることも。

呂不韋×王賁 安
互いの短所が目につく相性。とくに同性同士だと、運気が荒れる。

呂不韋×王翦 友
衝動的に行動する王翦タイプと慎重派の呂不韋タイプは補い合える。

呂不韋×昌平君 危
スマートなところが好ましいが、なかなか接点がなく近づきづらい。

それは困りましたなー
しかし今は客を待たせてありますので茶は次に必ず…
呂不韋

キーパーソンは誰？

『キングダム』

頼りになる部下は…

柳宿 紫《し》夏《か》タイプ 栄

みんなのサポートがふたりに集中!

人間関係に恵まれ、人に助けられることでちゃっかり得をするところが似ている両タイプ。そんなところが他の人からは嫉妬されがちだが、その点お互いに嫉妬し合わないのでつき合いやすい関係。呂不韋タイプは多くの人からの人気を得るが、紫夏タイプは狭く深く。ふたりの人気運が掛け合わさり、物事をスムーズに動かせるコンビに。

高め合える同僚は…

室宿 王《おう》騎《き》タイプ 親

特大オーラの最強コンビ

ともに"大物感"を漂わせる呂不韋と王騎のように、呂不韋タイプと王騎タイプも他の人にはない存在感を持つので、ふたりでいれば圧倒的オーラで大仕事も可能。表向きは王騎タイプを立てつつも、裏では呂不韋タイプが主導権を握るのがよいバランスだ。我の強い王騎タイプも呂不韋タイプの意見は素直に聞くし、面白がって働いてくれる。

ンォフフゥッ
ココココ

呂不韋×龐煖 危
一方的にライバル視されるかも。距離をとりあまり刺激しないで。

呂不韋×慶舎 栄
話さなくても本心がわかるふたり。細部まで理解が生まれて楽。

呂不韋×信 友
信タイプの頑固さが理解できないが、表向きは合わせられる。

呂不韋×壁 業
現実的にも精神的にも支えてくれる相手。強い絆で結ばれることも。

呂不韋×媧燐 成
相手を立ててつき合えば問題はなく、こちらも得るものが多い。

呂不韋×蒙武 衰
蒙武タイプの真面目さに合わせてあげて。適当な対応はNG。

呂不韋×廉頗 親
どちらも現実的な知恵に長けていて、協力すれば現実的利益を得る。

呂不韋×河了貂 栄
心地いい距離を保てるが、離れすぎるとお互いに秘密を持つことも。

呂不韋×羌瘣 友
話が弾み仲よくなれるが、利害関係が絡むとすれ違ってしまう。

呂不韋×楊端和 安
ズバッと言うところに惹かれる。一緒にいると波乱もあるが刺激も。

呂不韋×呂不韋 命
お互いに望むものが近ければうまくいくが、気は許せない関係。

2024～2033の10年を占う!

『キングダム』出世すごろく

2024

周囲の変化で あなたにも転換期が

身近な人に変化が起こり、その影響を受けたり、今後のキーパーソンと出会うことで、生活や考え方まで変わる大転換の年。３月16日～８月18日はよき協力者と新天地に攻め込む好機。自分の〝武器〟が何かわからないなら４月16日～５月２日に人から求められたことがよいヒントに。

→

2025

個性に磨きをかける年。得意を売ることで可能性が広がり、副業のきっかけにも。新しい出会いで活躍の場が広がり、海外に及ぶかも。

↓

2026

将来を考えて 貯蓄計画を

幸運期は続き、自分を磨くことでまだまだ可能性を広げることができる。今のうちにお金のことを考え、金融経済を学んで、将来を考えた蓄財を始めたい。資金繰りも冷静に計画を立てよう。体のメンテナンスも戦力の底上げになる。

←

2027

サクセス運あり。 多忙を楽しもう!

強い変化運の年だが、仕事運は絶好調！よい方向にブレイクしやすく、チャレンジが成功し、出世もありの星回り。立場が変わり、プレッシャーも。部下が増え、目配りも必要だが、ちゃんとケアすることでさらに運気はUP。仕事自体もかなり多忙だが、ここが頑張りどころの一年だ。

儂は丞相《じょうしょう》を卒業するぞ

答えは
これです

大きゅう
なられましたな
………
大王…

2033

生き方を問われる年。守りたいものに気づく

28年に一度の、生き方を問われる運気の曲がり角。家業、家族、子どもの頃の夢、過去の出来事などから自分の〝原点〟に立ち返る出来事もあり、本当に守りたいことに気づく。これまでとは違う道、違う方法を選ぶ可能性も。小さなことがターニングポイントにつながる年でもある。

2032 幸運の波に乗る。自分を変える学びを

ここから2035年までの４年間はやりたいことができ、活躍できる運気のひとつのピーク。なりたい自分になるための学び、スキルアップなどで自分を変えていくと、漠然とした今後の目標がクリアになり、いい出会いも引き寄せる。

2031 ペースを緩めて次の戦いに備える

心身のメンテナンスが必要な年。金運はよく、自由もあるので、少しペースを緩めて。人に任せられることは任せ、欲張りすぎずに、ここでパワーチャージをすると、次の勝負で本当にやりたいことができ、実力を発揮して頑張れる。

……

2030

華やかで楽しい年になる。自分の新たな一面、よい部分を出せるときなので、〝初体験〟になることをひとつは始めてみよう。積極的に。

2029 養いたいのは人を見定める目

広がりすぎた人間関係が重荷になりがち。全方位外交をフォローできず、トラブルや対立を生む危険も。ここでの衝突や行き違いは尾を引くので、丁寧な対処を。またダメな相手に入れ込んだりしないよう、人の忠告には耳を傾けて。

2028

人間関係は悪くないが、多くの人と関わりすぎて混乱することも。八方美人で不義理をする前に、つき合う人はしっかりと選ぼう。

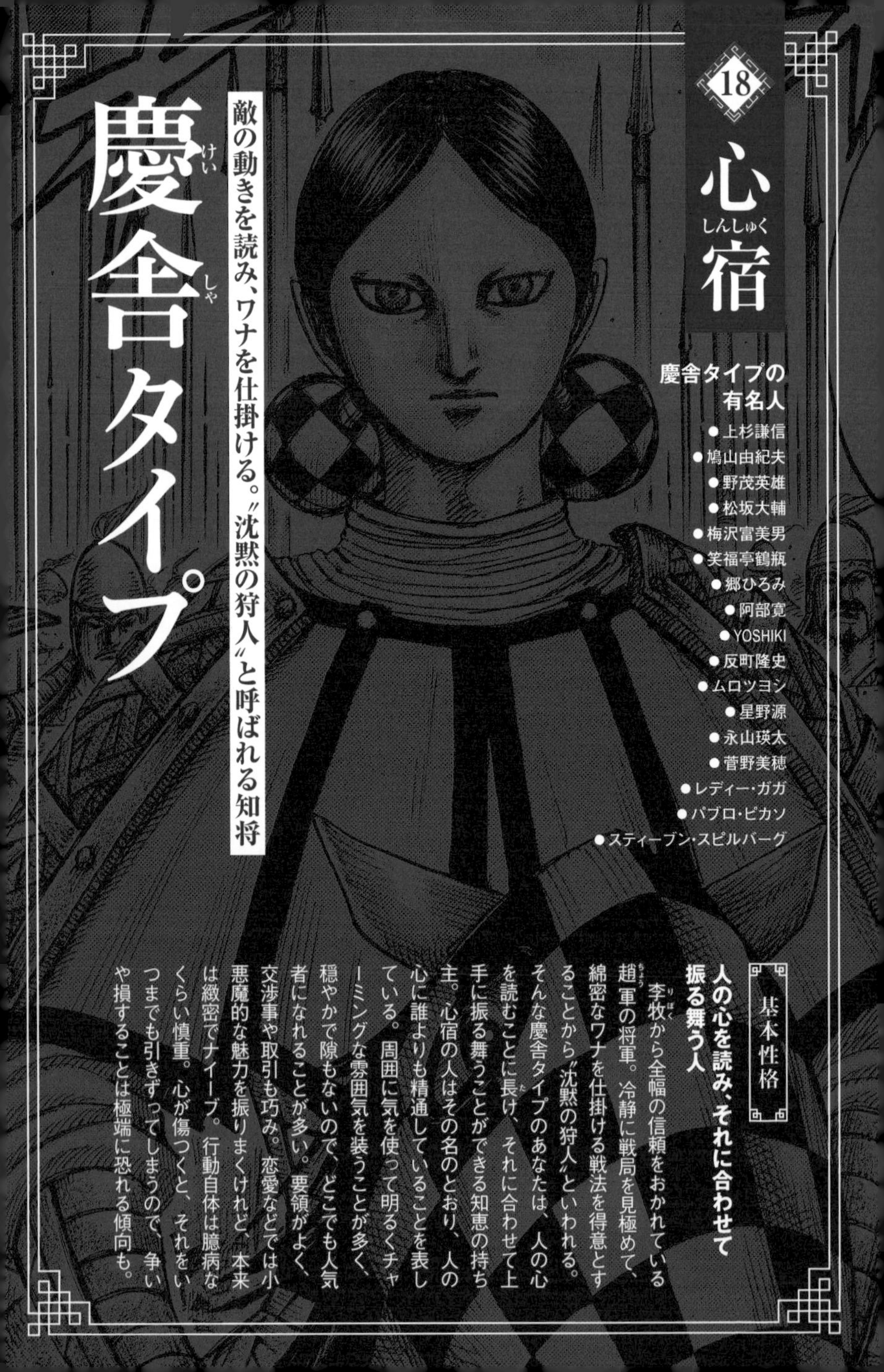

18

心宿《しんしゅく》

慶《けい》舎《しゃ》タイプ

敵の動きを読み、ワナを仕掛ける。〝沈黙の狩人〟と呼ばれる知将

慶舎タイプの有名人

- 上杉謙信
- 鳩山由紀夫
- 野茂英雄
- 松坂大輔
- 梅沢富美男
- 笑福亭鶴瓶
- 郷ひろみ
- 阿部寛
- YOSHIKI
- 反町隆史
- ムロツヨシ
- 星野源
- 永山瑛太
- 菅野美穂
- レディー・ガガ
- パブロ・ピカソ
- スティーブン・スピルバーグ

基本性格

人の心を読み、それに合わせて振る舞う人

李牧《りぼく》から全幅の信頼をおかれている趙《ちょう》軍の将軍。冷静に戦局を見極めて、綿密なワナを仕掛ける戦法を得意とすることから〝沈黙の狩人〟といわれる。そんな慶舎タイプのあなたは、人の心を読むことに長《た》け、それに合わせて上手に振る舞うことができる知恵の持ち主。心宿の人はその名のとおり、人の心に誰よりも精通していることを表している。周囲に気を使って明るくチャーミングな雰囲気を装うことが多く、穏やかで隙もないので、どこでも人気者になれることが多い。要領がよく、交渉事や取引も巧み。恋愛などでは小悪魔的な魅力を振りまくけれど、本来は緻密でナイーブ。行動自体は臆病なくらい慎重。心が傷つくと、それをいつまでも引きずってしまうので、争いや損することは極端に恐れる傾向も。

狩られる奴の見る景色だ
くおっ
ゲハハハ

慶舎タイプってこんな人

策士、策におぼれやすい

27宿中、一番の策士である心宿。裏の裏の、その裏まで、相手の心や物事の流れを読んでシミュレーションし、その読みはめったに外れない。隙のない心宿だけれど、「物事には必ず裏がある」と思い込みすぎて、シンプルでよい物事を無闇に複雑化したり考えすぎて失敗するパターンは意外にありがち。自分の心が一番わからないので、逆に相手に自分の心を読まれると慌てたり、驚いたりする。

本音は簡単には見せない

いつの間にあの男

人の心をつかむ達人であり、心理戦では最強の存在の心宿は、ある意味で変幻自在な存在。相手に合わせて、いろいろな自分を演じて、それぞれの人を魅了していく。二面性どころか多面性を持つ性格にも見えて、本当の姿、本音はどこにあるのか、簡単にはわからない。〝天性の役者〟ともいえる心宿。まずは自分が一番自分らしくいられる場所や人間関係を探していこう。

本能型の将軍なのですから

人の心を読むのは本能

慶舎は〝匂い〟で相手の性質や心の動き、戦局を読む「本能型」の将軍だが、心宿の人も、目の前の人の心を読んでしまうのは、ほぼ本能。観察眼も鋭く、頭もよいけれど、もはや本能的にわかってしまうといったほうが正しいのかも。人の心のツボを押さえられるので、仕事や恋愛では常に有利に動けるけれど、やりすぎると人を利用しすぎたり、人間関係をひっかき回して混乱を招く恐れも。

── 個性を生かして勝て! ──

慶舎タイプの得意戦術

岳嬰《がくえい》
よくやった

得意戦術❶

人の心をつかむ天賦の才

ちょっとしたひと言で部下の心をつかむ慶舎のように、巧みに人の心を読み、コントロールすることができる。相手が欲していることが瞬時にわかり、それに寄り添う行動を繰り出せる。サービス精神も旺盛で、人の懐にスッと入っていく。いわゆる〝人たらし〟で、好感度も高い。

左に憂《うれ》いはない
このまま右だけ警戒して前進
我々が先に
占拠《せんきょ》するぞ

得意戦術❷

分析力と柔軟性でときには〝役者〟に

慶舎のように頭の回転が速く、戦略的に立ち回れる。状況や場面に応じて、どう振る舞えばいいか判断できる分析力と柔軟性があり、どんな場面でも人の心とともに欲しいものを手に入れられる世渡り上手。必要ならば、本心と違うことを言い、やることもできる〝天性の役者〟タイプだ。

見えぬ糸で巣を張っている恐ろしい蜘蛛だと
敵は好機《こうき》と思い近づくと知らぬうちにからめ捕られて骸《むくろ》となる

得意戦術❸

あらゆる想定で先読みができる

人の心を読む力があるので、こうすれば相手はこう考え、こう動くという先読み力と状況分析力を生かしながら、プロジェクトのロードマップを作り上げていく。慶舎の策が蜘蛛の巣に例えられるように、あらゆる状況を想定しながら、いくつもの策を準備できる駆け引き上手。

この陣形で勝負!

心理戦型 メンタリストの陣

相手が考えていること、求めるものが本能的にわかってしまうのが慶舎タイプの一番の強み。相手の「心」をわしづかみにすることで、協力者を増やしていき、自分の思いどおりに事を運ぶのが得意技。心の奥を見透かすのと同様に、物事の進む先を見通す分析力にも長《た》けている。途中の障害もバッチリ想定済みなので、さらりとかわしてゴールできる。ただ、心も物事もあまりに深読みしすぎると、迷走してしまう点は注意。

ポジション別

強みを生かす戦い方は？

お前の心臓を
握りつぶせる

若手なら…

気配りと要領のよさで食い込め!

元来、人たらしなので、同僚の間では人気者で頼りにされ、上司にもウケがよくかわいがられる。細かいところにも気が回るので、要領のよさを生かしていけば、順風満帆。ただし、うまく立ち回りすぎて、「調子がいい」と疑念を集めたり、ネガティブな方向へ流れないように、自分を過信せず、誠実に。慶舎も桓《かん》騎《き》の心を読み切ったかに思われたが、とらえきれず窮地に陥った。

中間管理職なら…

状況把握と戦略眼で立場を確立!

慶舎のように実践や経験を積むことで、戦略眼が次第に開花していき、存在感を発揮する。ただ、中間管理職ともなれば立場も複雑。よかれと思って上にも下にもよい顔をしたり、風見鶏的な変わり身の早さが、裏切りと見られて反感を買う恐れも。本来は繊細で臆病な面もあり、考えすぎると迷路に。何でも話せる家族や、プロのセラピスト的な相手を得ると安定する。

ここで完全に
頭と後続を
〝分断〟する

軍をさすらった
一匹狼の俺が
初めて忠を尽くした
将だった

トップ職なら…

巧みな根回しで難局も切り抜けろ!

強烈なリーダーシップがあるわけではないが、人を見ながら適材適所で使いトップへ。趙の将軍・岳嬰《がくえい》が慶舎に心酔したように、下からも慕われ、好感度が高い人気者なリーダーに。人間関係の機微を感じ取りながら、巧みな根回しで難局も切り抜ける。激しいバトルや衝突に立ち向かうタフさはないので、そういう部分は誰かに任せたり、交渉術で上手にかわす、文治派のトップだ。

フリーランスなら…

クライアントのニーズをつかめ!

今、求められていることを瞬時にとらえられる慶舎のように、クライアントのニーズを把握し、応えていくことで有能さをアピールできれば、大きなオファーもつかめる。人当たりがいいので人脈の築き方も巧みで、交渉力や営業力を生かすことで息の長い活躍ができる。また、競合する相手を見つけると、やんわりと排除したり、取り込んだりもできて、ある意味フリー向き。

動かぬのなら
今のうちに
貴様の片腕を
斬り落として
本当に動けぬ
ようにしてやる
陽央《ようおう》
!
ハッ
ドガガ…

慶舎タイプの弱点は?

頭が切れて人の心が読めるだけに、策を仕掛けすぎて、〝策士、策におぼれる〟ことも。打算的な思惑が相手に見えると、高い好感度も一気にマイナスに転落。慶舎が信《しん》に討ち取られたときのように、自分の考えが絶対だと思い込みすぎると、想定外の事態が起きたときのダメージも大きい。

慶舎タイプに向いている職種は?

人の心をつかめるので販売力や営業力、アピール力が高く、トップセールスマンの素養があり、サービス業、マーケティングや広報でも力を発揮。人たらしで天性の役者な部分を生かせば、芸能関係でも活躍。また打算的な面もあるが、法律関係や警察など規範がある世界だと歯止めがきく。

ビジネス相性占い

尊敬できる上司は… 房宿 呂《りょ》不《ふ》韋《い》タイプ 親

退屈じゃのォ

喜ぶことが手に取るようにわかる

人の心に敏感なところや、物事を裏から考えるところが似ており、お互いに心許せる関係。呂不韋タイプがしてほしいこと、喜ぶことが慶舎タイプにはわかりやすいので、ご機嫌を取りやすい上司だ。呂不韋タイプからしても、かゆいところに手が届くようなことをやってくれる慶舎タイプの部下は、かわいいし引き立てたくなる存在。

手駒の差だ

最強のライバルは… 参宿 王《おう》翦《せん》タイプ 壊

心を読めず、不利な状況に

大胆で情の深さもある王翦タイプに惹かれ、つい本音も見せてしまうが、相手は思うほど関心を示してはくれない。こちらの緻密な尽力に気づかず、〝駒〟として一方的に使われてしまうことも。人の心を読むのが得意な慶舎タイプだが、王翦タイプにはそれが通じず、戦っても苦戦するだろう。勝ちたいのなら、計画的に背後から忍び寄って。

慶舎タイプ×他23タイプの相性は？

慶舎×蔡沢 安
最初はこちらが優位に立てるが、油断していると巻き返される。

慶舎×麃公 親
一緒にいると落ち着く。こちらがフォローすると関係が安定。

慶舎×李牧 危
違いすぎて気になるが、あまり深くは関わることはない相手。

慶舎×騰 栄
慶舎タイプが正直に献身的に生きるためのキーパーソンになる。

慶舎×蒙鷲 危
いい関係を保てるが、無意識に相手の人のよさを利用しがちに。

慶舎×紫夏 胎
引き立てたくなる存在だが、心を見透かされてドキッとすることも。

慶舎×昌文君 成
こちらに負けないくらい用心深いので、反応を深読みし合う。

慶舎×桓騎 衰
現実的に動かす力が頼れる。こちらの二面性に興味を示してくる。

慶舎×蒙恬 成
わかりやすい相手だが、なめてかかると対立し、こちらが損する。

慶舎×王賁 衰
どちらも慎重なので腹の探り合い。一緒に緻密な作業をするのは○。

慶舎×成蟜 友
成蟜タイプの客観性や冷静さは、気持ちを落ち着けてくれる。

慶舎×昌平君 安
豊富な知識を与えてくれて、よくも悪くも変化のきっかけをつくる。

……見くびるな
俺の生き様に謀反などと下らぬものはない

慶舎

キーパーソンは誰？

『キングダム』

頼りになる部下は…

尾宿 蒙武《もうぶ》タイプ 栄

裏切らない安心感に助けられる

権謀術数を巡らせる慶舎タイプに対し、蒙武タイプは一途で裏表がない人。「人は裏切るもの」と思っている慶舎タイプにとっては、そんな発想すらない蒙武タイプは安心してつき合える存在だ。指示を出したことについてもストレートに取り組んでくれる。蒙武タイプが不満を抱えたときもすぐに気づけるので細かくケアでき、いい関係が保てる。

高め合える同僚は…

星宿 李斯《りし》タイプ 栄

そのまっすぐさが心地いい

人に気を使いがちな慶舎タイプだが、正直で自分の道にまっすぐな李斯タイプには気を使わなくていいので楽。李斯タイプは何事も“検討”するのに時間がかかるのでときに退屈に思うが、それはそれだけ大きなスケールのものをめざしているから。その面白みをわかってあげられると、より仲よくなれて、よきコンビになれるだろう。

前向きに我々で深く検討させて頂きたく思います

慶舎×嬴政 成
謎の存在。わからないだけに惹きつけられるが、理解し合えない。

慶舎×楊端和 衰
楊端和タイプの度胸のよさと慶舎タイプの用心深さで補い合える。

慶舎×信 壊
確固たる信念を持つ信タイプには、こちらの演技は通用しない。

慶舎×壁 親
人には見せない部分も見せられて、フラットにつき合える仲。

慶舎×羌瘣 壊
楽しくつき合えるが、心ならずも傷つけてしまうことがある。

慶舎×龐煖 安
親しくなるほどこちらを振り回し、一度もめると争いが長引く。

慶舎×廉頗 友
廉頗タイプの勇気と判断力がプラスになるが、欲深さで衝突も。

慶舎×河了貂 業
いつも細やかにフォローしてくれて、頭があがらない存在。

慶舎×王騎 友
豪快なところが心地いいが、こちらの繊細さには気づいてくれない。

慶舎×媧燐 危
相手の立場が上ならかわいがってくれるが、対等だとライバルに。

慶舎×慶舎 命
自分の言動の裏を見透かされているようで、居心地の悪い関係。

2024～2033の10年を占う!

『キングダム』出世すごろく

2024

これまでにひと区切り。よき戦友を得る強運年

これまでやってきたことの結論が出てひと区切り感がある年。パートナー運がよく、公私ともにいい戦友やアドバイザーを得れば、よい改善もできる。6、7月は、仕事相手や職場に変化があり。現実と折り合いをつけながらの新規開拓は、7月8日～8月19日、11月4日～12月6日。

お前は私と同じ〝匂《にお》い〟がする

→

2025

理想の未来に向けて大幅な作戦変更を!

大きな変化運だが、運気は追い風。思わぬオファーが舞い込んだり、SNSなどがきっかけで、よい流れに乗れたり。海外や遠方から幸運がやってくることも。何かのきっかけで、あなた自身の新しい才能が開花するかも。少し不安でも〝今までと同じことを続けない〟挑戦が開運の鍵。

オ
オ
我々の総大将が
オ

←

2026

引き続き発展的な運気。目的に向かって、あなたらしく周到な作戦で進めば、着実に勝利を手中に。公私でチャンスにも恵まれる年。

↓

2027

発展運は継続中。仕事で評価もされ、出世も。好調だからこそ、上ばかり見ず、後輩やサポートしてくれる人にきめ細かな配慮を。

2028

人間関係の危機。努力と対話で壁に挑め

人間関係がガラリと変わる危険な年。昇進や異動で周囲の人が入れ替わったり、忙しさにかまけて家庭内が危機的状況に陥ったり。ライバル会社など姿の見えない敵が現れることも。今までと同じやり方では壁にぶつかる。周囲と対話し、我を通さず、理解しようとする努力をすれば、チームや仲間に救われることも多いはずだ。

2029

逆風に腐らない。裏技には頼らない

まだ運気は逆風の中だ。企画はなかなか通らず、人間関係もシビア。でも未解決の問題は、年内になんとか決着を。甘い見通しに惑わされず、ここで地道に問題に取り組んで。裏からの工作は、新たな〝火種〟になるので使わないように。

2030

ケジメをつけて、大きく飛躍

発展的で、いろいろな新しい挑戦もできる年。ただ人間関係や金銭面など未解決の問題を引きずっていると、リスキーな橋を渡らなければならなくなる恐れ。思いやりを持って、ケジメをつけられるか否かで、飛躍の幅は決まってくる。

静かに

2031

欲張りすぎずに〝平穏な毎日〟を守る

リスク管理が必要な年。とくに金運は好調なので、投資や運用も好調だが、欲張りすぎないこと。2031年は〝安全第一〟が幸運を生む。さまざまな問題はもちろん、仕事や人間関係も危ないと思ったら、深入りしないように。

2032

準備のとき。己の武器を磨くべし

前年を安全に過ごせば、比較的、安泰。次に向かう意欲も湧いてくるが、焦らずに。何かを始めるなら翌年スタートがベター。今年は、まず体調、そして住環境を整えておこう。スキルアップの勉強もすれば、身につくはず。

今が一番
いいところだ

2033

ここから躍進の４年間が始まる。慌てなくてよいが、まず一歩を踏み出そう。あなたがこれから進むべき道が自然に開け、導かれていく可能性が。

19

尾宿《びしゅく》

蒙《もう》武《ぶ》タイプ

中華最強の武人を自負し、誰よりも攻める秦《しん》の大将軍

蒙武タイプの有名人

- 井伊直弼
- 竹下登
- 松山英樹
- 高橋幸宏
- 小田和正
- 松重豊
- 阿部サダヲ
- ディーン・フジオカ
- 田中圭
- 山下智久
- ヒカル
- 山田涼介
- アル・パチーノ
- 有村架純
- マライア・キャリー
- 石ノ森章太郎
- 松本零士

基本性格

闘争心と集中力で、最後まで戦い続ける人

中華最強を自負する秦国の大将軍。自分の武力に絶大な自信を持ち、敵のさまざまな策を武力で撃破する、前だけ見て猛進する〝攻め〟の戦い方が持ち味。そんな蒙武タイプのあなたは誰よりも長く、闘争心と集中力を持続し続けられる、まさに武人。戦うことを恐れず、ここぞというときにはガンガンいく攻撃力は最強クラス。けれど尾宿の「尾」は最後尾のことであり、実は、どんなに不利な状況に追い込まれても引かず、〝しんがり〟を引き受けて戦い続ける根性と粘り強さのほうこそが尾宿の真骨頂。そこで味方を守ったり、大逆転を図ることもできるが、粘りすぎて、見切りどきを見誤りやすい傾向も。蒙武自身も〝攻め〟一辺倒で、それで痛い目にも遭い、さまざまな戦法を使える猛将へと脱皮中。

秦《しん》の『六大将軍《ろくだいしょうぐん》』を
復活させてほしい

蒙武タイプってこんな人

リスペクトする人を追いかける

蒙武の願いは、秦がかつて軍事大国だった頃の〝六大将軍〟制度を復活させ、その座に就くこと。尾宿は、既存の制度を壊すより、それに追いつき、凌駕《りょうが》することをめざすことが多い。尊敬する人を追いかけ、力をつけるので、自分が認める相手には素直。その意味では序列を気にするし、ブランドも嫌いではないが、世間体や肩書を気にしすぎると世界を狭くすることもある。

どん

質実剛健、華美を嫌う

尾宿は、武人の宿なので基本的には質実剛健。必要以上に華美になることを嫌う。愛想もよくないし、人に甘えたり、合わせたりするのもうまくはなくて、いわば武骨なタイプ。一見、地味に見えるけれど、無理をせず、何かの技能をひたすら磨きながら、誠実に自分らしいものを積み上げる生き方を続けることで、スッキリとしたムダのない洗練された仕事や生活のスタイルを築いていく。

猪突猛進、引くことは考えない

〝策〟でこの俺は止められぬわ!!
ド
蒙武将軍っ
殿に続けェ!!

目標が定まるまでに時間がかかるスロースターターではあるが、一度、心を決めたら、猪突猛進の尾宿。よほどでなければ途中で諦めたり、方向転換もしない。衝動的に軌道修正をするより、粘り勝ちで勝ち残ることのほうが多いタイプ。何かの〝締め〟を担う仕事や立場が回ってきたり、自分がやるべきことのフィニッシュをキレイに決めるよう心がけると、運気が上向くはずだ。

── 個性を生かして勝て！ ──

蒙武タイプの得意戦術

得意戦術❶

ひたむきさと持久力が武器

この蒙武《もうぶ》こそ
中華最強!!
その証明以外
一切の興味無し!!

目標に対してまっすぐ突き進む集中力と持久力が持ち味。その愚直なまでの頑張りで最終的に勝利をつかむ。頭脳派というより肉体派なので体力勝負に強く、動き回っているほうが運が上がる。負けず嫌いで、人にも自分にも負けたくないので、高めの目標を設定するとよさが出る。

我が主《あるじ》であった
大将軍・王騎《おうき》の死は
お前を強くした
!

得意戦術❷

心の師との出会いで大きく成長

肉体派ではあるが学ぶことは決して嫌いではなく、蒙武が王騎《おうき》の死を機に成長を遂げたように、何か大きなきっかけをくれる相手や心の師となる存在との出会いで人生がガラリと変わるタイプ。学び始めると地道に鍛錬を積み重ね、一途に技を磨き続けるので、時間はかかっても目標達成能力は高い。

得意戦術❸

最後まで戦い、粘り勝ち

ド
があっ
ガ

ボロボロになっても退かずに戦い続ける粘り強さが武器。尾宿の尾には"しんがり"という意味があり、幕引きの宿命を持っているため、最後の仕上げを任せられる頼もしい存在。蒙武が函谷関《かんこくかん》攻防戦15日目で楚《そ》軍総大将の汗明《かんめい》を討ち取ったように、不利な状況でも粘り続けていい形で決着させる。

―― この陣形で勝負! ――

粘り型
めざすは有終の美の陣

みんながもう「終わりだ」と思っていたとしても、ひとりだけ最後まで諦めず戦い抜くのが蒙武タイプ。抜群の粘りと負けん気を見せて、最後の最後に大逆転ということもありうる。たとえ失敗に終わったとしても、きれいに後処理をすることで、周囲から評価と信頼を得ることもできる。器用ではないが、地道に努力を重ねて、どんな目標に対しても諦めずに戦い続けることで、人知れず成長し、勝てる戦いも増えていくはずだ。

ポジション別

強みを生かす戦い方は？

全力を引き出して
戦う刻《とき》が来たからだ
メギィ

若手なら…

めざすべき対象を見つけろ!

若手時代は地味で、才能が花開くまで時間がかかるタイプ。仕事で自分なりの目標や必死になれるものに出会えると、頭角を現す。それはまさに蒙武が倒すべき相手を見つけたときに最強になるのと同様。また、敗北や何かの悔しさがきっかけで目標を持つこともあるが、めざすべき尊敬する先輩や上司、進む道を示してくれる師を見つけることも成長への大事なポイントとなる。

中間管理職なら…

序列を重んじ一心不乱に進め！

俺の号令に従い
全力で戦え
以上だ
解散

自分が求めるものを追いかけるために一心不乱で突き進み、ゆっくり結果を出していく。上下関係に厳しく、組織のヒエラルキーを重んじるので、意外と上には従順。ただ、自分の思いだけで突き進み、個人で戦うこともある。下には、蒙武同様、ついてきたければついてこいというスタイルで面倒見がいいとはいえないが、自分にないものを持つ者は重用する。中間管理職のときは一番余裕がないが、仕事はしっかりこなす。

俺の背を追え

トップ職なら…

背中で部下を率いていけ!

出世レースでは地味に見えて勝ち残るタイプ。トップに立つと、口であれこれ指導するより、背中で見せる蒙武のように、行動や結果で手本を示して、リーダーシップを発揮する。しかし、自分のやってきたことに固執すると時代や世代でギャップが生まれ、老害っぽくなる。柔軟性を補うためにも若手の意見にも耳を傾けて、ハイレベルな仕事をキープすれば、慕われるトップになれる。

フリーランスなら…

自分だけの武器を!

承知している
全て任せろ
ゴ

基本的にはひとりで戦うタイプなので、フリーランスは意外と向いている。ただし、自由にやりたいという理由だけで独立しても、ライバルの中で埋没してしまいがち。真面目だがプライドが高く、アピール上手ではないので、資格や語学、特別な知識といったわかりやすい武器を持ち、どういうビジネススタイルでいくかというビジョンを明確にすれば、自然と蒙武のような頼もしい勝利請負人に。

蒙武タイプの弱点は?

蒙武のように猪突猛進型で、よく言えばブレないが、悪く言えば柔軟性がなく慎重なので、一度決めたら方向転換に時間がかかり、変化の激しい場では遅れをとる。目標がないとただの頑固者だが、目標がはっきりしていても伝わりづらいことも。孤立しないよう、友人や仲間を大切に。

蒙武タイプに向いている職種は?

派手さはないが、体を使うアスリートやスポーツインストラクターなどは適職。ステイタスは気にするので、勤めるなら中小企業より大企業。また、製造業では最後の仕上げなど、最終工程を任せると完璧に仕上げる。その気になれば、どんな困難な仕事や単純作業も最後までやり通す。

ビジネス相性占い

……
そんなあやふやなものを口にする意味はない
何イ？
それよりも確定的なことを言っておいてやろう

尊敬できる上司は… 婁宿 騰《とう》タイプ 業

足りなかったものを教えてくれる

目標に一本気になってしまう蒙武タイプに対し、騰タイプは人のことも全体のこともよく見られる人。蒙武タイプの視野が狭くなってしまったときに、いいアドバイスをくれる。騰が、王騎亡き後の蒙武の変化に気づき、それを本人に伝えたように、自分でも気づいていなかった部分も、よく見ていて細やかなフォローをしてくれる上司だ。

貴様からは
何も響いて来ぬぞ
ゴゴゴ

最強のライバルは… 斗宿 龐《ほう》煖《けん》タイプ 衰

戦っている次元が違うライバル

常に自分自身を超えることをめざす龐煖タイプは、蒙武タイプよりももっと高い次元を目標にしている。直接対決してこちらが勝ったとしても、龐煖タイプからすればそんなことはどうでもいい。自分がより高みへ昇るための通過点でしかないのだ。相手にされないようで悔しいが、視点の高さに刺激を受け、成長のきっかけにしよう。

蒙武タイプ×他23タイプの相性は？

蒙武×蔡沢 衰
気楽に話せる相手。視野の広さからいろんなことを教えてもらえる。

蒙武×紫夏 親
生活を明るくし人間関係を広げてくれるが、裏切られることも。

蒙武×王翦 成
物事へのアプローチが異なり、共同作業だとうまくいかない。

蒙武×桓騎 栄
パワーをもらえるが、互いの道を尊重し合うので歩む道は別々に。

蒙武×蒙驁 安
蒙驁タイプのコミュニケーション能力の高さがちょっと羨ましい。

蒙武×李斯 胎
支えてくれているようで、実はこちらを頼りにしていることも多い。

蒙武×成蟜 壊
その知性を魅力的に感じる。こちらが後始末係になりがちな面も。

蒙武×李牧 安
テンポが合わないふたり。ぶつかると不毛な戦いを続けることに。

蒙武×蒙恬 危
つき合いやすい相手だが、誠実さはイマイチなので信用しすぎずに。

蒙武×王賁 栄
打ち解けるのに時間がかかるが、関係ができれば裏切りのない仲に。

蒙武×麃公 友
蒙武タイプのひたむきさを見守り、何かあったら助けてくれる。

蒙武×昌文君 危
一度怒らせると復縁が難しく、長くライバル関係になりやすい。

オレを信じて
待ってて

キーパーソンは誰？ 『キングダム』

頼りになる部下は… 奎宿 河《か》了《りょう》貂《てん》タイプ 親

持ち味の違いを生かし前進

根回しや裏工作がうまい河了貂タイプは、そういったことが苦手な蒙武タイプにとって自分にはできないことをやってくれる部下。性格はまったく違うが、こだわりと正義感の強さは共通。河了貂タイプが細かなフォローに回ってくれることで、蒙武タイプはより全力で前進できる。ふたりがタッグを組めば、相当な困難でも乗り越えられる。

高め合える同僚は… 昴宿 昌《しょう》平《へい》君《くん》タイプ 衰

どういう作戦だ
うむ

正反対だからこそ学べる相手

真正面から敵とぶつかる蒙武に対し、軍師として全体を見る昌平君のように、目標に対してのアプローチも視点も違うふたり。違うものが見えているからこそ、相談相手には最適だ。昌平君タイプは蒙武タイプに知恵を授け、蒙武タイプはその実行力と思い切りのよさで昌平君タイプの迷いを断ち切り、思いに確信を与える。

蒙武×媧燐 安
仕切りたがりなので、従わない蒙武タイプは鬱陶しく思われる。

蒙武×慶舎 親
一本気なところを好いてくれる。協力すれば力強いコンビに。

蒙武×信 成
主導権争いになりがち。両者、自分なりの正義感でぶつかる。

蒙武×王騎 壊
大胆な王騎タイプといると、コンプレックスが刺激されがちに。

蒙武×嬴政 危
何を考えているのか理解できない。プライドを傷つけないように。

蒙武×蒙武 命
負けず嫌い同士、競争意識を持ち合うので、いつも険悪な関係に。

蒙武×廉頗 壊
最初は気が合うが、ともに自分のやり方を譲らないためすれ違う。

蒙武×壁 友
価値観が違うふたりだが、防衛戦や後がないときには最強タッグ。

蒙武×羌瘣 成
軽やかな羌瘣タイプは刺激的。でもスピード感が違い足並みはそろわず。

蒙武×楊端和 栄
お互い嘘のないまっすぐなつき合いができ、信頼できる相手。

蒙武×呂不韋 友
生真面目な蒙武タイプを柔軟に受け止めてくれるのでいい関係。

2024〜2033の10年を占う!

『キングダム』出世すごろく

2024

新たな味方とともに、難局を乗り切れ!

節制とバランス感覚が必要な調整の年。大きな流れにあらがえず、身動きがとれないことも多く、努力が正当に評価されないことも。ひとつの仕事にこだわりすぎるのは、失敗のもとに。6月8日以降は、あなたを助けてくれる人も出現。新たな味方とともに別の戦い方を模索しよう。

……

2025

信頼できる人の助けを得て、次の戦いに向けた備えができる年。根回しや蓄財、新たな戦略を練るなど、水面下での動きを重視しよう。

2026

自分を信じて敵に挑み、新たなステージへ

これまで積み重ねてきたことが新たな局面を迎える。新手の敵が現れて戦況が一変し、戦い方の変更を余儀なくされることもあるだろう。だがこの年の戦いは、あなたが培ってきたものが武器となり、個性を前面に出すことで有利に運ぶはず。勝利とともに次なるステージに向かおう。

2027

攻めの姿勢で新しいチャレンジを

自分のペースで自由に動けて、新しいことにも挑戦。それがキャリアアップにもつながる幸運な年。転職もあり。ただ、欲張って大きすぎる目標を持つのは迷走のもとに。実現可能な目標を立てよう。

第一功！
蒙武《もうぶ》将軍 前へ！

2028

仕事運好調。理想的な働き方を実現するためにできることや、今後の身の振り方を考えよう。人間関係が活性化し、人脈づくりもいい。

2029 柔軟な発想と人脈が、ピンチをチャンスに

突然の部署異動、降格など不本意な出来事が起こりやすい転換期。一からやり直しや下積みを求められたりもするが、己のこだわりを捨て、柔軟な対応をしてみれば、ピンチがチャンスに変わることも。人間関係を大事にさえしていれば、マイナスをプラスに変えることも可能だ。

2030 持久戦に突入。思いやりと配慮を

前年ほどの混乱はないものの、職場の人間関係は2032年まで乱れがち。隠れていた問題も噴出。状況を悪化させないためには、相手の立場に立っての発想と、与えられた課題に挑み続ける姿勢が大事。持久戦になるが、諦めない姿勢で戦おう。

それを打ち破るのが
蒙武《もうぶ》という漢《おとこ》だと

2031 勇気ある決断と挑戦で、不利な局面を大逆転

危ない橋を渡るような挑戦もあるが、思い切った一歩を踏み出すべき時。この年の勇気ある決断とチャレンジが今後のあなたのポジションを決める。ライバルとの直接対決には勝機あり。怖いと思っていた相手にもぶつかってみよう。

2032

自分のペースで計画を推し進められる年。でも周りを頼りすぎるとその関係が重荷になる恐れも。お金の話は曖昧にすると、損をする。

全て・・・作戦通りだ
えっ!?

2033 勝負は翌年。身のまわりをクリーンにすべし

あなたの弱点が露呈する年。ここで誰かを頼りにしたり、利益を追求しても不調。この年はすべての状況と生活をクリーンにしていくと、味方が増える。体調面も意識して整えて。実現したい計画は時期尚早。もう少し温めてから。

20

箕宿《きしゅく》

楊《よう》端《たん》和《わ》タイプ

秦《しん》国のピンチに駆けつける、武力と情の強さが魅力の山界の女王

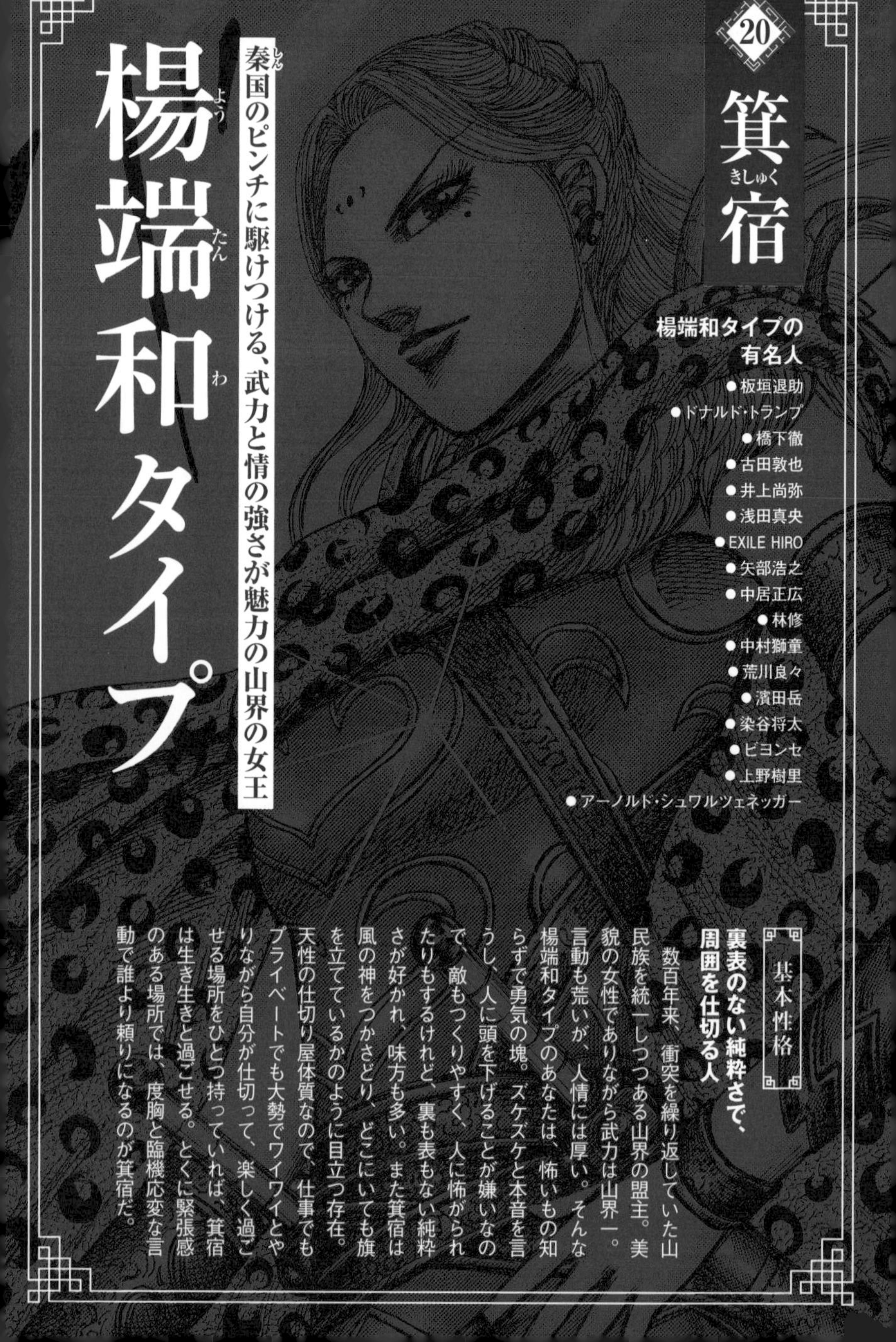

楊端和タイプの有名人

- 板垣退助
- ドナルド・トランプ
- 橋下徹
- 古田敦也
- 井上尚弥
- 浅田真央
- EXILE HIRO
- 矢部浩之
- 中居正広
- 林修
- 中村獅童
- 荒川良々
- 濱田岳
- 染谷将太
- ビヨンセ
- 上野樹里
- アーノルド・シュワルツェネッガー

基本性格

裏表のない純粋さで、周囲を仕切る人

数百年来、衝突を繰り返していた山民族を統一しつつある山界の盟主。美貌の女性でありながら武力は山界一。言動も荒いが、人情には厚い。そんな楊端和タイプのあなたは、怖いもの知らずで勇気の塊。ズケズケと本音を言うし、人に頭を下げることが嫌いなので、敵もつくりやすく、人に怖がられたりもするけれど、裏も表もない純粋さが好かれ、味方も多い。また箕宿は風の神をつかさどり、どこにいても旗を立てているかのように目立つ存在。天性の仕切り屋体質なので、仕事でもプライベートでも大勢でワイワイとやりながら自分が仕切って、楽しく過ごせる場所をひとつ持っていれば、箕宿は生き生きと過ごせる。とくに緊張感のある場所では、度胸と臨機応変な言動で誰より頼りになるのが箕宿だ。

楊端和タイプってこんな人

（食糧は）
（あと三日分だ）

やることは大ざっぱ…に見えて

箕宿は、思い切りがよいのでアバウトに見えるが、実は本気になったことでは緻密な戦略を立て、やることも丁寧。逆にどうでもよいことではポカもあり、おざなりだったりする。箕宿が本気になるのは、それが誰かや仲間のためと思えるとき。盛り上げ上手で周囲をその気にさせるのがうまい箕宿だが、自分自身より自分が味方した誰かをトップにしようとするときに一番よい働きをするとされる。

度胸の塊。怖いものなし

（平地に
見せつけてやれ
百の山界の戦士達よ）

口は悪く、常にストレート。誰が相手でも忖度《そんたく》はせず、お世辞も社交辞令もいっさい言わない。どんな大物が相手でも、どんなギリギリのシビアな場所でも、ほぼ平常心で態度も変わらないのが箕宿の強み。会った相手にはインパクト十分。人の心をざわつかせる印象を残す。目標達成や仲間や大事なものを守るためならば、敵もつくるし、たたかれるのもへっちゃらな強い心臓の持ち主だ。

仕切り屋の姉御・親分肌

皆の者
よく聞け
山界《さんかい》の王　楊端和《ようたんわ》は
秦王嬴政《しんおうえいせい》とかつてない
強固な盟《めい》を結ぶ!!

態度が大きく、偉そうでも意地悪ではなく、さっぱりしていて自分を偽らないところが好かれて、箕宿は意外に友人が多く、人気もある。面倒見もよいので、いつの間にか、頼られて姉御・親分的な存在になることが多い。楊端和も義理堅く、盟友となった嬴《えい》政《せい》のためには命がけで戦うし、「山界の死王」と恐れられながらも、征服された山民族はみな彼女を慕い従っている。

―― 個性を生かして勝て! ――

楊端和タイプの得意戦術

ありがとう

得意戦術❶

人を引き立て、自分も輝く

とても華があって目立つので派手なリーダーに見えるが、実は補佐役としても有能。自分のためより仲間のために戦うときに一番力を発揮し、人を引き立てることで自分も輝く。楊端和の協力を得たことで嬴政の王座奪還がかなったように、箕宿が味方についた人は強さを増すのだ。

(敵翼に走るな!)
(全員 私について来い)
!!
(ハ!)
!?

得意戦術❷

面倒見のよさで人望あるボスに

山界の王であり六将でもある楊端和のように強気でリーダーシップがある。大雑把なようで意外と目配りがきき、面倒見もいいので、人望を得てボス的存在に。中心にいて主役のように見えるが、自分がトップとして君臨したいわけではなく、人を引き立てて引っ張っていくのが望み。

(ああ)
(あの趣味の悪い角笛《つのぶえ》の音は…)

得意戦術❸

裏表のない正直さで信用される

思ったことをすぐ口にする楊端和のように、裏表がなく本音を言うので、人から信用され人気もある。好き嫌いや感情を取り繕ったりしない正直さは、ときに人から怖がられたり、空気が読めないと敬遠されたりもするが、綺麗事を言わず、嘘をつかない誠実さが魅力でもある。

この陣形で勝負!

親分型
世は情けの陣

常に本音で語り、面倒見もいいので周囲に人が集まり、いつの間にか大所帯の親分に。中心に立てるだけの華も人望もあるが、楊端和タイプが本当の力を発揮するのは〝みんなのため〟や〝誰かのため〟に動くとき。頼られるとつい助けてしまう人のよさと温かさが何よりの魅力だ。人のことは細やかに目配りできるのに計画はちょっと大雑把だが、そんなところもご愛嬌。抜群の度胸でみんなを引っ張って、誰かを助けながら輝く。

ポジション別

強みを生かす戦い方は？

若手なら…

ド
当然理解
している！

度胸を買われれば評価はアップ！

趙《ちょう》の老将相手でもピシャリと言う楊端和のように、度胸があって怖いもの知らずなところが武器だが、鼻っ柱が強いので生意気で扱いづらく見られることも。上司と上手にコミュニケーションをとることで、まっすぐで裏表のない正直さが伝わればかわいがられる。また、興味のあることは懸命に伸ばす努力もするが、それ以外はアバウト、無関心になりがちな傾向も。

中間管理職なら…

仕切り上手な部分を思う存分発揮せよ！

もり立てたいと思う人の元で補佐役としていいアシストをしていくことで、自分の実力も上がり、プロジェクトリーダーなどのポジションを任されることも。仕切りたがりなだけでなく、実際に仕切り上手な面を買われての抜てきもあり。立場が上がると、楊端和が壁《へき》に挽回の機会を与えるために作戦変更を指示したように、見どころのある部下に目をかける親分肌の上司に。

いいだろう
一部作戦変更
！
明日の主攻三軍の
一角は
メラ族と壁《へき》軍を
入れ換える！

オ
オ
〝第四将〟
楊端和《ようたんわ》!
オ
オ
オ

トップ職なら…

プロデュース力で部下を生かせ!

トップに立つとさらに存在感を発揮。それでいてどこか補佐的なので、上に行くほど下ももり立てていく。部下の持ち味を生かすプロデュース力を発揮すれば、全体の底上げも可能。また、自分のために稼ぐタイプではないが利益はしっかり上げるので、山界の王でありながら秦の六将に任命された楊端和のように、雇われ社長的立場でもおおいに活躍する。

フリーランスなら…

使命感とやりがいで進め!

自分がなんとかしたいという使命感ややりがいを感じるものに出会うことで起業したり、フリーになることも。ときには自分たちがつぶれ役を買って出る楊端和のような戦い方もでき、自分だけでなく取引相手も儲けさせるなど、関係各所をもり立てることで輝く。親分肌で頼りがいもあるので、個人で始めても、いつの間にか自分を慕う者を従えて、会社組織になる場合も。

オ
オ
うちは大体こんな感じだ
……
(早くも敵を数人殺りましたな)
(飛馬《ひば》族の勇 しかとこの胸に)
オ
オ

楊端和タイプの弱点は?

ダイナミックに動ける分、大雑把でザルなところが。また、すごく目立つのに、楊端和のようにムダに愛想を振りまかないため、とっつきにくく悪目立ちすることも。あまり考えずに、思ったことをそのまま正直に言ったり、相手に言い返すので「怖い」「偉そう」と誤解も受けやすい。

楊端和タイプに向いている職種は?

度胸があるので、誰かの思いを代弁するジャーナリストやマスコミ関係は適職。仕切り上手という面では、アナウンサーのほか、CAや警官など制服を着る仕事も合う。また、商才はあるが、楊端和のように自分のために動くタイプではないので、マネージャーやプロデューサー業もいい。

ビジネス相性占い

尊敬できる上司は…

氐宿 廉《れん》頗《ぱ》タイプ 戌

強敵だからこそ、実力を認めてくれる

対等な立場だと強力なライバルとなるが、廉頗タイプが上の立場でいる限りは、楊端和タイプの度胸や勢いのよさを面白がって引き立ててくれる。高く評価するのは、立場が違えば好敵手と思うからこそ。楊端和タイプは自分中心になりがちな部分もあるが、廉頗タイプには感謝の気持ちを忘れず、立ててあげることを心がけて吉。

最強のライバルは…

危宿 羌《きょう》瘣《かい》タイプ 危

ひらりと舞い、注目をさらう

戦場でも軽やかに舞う羌瘣のように、仕事中でもどこかラフな羌瘣タイプは、楊端和タイプからすると遊んでいるように見えることも。しかし、甘く見ていると意外な反撃が。楊端和タイプは大胆さで周囲を驚かせるが、羌瘣タイプはいざとなると予想外の技を繰り出してその上を行き、周囲の注目だけでなく、勝ちも奪われるかも。

楊端和タイプ×他23タイプの相性は？

楊端和×李斯 親
一緒だと安心でき相談相手に最適だが、あまり出会うことのない縁。

楊端和×成蟜 成
理性的な成蟜タイプは、楊端和タイプのブレーキ的な存在に。

楊端和×李牧 衰
気を使わずつき合えるが、しつこいので敵にしないように注意。

楊端和×騰 親
聡明で冷静なところに好感を持つが、利害がぶつかると負ける。

楊端和×王賁 胎
気になって面倒を見てしまう。甘やかしすぎるとマイナス効果。

楊端和×麃公 壊
個性的な麃公タイプが面白く、構いすぎるとウザがられることも。

楊端和×昌文君 安
自分にない視点が魅力的。関わるとこちらが振り回すサイドに。

楊端和×桓騎 業
フォローしてくれるが、それにより相手が得をすることも多い。

楊端和×蔡沢 栄
度胸があって働き者同士。手を組むと広い世界で大きく活躍できる。

楊端和×紫夏 友
エモーショナルな面を魅力的に思うが、しだいに圧迫を感じる。

楊端和×王翦 危
気の強さとアクの強さは五分五分。丁寧につき合えば仲よく。

楊端和×昌平君 栄
性格の違いが奏功し、関わるとどちらもワンランク上の自分に。

それはそれで
うれしいわイ
よし
始めるぞ！
ハハ

キーパーソンは誰？『キングダム』

頼りになる部下は… 軫宿 蒙《もう》驁《ごう》タイプ 衰

細かい部分は任せてOK

細やかでミスが少ない蒙驁タイプは、大雑把なところもある楊端和タイプにとっては助かる存在。自分がやりたいことの細かい部分を任せておけば、仕上げておいてくれる。蒙驁タイプにとっては、大胆で度胸のある楊端和タイプは自分ではなかなか切り込まないところに連れていってくれる人。ちょっとしたむちゃ振りも、それはそれでうれしかったりするのだ。

高め合える同僚は… 尾宿 蒙《もう》武《ぶ》タイプ 親

突撃

ともに戦えば、パワーは2倍に

裏表がなくさっぱりしているところや、物事に対する突撃力が似ているふたり。ひとりでもパワフルな者同士だが、手を組むとお互いの勢いが倍増する最強の組み合わせ。楊端和タイプのほうが目立つが蒙武タイプはそれを気にしないし、楊端和タイプもなんだかんだ言いつつ蒙武タイプに主導権を渡してあげるので、両者納得できるバランスのいい関係。

楊端和×媧燐 衰
勉強家で努力家な媧燐タイプはブレーンとして頼もしい存在。

楊端和×慶舎 友
活動的な楊端和タイプと用心深い慶舎タイプは補い合えるコンビに。

楊端和×蒙恬 安
一緒にいると蒙恬タイプのペースが乱れ、裏の性格が引き出される。

楊端和×壁 壊
何も言わず支えてくれるが、一緒にいると運気が乱れることも。

楊端和×嬴政 安
こちらがリーダーシップをとると、嬴政タイプは不満に感じる。

楊端和×楊端和 命
どちらも度量が大きいので、自分と似ているところを面白がれる。

楊端和×信 危
お互いにトップになろうとするので衝突しやすいが、学ぶところも。

楊端和×河了貂 友
味方同士ならありがたい存在だが、敵に回ると完敗する相手。

楊端和×王騎 成
知恵も力もある王騎タイプと関わるのはプラスに。意外と仲よし。

楊端和×龐煖 栄
つき合いやすいが、実はこちらが支える側。それでも味方にして。

楊端和×呂不韋 壊
惹かれて支え合うが、呂不韋タイプの存在は何かと波乱を招く。

2024～2033の10年を占う!

『キングダム』

出世すごろく

2024

学びを得ながら、新しい戦術を再構築

基礎力を強めて足もとを固め直す年。大胆な改革もいいが、急な方向転換は軋轢《あつれき》を生む。信頼できるボスの助言や過去のデータを参考に新しい戦い方を模索しよう。勝負するなら7月10日～8月21日に。住まいの環境を整え、安らげる空間で英気を養うことも、運を安定させるのに有効だ。

→

2025

仲間とともに前進。出会いにも期待

前年から引き続き、土台固めのための試行錯誤が続く。疲れもストレスもたまりやすいので、背負いきれないことは仲間とシェアし、ひとりで頑張りすぎないほうがいい。ビジネスではもちろん、私生活でもよきパートナーにも巡り合えそう。

↓

(いよいよですな)
(ああ)

2026

出会いに恵まれ、新たな希望が生まれる年。活動範囲も徐々に拡大。海外も視野に入れ、資格取得、スキルアップで戦力を強化しよう。

↓

(始めるぞォ!!)
!?
ビクッ
えっ
えっ!?

2027

ビッグチャンス到来! 変化の波に乗ろう

仕事ではビッグチャンス到来。想定外の周囲の変化、出来事も起きるが、それがあなたの意外な才能、得意技を引き出すことも。同じことを淡々と続けるよりは、自分から変化の波に乗って、望む方向へと人生の舵を切るべき。副業、移住などもあり。本気でやりたいことに挑戦を。

2028

戦い続けることで、強くなる年。勝ち戦ばかりではないが、経験を積むことで実力が磨かれ、自分の勝ちパターン、スタイルも確立。

2029 チームの先頭に立って闘う姿が信頼を生む

たくさんの仕事をこなす多忙な年。チームプレーに向くときなので、大勢の人をまとめ、リーダーシップをとれる箕宿の個性をおおいに発揮しよう。結果が出て評価も上昇。目立たない人、埋もれているものを引き上げる努力は実を結ぶ。

2030 理不尽な出来事にも前向きに、柔軟に対応を

争い、嫉妬、誤解を引き寄せやすく、これまでの人間関係や職場環境に限界を感じることがあるかも。だが、この年の変動や挫折は次の飛躍につながるので、望まない変化も今は甘んじて受け入れ、柔軟に方向転換を。不安定な運気は10月以降には回復。マイナスはプラスに転じるはずだ。

（我らの勝利を祝う太陽だ）

2031 身軽になって、次のステージへ

前年に手放したもの、変化したものが多いほどつかめるチャンスも多い。斬新なアイデアが生まれ、満足のいく仕事もできるが、まだ情勢は不安定。敵をつくらない、刺激しないように周りの様子をうかがいながら、できることを増やそう。

2032 利害関係を明確にして、ハードな戦いに挑もう

新しい人間関係から予想外のうれしい話が舞い込むが、どんなに親しい間柄でも、利害関係はキチンとするのがこの年のテーマ。契約でお金や権利の話を明確にすることで、ハードな競争、環境でもフェアに戦える年になる。

2033

さまざまな人との関わりから最新の情報やアイデアを得て、アップデートできる。任せられる部分は、信頼できる人に任せる方向で。

21

斗宿《としゅく》

龐《ほう》煖《けん》タイプ

強き者を倒すことを生きがいとし、自らを「武神」と称する趙《ちょう》の三大天

龐煖タイプの有名人

- 徳川家康
- 中曽根康弘
- ジェフ・ベゾス
- ダルビッシュ有
- タイガー・ウッズ
- 遠藤憲一
- 浜田雅功
- 内村光良
- 今田耕司
- 玉山鉄二
- 六代目中村勘九郎
- 米津玄師
- 大久保佳代子
- 安室奈美恵
- ジョニー・デップ
- 村上龍
- アルベルト・アインシュタイン

基本性格

高い理想をめざし、我が道を切り開く人

趙国の新三大天のひとり。「武神」と呼ばれるほどの圧倒的な武力を誇り、強い者を倒すことを生きがいとし、倒した相手は神への供物と考えている。そんな龐煖タイプのあなたは、高い理想をめざして我が道を切り開く努力家。見かけはおっとりとして物静かな印象だが、中身は勝ち気。精神力は強く、人との戦いはもちろん、自分との闘いにも強い。斗宿の「斗」の字は、知恵の象徴である北斗七星を表すもの。これは斗宿が勉強家で、必要と感じたことは生涯、学ぶ姿勢を持ち続けることを示す。龐煖も軍の勝利より強い者との勝負にしか興味がなさそうだが、斗宿も知識や技能など興味ある分野を究めることが最優先で、お金や権力にあまり興味も執着もなく、どこか修行者のような一面を秘めている。

龐煖タイプってこんな人

怒りを力に変換する

怒りは力

人にも自分にも厳しく、失敗やできなかったことを次の挑戦の課題、糧にして頑張るのが斗宿。その気持ちは、ダメな自分や改善すべき状況などへの〝怒り〟にも似ている。龐煖も自分に致命傷に近い傷を与えた王騎《おうき》への復讐《ふくしゅう》を胸に再起したが、斗宿にとって怒りやコンプレックスこそパワーの源。そして、そんな重めなパワーを秘めた斗宿ほど普段は穏やかで、案外ユーモアがあったりもする。

賢良と結び交わる

孤独に自分を磨く斗宿だが、よき師や仲間に恵まれる運を持っている。そして正しい努力をしていれば、周囲に人が集まり、斗宿を支え、助けられるとされている。意外に人の影響は受けるので、つき合う相手を間違うと才能を開花しそこねることもある。龐煖が李牧《りぼく》に呼ばれ、趙軍の総大将として遺恨のある劇辛《げきしん》や王騎と再び戦う機会を得るのも、人と〝修行〟がもたらした天の配剤ともいえる。

王騎《おうき》
貴様をここで殺して 我《われ》が武神たるを 天にさし示す
ゴゴ

求道的な生き方、めざすは神

まだまだ こんなものでは ないはずだ

斗宿の一番の特徴は志の高さ。目標を持った斗宿は、それをめざして、ストイックに自分を追い込んでいく。龐煖も普段は人里離れた山林にこもり、ひたすら武力を鍛える求道者の生活を送っているが、強烈な上昇志向を持つ斗宿は、できることならば、人間の域を超え、神になれなくても、少しでも近づきたいと願う。そのせいかスピリチュアルな分野に興味を持つ斗宿も多い。

── 個性を生かして勝て! ──

龐煖タイプの得意戦術

人を超えし
〝模《も》〟を
天に示すこと
であると

得意戦術❶

高みをめざすことで開眼

北斗七星の斗がその名に入る斗宿は、何をめざしても、やがて権力や利益など現実を超えた高く大きな志を求めていく運を秘めている。両親の命を奪った求道者に育てられた龐煖が求道者となったように、斗宿も精神的な高みをめざしていくことで強さと成功と満足を求めていく。

そろそろあの方に
目を覚まして
頂きましょう
オ
オ

得意戦術❷

飽くなき向上心でひとり鍛錬を積む

飽くなき向上心の塊で、ストイックな努力をひたすら続けられる。現状に満足をすることがなく、今の自分を超え、より強いもの、大きなものに触れたいという願いが力に。ライバルとの戦いはもちろん、自分との戦いにも強く、〝武神〟をめざし山奥でひとり鍛錬を積む龐煖の姿は斗宿そのもの。

俺の道を
答えに
〝導く者〟だと

得意戦術❸

よき師との出会いで才能が開花

尊敬できる相手やよき師を持つことで強くなり、めざすべき人や場所に出会うことが自己実現や開運のきっかけとなる。龐煖が、李牧は自身の道の答えを導く者だと感じ取ったのもまさに運命の出会い。めざす高みがはっきりしているほどよい師に出会え、個性や才能も開花する。

―― この陣形で勝負! ――

克己型
いつだって自己ベストの陣

龐煖タイプが戦っているのは〝自分〟。昨日の自分より今日の自分、今日の自分より明日の自分が強くなっていることをめざして、常に鍛錬を怠らない。そこまで自分を律することができるのは、誰よりも高い志を持っているから。他の人からしたら「もう十分」というレベルに達していても、龐煖タイプからしたらまだまだ。世の評価には目もくれず、目の前の自分を超えることだけを続けていった先で、唯一無二の宝を得る。

ポジション別

強みを生かす戦い方は？

我が内に潜《ひそ》む〝荒ぶる神〟は
他《た》の強者《つわもの》の存在を一切許さぬ
ゴゴゴ

若手なら…

実力をつけ自信に変えろ！

人生の初期に苦難があるともいわれ、それを乗り越えて強くなる斗宿は、とても真面目な努力家。よき師や先輩に出会って道が定まる。やるべきところはきっちりやるので破綻はないが、龐煖のように自分こそ最強であるといった自信がつかないと、自分からは前には出ていかない。セルフイメージが高いので、自分に満足せず､内心の自信のなさを原動力に頑張るタイプだ。

中間管理職なら…

ありあまる闘争心で上に食い込め！

あふれる向上心を闘争心にして努力を重ね、実力がつくことで、力のある人に見込まれて引き上げられる。一方で、自分が満足できていないと居心地の悪さを感じることも。麃公《ひょうこう》が本物か見極めようとした龐煖のように人を厳しく評価するため、努力せず運だけで上ってきた上司など、自分が認めない相手にはシビア。お気楽な部下にも甘くはないが、意外と面倒見はいい。

貴様が本物か
どうか この俺が
判断するだけだ

我々〝人〟の代表です
オオオ

トップ職なら…

大きな器で部下を導け！

個人的に何かをめざしている間は、求道的で上昇志向が強いが、実際にトップに立つと、今までの経験や苦労も踏まえて許容範囲が広がり、おおらかさや器の大きさが出てくる。相手のダメな部分も受け入れながら、人を導く力も出てくるので、指導者的なスタンスで部下を率い、業界全体のことも考える大人物に。龐煖も自分が代表して人を超えることで、人々を救済する道をめざした。

龐煖《ほうけん》には武神《ぶしん》への
〝道〟があるだけです

フリーランスなら…

センスと技能で道を極めろ！

センスがよく美的感覚に優れているので、フリーになるなら、そうした技能を磨き、生かせる分野を選ぶことが重要。そうでないと、自分が求める表現や生き方、やりたいことが実現しにくくなる。龐煖は武力にすべてを懸けて人を超越した力を手に入れ、武神となる道をめざしたが、高い志を自由に追いたいのなら、自分なりの知識や知恵を持って目標に向かっていこう。

龐煖タイプの弱点は？

真面目だが自分に厳しくストイックなだけに思い詰めすぎたり、暗く見えてしまいがち。武神をめざす龐煖のような志の高さがあるだけに、それが傲慢に見えることも。また、正論を言いすぎて相手を追い詰めてしまうこともあり、強すぎる闘争心で人とぶつかることも少なくはない。

龐煖タイプに向いている職種は？

技能やセンスを生かすことが重要。美的センスを生かせるデザイナー、表現力や文章力を生かせるアーティストや文筆家、龐煖のような強い闘争心を生かし、体を使って表現するアスリートなどは適職。古いものと縁があるので伝統的な技能を生かす職業の他、宗教的な職種もいい。

ビジネス相性占い

だってお坊ちゃんだからね
黙っててもみーんな頭下げる
ぐぬ

尊敬できる上司は… 角宿 蒙《もう》恬《てん》タイプ 衰

楽しむ姿勢が刺激になる

蒙恬タイプは持って生まれた人気運があり好感度も抜群なので、ついていくとその運にあやかれる。物事を面白がる姿勢や人を楽しませる意識も、ついストイックになりすぎる龐煖タイプに気づきを与えてくれるだろう。ちょっとラフな面もあるが、そんなところも支えがいがあったりする。龐煖がもし楽《がく》華《か》隊《たい》に入ったら、もう少し明るい表情も見られたかも…!?

名を
覚えておくぞ
信《しん》
ゴ
ゴ
ゴ
ゴ

最強のライバルは… 亢宿 信《しん》タイプ 安

戦い続けて、強さを磨き合う

常に戦い続けることで強くなっていくふたりは、永遠のライバルになりやすい相性。お互いに似ているものを感じるので近づきたいと思うが、何かの拍子にぶつかると対立する関係になり、龐煖と信のようにたびたび刃を交えることに。立場に上下があれば、強さに憧れて師と仰ぐが、同等だと熾烈な競争で切磋琢磨することになる。

龐煖タイプ×他23タイプの相性は？

龐煖×李斯 友
共感も刺激も多く親しみを感じるが、実は隠れたライバルに。

龐煖×成蟜 危
議論では負けるし本音も見えにくいが、冷静に話し合える相手。

龐煖×李牧 栄
協力すれば能力を引き出し合うが、ライバルにもなりやすい相性。

龐煖×騰 友
騰タイプの的確な指摘や細やかさに助けられるが、距離は遠め。

龐煖×蔡沢 胎
蔡沢タイプの夢の実現のために、龐煖タイプがひと肌脱ぐことに。

龐煖×麃公 成
感覚派の麃公タイプには自分にないものを感じ、羨ましくもある。

龐煖×昌文君 衰
きっかけがないと近づきにくいが、認めたり憧れたりする存在。

龐煖×桓騎 親
どちらも独立独歩だが、認め合って協調することはできる。

龐煖×蒙驁 栄
献身的に尽くしてくれるが、こちらが別の目標を持つと離れる。

龐煖×紫夏 壊
周囲の助けを得るもの同士、同じ場にいると利害がぶつかり合う。

龐煖×王翦 安
両者ともに人の下にはつけない性格なので、激しい主導権争いに。

龐煖×昌平君 業
昌平君タイプの生き方には学ぶことが多い。素直に言葉を聞いて。

我は舞う
雷《いかづち》の神

キーパーソンは誰？

『キングダム』

頼りになる部下は…

危宿 羌瘣《きょうかい》タイプ 安

〝強者〟同士の大胆コンビに

龐煖が羌瘣を〝強者〟と認めたように、龐煖タイプも羌瘣タイプのセンスのよさを高く評価する。羌瘣タイプもまた、龐煖タイプの志の高さを尊敬し、役に立ちたいと、そのリードについてくる。ともに大胆な戦い方をする龐煖と羌瘣は作中では敵同士だったが、もし仕事でタッグを組めば、他の人にはできない挑戦もできる相性だ。

高め合える同僚は…

張宿 王賁《おうほん》タイプ 親

……好きにしろ
……

道は違えど、学び合って前進

華のある王賁タイプは、龐煖タイプに足りない部分をフォローしてくれる存在。負けず嫌いな面もうまくかわしてくれるので、つき合いやすい相手だ。王賁タイプも理想が高いが、龐煖タイプの高すぎる志とは噛み合わないことも。お互い好きに自分の道を進みながらも、ときに相談相手となり、いい刺激を与え合うのが一番よい距離感。

龐煖×媧燐 栄
信頼関係を築きやすい。こちらが引っ張る形だと関係が安定。

龐煖×蒙武 友
強い意志を持つ蒙武タイプは気になる。よい関係をキープして。

龐煖×廉頗 危
面と向かい対立することは少ないが、間接的な圧を感じる関係。

龐煖×壁 成
考えが読めない。そう思われていることに気づかれ、距離ができる。

龐煖×嬴政 衰
興味の対象が似ていて話が合うが、他の人と仲よくすると波乱に。

龐煖×楊端和 親
頼ると喜ぶ。龐煖タイプの頑張りを誰よりも認めてもくれる。

龐煖×呂不韋 成
実は心の中ではこちらががっかりすることを考えているかも。

龐煖×河了貂 壊
大切なものが違うので、徐々に気持ちがすれ違ってしまうかも。

龐煖×王騎 危
ペースを乱され、手強い相手。刺激しないほうが得策かもしれない。

龐煖×龐煖 命
共通の敵がいれば手を組み戦うが、敵同士になると相当手強い。

龐煖×慶舎 壊
最初は好感を抱くが、のちに敵対。腐れ縁になりやすい相性。

2024～2033の10年を占う!

『キングダム』

出世すごろく

2024

覚醒のとき。小さな試みが能力開花へ

予想外の出来事に遭遇したり、初めての体験が多い年。その対応や刺激からアイデアが生まれ、隠れていた才能や得意技も発見できるので、〝初心者〟になることを恐れずに。3月2日以降の新たな学びや趣味への挑戦が、5月17日～7月27日には転職などへのきっかけとなりそうだ。

〝答え〟を
もらいに来たぞ

2025

パートナー運上昇。信頼できる相手が

腹を割って話せる同僚や仲間、カウンセラーなど、あなたを受け止めてくれる存在が心も運気も安定させる。一緒に闘えるビジネスパートナーとの出会いにも期待できるときだ。困ったときは誰かを頼り、意見を求めてみるといいだろう。

2026

休息の時間。私生活を整えて

なぜか緊張感が薄く、いつもの闘争心が高まらないパワー不足な年。大勝負や上をめざすには不向きだが、ひとりの時間を有意義に使い、知識と体力の補充にはよいとき。住居や家族のためにも時間を使い、プライベートも憂いなく整えよう。

道が……
間違っていたとでも
言うのか……

2027

体力がつくと気力も生まれる。動いて行動範囲を広げると、新たな出会いもある。あなたを悩ます執着心も薄らいで、再び闘争心が高まるはずだ。

2028

己と闘う、人生の分岐点

あなたの強い上昇志向に火がつく年。大きな仕事を担ったり、転職、起業、副業で狙った成功をつかむために出陣することに。新たな〝戦場〟となる環境では、自分の甘さを思い知らされるシビアな出来事もありそうだが、ここで一歩踏み出すことで、新たな自分に出会う、一大転機の年となる。

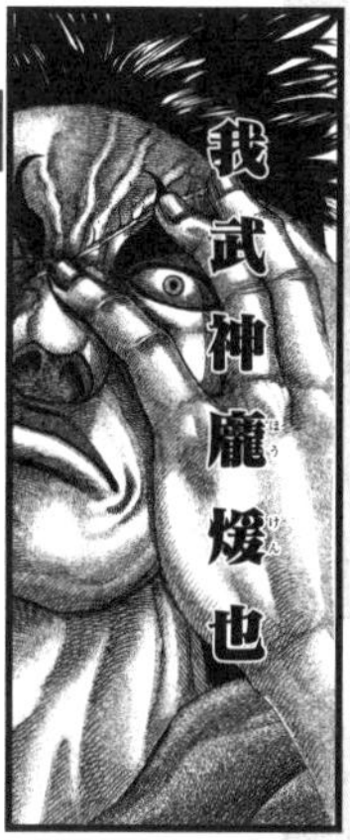
我武神龐《ほう》煖《けん》也

2029

周囲に人が集まり、ついてくる

引き続き仕事運は上々。下積み的な地味な作業も少なくないが、それも含めて、膨大な仕事を黙々とこなすことで仕事のレベルも上がる。そんなあなたに周囲もついてくるし、自然に人も集まってくるので、新しい人脈が構築できる。

2030

盟友との出会いがある一方で、それ以外の交流が希薄になり、人間関係がアンバランスに。しがらみや秘密も生まれやすいので注意。

前へ進め
ドガラッ

2031

幸運をつかみ取れ！人生が大きく動く

以前に一度、逃したり、つかみきれなかった幸運に再び挑めるチャンスが訪れる。そのために、あえて安定を手放したり、困難に立ち向かうような決断もするが、これまで培ってきた経験と知恵を十分に生かせるので、何度目かの挑戦ほどうまくいき、新たなステージが切り開かれる。

2032

金銭面に光明が。自己判断での暴走に注意

大きな変動から新たな安定をめざす年。金運がよくなり、ひと息つけて、金銭面がネックだった挑戦や自己投資も可能に。ただ後半から人間関係が難しくなる。自己判断で勝手に進んだりせず、コミュニケーションと寛容さを大切に。

2033

人間関係はこじれがち。金銭面が火種になりやすく、〝金の切れ目が縁の切れ目〟となる縁も。また正論でも人を責めすぎないように。

part3 人間関係・恋愛編

個性ランキング

part3では、人間関係・恋愛編をお届け！ 原作キャラとはちょっと違うイメージの個性を持つタイプも…？

晩婚傾向 Best3

私はまだ〝好き〟というのがどういうことか分からない
戦友として信《しん》のことが好きだと思っていたけど

1位 羌《きょう》瘣《かい》タイプ

2位 嬴《えい》政《せい》タイプ

3位 成《せい》蟜《きょう》タイプ

羌瘣タイプは年を重ねたほうがいい相手を見極められる。ロマンチストの嬴政タイプ、クールな成蟜タイプは、年々自分を表現するのが上手に。

早婚傾向 Best3

1位 河《か》了《りょう》貂《てん》タイプ

2位 蒙《もう》恬《てん》タイプ

3位 王《おう》騎《き》タイプ

結婚相手に助けられる運を持つのは河了貂タイプ。蒙恬タイプは結婚すると落ち着く。王騎タイプは、早めに結婚しないとずっとシングル!?

年の差婚しがち Best3

1位 龐《ほう》煖《けん》タイプ

2位 媧《か》燐《りん》タイプ

3位 蒙《もう》武《ぶ》タイプ

大人っぽい魅力を持つ龐煖タイプは年上と好相性。媧燐タイプは年上→年下に好みが変化していく。蒙武タイプは地位のある年上に惹かれる。

色っぽさ Best3

1位 媧《か》燐《りん》タイプ

2位 桓《かん》騎《き》タイプ

3位 王《おう》賁《ほん》タイプ

媧燐タイプがフェロモン全開なのは、実は好きな人にだけ。桓騎タイプは気の強さがセクシー。王賁タイプは全身から人を惹きつけるオーラが。

優れた参謀 Best3

1位 騰《とう》タイプ

2位 成蟜《せいきょう》タイプ

3位 蒙驁《もうごう》タイプ

騰タイプは人をサポートするときに最も頭脳が冴え、成蟜タイプも矢面に立たないほうが冷静さや交渉力が光る。蒙驁タイプは名プロデューサーだ。

恋愛体質 Best3

1位 蒙恬《もうてん》タイプ

2位 蒙驁《もうごう》タイプ

3位 信《しん》タイプ

人気もあるうえ惚れっぽい蒙恬タイプが１位。蒙驁タイプは実はロマンチストで恋が途切れない。信タイプは一度好きになると一直線に狙う。

蒙恬《もうてん》はもてる
キャー——
蒙恬様——
ガ
ドガ
やー
みんな大好きだよ♡
キャー——

社交性が高い Best3

我が息子達よ

1位 蒙驁《もうごう》タイプ

2位 羌瘣《きょうかい》タイプ

3位 蔡沢《さいたく》タイプ

１位は気配り上手でやさしい蒙驁タイプ。その場を自然に楽しむことができる羌瘣タイプが２位。蔡沢タイプはどんな場へ行ってもうまくやる。

人たらし Best3

1位 慶舎《けいしゃ》タイプ

2位 河了貂《かりょうてん》タイプ

3位 蔡沢《さいたく》タイプ

人の心をつかむ天才の慶舎タイプが１位。河了貂タイプはちょっとミステリアスなオーラで人気。気負わない蔡沢タイプも年上ウケがいい。

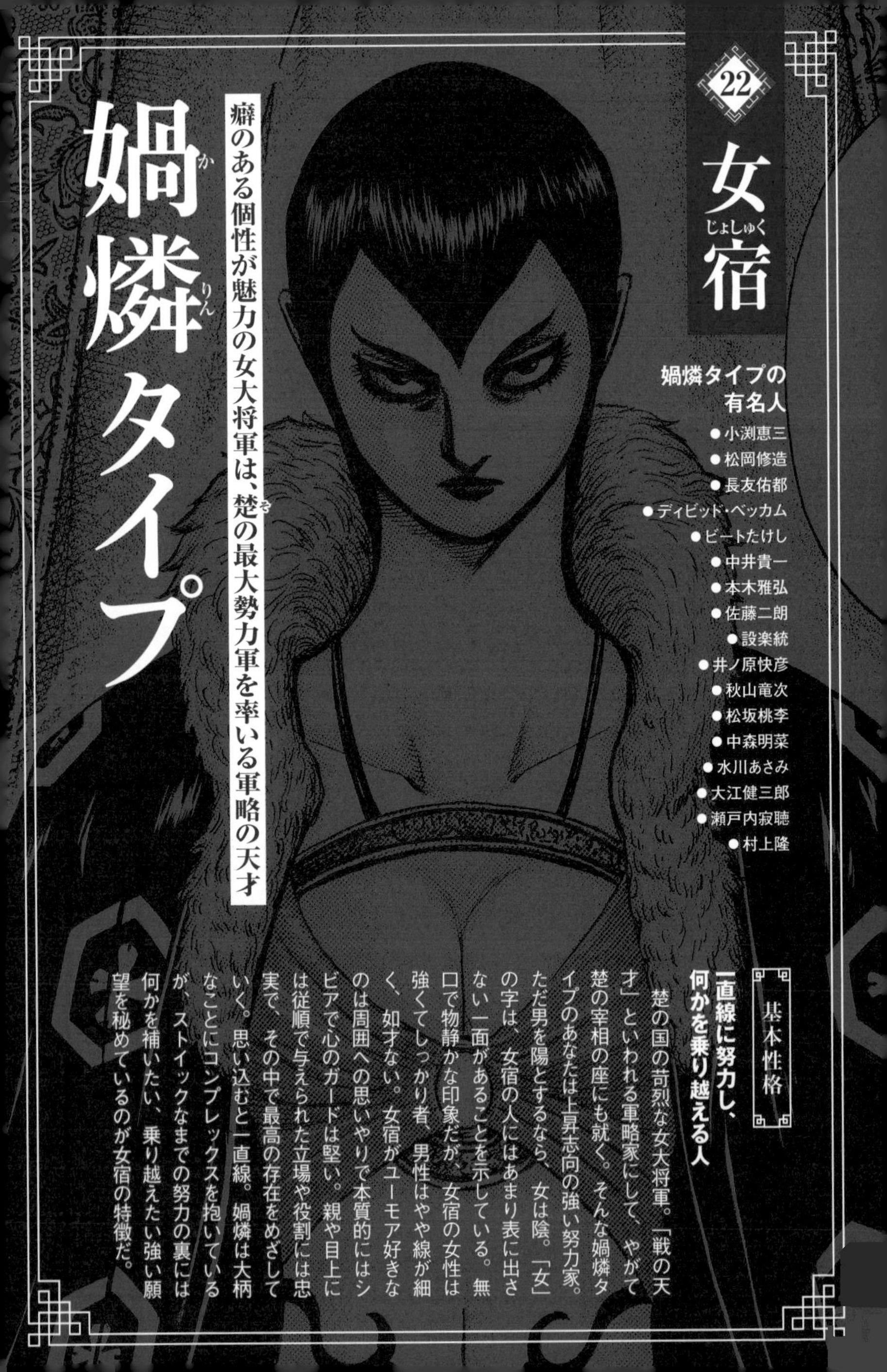

22

女宿《じょしゅく》

媧《か》燐《りん》タイプ

癖のある個性が魅力の女大将軍は、楚《そ》の最大勢力軍を率いる軍略の天才

媧燐タイプの有名人

- 小渕恵三
- 松岡修造
- 長友佑都
- ディビッド・ベッカム
- ビートたけし
- 中井貴一
- 本木雅弘
- 佐藤二朗
- 設楽統
- 井ノ原快彦
- 秋山竜次
- 松坂桃李
- 中森明菜
- 水川あさみ
- 大江健三郎
- 瀬戸内寂聴
- 村上隆

基本性格

一直線に努力し、何かを乗り越える人

楚の国の苛烈な女大将軍。「戦の天才」といわれる軍略家にして、やがて楚の宰相の座にも就く。そんな媧燐タイプのあなたは上昇志向の強い努力家。ただ男を陽とするなら、女は陰。「女」の字は、女宿の人にはあまり表に出さない一面があることを示している。無口で物静かな印象だが、女宿の女性は強くてしっかり者、男性はやや線が細く、如才ない。女宿がユーモア好きなのは周囲への思いやりで本質的にはシビアで心のガードは堅い。親や目上には従順で与えられた立場や役割には忠実で、その中で最高の存在をめざしていく。思い込むと一直線。媧燐は大柄なことにコンプレックスを抱いているが、ストイックなまでの努力の裏には何かを補いたい、乗り越えたい強い願望を秘めているのが女宿の特徴だ。

媧燐タイプってこんな人

四方八方からの絶え間ない私の攻めに
どこまで耐えられるかなァ?
うにゅん

真剣な顔とはまた別の顔

媧燐の戦闘服は露出が多く、巨乳を隠さず、戦場にいる女性の中では誰より色っぽい。冗談のように部下を誘ったりして、媧燐は比較的オープンだけれど、女宿は基本的には〝隠れエロ〟タイプ。コチコチの堅物に見えても、案外、フェロモン系。恋の駆け引きは大好きで、それをパワーの源にしていることも。浮気も遊びも、するとなれば真面目に全力でするので、それでつまずかないように心がけよう。

努力は見えないところでする

項翼《こうよく》
アホ面《づら》でキーキー騒ぐな
騰や蒙武《もうぶ》の首がこの戦いの目的なら最初から媧燐様はそうしてんだよ

女宿は陰性の宿なので、大事なことほど表に出さない傾向がある。野心は大きく、努力も準備も見えないところでして、表面的には涼しい顔でいたいのが女宿の美学。お気楽そうに見せていても勉強家で、どんな分野でも取り組めば高い水準へ達する。裏方、黒幕として力を振るうことも多く、あまり表に出すぎない、出るときは絶対に見せない部分をつくることも成功の秘けつだ。

さーて本番はこれから

実は超リアリスト

女宿は27宿の中で最も現実をシビアに見るタイプ。漠然とした夢は見ず、目標は手が届きそうなところに置き、少しずつ実現していく。上をめざすための手法は斬新、革新的でも、めざしているところは既存の枠内であることが多い。自分に厳しい分、人にも厳しく、現実的な判断でダメと思ったことはバッサリ切り捨てることもあり、お人よしに見えても甘くはない。

── 個性を生かして勝て！ ──

媧燐タイプの得意戦術

ただの・・・・・目くらましだ！
ニィ

得意戦術❶

裏から巧みに場を操る

目くらましの策の裏で完璧な布陣を完成させる媧燐のように、水面下で動いたり、裏から手を回すことで強さを発揮する戦略家。表立って正攻法でわかりやすく攻めるより、根回ししながら勝利を狙う。人をコントロールするのも得意で、自分の思いどおりの展開に持っていく。

得意戦術❷

野心を燃やし、序列の中でこそ輝く

序列や権力のピラミッドを意識し、上をめざす野心が原動力に。そのため、序列がはっきりした組織のほうが活躍できる。組織内で役割を与えられるとおおいに頑張り、ミスも少ないため、気づくといいポジションに。媧燐も楚の大将軍でありながら宰相という重要ポストを兼任。

私の位《くらい》が一つ上がっちまったじゃないかよ

場・・・所を変えるぞ
この場に華やかさとかわいらしさは示した
ズレんなこれ
へっ!?

得意戦術❸

女性的な感性ときめ細かさ

〝女〟宿というだけあって、性別を問わず、どこか女性的な感性や柔軟性を持っており、女性の気持ちを理解できるため、そこが武器にもなる。きめ細かな配慮ができ、ド派手ないでたちで自ら出陣し、敵を翻弄した媧燐のように、硬軟や明暗のバランスをとることで力を発揮する。

この陣形で勝負!

戦略型
階段は裏から昇れの陣

組織の中で着実に成果を上げ、出世の階段を一歩一歩昇っていく媧燐タイプ。柔軟性があり戦略立ても得意なので、減点知らず。そのうえで、同じところにはとどまらず、少しでも上に昇っていける足場を探す努力も怠らないので、いつの間にかトップに近づく。ただ、その昇り方は正面のルートを堂々と歩んでいくのではなく、〝裏から〟。すべての物事には裏があると思っているタイプなので、自分もそのほうが戦いやすい。

ポジション別

強みを生かす戦い方は？

中間管理職なら…

野心は胸に秘め、役割を全うせよ！

一国一城の主になりたいタイプだが、その城は大きくなくてもよく、小さな徒党を組んだり派閥をつくる中で、力量を発揮。部下が望むことを与えるので意外と人望があり、人を束ねていく力もあるが、野心や上昇志向が露骨になると上司から警戒される。野心を秘め、常に組織内での役割を全うすれば、短期間で力をつけ、楚軍第二将を任された媧燐のように、スピード昇進も。

二日目以降をまず第二軍《私》に任すって指令だ
誰にも文句は言わせねェよ

私の場合は
〝華やかさ〟と〝恐怖〟
そして

若手なら…

仕事はきっちり真面目さで勝負！

媧燐が戦場で華やかさと恐怖、〝ひとそえのかわいらしさ〟をポリシーにしているように、女宿の女性は一見そう見えなくても、サバサバとしたしっかり者。逆に男性は少し線が細く、人当たりがよい。その特徴は若いときほど顕著。ただ、いずれもきめ細かな気配りができるので好感度は高い。野心家だが表には出さず、よく働き、言われたことをきっちりこなす真面目さがあるので、期待の若手に。

ハゲの手垢《てあか》のついた無能共はいらないんだよ
敗戦の豚共

トップ職なら…

組織のため現実的に判断！

地道にトップへの階段を昇り、組織を守るためにやるべきことをやる意外に保守的なリーダー。また、リアリストなので、何かを決める際は合理的で、情があるように見えても人事に情は挟まない。自分の役に立つ人間や手下感を出す部下はかわいがるが、役に立たない部下にはシビア。媧燐も、騰《とう》に討たれた臨《りん》武《ぶ》君《くん》の部下を無能とみなし、指揮をとらずに戦場に放り出した。

戦は・・・・
人を魅了して
なんぼだろ？

フリーランスなら…

小さな集団をまとめ上げろ！

序列を好み、組織の中で力を発揮するタイプなので、あまりフリーランス向きではない。が、自分の美意識や哲学を実現するための独立は成功しやすい。女宿の特性を生かすなら、エステやアパレルなど女性をターゲットにした分野、NPOなどの公共事業に関わる職種もいい選択。チームプレーもできるので、ひとりで動くよりも小さなグループをつくり、仕切っていくことでやがて実力者になる。

媧燐タイプの弱点は？

一見ソフトだが、野心や権力欲が強いので、人に対してやや上から目線になりがち。媧燐ほどの支配欲とまではいかないが、人を管理したがるようなところも。仕事ではリアリストで割り切るタイプだが、恋愛になると急にジメジメするので、そこで失点を喫することのないよう注意。

媧燐タイプに向いている職種は？

将軍兼宰相である媧燐のように、立場や役職があるほうが合うので官僚などの公務員はピッタリ。司法関係など資格や免許を必要とする仕事、お金を扱う税理士やファイナンシャルプランナーは、女宿の緻密な面を生かせる。アンティークや伝統芸能など古いものに関わる仕事もいい。

ビジネス相性占い

出るぞ
玉鳳隊《ぎょくほうたい》

尊敬できる上司は… 張宿 王《おう》賁《ほん》タイプ 友

用意周到さを買ってくれる

見かけは華やかだが、実は準備万端に整えて動く王賁タイプは尽くしがいのある上司。媧燐タイプの用意周到なところを高く評価してくれるので、やる気もアップ。媧燐タイプは割と序列を気にするので、リーダーとしてキリッと振る舞ってくれる王賁タイプの元で働くのは居心地よし。頼り頼られつつ、いい形で組織を回していける。

この道で趙《ちょう》国を脱するのに通過する関門《かんもん》は五つ
それさえ抜ければ秦《しん》へ行ける
ゴト
ゴト
ゴト

最強のライバルは… 柳宿 紫《し》夏《か》タイプ 戌

自分にも特別な何かが欲しくなる

細かな部分に気づく感性が似ており、意識しがちな存在。ただ、媧燐タイプのほうが大胆に戦い、紫夏タイプのほうが狭いフィールドで勝負する派。競い合うことで、紫夏タイプのスペシャリスト性にはかなわないと思う出来事があることも多く、自分に足りないものへの気づき、自分らしい〝武器〟の必要性を痛感。苦い良薬をくれる人だ。

22 女宿

媧燐タイプ×他23タイプの相性は？

媧燐×蔡沢 親
蔡沢タイプの大きな夢の現実的な部分を支えてあげる形になる。

媧燐×成蟜 安
理論派の成蟜タイプと実務に強い媧燐タイプは力のある組み合わせ。

媧燐×李牧 業
頑張り屋の李牧タイプは、媧燐タイプを応援したくなり手を貸す。

媧燐×騰 壊
お互いの能力を認め合いつつも、ささいなことで険悪になりがち。

媧燐×蒙驁 胎
媧燐タイプの知恵や現実主義的な考えが、相手の役に立つことが。

媧燐×麃公 危
自由人の麃公タイプは、仕切られることを嫌い距離をとってくる。

媧燐×昌文君 栄
双方とも賢いのでいい距離感を保つ。手を組むときは対等な立場で。

媧燐×桓騎 友
強引だが底力もある桓騎タイプは頼りに。常識を押しつけないで。

媧燐×信 衰
こちらの仕切りを無視して我が道を行くところが、逆に面白い。

媧燐×李斯 壊
李斯タイプが上の立場だと安定だが、逆になると反発してくる。

媧燐×王齮 衰
行動力があって新しいもの好きの王齮タイプは刺激的な相手。

媧燐×昌平君 親
鋭い知性を持つ昌平君タイプは憧れ。向上心が刺激されよい方向に。

龐《ほう》煖《けん》!!

キーパーソンは誰？『キングダム』

頼りになる部下は… 斗宿 龐《ほう》煖《けん》タイプ 親

完璧主義が相互に作用

やるとなったら徹底的なふたり。完璧主義な媧燐タイプにとって、同じレベルでこだわりを持つ龐煖タイプは信頼するに足る部下。龐煖タイプがより高い目標を抱くので、それをサポートしている間に、いつの間にか大きな仕事にたどり着くことも。ともに背中を押し合うことで、職場全体の士気を高める〝模〟(模範)もつくり出せそうだ。

高め合える同僚は… 角宿 蒙《もう》恬《てん》タイプ 栄

んじゃ
始めよっか
行くぞォ
オオ

なぜか気が合い、仕事も楽しめる

真面目そうに見えて実はラフなところがある蒙恬タイプと、堅く緻密な面がある媧燐タイプは互いに自分にはないものを補い合って気が合う相性。蒙恬タイプのセンスのよさを仕事につなげられるようにフォローしてあげると、面白くて新しいものを生み出せるだろう。一緒にいるとくだけた気分になるので、仕事のときも肩肘張らずに楽しめる。

媧燐×嬴政 栄
嬴政タイプのユニークな感性が理解でき、夢の実現に手を貸す。

媧燐×蒙武 壊
プライドがぶつかると壮絶なバトルに。早めにこちらが切り上げて。

媧燐×廉頗 安
求める世界が違い、何かと衝突。互いに変われれば、ダメージは少。

媧燐×壁 危
こちらが困ったときには助けてくれるが、それ以外は接点が少ない。

媧燐×羌瘣 衰
人生に求める優先順位は異なるが、助け合い補い合える関係。

媧燐×楊端和 友
強気な楊端和タイプだが、やさしくしてあげると穏やかな協力者に。

媧燐×呂不韋 危
こちらの仕切りたがりな面に、内心はともかく従ってはくれる。

媧燐×河了貂 成
身内意識の強さは似ているが、考え方の違いがしだいに明らかに。

媧燐×王騎 安
自分にないものに惹かれるが、王騎タイプの大雑把さが嫌になる。

媧燐×媧燐 命
自尊心が強く、同じタイプの者を大切に思う。プラスになる関係。

媧燐×慶舎 成
相手に乗せられてその気になるが、現実的な協力は期待できない。

2024～2033の10年を占う!
『キングダム』出世すごろく

2024

大変動の後始末の年。自分らしく戦える年に

他人の戦いに巻き込まれたり、不本意な出来事に翻弄された2023年。2024年もその余波が残るが、４月ぐらいで事態は収拾。少しずつ伸び伸びできる居場所もでき、自分らしい働き方を構築。７月12日～８月23日の特訓や集中した取り組みで、苦手なことが得意に変わりそうだ。

私も久々に見せてやるかなァ
ガザ
うはァ

→

2025

よきアドバイザーや相棒を確保しよう

会社の方針、職場環境、働き方などが変化し、仕事相手なども変わりそうな年。効率化が図れて、風通しもよくなるが、自分が何を目指すのかを改めて考える必要が。公私でよきコンビになれる人、アドバイザーがいると、運気は安定。

↓

2026

自分のためというより誰かのために働くような状況もあるが、それが自然に過去の清算や居場所の再構築につながる。金運は良好。

←

2027

守備を固め、次の戦闘に向けて万全の備えを

いつも出力100%で頑張る女宿だが、なぜか気合が入らず、スピードも出ない年。成功を求めるほどストレスが生じ、自爆。この年は攻撃よりも防御に徹して吉。まずは自分の体調や家族と向き合い、プライベートを整えて戦闘能力を高めよう。

↓

2028

プライベートの問題が片づいて充実すると、仕事への意欲も高まるとき。趣味や好きなこと、その人脈でビジネスチャンスに出会える。

終わりだ

2029

素直に上をめざして、チャンスをモノにする！

大きな曲がり角の年だが、仕事では飛躍が期待できる。とくに、ここまでに今後の夢や目標を絞っていれば、突然、舞い込んだチャンスをモノにして、納得のいく結果を出せる。迷ったら、素直に上をめざし、新しいものを選ぶこと。そこから仲間も増え、社内勢力も優勢になる。

コォォォ
さーて やるかィ

2030

個人戦より団体戦が強い年。よきチーム、仲間をつくる、参加することで業績もアップ。ただし、お金のことはきちんとクリーンに。

2031

モチベーションキープの秘訣は、癒やしの存在

ややマンネリぎみな年。でも、あなたのやる気に火をつける〝優しい味方〟が現れる予感。それはリアルな存在ではなく、ネットの中にいたり、推しやペットだったり。上手な心身のコントロールが次のチャンスを引き寄せる。

2032

数年後のために、冒険の旅に出る

公私で夢をかなえる引き金になることが訪れたり、新たなジャンルへの興味が湧いて行動を起こしたり。不本意な変化も、あなたのこれまでの殻を破るきっかけになる。それで縁のあった場所や人から離れても、この年に着手したことは、数年後のあなたに幸運を与えてくれるだろう。

2033

最適な環境、人間関係を築くとき

さまざまな変化を受けて、微調整、修正が進む年。前年に一歩踏み出したことは順調。経済も安定し、新たな人間関係も広がる。長引いている争いやトラブルなどは、専門家に間に入ってもらったほうが安心でよい結果を生む。

・・・・・打ち止めだ

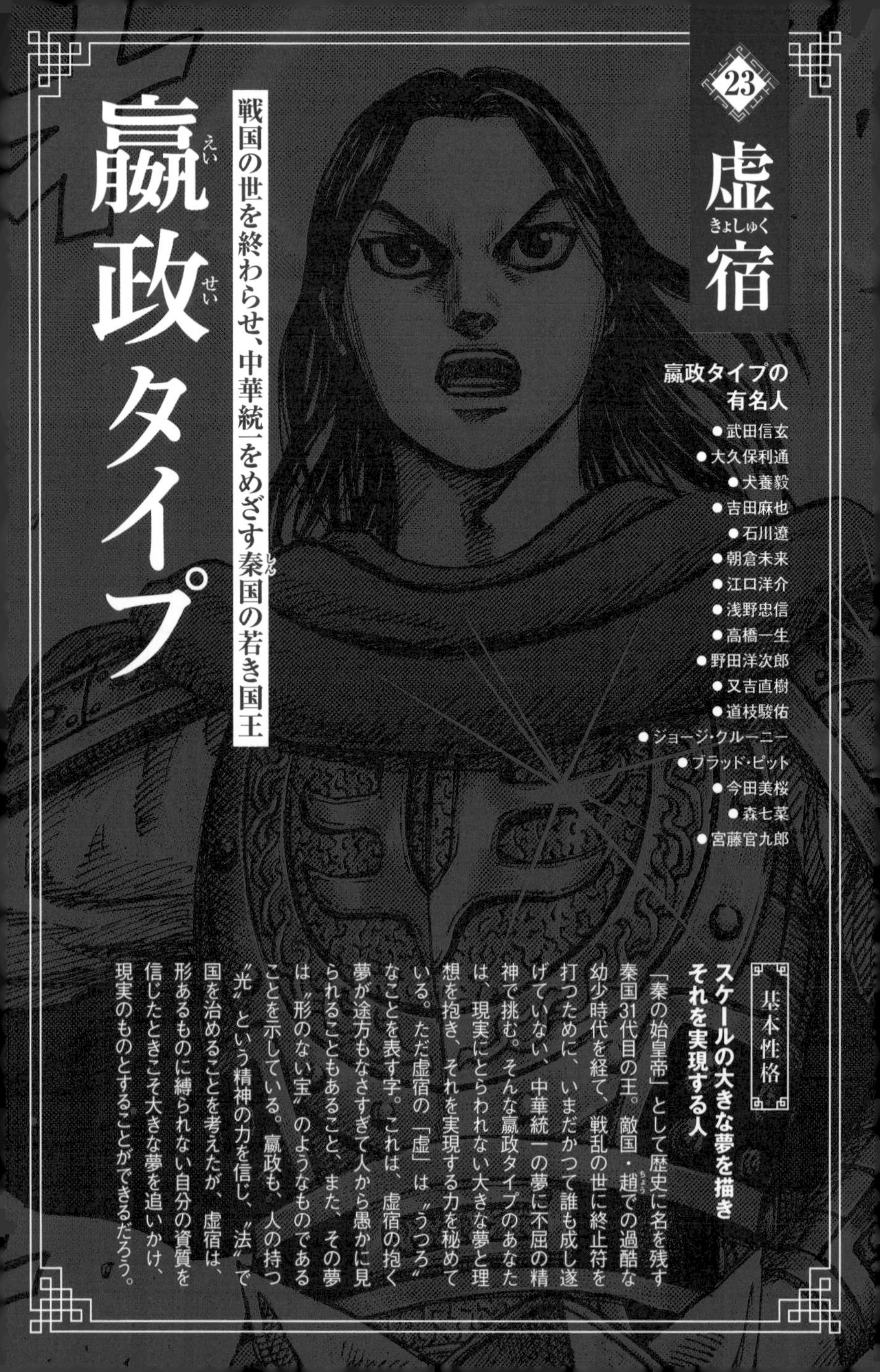

23

虚宿《きょしゅく》

嬴《えい》政《せい》タイプ

戦国の世を終わらせ、中華統一をめざす秦《しん》国の若き国王

嬴政タイプの有名人

- 武田信玄
- 大久保利通
- 犬養毅
- 吉田麻也
- 石川遼
- 朝倉未来
- 江口洋介
- 浅野忠信
- 高橋一生
- 野田洋次郎
- 又吉直樹
- 道枝駿佑
- ジョージ・クルーニー
- ブラッド・ピット
- 今田美桜
- 森七菜
- 宮藤官九郎

基本性格

スケールの大きな夢を描きそれを実現する人

「秦の始皇帝」として歴史に名を残す秦国31代目の王。敵国・趙《ちょう》での過酷な幼少時代を経て、戦乱の世に終止符を打つために、いまだかつて誰も成し遂げていない、中華統一の夢に不屈の精神で挑む。そんな嬴政タイプのあなたは、現実にとらわれない大きな夢と理想を抱き、それを実現する力を秘めている。ただ虚宿の「虚」は〝うつろ〟なことを表す字。これは、虚宿の抱く夢が途方もなさすぎて人から愚かに見られることもあること、また、その夢は〝形のない宝〟のようなものであることを示している。嬴政も、人の持つ〝光〟という精神の力を信じ、〝法〟で国を治めることを考えたが、虚宿は、形あるものに縛られない自分の資質を信じたときこそ大きな夢を追いかけ、現実のものとすることができるだろう。

光だ

嬴政タイプってこんな人

ときに不安感を抱く

目に見えないものの力を信じ、雲をつかむような夢を追う虚宿の心の中の不安感は人より大きく、不安定な面もある。それを制御し、安定させるためにも何かの能力、技能、知識を身につけ、磨くとよく、それが大きな夢の実現への翼にもなる。また、どこか浮世離れした虚宿の生活の現実的な部分を引き受け、支えてくれる味方を見つけたり仲間をつくれば、心も安定。夢の実現も近づくはずだ。

無から有を生む力あり

虚宿は夢をかなえるために、いろいろなことを学び、さまざまな技能を磨くが、それによって、まず人の心を変えることをめざそう。そして人の心を変えることで現実も変えていく。つまり目に見えないものを動かすことで目に見えるものを動かす､無から有を生むのが虚宿の力だ。嬴政も合従軍に攻められて窮地に陥った蕞《さい》城では、自ら先陣に立ち、民衆の士気を引き出し、戦況を変えてみせた。

全員を兵士と化すのが俺の役目だ

大きな夢ほどかないやすい

俺は中華を統一する最初の王になる
その協力を得に山の王に会いに来た

虚宿は物欲に縛られず、夢と理想の世界を胸に抱くせいか、どこかスッキリと上品で浮世離れしたプリンス、プリンセス風の印象の人が多く、ありえない夢もかなえる力をふと信じさせる雰囲気を持つ。ただ虚宿の夢が自分ひとりの我欲にまみれている場合はうまく羽ばたけない。みんなのために何かを変える、大きく役に立つ、夢を与える、そんな夢ほど不思議とかなうのだ。

── 個性を生かして勝て! ──

嬴政タイプの得意戦術

得意戦術❶

大きな夢を描くほど成功

精神性が強く、現実にとらわれない大きな目標を持とう。ただの夢追人と思われても、人に馬鹿にされるほど大きなビジョンを描くべき。設定するゴールが遠いほど個性となり、成功に近づく。嬴政が中華統一という遠大な夢の実現をめざすのも、スケールの大きな虚宿らしい。

だから あいつは
国を一つにまとめるんだ

信《しん》…
お前には本当に
救われる…

得意戦術❷

理解者や協力者が強力な後押しに

虚宿がただの夢想家で終わらないために重要なのは、夢を形にしていく過程で仲間を得ること。無から有を生む能力に長《た》けているので、理解者や協力者を見つけ、現実的な部分を補強してもらえばさらに強くなる。嬴政の夢も前線で戦ってくれる信《しん》のような人がいてこそ実現に近づく。

得意戦術❸

葛藤を乗り越えて強くなる

ああ
つきものは
落ちましたな〜
瞳が…
何とも

感受性の強さから、他人が気づかないことを感じ取るため、迷いや葛藤を抱えてしまうこともあるが、それを乗り越えるメンタルの強さもある。憎悪にさらされた幼少期に紫夏《しか》に救われ、光を見いだした政のように、葛藤を乗り越えることで夢や思いが明確になり、目標を達成できる。

―― この陣形で勝負! ――

浪漫型
夢は語ったもん勝ちの陣

［浪漫］

誰も想像したことがないような、大きな夢や浪漫を胸に抱くことができるのが嬴政タイプ。行動しなければただの夢想家に終わってしまうが、そうならないためには自分自身が夢の実現を本気で信じ、外に対しても理想を語り発信することが大切だ。「もしかして、この人と一緒なら本当にできるかも」と人に思わせて、協力者を増やし、現実面をサポートしてもらうことで、ファンタジーのような夢も実現に近づいていくはずだ。

ポジション別

強みを生かす戦い方は？

若手なら…

実務を身につけて夢に説得力を！

若手のときはとくに何を考えているか、周りからはわかりにくいタイプ。口を開けば、現実離れした夢のような話ばかりで、周囲に引かれることも。目の前の仕事に身を入れて、実力をつけていかないと、あなたの夢の話に耳を傾けてくれる人とも出会えない。中華統一への夢を語り、山界の王・楊端和《ようたんわ》の協力をとりつけた嬴政のようになるためには通常業務も大事なのだ。

四百年前の秦《しん》と山界《さんかい》の盟《めい》を復活させ
俺に力を貸してくれ!!

五百年の争乱の末に〝平和〟と〝平等〟を手にする
〝法《ほう》治《ち》国《こっ》家《か》〟だ

中間管理職なら…

成功体験を糧にさらに大きな目標へ！

夢を形にしていくノウハウや成功体験を増やしながら、自分のめざすものや理想の姿をクリアにしていくことが必要。嬴政も、中華統一後の新たな国の姿を斉《せい》王の前ではっきりと明言してビジョンを示した。中間管理職としては、夢を後押ししてくれる上司と、サポートしてくれる実務型の部下との連携を強めて、ひとつのプロジェクトの中心的存在をめざすといいだろう。

最後まで戦うぞ・・・・秦《しん》の子らよ

トップ職なら…

夢とともにスケールアップ！

上のポストに行けば行くほど、アイデアや精神だけではダメで、現実的な部分も重要だと考えるように。そのために必要な能力や人材を集め、夢とともに組織も大きくしていけるスケールの大きなトップとなる。秦の最終防衛線である蕞へ自ら出陣し、民と戦うことを宣言して一気に士気を上げた嬴政のように、この人についていけば大丈夫という精神的な支柱にもなっていく。

〝貨《か》幣《へい》制度〟か

フリーランスなら…

金銭の交渉術も習得すべし！

目的が明確でないと成功は難しいので、どんな夢を持ってフリーランスになるかが重要なポイント。アイデア力を生かしたコンサル的な仕事でも力を発揮できる。精神性が高くロマンチストであるがゆえに、苦労の多い仕事でも「楽しかったから」と納得していると、儲けがないままに〝やりがい搾取〟されてしまうことも。自分で金銭の交渉術を身につけるか、任せられる人を見つけることも大事だ。

嬴政タイプの弱点は？

大きな夢を語る嬴政のように、ロマンに生きるタイプだけに浮世離れしていて、夢と現実の間でバランス感覚を失いやすい面がある。地に足がついていないように思えることもあり、そのため不安感を持ちやすい。とくに仕事では、コスパやタイパ無視で、夢ややりがいを求めないように。

嬴政タイプに向いている職種は？

アイデアを生かせる企画職の他、無から有を生み出すクリエイターや広告、エンタメやマスコミ系、研究職などは適職。自分が心に葛藤を抱えやすいので、人の心に寄り添うカウンセラーやアドバイザーも向いている。嬴政のように大物感が漂うので頭を下げるような仕事は向かない。

ビジネス相性占い

尊敬できる上司は…　参宿　王翦《おうせん》タイプ　栄

ほう…
なるほどな
えっ!?

発想のデカさで共感し合える

革新者な王翦タイプは、他の人は無理だと笑うような嬴政タイプの壮大なビジョンも「なるほど」と面白がってくれる。王翦タイプのほうがエネルギッシュなのでついていくのはハードだが、ともに行動すればスケールの大きな仕事ができる。中華統一をめざす嬴政と自分が王になりたい王翦は、実は近い感性を持っているのかも。

お前は〝人〟に期待しすぎだ
秦《しん》王よ

最強のライバルは…　胃宿　桓騎《かんき》タイプ　壊

現実を突きつけ、揺さぶってくる

夢や理想で動く嬴政タイプに対し、桓騎タイプは現実を知っていてリアルな世界で生きる人。桓騎が嬴政に対し「〝人〟に期待しすぎだ」と言ったように、理想の綺麗事な面や限界を突きつけてくる。桓騎タイプと接することで心が揺さぶられるが、それにより超えるべき現実を知り、机上の空論では終わらない行動につなげられる。

嬴政タイプ×他23タイプの相性は？

嬴政×蒙恬 胎
こちらが尽くす側だが、うれしいお返しもくれるので、いい関係。

嬴政×王賁 壊
似たところがあり心を許すが、のちに勘違いとわかって失望する。

嬴政×麃公 安
麃公タイプのピュアさは嬴政タイプの心のガードを外してくれる。

嬴政×騰 成
緻密な騰タイプのアドバイスはためになるがプレッシャーにもなる。

嬴政×信 栄
正直でまっすぐな信タイプは裏切らない。支えて強くしてくれる人。

嬴政×蔡沢 友
マイペースに夢を追う蔡沢タイプに憧れるが、距離は遠め。

嬴政×紫夏 危
一瞬濃い関係を結ぶが、その後はそれぞれの世界に帰っていく。

嬴政×昌平君 友
精神的にわかり合えて安心できる。現実よりも理想で結び合う。

嬴政×廉頗 衰
現実的な廉頗タイプを恐れるが、関わると学びを得て成長できる。

嬴政×蒙驁 親
やさしさに安らぐ存在。気になる情報やいい縁を運んできてくれる。

嬴政×李斯 成
マイルールを守る李斯タイプは知れば知るほどに疑問が増える。

嬴政×李牧 親
たくましい李牧タイプには一目おく。反発されてもそれも納得。

キーパーソンは誰？『キングダム』

よくぞ
ご無事で!!

頼りになる部下は… 觜宿 昌文君《しょうぶんくん》タイプ 業

誰よりも理解し支えてくれる人

昌文君が嬴政に尽くすように、問答無用で身を粉にして支えてくれる存在。どうにもならない現実を抱えつつも、理想を捨て切れない嬴政タイプの苦悩を理解し、和らげたり受け止めたりしてくれる。一見、嬴政タイプだけが得をしている関係のように見えても、昌文君タイプにとっては、嬴政タイプの持つ大きな夢を支えることが、自分の生きがいや指針になることも多いのだ。

高め合える同僚は… 井宿 成蟜《せいきょう》タイプ 衰

夢を論理で補強してくれる

論理的で感情に流されない成蟜タイプは最初はとっつきにくい感じだが、理解力が高いので、よく話せばこちらの思いもわかって共感。嬴政タイプが描く理想に、「これはこうすればよい」という現実的なアドバイスやダメ出しもくれる人だ。成蟜が嬴政の置かれている現状を鋭く指摘したように、冷静な視点をくれるのでよき相談相手になる。

〝亡国の時〟は
全・責・任・を
背・負・う・存・在・
でもある

嬴政×嬴政 命
若い頃は自分を認められないので、自分と同じタイプも苦手。

嬴政×楊端和 壊
つい頼ってしまうが、楊端和タイプの波乱運に巻き込まれがちに。

嬴政×呂不韋 安
ドライで現実的な呂不韋タイプには、嬴政タイプの夢は理解不能。

嬴政×壁 安
面倒見がよく聞き上手で、人とはひと味違う見識を持つので頼りに。

嬴政×羌瘣 栄
感覚派同士通じ合う。お互いのユニークな部分を伸ばせる関係。

嬴政×龐煖 友
どちらも精神性が高いので会話が楽しいが、合わせてはくれない。

嬴政×慶舎 危
話を合わせてくれるので表面上は穏やかだが根本的には合わない。

嬴政×河了貂 危
何でも整理して進む河了貂タイプは、嬴政タイプに不安を感じる。

嬴政×王騎 衰
王騎タイプの大雑把なところが気になり、共同作業には向かない。

嬴政×媧燐 親
信頼できる相手。一方、こちらは媧燐タイプに夢を与えられる。

嬴政×蒙武 成
自分のやり方にこだわる蒙武タイプには、嬴政タイプの個性は謎。

2024〜2033の10年を占う!

『キングダム』出世すごろく

2024

自己表現欲も高まる ドラマチックな年

個人の力では太刀打ちできない、突発的な出来事が続き、終わるものや始まることが錯綜する波乱の年。ドラマチックな出会いもあり、そんな中で、自我が爆発。本気で向かいたい方向に舵を切ったり、創造的な分野で結果を出したり。昇進や評価アップは７月10日〜８月24日に。

ああ
そうだな……

→

2025

信頼できる誰かと共闘。より大きな成功を手に

前年の混乱を整理し、新たなペースをつくっていくとき。スピードが求められるような事後処理的な任務も多いが、誰かとタッグを組むことで、期待以上の成果を上げられるし、次の展望も見えてくる。苦境に立たされたときは、味方を探そう。

←

2026

昨年の人間関係から腹心の友が現れる。互いの夢のために一緒に動きだそう。苦手克服のためのスキルアップはこの年のメインテーマ。

↓

2027

守備を固めるとき。義務の遂行が優先課題に

攻撃より守備を固めたほうが戦況は好転。目新しいことへの興味も増すが、まずは目の前の任務を全うすることを優先。古いもの、これまでのスタイル、アナログな手法など、〝過去〟に学びやビジネスチャンスを見いだせる。

↓

2028

無理に攻め込むと負傷し、復活にも時間がかかるとき。いっそ休戦期間と割り切って、パワーチャージに徹すると、秋以降に運気急上昇。

聞かせたい言葉がある
ザッ

2029

成果を得られる、集大成の年

数年間の試行錯誤が実を結び、昇格や昇給、ヘッドハンティングなど、目に見える形で予想以上の結果を出せる年。迷走していた問題も落としどころが見つかり、ひと区切りがつく。自信を持って次のステージへ踏み出そう。

2030

高い理想が戦局を変える。志を信じて突き進め！

あなたの理想が革新的な変化を生む年。世の中の価値観にとらわれず、自分が信じるやり方で進むべき道を切り開こう。不本意な変化、人間関係の入れ替わり、別れもあるが、新しい仲間との出会い、交流にも恵まれる予感。これまで縁のなかったタイプが運を変える起爆剤になる。

2031

陰での努力、見えないところの改善が課題。結果が出ないような仕事でも身近な人が喜ぶことを優先。プライベートも大切にしよう。

2032

新たな挑戦で躍進の年に

前年に見えない部分を整えた人ほど、飛び込んできたチャンスを逃さず、有利に進められる年。矢面に立たされたり、ライバルとの一騎打ちなどもありそう。スリリングな展開や初めてのことへの挑戦で、世に名を上げることも。

2033

仕事やライフスタイルが変わる分岐点

前年のチャレンジを受けて、仕事やライフスタイルが変化し、分岐点となる年。絶好調ならば、多忙だが収入は大幅アップ。逆に不完全燃焼だと、夢や希望の見直し、残念な軌道修正もあるが、ここから長期計画で、捲《けん》土《ど》重来《ちょうらい》を目指そう。失敗から学んだビジネスセンスが冴え渡る。

24

危宿《きしゅく》

羌《きょう》瘣《かい》タイプ

暗殺者集団の一員から秦《しん》国の将へ。頭脳と武力で軽やかに戦う

羌瘣タイプの有名人

- 松平容保
- 落合博満
- 武豊
- 高橋尚子
- 錦織圭
- 高倉健
- 沢田研二
- 平井堅
- 長瀬智也
- 速水もこみち
- 岡田将生
- ジョン・レノン
- マリリン・モンロー
- 三浦透子
- 上白石萌音
- 伊丹十三
- 福田雄一

基本性格

ピンときたら突っ走る、自分に正直な人

伝説の暗殺者集団「蚩尤《しゆう》」の一員として育った女性剣士。蚩尤独特の巫舞《みぶ》という超絶的な剣術の使い手だが、信《しん》を信頼し、彼の率いる飛信隊《ひしんたい》の副長を務めている。そんな羌瘣タイプのあなたは、意外性のある思い切った行動力で、リスキーなことにも軽やかに向かっていく資質の持ち主。危宿の「危」の字は、ピンときたら猛スピードで突っ走り、気が変わったらフッとやめる、そんな危ないくらい自分の気持ちに正直な動き方、生き方を表している。思慮深く、気弱そうに見えても、いざとなれば大胆。特にイチかバチか、ギリギリに追い詰められた場面などで人を驚かすような力を発揮する。羌瘣は舞うように戦うが、危宿もまた、どんなに大変なときでも、なぜかスタイリッシュで軽やかな印象を残すタイプだ。

……ダメだ
これ以上は戦えない

羌瘣タイプってこんな人

持久力には欠ける…

危宿は、瞬発力はあるが持続力はない。意気込んで始めても、すぐに興味をなくして放り出した〝三日坊主〟の死骸が危宿の周りには山積かも。好きなことも、小さく刻んで評価を得たり、合間に適切に休息をとらないと続けられなくなる。羌瘣も呼吸が長く続かず、超絶技巧の剣術も息継ぎをしないと続かないが、逆にいえば、少しでも休めば瞬発力も集中力も何度も蘇《よみがえ》るのは危宿の強みでもある。

好きなことなら力は百万倍

自分の気持ちにとことん素直な危宿は、好きなことでは天才的な力を見せることも多いが、好きではないことではダメダメの役立たずになる傾向がある。危宿は遊び好きなので、自分が楽しいことを仕事につなげるようにすると頑張れるし、努力もできる。また羌瘣が自分を救ってくれた飛信隊のためにならむちゃをするように、危宿は好きな人のためならそれこそ命がけ、何倍も力が出るタイプだ。

飛信隊《ひしんたい》のために無茶をやるんだ

トーン
タンタン
トーン
バチ

直感で勝負する

羌瘣も天性の才の持ち主だが、危宿は直感が鋭く、じっくり考えているようで最後はパッと直感に従って動くことが多い。そして、その直感による判断は適切で失敗は少ない。そんな危宿の勘を狂わせるのは感情的な揺らぎ。実は危宿は直情的ですぐに腹を立てるし、誰かをかわいそうと同情して深入りもする。そうなると直感が働かず、思いがけず極端な行動に走って窮地に陥りやすいのでご用心。

―― 個性を生かして勝て! ――

羌瘣タイプの得意戦術

得意戦術❶

好きなことでこそ実力を発揮

〝好きこそものの上手なれ〟を地でいく危宿は、好きなことを仕事につなげることで結果を出せる。好きなことや好きな場所なら、がむしゃらに戦うのではなく優雅な〝巫舞〟を舞い戦う羌瘣のように、どこか力が抜けた働き方で活躍していく。逆に好きなこと以外では役に立たない。

舞いをしているかのようだ

得意戦術❷

細かく結果を出し、一点集中で突破

息が続かず、ダラダラと長期戦を続けるのは不得意なので、短期集中で力を発揮するのが危宿のベストな戦い方。深い巫舞で驚異の戦闘力を発揮する羌瘣のように、一点集中の力を数珠つなぎにしていくことで長期に渡り戦える。一つ一つ細かく結果を出すことで、面白がったり、達成感を得て進む。

超短期戦が私の戦い方
トーン
タンタン

得意戦術❸

身勝手そうで人づき合いは得意

どんだけ離れようと
お前の小っせェ背中
俺達がガッチリ支えてる
からなってこった

気まぐれに見えて、実は人づき合いは上手。羌瘣も飛信隊からの信頼と愛に包まれている。また、すべては遊びの延長のような感覚があり、何事も楽しいかどうかが大きなポイント。職場の人間関係も楽しくないと続かないが、基本的に悪意を持たないため、憎まれないのだ。

この陣形で勝負!

短期集中型 一発勝ち の陣

自分の得意なこと、好きなことをよく知っていて、それを生かして最前線で戦うのが羌瘣タイプのスタイル。自分ではよく考えているつもりでも結局、その場の直感に従って短期集中的に攻める。楽しいことでないとやる気が出ないので、まずそういった場所や仕事を探すべき。自分にピタッとハマるものが見つかれば、抜群のセンスで結果を出していく。集中力に欠け、疲れやすいところもあるので、休憩所は近くに準備を。

ポジション別

強みを生かす戦い方は？

若手なら…

まだ終わってない

好きな仕事に懸命に取り組め！

面白いことが好きで、人受けも悪くないので、上からはかわいがられる。好きな仕事に出会えると、袋のネズミ状態になっても諦めない羌瘣のように懸命に取り組み、結果を出すことで実力を認められていく。ただし、気分のムラが仕事にも表れやすく、気持ちが乗らないと手抜かりが発生したり、中途半端になりがちなので、時折、大ポカをする危険あり。

中間管理職なら…

得意分野で力を発揮しアピール！

スペシャリストタイプなので、自分の得意分野で上司にアピールしていくことが大事。守備範囲は狭いため、自分のテリトリー以外のことは人に任せるのがベター。羌瘣のように、ギリギリまで追い込まれたときほど驚異的な力を発揮するので、周囲をヒヤヒヤさせることもあるが、そんな自分の欠点を自覚しているせいか、下には厳しくなく、アドバイスもするので慕われる。

オオオオ
左右に〃止め石〃を置きこの場に敵の大軍が流れ込むようにした
それをここにいる私達で迎え撃って一網《いちもう》打尽《だじん》にする！

その時は私もちゃんと
お前達と一緒に
前に進めると思う

トップ職なら…

アイデアと個性で ニッチな分野を極めろ!

企業のトップというより、斬新なアイデアや個性を生かして、特定分野でのトップになることが多い。後進も育てるが、自分が感覚派なので誰もがわかるメソッドで教え導けないのが玉にキズ。強烈なリーダーシップはないが、羌瘣が飛信隊の仲間との絆を深めていったように、ついてきてくれる仲間と楽しんで仕事をする。抜けているところもある分、支えがいのあるトップ。

私じゃなくて
あんただよ
瘣《かい》
〝長さ〟で勝てないなら
〝深さ〟で勝負すれば
いいだけ

フリーランスなら…

スペシャルな技能を 武器に戦え!

羌瘣同様、持続力がなく、ギリギリになって力を発揮する短期集中型なので、自分のペースで仕事ができるフリーは危宿にとってはベストなワークスタイル。得意分野やスペシャルな技能があれば大きな成果を上げられるが、楽しく働けないと続かない。そのため、趣味の延長のようなことで成功することも多く、得意なことを副業として始めて、そちらが主軸になることも。

羌瘣タイプの弱点は?

不得意なことや興味のないことはまったく仕事にならない。羌瘣のように、フットワークは軽いが途中で興味を失ったり、面倒になると、やりっぱなしで放置する癖があるため、詰めが甘くなり、それで評判を落とすことも多い。お金にも無頓着なので、お人よしすぎて損することも。

羌瘣タイプに 向いている職種は?

実は人を楽しませることが好きでサービス精神があるのでサービス業は向いている。羌瘣のようにセンスがよくアイデアもあって創意工夫ができるので、料理やソーイングなどもの作りでも成功できる。また、デザインやマスコミ、音楽や芸能などクリエイティブな仕事にも向いている。

ビジネス相性占い

それじゃ やっと
飛信隊《ここ》で一緒に 進めるな

尊敬できる上司は… 亢宿 信《しん》タイプ 胎

命がけでサポートしたくなる

尊敬でき、一緒に何かをやりたいと思わせてくれる上司。両輪のような一体感で、仕事がスムーズに進む。危なっかしいところには遠慮せずツッコミを入れてくるが、アイデアの面白さを評価してくれる。お互い支え合えるが、いざというときは、龐煖の刃に倒れた信を羌瘣が命がけで助けたように、粉骨砕身《ふんこつさいしん》して支える側に。

ド
勝つだけだ
ド

最強のライバルは… 張宿 王賁《おうほん》タイプ 成

自分にはない魅力に遠くから注目

スタイリッシュな王賁タイプに憧れるが、向こうはこちらをよくわからないヤツと思っている様子。あまり噛み合わないが、お互い自分にはない強みで評価を上げていくので、モヤモヤしたり羨ましかったりで近くにいなくても目が離せないライバルだ。直接対決することは少ないが、相手の動向を追うことが自分の成長につながる。

羌瘣タイプ×他23タイプの相性は？

羌瘣×蔡沢 壊
常に我が道を行くので、関わるなら自分がついていくしかない。

羌瘣×成蟜 栄
きちんとしている成蟜タイプにはホッとする。長くつき合うと○。

羌瘣×李牧 友
李牧タイプのマイペースさがこちらを気楽な気持ちにさせる。

羌瘣×騰 危
表面的にはつき合いやすいが、調子のよさを指摘してくることも。

羌瘣×蒙驁 友
ともに人づき合いが上手なので、気を使い合えて穏やかな関係。

羌瘣×紫夏 安
最初は感じがいいが、徐々に頼られて重く感じ、こちらから離れる。

羌瘣×昌文君 親
真面目な昌文君タイプと一緒にいると、生活も心も安定する。

羌瘣×桓騎 成
スケールの大きい行動が楽しいが、強引すぎてついていけなくなる。

羌瘣×廉頗 栄
人の気持ちがわかり懐の広い廉頗タイプは安心感を与えてくれる。

羌瘣×李斯 危
道が違っても、オリジナリティのある生き方から学ぶことが多い。

羌瘣×王翦 業
新しいもの好きで頼れる王翦タイプは、ありのままでいられる相手。

羌瘣×昌平君 壊
上品で学識豊かな昌平君タイプは、素直にかなわないと認める相手。

キーパーソンは誰？

『キングダム』

頼りになる部下は… 鬼宿 麃《ひょう》公《こう》タイプ 衰

面白さを引き出してあげられる

型にはまらない考え方ができ大胆な行動を面白がれるところが共通しているので、お互いへの理解度が高く、仕事しやすい。ただ、羌瘣タイプのほうが柔軟で周りに合わせられるので、自分の考えにこだわる麃公タイプはときに不器用に見えるかも。「こうしたらいいんだよ」とサポートしてあげることで、麃公タイプのよさを引き出してあげることができる。

高め合える同僚は… 角宿 蒙《もう》恬《てん》タイプ 親

楽しさが倍増して、アイデアが広がる

ともに楽しいことが大好きで、仕事にも遊びの要素が必要なタイプ。クリエイティブな仕事で手を組めば、面白い発想がどんどん飛び出すだろう。ただ、ふたりでいると実務的なことがいい加減になりがちなので、チームには現実面をサポートしてくれるメンバーを加えること。堅めの職場の同僚なのであれば、仕事帰りの飲み仲間として最高の相性だ。

羌瘣×嬴政 親
感情を大事にする関係。どちらかが強い意志を見せると変わる。

羌瘣×楊端和 成
共感もするが、心のツボが違い本質的にはマッチしていない。

羌瘣×呂不韋 衰
穏やかな呂不韋タイプに好感を持つが、こちらの片思い風に。

羌瘣×壁 衰
奔放な羌瘣タイプを恨んでも、最後まで見捨てないのが壁タイプ。

羌瘣×羌瘣 命
遊び相手としてはいいが、近づきすぎると敵対心を持つように。

羌瘣×龐煖 壊
協力すれば互いに発展する。尊敬の心を忘れずに接すれば長続き。

羌瘣×慶舎 安
表向きは安定だが、内心、嫉妬や競争心を持ちがちな組み合わせ。

羌瘣×河了貂 安
河了貂タイプの計画的なところが息苦しく感じ、反発したくなる。

羌瘣×王騎 栄
ともに相手に振り回され、自分が我慢していると感じるが仲よし。

羌瘣×媧燐 友
慎重さやミステリアスさに興味を引かれる。丁寧なつき合いを。

羌瘣×蒙武 危
蒙武タイプのひたむきさを頑固と感じ、お互いにつかみきれない。

2024～2033の10年を占う!

『キングダム』

出世すごろく

2024

戦闘モードオフ。くつろげる人と場所を

ただいま

2024年は、戦士の休息のような年。戦線から離脱し、好きなものや人に囲まれてひと息ついて、体調や住環境を整えよう。やるべきことは、6月15日～8月25日に集中。少々、節約モードにはなるが、2024年のパワーチャージが、この後、現れる強敵を迎え撃つ準備になるはずだ。

→

2025

翻弄される中、発想力で逆転

自分ではコントロールできない出来事に翻弄される激動の年。会社や身近な人の都合で、自由が制限されたり、活動拠点や働き方の改革を余儀なくされそう。追い詰められて、あなたの発想力が驚きの形で開花、状況を打ち破ることもある。ただ、体調と資金面は甘く考えず、しっかり対処を。

←

2026

前年の大変革の調整をして、信頼できる仲間や愛する人と、快適な居場所を整えていく年。環境の落ち着きとともに仕事運も金運も安定。

↓

2027

リスキリングに最適。よき出会いもある

時流の変化を感じ、時代に合った武器と戦術を手に入れるためにリスキリングを決意することに。情報戦への対応も大事。そんな向上心があなたの世界を広げ、そこでかけがえのない仲間、パートナーとも出会えそうだ。

↓

2028

大事な人や場所を守りたい気持ちが強くなり、誰かのため…と思うと不思議な力も出る。援軍や勝つためのヒントは遠方からやってくる。

よいしょ
スパ
えー
きっ…
きっ…
瘣姉《かいねえ》ーー
ええっ!?

2029 人生のしがらみからの解放

当たり前のように感じていた、生き方、仕事、家庭などについて、改めて考え直すような出来事に遭遇。人生の軸がブレるように感じても、焦らず答えを探して。そうすれば、これまでの〝しがらみ〟から解放されて、違う未来が見えてくる。

2030 戦闘力がアップする、発展の運気

ステップアップできる発展運。自分のやり方で戦えて、勝利も手にできる年。成功体験を積み重ね、この後の強敵に打ち勝つための経験値を上げておこう。転職もOK。立場が変わることで、より個性やオリジナリティを発揮できる。

私も将軍を目指すぞ
信《しん》

2031 個性を存分に発揮し、ジャンプアップ！

周辺の状況が変わる、運気の曲がり角の2031年のテーマは〝もっと自由に〟〝もっと自分らしく〟。仕事でも能力開花できる運気だが、趣味や副業でよいので、個性を出して、本当にやりたいこと、使命を感じていることに取り組むチャンス年。あなたが動けば、周囲も動き、変わるときだ。

2032

新たに動き始めたことには追い風が吹き、大胆な戦術で大きな仕事もやってのける。ただ多忙で、仕事は少し雑になりやすい点は注意。

2033 自由に楽しめるが、わがままには注意

あなた本来の自由奔放さがマックスに。公私ともに楽しみながら活躍できるが、興味のある仕事以外を排除したり、義務的なことをいい加減にしていると、運気に陰りが。自分勝手、わがままになると、2034年の変化運を厳しくする。

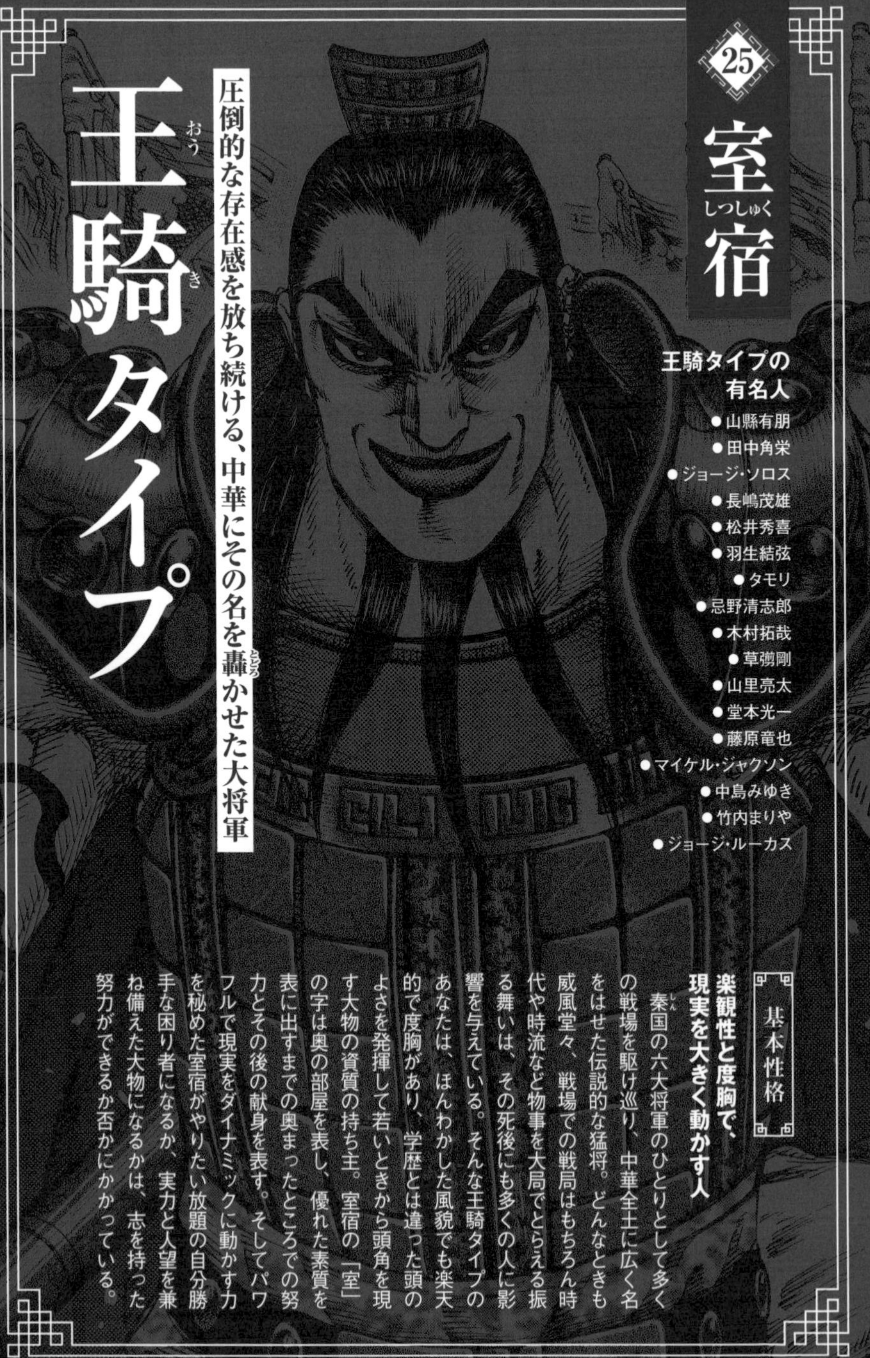

25

室宿《しつしゅく》

王《おう》騎《き》タイプ

圧倒的な存在感を放ち続ける、中華にその名を轟《とどろ》かせた大将軍

王騎タイプの有名人

- 山縣有朋
- 田中角栄
- ジョージ・ソロス
- 長嶋茂雄
- 松井秀喜
- 羽生結弦
- タモリ
- 忌野清志郎
- 木村拓哉
- 草彅剛
- 山里亮太
- 堂本光一
- 藤原竜也
- マイケル・ジャクソン
- 中島みゆき
- 竹内まりや
- ジョージ・ルーカス

基本性格

楽観性と度胸で、現実を大きく動かす人

秦《しん》国の六大将軍のひとりとして多くの戦場を駆け巡り、中華全土に広く名をはせた伝説的な猛将。どんなときも威風堂々、戦場での戦局はもちろん時代や時流など物事を大局でとらえる振る舞いは、その死後にも多くの人に影響を与えている。そんな王騎タイプのあなたは、ほんわかした風貌でも楽天的で度胸があり、学歴とは違った頭のよさを発揮して若いときから頭角を現す大物の資質の持ち主。室宿の「室」の字は奥の部屋を表し、優れた素質を表に出すまでの奥まったところでの努力とその後の献身を表す。そしてパワフルで現実をダイナミックに動かす力を秘めた室宿がやりたい放題の自分勝手な困り者になるか、実力と人望を兼ね備えた大物になるかは、志を持った努力ができるか否かにかかっている。

しかと承《うけたまわ》りました

王騎タイプってこんな人

自分のためよりみんなのため

不思議な求心力を秘め、本来、王道を進んで真ん中に立って大きなものを引き受けるだけの資質を持つ室宿の頑張りは、好き勝手にやっているようで、結果的にはその分野や業界、周囲の人への貢献、献身になっていく。自分ひとりのためではなく、仲間のためを考えた行動をとれる室宿は、王騎が死後も信《しん》に影響を与えているように、多くのものを残し、先につなぐはずだ。

自信家でエネルギー過多ぎみ

天下の大将軍ですよ

室宿は、子どものときから根拠のない自信を持っているタイプ。活発で勝ち気で人に合わせないので、傍若無人な態度でケンカも多め。でも、その過剰ぎみなエネルギーをぶつけて集中して頑張れる対象、上をめざせる場が見つかると、荒っぽさを制御して、しだいに大きな存在感を発揮し始める。好きなことにはとことん情熱的。その熱さは周囲の人を巻き込む力を持つ。

ワ
オ
オ

圧倒的なカリスマ性

王騎は、後ろ姿を見せるだけで兵士たちの士気を鼓舞できるほどの圧倒的なカリスマ性の持ち主だが、熱い情熱でさまざまな経験を重ねることで、特定の分野、世界でカリスマ性を発揮する室宿はとても多い。室宿はアクの強い性格だが、正直で無邪気な印象もあって、人に憎まれない。カジュアルに見せても、ミステリアスな点を失わないのが、そのカリスマ性の秘密かも。

── 個性を生かして勝て! ──

王騎タイプの得意戦術

ド
私ですよ

得意戦術❶

王道で頂点をめざす

大きなエネルギーを持っているので、自信を持ってど真ん中に立ち、まっすぐに王道を突き進むことで力を発揮。早めに進むべき道を決め、テッペンをめざすのが吉。大舞台で先陣を切る王騎のように、最初から主役の座や自分の仕切れる場を狙うほうが大物の素質を存分に生かせる。

……
実戦に勝る修業はないと

得意戦術❷

実戦で経験を積み道を切り開く

学校での勉強より実践から学ぶタイプ。若いうちから経験を積むことで力をつけ賢くなっていく。〝実戦に勝る修業はない〟を地でいく王騎のように、自力で道を切り開いて大物になっていくのが室宿らしい成功パターン。それにより、一代で財を築いたり、風雲児的な存在になることも。

大王
共に中華《ちゅうか》を目指しましょう

得意戦術❸

広い視野を持つことでより成長

自分がいる会社や業界全体のことまで考える広い視野を持つことで、自身も大きくなる。王騎も嬴政とともに中華統一をめざす視点を共有したことで存在感を増した。逆に私利私欲に走ると、傍若無人な小物風に。愛と誇りを持って周囲を盛り上げていくと大きな結果を生む。

この陣形で勝負!

カリスマ型 ビッグスケールの陣

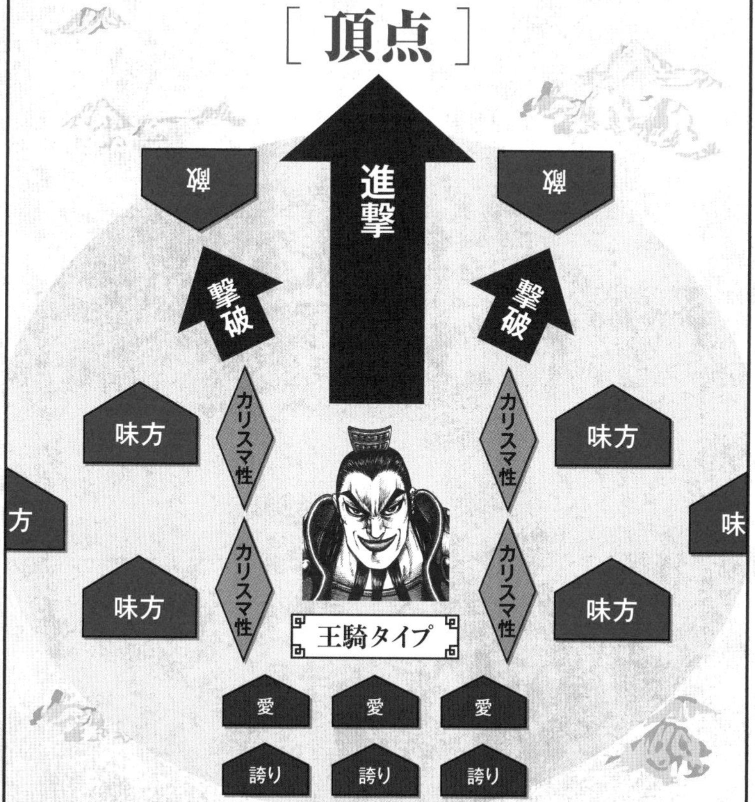

戦うフィールドが大きければ大きいほど、その真価を発揮する王騎タイプ。枠にはめられると、そのパワーを持て余し乱暴者になってしまいがち。場のど真ん中に立ち、広い視野で敵・味方両方の動きを掌握することで、どデカイものを動かしていける。元からカリスマ性があり、自然と人もついてくるので、それに見合うだけの理想を掲げ、世や業界のためになる事を第一に突き進めば、いつしか“頂点”からの景色が見える。

ポジション別

強みを生かす戦い方は？

何だこいつはー!!

若手なら…

謙虚な姿勢で経験を積もう!

若い頃からとてもエネルギッシュで目立つ存在。〝秦の怪鳥〟と呼ばれる王騎のように、戦場に現れるだけで圧倒的な存在感を漂わせる。やり手でやる気満々なうえ、体も張って戦うし、やたら勝負強い。実績が伴わないうちは期待値だけで注目されることも多いが、それに踊らされて自分を過信すると伸び悩み、伸び代もなくしてしまうので、謙虚でいたほうが学べることは多い。

中間管理職なら…

自分の力で道を開き実績でのし上がれ!

生来、大物感を漂わせているので、上に行ったほうが本人もやりやすくなる。真価を問われる中間管理職の立場でも、上を頼ることなく、自分の力で道を切り開き、実績を出すことでのし上がっていく。信《しん》に無国籍地帯の平定というむちゃぶりな修業を命じた王騎のように、下の面倒見がいいわけでもなくマイペースだが、その仕事ぶりや実績にみんなが心酔してついていく。

この地を〝平定《へいてい》〟してみせなさい

将軍自ら先頭を行くとき王騎軍は鬼神と化すと!!

トップ職なら…

存在感で牽引し、トップに君臨！

どんな分野でも上に行き、成功できる出世運を持つ室宿。尊敬されたり、憧れられたりしながら周囲を引っ張り、トップの存在感で実績をさらに伸ばす。王騎も自らが先頭に立つことで軍全体に鬼神のような勢いを与えている。ただし、カリスマ的経営者として替えのきかない大物感があるだけに、後継者が育ちにくいという面も。騰《とう》のようなNo.2を早めに見つけたい。

血が沸き立ちます

フリーランスなら…

大きなステージでビジネスを！

自分の個性や才能、存在感で十分、フリーランスでも活躍。自分の目的のために経験を積む手段としてフリーになる場合もあるが、逆にある程度、実力がつくまでは組織にいるのもあり。王騎のように実力主義の世界が向いており、狭いところで小さく働くよりも、大規模なビジネスを手がけたり、大きなステージで広い世界と渡り合うほうがよいので、フリーでも組織でもそれができる道を選ぼう。

王騎タイプの弱点は？

王騎のようにエネルギー過多なので、パワーがあり余ると乱暴に。自信過剰になって謙虚さをなくすと、流れを読み違えて失敗することもある。自分の欲が前面に出すぎても運を落とすので、全体の利益を考えること。また、立場や肩書を離れると深く話し合える友達がいなくなる恐れも。

王騎タイプに向いている職種は？

扱うものが大きいほうがよく、ビルなど建造物の建築設計、不動産の他、ネットを含めたグローバルな貿易などで、王騎タイプのスケール感を生かそう。大きなステージや大衆を相手にした仕事でも資質が生きるので、芸能やマスコミも適職。海や動物に関係した仕事にも縁がある。

ビジネス相性占い

王騎《おうき》
亜水《あすい》まで来い
酒を飲むぞ

尊敬できる上司は… 鬼宿 麃公《ひょうこう》タイプ 栄

秘めた力を全解放させてくれる

常識的な小さな枠からは外れたところが生きやすいふたりは、理解し合える相性。王騎タイプは麃公タイプのとらわれないところが好きだし、麃公タイプも王騎タイプのスケールの大きさをどーんと受け止めて自由にさせてくれる。身近な人に対して面倒見のいい麃公タイプが王騎タイプの才能の芽に気づき、大きく花開かせてくれることも多いだろう。

どんな仕込みがされてようがその上を行って
最後は相手をぶっ殺して俺が勝つんだよ
トン

最強のライバルは… 胃宿 桓騎《かんき》タイプ 危

クリーンな手では勝てない相手

どちらもパワー十分だが、桓騎タイプの欲望の強さや目的のためなら手段を選ばないところは、王騎タイプにはない。利害が対立すると争いは泥沼の長期戦に。リアルな現実の前では、理想で動く王騎タイプよりも欲で動く桓騎タイプのほうが一枚上手。王道の策は桓騎タイプには通じない。ただ、戦法を桓騎タイプに寄せるのが一番の敗北。

王騎タイプ×他23タイプの相性は？

王騎×蒙驁 壊
やさしい蒙驁タイプはわがままを聞いてくれるが、甘えすぎはNG。

王騎×李斯 安
努力型のふたりは協力すると〇だが、トップ争いになると亀裂が。

王騎×王翦 親
ケンカしながらも仲がよく、手を組むと大きなことができる相性。

王騎×昌平君 成
昌平君タイプの知性は王騎タイプの人間としての幅を広げてくれる。

王騎×蒙恬 友
最初のイメージとは違うが、どちらもおおらかなので安定する。

王騎×王賁 危
物の見方が根本的に違うのでわかり合えない。深入りはせずに。

王騎×成蟜 業
論理的な切れ者で常に冷静な成蟜タイプはそばにいてほしい人。

王騎×李牧 壊
王騎タイプの大きなパワーとスケール感に負けない唯一の存在。

王騎×信 親
信タイプは何があっても王騎タイプを見捨てず、最後まで味方に。

王騎×蔡沢 成
蔡沢タイプもこだわりは強いが、王騎タイプの前では圧倒される。

王騎×紫夏 衰
両者自分優先なので、互いに都合のよいように解釈し意外に平和。

王騎×昌文君 友
しっかり者な部分に助けられる。提案も素直に受け入れてくれる。

ドオオ
ーね、騰？
ハ！その通りです

キーパーソンは誰？

『キングダム』

頼りになる部下は… 婁宿 騰《とう》タイプ 安

なくてはならない緻密なサポート

緻密でミスの少ない騰タイプは、大胆に行動できるが大雑把なところもある王騎タイプにとって頼れる存在。騰タイプにとっては、自分にないスケールの大きさを学ぶことでワンランク上の自分に成長でき、支えがいのある上司だ。王騎が全力で戦場を駆け巡ることができたのも、信頼する騰のサポートがあってこそ。感謝の心を忘れず、ときには本人にも言葉で伝えよう。

フッ

高め合える同僚は… 房宿 呂不韋《りょふい》タイプ 栄

立ててくれるのも作戦か？

どちらも華があり目立つコンビ。一方が他方の影に隠れることがないので、同僚としては気持ちのいい関係だ。どちらかというと呂不韋タイプのほうが打算的で裏技も使うので、ふたりの間で主導権を握りがち。でも、表面的には王騎タイプを立ててくれるので、嫌な気はせず、よほどでなければ呂不韋タイプの策に乗って平和に。

王騎×嬴政 友
嬴政タイプの悩みや迷いには無頓着だが、だからこそ楽な関係。

王騎×楊端和 危
ともに度胸があり共感できるが、主導権争いでは一歩引いてくれる。

王騎×廉頗 胎
何事にもタフな廉頗タイプに魅力を感じ、引き立てたくなる。

王騎×壁 栄
働き者で支えてくれるだけでなく、予想外の楽しみも共有できる。

王騎×羌瘣 親
利益や喜びを分かち合える仲。大事なことの決断は王騎タイプが。

王騎×龐煖 成
実力と人望を持つ王騎タイプは龐煖タイプの目の上のたんこぶ。

王騎×慶舎 衰
互いの能力が相手を生かす。人の心を読む能力が何かと頼りになる。

王騎×河了貂 衰
緻密さに助けられることもあるが、逆に足をすくわれることも。

王騎×王騎 命
お互い相手を乗り越えようと切磋琢磨する強力なライバルに。

王騎×媧燐 壊
補い合える関係だが、いつの間にか媧燐タイプが仕切るように。

王騎×蒙武 安
知らないうちに、蒙武タイプの仮想ライバルにされているかも。

2024〜2033の10年を占う!

『キングダム』出世すごろく

2024

〝原点〟に戻ることで、生活基盤を再構築

2024年は、鉄壁の守備を固めるべきとき。自分の本当に大事な場所、人を守るために、広げるよりはそぎ落とすような挑戦と試行錯誤が必要になる。そして〝原点〟に戻ることで、新たな生活や働き方が再構築されていく。金銭面を追いすぎず、信念を貫くことで、11月6日以降に大きく道が開けるだろう。

ンォフゥ
王《おう》騎《き》将《しょう》軍《ぐん》!!!

2025

プライベートが充実。身近な場所や人間関係も大切に。ふとしたときに浮かんだアイデアが役立つことが。趣味を生かした副業は吉。

2026

着地点を模索。欲や執着心は捨てよう

この数年間続く、周囲の変革の嵐の中で、あなた自身が何かを選択しなければならないタイミング。とくに金銭面は見直しが必要で、経費削減や軍資金不足で制約されるような局面も。理不尽な出来事もあるが、無駄なプライド、欲や執着心を断ち切ることで、最高の着地点が見つかる。

あちらの丘の方が見晴らしが良さそうですねェ

2027

ひとつよい結果が出ると、連動して物事が改善される年。ひとつのアドバイスを受け入れることで、味方や理解者も次々と増えそうだ。

2028

支え合う関係を築き、より大きな世界へ

よいバランス感覚を取り戻せる年。公私で同じ志を持つパートナーと出会い、誰かと力を合わせることで新たな可能性が広がる。これまでひとりでしていた仕事も協力体制を築いて取り組むと、より大きな挑戦ができそうだ。

2029

広がった人間関係が、あなたを新しい場所、今まで関わることのなかった人脈へと誘う。旧友との交流、旅は幸運のきっかけに。

ゴガガガガ

2030

君子危うきに近寄らず。断る勇気も大切

前年に手を広げすぎたことへの調整が必要に。気楽に考えているとトラブルになることも。違和感があれば一旦立ち止まるべき。難題、想定外の指令も降ってくるが、中途半端に放置しないように。断る勇気も大事な年。

2031

チームワークで上昇気流に乗れる

魏副将の丘以来ですねェ 童信ンン
カポーン
は…はァ……

上昇気流に乗れる年。仕事を通していい仲間ができ、仲間を得たことで仕事もうまくいく好循環が生まれる。必ずしもリーダーシップをとる必要はなく、周囲の言葉に耳を傾け、妥協もして、よいチームワークをつくろう。

2032

これまでの仕事ぶりが問われる運命の年

戦局が目に見える形で変化する年だが、これまでの戦い方、働き方が間違っていなければ、手堅く前進。行き詰まったら、遅くはないので、努力の方向性を見直そう。ときには苦手な人とも交流を。ガムシャラになりすぎず、肩の力を抜いたほうが、狙いどおりに進んでいくはずだ。

2033

目立つほど運気アップ。チャンスを逃すな!

自分を変え、新しいことに挑戦できるチャンスの年。前年に挫折したり、不調だった人は、ここで軌道修正をして再出発。2033年の幸運は、ハプニング的に訪れる。必要なら目立つ、一歩前に出ることも幸運をつかむきっかけになる。

26

壁宿《へきしゅく》

壁タイプの有名人

- 近藤勇
- 菅義偉
- 孫正義
- ディエゴ・マラドーナ
- 中田英寿
- ネイマール
- 荒川静香
- 細野晴臣
- 草刈正雄
- 十代目松本幸四郎
- 滝藤賢一
- 綾野剛
- 神田伯山
- 松村北斗
- 吉永小百合
- 齋藤飛鳥
- 奈良美智

壁《へき》タイプ

確かな努力で上り詰めた、情に厚く世話好きな将軍

基本性格

強く動じない信念で、壁のように支える人

嬴政《えいせい》に忠誠を誓う昌文君《しょうぶんくん》の副官。大きく突出した能力を見せるわけではないが、基本に忠実な戦術で確実に戦功を積み上げ、出世している。誠実で気がよく、人望があり、信《しん》や河了貂《かりょうてん》のことを兄のように気にかける。そんな壁タイプのあなたは、穏やかでやさしく世話好き。普段は控えめで、自分からグイグイと前には出ようとしないが、本気で支えるべき対象と出会うと、まさに壁宿の「壁」のごとく、強く動じない信念を持って献身的に尽くすことになる。壁宿は〝支える〟使命を持っていて、家族、仲間、会社、業界など支えたい相手に出会うと俄然《がぜん》、強くなる。ボランティアに興味を持つ人も多い。おとなしく見えるので、甘く見られがちだが、芯は強く、誰かのために と思ったときには驚異的な力を出す。

士族を
なめるんじゃ
ないぞっ

壁タイプってこんな人

目立たないところでよい味を出す

アクの強い武将たちの中で、壁は自分を地味な将と感じがちのようだが、壁宿の人は、人とは違う発想とアプローチで、目立たないものに光を当てるような力がある。コチコチの堅物ではなく、凝り性で面白い技や知恵を持っていることも。自分から前に出ていかないほうが引き立てられてかえって目立つ運も持っているが、目立たないマイワールドで面白い活動を楽しんでいたりする壁宿も多い。

誰かのため…と思うと底力

壁宿は、アピール上手とはいえないが、実は緻密な頭脳とダイナミックな行動力も兼ね備えている。とくに表からではなく、裏から物事を動かせるような駆け引き、計算、権謀術数を使える策士。壁も、敵に追い詰められてまさかの大反撃を見せたりするが、建物の壁が嵐の中で多くの人を守るように、壁宿は誰かや何かを守るんだと強く思ったとき本当の力が覚醒しやすい。

明日の三軍の一角を
どうか私の軍に
お任せ頂きたい!!

やはりいたか
相変わらずだな
信《しん》!
元気そうで何よりだ!

穏やかで面倒見がよい

困っている人を見ると放っておけず、何かしてあげても見返りを求めない、お人よしな壁宿。だが、自分に余裕がなく、人を支える力がないときほどとがって、暗い雰囲気を漂わせ、慎重になる。名より実をとり、目立たないこともコツコツと重ねる職人的努力で実力をつける。だまされて損することもあるが、よほどでなければ許してしまう、そんなやさしさがどこかで壁宿を救う。

── 個性を生かして戦え! ──

壁タイプの得意戦術

私だアー‼
いっ行くぞォォ
ウオオオ

得意戦術❶

求められたことは全力で

求められたことや与えられた任務に必死に応えていき、そのガッツや実力で人から認められていく。自分から積極的にグイグイ前に出ていくタイプではなく、指示待ち気質にも見えるが、蒙武《もうぶ》からの「全力で戦え」の指示のみで号令とともに突撃する壁のように、芯の強さは抜群。

(犬戎《けんじゅう》王ロゾの首を取りに行け‼)
お前がロゾの首を取れと
えっ

得意戦術❷

具体的な目標のもとで力を発揮

目標を具体的なものに落とし込むことが壁宿の必勝ポイント。この数字を死守する、いつまでに計画を達成するといった明確でわかりやすい目標があることで本人も動きやすくなり、それを使命として全力を尽くし、成果を上げる。壁も犬戎王《けんしゅうおう》・ロゾを討つという使命に死に物狂いで挑んだ。

退《さ》がるな‼

得意戦術❸

独特な戦い方で修羅場に強い

壁宿はストレートに相手を攻めるより、少しひねって横や裏から手を回したり、普通とは違ったアレンジを加えたりと、戦い方は個性的。戦況によってさまざまな戦法を使うため、相手から手を読まれにくい。また、数々の苦境を乗り越えてきた壁のように修羅場に強く、防御力も高い。

この陣形で勝負!

鉄壁型
パーフェクトディフェンスの陣

壁タイプの強みは、〝鉄壁〞の防御力。また、ミスのリカバリーも得意技だ。自分から率先して戦いに行くタイプではないが、司令官からの指示をきっちりとこなす責任感とそれに応えられるだけの実力があり、最前線でもバリバリ戦える。とくに、誰かを助けに行く使命を帯びているときが一番強い。お人よしだが、周囲には助けてくれる人も多い。攻め方は少し変わっていて、予想外の技を繰り出し敵をタジタジにすることも。

ポジション別

強みを生かす戦い方は？

私同様に
我が軍には派手さはない
だが

若手なら…

与えられた仕事を確実にこなせ！

与えられた仕事を丁寧にこなしていく律儀さで、若い頃から上司や取引先の信頼は厚い。しかし、壁や壁の軍同様、派手さはなく、自分から積極的に手を挙げて手柄を取りに行ったり、存在感をアピールすることはない。人の役に立ち、みんなと仲よく楽しくやれれば満足というタイプのため、絶対に大将軍になるといった出世への執着はないが、逆にガツガツしていないところが魅力となり、人望を集めていく。

中間管理職なら…

人のために尽くす働き方で上へ！

ギラギラした野心はないが、自分の仕事を120%でこなす集中力があり、周りの人々や自分の顧客のために一生懸命に働く誠実さで、出世していく。また、世話好きで下の面倒見がいいため、何かあったときは、逆に部下たちが助けたりもしてくれる。上の不満も下の不満も受け止める調整役としても有能。すべてをそつなくこなす壁のように理想の〝中間管理職〟タイプといえる。

壁軍は
お前達二軍に比べて
確かに特性は薄い
だが逆に全てを
そつなくこなす
という特性はある
一方 正攻法が
必要な攻城戦は
お前達は得意では
ないはずだ

キタリ殿達を置いて逃げるわけがないだろうが
先に助けてくれたのはキタリ殿達だ

トップ職なら…

守りたいもののために戦え！

トップというより参謀向きだが、この会社を守りたい、みんなの生活を守りたいなど、何かを大きく支えたいという精神でトップを引き受けることも。死地に陥った仲間を決死の覚悟で助けに行く壁のように、会社が苦境のときでも上に立ち、意外な策で必死にみんなを支え、力を発揮する頼もしい存在。組織の中でみんなを支えるうちに、有能な後継者が育ち、次にうまく引き渡せる。

フリーランスなら…

隠れた個性を打ち出せ！

真面目一本槍に見えて実は個性派な壁宿。面白いことや遊びが好きなので、フリーランスになると、そのコミュニケーション能力でいい味を出して活躍。意外と駆け引き上手で、仕事もちゃんととれる。ただし、お人よしな面が出ると、壁が王翦《おうせん》に囮《おとり》として使われたように、便利に使われがち。また、個人営業だと支える相手がいないので、張り合いのなさを感じることも。

あ奴《やつ》は
いい囮《おとり》になる

壁タイプの弱点は？

壁のようにお人よしで乗せられやすい。同情心が強く、この人を支えたい、困っているならなんとかしなければと動いた結果、損をすることも多く、ズルい人にだまされないように。自分から目立とうとしないほうが目立ち、自己顕示欲を出すとしつこいライバルなどに絡まれるかも。

壁タイプに向いている職種は？

困っている人を助けたり、誰かを支える仕事が向いているので、アドバイザーやコンサルタント、医療や美容、福祉関係は適職。人と違った視点を持ち、目立たない仕事にも光を当てられる。壁のようにやさしいので動物関係もよく、遊び好きな面を生かせばレジャー関連やサービス業も。

ビジネス相性占い

尊敬できる上司は…
危宿 羌《きょう》瘣《かい》タイプ 友

危なっかしさを支えてあげたくなる

発想力があり自由奔放な羌瘣タイプは、壁タイプからすると若干危なっかしくも見えるが、正直に向き合ってくれるのがうれしくてこちらも気を許せるし、支えてあげたくなる上司だ。互いに目のつけどころが変わっていて気が合うので、羌瘣タイプから振られる仕事は壁タイプにとっては面白い。プライベートでも仲よくできる関係にもなれる。

最強のライバルは…
女宿 媧《か》燐《りん》タイプ 成

序列の壁で行く手を阻んでくる

媧燐タイプは序列や体制を大事にしたいが、壁タイプはあまり気にせず、助けたいと思う相手がいたら序列も飛び越えて助けてしまうタイプ。縦社会の秩序をないがしろにしているわけではないのだが、媧燐タイプからすると自分が仕切っているものを無視してくるので目障りに感じ、壁タイプの前に立ちはだかってくることもあるだろう。

壁タイプ×他23タイプの相性は？

壁×李斯 衰
どちらもこだわりが強く個性的な生き方をするので気が合う。

壁×成蟜 親
独特な洞察力を持つ壁タイプを成蟜タイプは認め、仲よくなる。

壁×李牧 成
ひたむきさが魅力的。支えているようで支えられていることも。

壁×騰 衰
互いに生活や生き方に隙がないので、長く一緒にいると息苦しい。

壁×王賁 安
表向きは良好だが、下に見られていると感じると傷つくことも。

壁×麃公 業
麃公タイプは壁タイプの独特なこだわりに惹かれ、ついてくる。

壁×昌文君 壊
お互いに慎重だが、より思慮深い昌文君タイプのほうが一枚上手。

壁×桓騎 安
ふたりが力を合わせると裏工作的なことに走りがちなのは注意。

壁×蔡沢 危
自分の世界観で生きる蔡沢タイプと近づくには共有するものが必要。

壁×紫夏 栄
紫夏タイプが表に立ち、壁タイプが裏方というバランスが安定。

壁×王翦 友
ボス的な王翦タイプにとって、壁タイプは知恵袋のような存在。

壁×昌平君 危
普段は違うスタイルのふたりだが、意外なところで接点を持ちそう。

キーパーソンは誰？『キングダム』

頼りになる部下は… 心宿 慶舎《けいしゃ》タイプ 栄

自分にだけは素直でいてくれる

人の心を読むのがうまい慶舎タイプは誰とでもうまくやっていけるが、本心はなかなか見せない。だが壁タイプには素直でよく働く。それは、壁タイプがどんなところを見せても受け止めてくれるし、本音を明かさなくても、それはそれで認めてくれる安心感があるから。壁タイプとしても、自分の下でのびのびと活躍してくれるのがうれしい。

高め合える同僚は… 奎宿 河《か》了《りょう》貂《てん》タイプ 栄

口の堅さで信頼してもらえる

ともに律儀なので協調して仕事ができ、節度ある大人の関係で安定。秘密裏に動くことも多い河了貂タイプの作戦を知っても、壁タイプは黙っていてあげるので信頼される。壁も唯一、河了貂が女であることを知っていた時期があったが、自分からは誰にも明かさなかった。河了貂タイプも壁タイプと一緒だと心が和み、明るくなれる。

壁×楊端和 安
距離を保てばよいライバル関係に。隙を突けば勝てるかもしれない。

壁×廉頗 親
自分を飾らない廉頗タイプには心を許せて、親しみを感じる。

壁×蒙驁 成
交遊関係が広く情報通の蒙驁タイプからはいろいろなことを学べる。

壁×王騎 親
互いに和める関係。一緒にいると、なぜか奉仕の精神が芽生える。

壁×龐煖 危
高い志を掲げる龐煖タイプは、自分にはないパワーをくれる存在。

壁×呂不韋 胎
守ってあげたくなる相性。つかず離れずくらいの関係が長く続く。

壁×蒙恬 壊
蒙恬タイプのわがままを聞く関係。手堅い関係だが発展は少なめ。

壁×壁 命
凝っているものの対象が異なっても、マニアックさで通じ合える。

壁×嬴政 壊
魅力に惹かれて深入りすると、すべてを捧げて尽くすことになる。

壁×蒙武 衰
一本気で不器用な蒙武タイプを支えたくなるが、ちょっと疲れる。

壁×信 友
どちらも自分の世界を守るので認め合うが、つき合いは限定的。

2024～2033の10年を占う!

『キングダム』

出世すごろく

2024 責任ある〝大人〞へ脱皮する年

あなたにも、周囲にも変化があり、次のステージへ移っていく変貌のとき。初体験のことも多く、今までにないプレッシャーや責任も担うが、3月28日～5月26日に覚悟を決めて。日々のルーティンを刷新すると、ひとつ〝大人〞へと脱皮し、生まれ変わったかのように新たな戦場へ向かえる。

ダメだ
それでは無責任すぎる
我らは栄《は》えある中央前衛の役目を全《まっと》うする!

2025 地道に無理せず、足もとを固めよう

前年に開いた〝大人〞への扉をくぐり、新たな環境の整備、人間関係の再構築などに頑張る年。地味な運気だけれど、無理をせずにできること、足もとにあるもの、身近な人を大事にすることで、本物の安らぎと信頼を得られる。

2026

自分らしい戦い方がわかってきて、活躍できる幸運期。個性と得意技で連戦連勝。人気運も上がるが、後半、調子に乗りすぎないように。

2027 支えたくなる人と出会えるとき

ちょ…ちょっと待て…
彼らはなぜ私の名を…
ヘキショウグン
ヘキショウグン
ヘキショウグン
オ
オ
オ
オ
た…たしかに…

何かを支えることでその本領を発揮する壁宿が、支えて悔いのない人や物に改めて出会えるときだ。そのために、これまでの生活を大きく変える可能性も。ただ気持ちが強くなりすぎて、危ない橋を渡ったり、見当違いな人や物を支えないように。自分を過信せず、人の助言は素直に聞こう。

打ち砕けっ
ドド
オオ
ドド

2033 必要なものを手にして、次の戦場へ

これまで積み重ねたことの結果が出る年であると同時に、本当にめざしたいこと、次の活躍のために、自ら舵を切る決断をする年。それが大事な人や物のための選択でも、迷いはないはず。何かの強制的な清算や変化もあるが、その変化はむしろ好転の兆し、きっかけとなるだろう。

2032

前年に過去を清算した人ほど行動力がアップ。次のビジョンも舞い降りる。人間関係が広がり、楽しい交流の中で仲間と未来を描ける。

2030 未来のために、地ならしを

ち…
ちょっと待て…

マイペースで自由に動いて、自分の居場所をよりよく整えていけるとき。プライベートでも楽しいことが多い年だが、少し先の戦局を見据え、住環境や働き方を整え、得意技も磨いておこう。転職、副業開始も幸運な年だ。

2031 守るべきものを意識して強くなる

地道に義務や懸案事項を処理すれば、確実に成果が上がる年。仕事運はよいが、攻めるよりは守るべき運気。身近な人や環境、家族などが変化し、ときには何かを清算、手放す必要も。また頑張りすぎるので、自分の健康にも目配りを。

2029 学びと挑戦が、幸運を連れてくる

好奇心が高まり、まだ見ぬ世界への憧れが強まりそう。仕事とは関係のない分野や金融関係の勉強などを始めるのも楽しい。アシスタントや弟子入り的修業も有効。転職や独立、副業の開始は焦らずに、もう少しいろいろ学んでから。

2028

前年の変化やトラブルをおさめる年。とくにお金はきちんとすべき。よき味方に恵まれるので、協力すれば、失ったものも取り戻せそう。

27

奎宿《けいしゅく》

河《か》了《りょう》貂《てん》タイプ

今は亡き山民族の末裔《まつえい》から、明晰な頭脳を生かして秦《しん》の軍師に

河了貂タイプの有名人

- 徳川家光
- 勝海舟
- 堂安律
- 奥田瑛二
- 所ジョージ
- 宮本浩次
- 坂上忍
- 尾崎豊
- 桜井和寿
- 羽鳥慎一
- 妻夫木聡
- 菅田将暉
- 大竹しのぶ
- 松たか子
- ロバート・デ・ニーロ
- 谷川俊太郎
- 野田秀樹

基本性格

自分なりの理想を追い求めるピュアな人

山民族・梟鳴《きゅうめい》の生き残りの少女。信《しん》や嬴政《えいせい》と出会い、彼らと同じ場所に立ちたいと願い、昌平君《しょうへいくん》に兵法を学び、飛信隊《ひしんたい》の軍師となる。そんな河了貂タイプのあなたは、知的好奇心旺盛な勉強家で、自分なりの理想と正義を追い求めるピュアな感性の持ち主。奎宿の「奎」は〝股〟の意味があり、秘めた部分とそこから生み出されるものを表し、文章の神を象徴する字。これは奎宿のクリエイティブな資質とミステリアスな一面を示す。奎宿は、人との共同作業がうまく、人と力を合わせたときに何倍もの力と個性的な自分を出せる。繊細な面もあり、誰とでもうまくやれるわけではないが、この人！と思えるパートナーや仲間を得られた場所こそが奎宿の生きる場所になる。河了貂にとっては、それが信だった？

河了貂タイプってこんな人

何だこれ!?
……

ちょっとミステリアス

よきパートナー、相棒に恵まれると運気が上がる。とくに、相手は同性より異性のほうがより運気が上がるといわれている。相手から多くの恩恵を受けるという意味で、奎宿は27宿で最も結婚運がよいとされる。恋愛がらみのことはあまり表に見えないところでされるように、実は、水面下で秘かに動くことで成功を導き、そのために秘密を持つ奎宿も多い。貂もときにはフクロウの蓑《みの》で正体を隠すし、信への思いも含めて秘めたものは多いのかも。

純粋で理想が高い

オレもあいつと一緒に幸せになりたい

奎宿が抱く夢や目標は、お金や物など形あるものより、誰かのために何かを成し遂げたり、それを一緒に手伝ったり、人とともに求めたものを勝ち取る心の満足、幸福感のようなものであることが多い。人質にされたときに口にした貂の望みも「信と一緒に幸せになること」だった。貂は、軍師として味方に犠牲を強いる作戦を立てることに悩むが、それも純粋で人を思いやれる奎宿らしい悩みだ。

オレ達で絶対に中央の丘より奥に前線を作るんだ

頭がよく、隙は見せない

貂は、信たちに出会う前は身寄りがなく、ならず者の村でうまく立ち回って日銭を稼いで生き抜いていた。奎宿は、頭の回転が速く、機転もきき、緻密に計算して動けるので、それも可能。副業をいくつも持ったり、二股交際をやり通したりして、人に知られないところでの意外な成功や失敗を抱えているのが奎宿。本来、隙のない奎宿の秘密はばれないはずだが、運気が落ちてくると望まない形でばれる。

── 個性を生かして勝て！ ──

河了貂タイプの得意戦術

この渡河《とか》には〝武力〟も〝知略〟も必要ない
必要なのは〝別のもの〟だ

得意戦術❶

人を支え、力を引き出す

河了貂が渕《えん》の強い責任感を見込んで、激流地での渡河《とか》という大役を任せたように、人の力を見抜き、引き出すプロデューサー的な能力がある。自分が目立つより陰で人を支え、その結果、自分のためにも働いてもらうフィクサー的資質も。一緒に頑張れる人がいるとさらに力が出る。

脱出経路くらい確保しとくよ
最初っからね

得意戦術❷

緻密な仕事で裏工作もこなせる

物事を緻密に詰めて分析するなど、仕事が丁寧。その細やかさが戦術的な個性となり、秘密裏に事を進めることもできるので、裏工作も得意。本陣からの脱出経路を裏で確保しておく河了貂の抜かりなさも奎宿らしい。根回しや交渉事にも強く、相手をうまく自分のペースに取り込める。

大丈夫か
テン

得意戦術❸

人から助けられる運気がある

陰で人を引き立てたり、力になっているだけに、逆に人に助けられサポートしてもらえる。仕事も助け合いの中で成立していくので、ミニマムなチームのほうが個性を生かしやすい。河了貂が敵の人質になったときに信らによって救出されたように、とくに異性から助けられる運がある。

―― この陣形で勝負! ――

秘密型
ゴーストアタックの陣

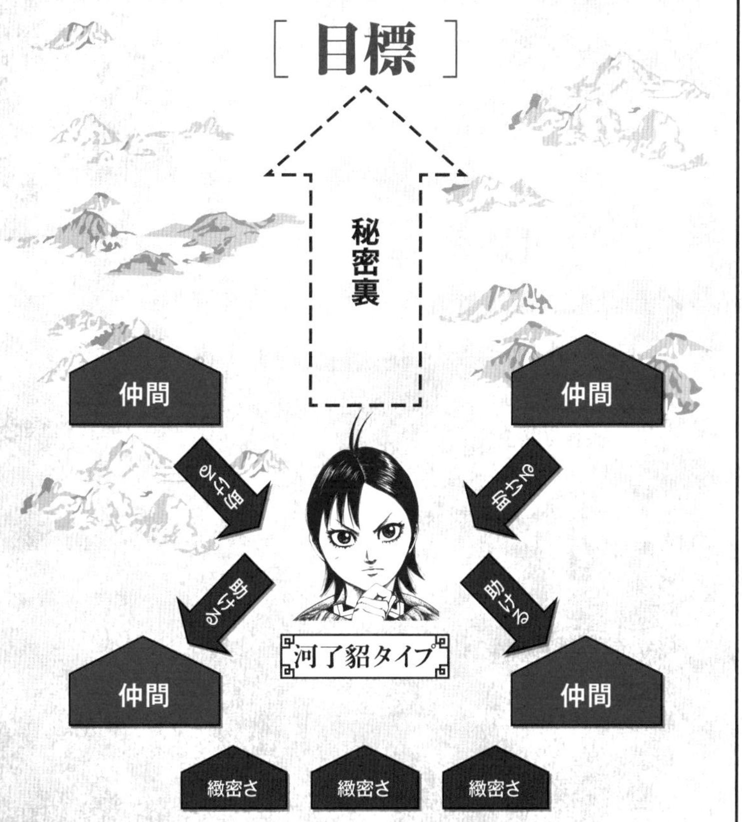

人を助け、人に助けられる運を持つ河了貂タイプ。プロデュース能力に長《た》け、仲間の力を引き出すのが得意で、それによって目標達成をめざすが、河了貂タイプ自身がめざしているのは仲間と一緒に頑張る、達成するという満足感や連帯感自体だ。緻密で計画性があり、しかもそれを水面下で動かすのが得意技。仲間のことは大好きだが、仲間にも秘密で、みんなが気づかないうちにチームを目標達成に近づけることもできる。

ポジション別

強みを生かす戦い方は？

若手なら…

オレは『軍師《ぐんし》』になるぞ！

大事な仕事を受け継いでいけ！

緻密で丁寧な仕事をする奎宿は、さまざまな人とタッグを組む共同作業の中で、センスを磨き、力をつけていく。夢に邁進する信たちと歩んでいきたいと軍師をめざした河了貂のように、いい仕事仲間に恵まれるほど、持っている力を伸ばせる。奎宿には、人から大事なものを受け継ぐ運があるため、上に見込まれて、弟子入りのような形で仕事を覚えることもある。

中間管理職なら…

密な協力体制で力をつけろ！

上とも下とも密な協力関係の中でともに仕事をしながら、自分の実力を伸ばしていく。河了貂も飛信隊の軍師としての初陣で早速、力量を発揮したが、奎宿は誰と組むかが重要になる。上は、自分がどんな理想をめざすのか、何をやりたいのかでついていく相手を選ぶべき。下はサポートし合える相手、自分が大事なものを託してもいいと思える相手と組むようにしよう。

飛信隊《ひしんたい》軍師河了貂《かりょうてん》になァ！
この名前よォく頭にたたきこんどけ

あ 軍師殿
お疲れさま
河了貂《かりょうてん》
お疲れさま
軍師殿
お疲れさま

トップ職なら…

少人数のリーダーとして力を発揮！

個人個人と深く関わり、影響もし合うため、大きな組織のトップはあまり向かず、家業を継承して大きくしたり、少人数のプロジェクトチームのリーダー的な立場のほうが力を生かせる。また、河了貂が仲間に声をかけながら彼らの状態を冷静に見極めていくように、上に立ってみんなを率いていくというより、仲間感覚でいたほうが本人もやりやすく、結果的に引っ張っていける。

フリーランスなら…

人の縁から手堅く広げろ！

ある人と一緒にがっつり仕事を続けるためといった目的での独立、フリー転身が多い。人間関係から仕事のきっかけや広がりが生まれるので、戦術面で苦戦が続いていた飛信隊に派遣されてきた河了貂のように、人の紹介やコネクションを手がかりに手堅くやっていくほうがいい。仕事ぶりも密なので、なんでもやります的なスタイルより、量より質で勝負できる仕事が吉。

助けに来てやったぞ
信《しん》

河了貂タイプの弱点は？

軍師である河了貂のように、秘密裏に物事を進めるのが得意だけれど、浮気や不正といった後ろ暗い秘め事はバレるとダメージも大きい。秘密の意識がなく、同時進行で進めて混乱を招くことも。また、世間知らずで頭でっかち、度量は広くないので、綺麗事を言いすぎると反感を買う。

河了貂タイプに向いている職種は？

河了貂のように理想が高く正義感も強いので司法や警察は適職。緻密なので学者や研究職、銀行や保険業も向いている。文章力もあるので文筆業なども吉。家業を継ぐ場合も多い。趣味が高じてサイドビジネスで成功する人も。また、カジュアルな雰囲気よりハイソな環境のほうが合う。

ビジネス相性占い

騰《とう》将軍!
馬くらい代えてこい　一刻代わってやる

尊敬できる上司は… 婁宿 **騰《とう》タイプ** 栄

計画的な者同士、わかり合える

隙なく計画的に物事を進められ、大人の対応ができる者同士なので仕事がやりやすい関係。とくに、何かを守ろうとしたり、つなげたいときに頼りになる上司だ。自己流で動きたくなってしまうこともあるが、あまり勝手にやると機嫌を損ねることもあるので報・連・相はしっかりと。騰タイプについていきつつ、細かな部分をフォローする形で安定。

ハハ冗談　一つ借りが出来たとは思ってるよ
ちゃんといつか返すから

最強のライバルは… 角宿 **蒙《もう》恬《てん》タイプ** 成

自分にはないちゃっかりさにモヤッ

河了貂タイプは筋を通したり、細かい部分もきちんとしたいが、蒙恬タイプは細かいことは気にせず「楽しければいいでしょ」というスタンス。こちらがつくったものに蒙恬タイプがアレンジを加えていい感じに仕上げ、そのうえちゃっかり自分のものにされてしまうことも。そんなところが悔しくて、より自分の力を示したいと思うライバルだ。

27 奎宿

河了貂タイプ×他23タイプの相性は？

河了貂×蔡沢 安
信念を貫き通す蔡沢タイプは、支えたいと思わせてくれる存在。

河了貂×紫夏 業
どちらも自分のやりたいことが最優先なので、共同作業は不向き。

河了貂×昌文君 成
どちらも冷静なので割り切った関係だが、むしろそれが無難。

河了貂×桓騎 衰
秘密主義で共感する部分がある。でも相手に緻密さは求めないで。

河了貂×蒙驁 危
常に人間関係に助けられる蒙驁タイプがお調子者に見えてしまう。

河了貂×李斯 栄
遠い夢を語る李斯タイプに触発される。バックアップしてくれる人。

河了貂×王翦 壊
思想も戦略も違うので、補い合えもするが、最終的にはすれ違う。

河了貂×昌平君 安
誠実な者同士近づきすぎなければ安泰だが、争うとこちらが勝つ。

河了貂×信 壊
熱い信タイプとクールな河了貂タイプは補い合いながら目標を達成。

河了貂×王賁 衰
失敗を恐れやすい王賁タイプだが、河了貂タイプが一緒だと安心。

河了貂×麃公 親
枠にはまらない麃公タイプの生き方に憧れ、サポートしたくなる。

河了貂×李牧 危
河了貂タイプのこだわりも、李牧タイプの執着心には負ける。

キーパーソンは誰？『キングダム』

男のフリをして
一人で生きていくなんて
もうやめるんだ

頼りになる部下は… 壁宿 壁《へき》タイプ 親

秘密を守り、フォローしてくれる

秘密を持ちがちな河了貂タイプにとって、意外に口が固い壁タイプは信頼のおける人。河了貂が女であることを唯一知った壁も、本人にはアドバイスしつつも他の人には決して明かさなかった。それ以外でも、どんなときもこちらの意思を尊重したフォローをしてくれて、みんなをまとめ、盛り上げる陰のムードメーカー。一緒にいると気持ちが明るくなる相性だ。

高め合える同僚は… 井宿 成《せい》蟜《きょう》タイプ 友

言い返し合えるのが楽しい相性

河了貂タイプも弁が立つが、成蟜タイプの論戦の強さにはかなわない。どちらも論理的に事を考えるので、お互いに意見をぶつけ合って議論することは、本人たちにとっては楽しく、ストレス解消にもなる。よき相談相手でもあり、河了貂タイプが裏技に走ったり水面下で暴走しそうになったときに冷静に止めてくれるのは成蟜タイプだ。

その点をふまえた上で
反論があるというのか？
愚民のガキ

河了貂×媧燐 危
心がない形式的な交際で、当たり障りのないつき合い止まりに。

河了貂×蒙武 栄
思い込んだときのパワーはいい勝負だが、頭脳勝負では勝てる。

河了貂×廉頗 友
現実問題の対処法を教えてくれる。距離を保ちつつ長いつき合いを。

河了貂×王騎 友
好奇心旺盛な河了貂タイプにとって、王騎タイプの実行力は魅力。

河了貂×嬴政 成
感覚派の嬴政タイプの言動は理解できないが、プライドは尊重。

河了貂×楊端和 衰
自分のできないことを軽々とやってのけるので心憎く思うことも。

河了貂×呂不韋 親
一緒にいると呂不韋タイプが現実的な問題を処理してくれる。

河了貂×河了貂 命
気持ちが伝わりやすく目標も一致するが、欠点も見えやすい。

河了貂×羌瘣 壊
気を許して秘密も打ち明けるが羌瘣タイプの奔放さに振り回される。

河了貂×龐煖 安
ともに学問が好きで律儀。現実面では河了貂タイプがリードする。

河了貂×慶舎 胎
規則重視の河了貂タイプだが、慶舎タイプが絡むと感情を優先。

2024〜2033の10年を占う!

『キングダム』

出世すごろく

2024

勝利を得るには、もうひと頑張り

前年のネガティブな出来事や思いを清算し、ポジティブな情熱や行動に転換していくステップアップの年。足もとの人間関係と環境を整えながら、周囲の期待に応えよう。難題に立ち向かう勇気も評価され、今後の仕事運を引き上げる。新たな計画の始動は11月2日〜12月15日に。

っし

2025

チャレンジで新たな扉が開く

前年に挑んだものが多い人ほどワンランク上のステージに立てる。異動などで違う仕事を任されても、個性や能力を生かせるし、継続中の仕事でも小さなリニューアル、冒険は吉。外国や遠方との縁、意外な出会いが転職、独立、副業のきっかけをもたらすことも。

そこに道を切り開くのが飛信隊《ひしんたい》の軍師《ぐんし》だ!!
ゴ
ゴ
ゴ

2026

最近、始めたことを軌道に乗せていく年。あなたの能力、魅力が輝き、好調だが、ワンマンになりがち。ひとりで突っ走りすぎないで。

2027

引き続き夢と理想のために奔走する日々に。ただ昨年までと同じ戦法では停滞するので、人の意見を参考にマイナーチェンジをして味方を増やそう。

27 奎宿

2028 助けてくれる仲間と混乱を乗り切れ!

予期せぬ外圧や周囲の変化、トラブルなど混乱に見舞われやすい激動の日々。だが誰かがあなたを支え、フォローしてくれる運気も巡るので、ひとりで太刀打ちできないと感じたら、すぐに助けを求めよう。自分に不足していることを補う学び、技能の習得、情報収集も欠かせない年だ。

2029

引き続き、よき相棒やビジネスパートナーに助けられる。それを当たり前と思わず、謙虚に。とくに金銭の扱いは甘く考えず、フェアに。

2030 活動範囲を広げ、新しい自分に

意外なオファーや依頼が舞い込みそう。多少、リスキーな挑戦でも、それがきっかけで、仕事の幅、活動範囲が広がり、ひと皮むけて上昇気流に乗れる可能性大だ。部署異動、転勤や海外赴任も好転の鍵。閉塞感を破りたいなら、転職もあり。

2031 仕事とプライベートのベストバランスを模索

思い切り仕事に集中。大活躍でステップアップできる年。転職もOK。ただ忙しく、上ばかり見て、プライベートとのバランスはくずれがち。家族や友人など身近な人への配慮を欠くと、離れていく人もいるので調整を忘れずにしよう。

ザッ
オレしだいだ!!

2032 健康面は曲がり角。重い秘密は致命傷に

仕事は好調でも、心身のベストコンディションを維持できる働き方、生活へとシフトを考えるべき年。不調のサインには敏感に。この年に人に言えない隠し事を持つと、人間関係に大打撃の可能性も。清廉潔白を心がけるべし。

2033 激動の年に向けて、パワーチャージを

趣味が副業になって収入アップしたり、推し活が心の救いになったり。水面下でしていたことが役に立ち、癒やしになったりする年。そんなひそかな楽しみで英気を養いながら、翌2034年の飛躍と成功を懸けた大勝負に備えておこう。

これから強くなれる証《あかし》だ

part4
仕事の
強み編

個性ランキング

part4は、ビジネスで役立つ強みをピックアップ。
自分の個性を自覚して生かすことが、出世への近道だ。

職人気質 Best3

1位 紫夏《しか》タイプ

2位 李斯《りし》タイプ

3位 蒙恬《もうてん》タイプ

専門性が狭まれば狭まるほど技が光る紫夏タイプ。コツコツと精進する力が誰より強いのは李斯タイプ。蒙恬タイプは手先が器用でセンスも◎。

失敗が少ない Best3

1位 昌文君《しょうぶんくん》タイプ

2位 騰《とう》タイプ

3位 李斯《りし》タイプ

頭がいいうえに慎重な昌文君タイプは挫折知らず。騰タイプは求められたことを正確にこなす隙のない人。李斯タイプはとにかく真面目で一生懸命。

私共が先に下山してから今まで
配下を咸陽《かんよう》に忍《しの》ばせ 可能な限り情報を集めました

海外で活躍 Best3

ヒョッヒョ 秦《しん》に戻るところじゃったが お主《ぬし》が出たと聞いてな……

1位 蔡沢《さいたく》タイプ

2位 麃公《ひょうこう》タイプ

3位 紫夏《しか》タイプ

度胸があり、どんな環境でも適応できる蔡沢タイプが1位。麃公タイプは新しいことを始めるため、紫夏タイプは専門を究めるために海外へ。

教え上手 Best3

1位 昌平君《しょうへいくん》タイプ

2位 龐煖《ほうけん》タイプ

3位 慶舎《けいしゃ》タイプ

物事をうまく整理して伝える能力に長ける昌平君タイプ。龐煖タイプは高みをめざす大学教授タイプ。慶舎タイプは相手に合わせて教えられる。

根回しが上手 Best3

1位 河了貂《かりょうてん》タイプ
2位 呂不韋《りょふい》タイプ
3位 慶舎《けいしゃ》タイプ

水面下で事を進めるのが誰よりうまい河了貂タイプ。呂不韋タイプは人の懐に入るのがうまく、慶舎タイプは人の心を読んで裏から操れる。

仕事が大好き Best3

1位 李斯《りし》タイプ
2位 王翦《おうせん》タイプ
3位 李牧《りぼく》タイプ

大きな目標の実現のための苦労は厭わない李斯タイプ。王翦タイプは好きなものを仕事にして打ち込む。李牧タイプは仕事への誠実さNo.1だ。

李斯《りし》が現地に派遣されてる
山陽の経験もあるからより一層無駄なく効果的に秦国化が進んでると報告が来てるよ
……

引き立てられ運 Best3

すでにそこらの千人隊など足元にも及ばぬほどの武力を手にしている

1位 王賁《おうほん》タイプ
2位 龐煖《ほうけん》タイプ
3位 昌平君《しょうへいくん》タイプ

華があり、自己演出も得意な王賁タイプは注目の的。努力家の龐煖タイプはブレーンに引き立てられる。頭のいい昌平君タイプは上司ウケする。

アイデアカ Best3

1位 王翦《おうせん》タイプ
2位 嬴政《えいせい》タイプ
3位 羌瘣《きょうかい》タイプ

既成の概念を打ち破る力のある王翦タイプのアイデアは斬新。嬴政タイプは0から1を生む。羌瘣タイプは人とは違うことを面白がってやる。

あなたの『キングダム』キャラタイプは？

本命宿×『キングダム』キャラ早見表

1935～2024年生まれ

キングダム占いのベースとなる、「オリエンタル占星術」のタイプ「本命宿」は漢字一文字で表します。次のページからの【本命宿早見表】で、自分の生まれ年の表を探し、その表の、生年月日が交わる欄にある漢字を確認してください。それがあなたの「本命宿」です。

左記の表であなたの「本命宿」に対応しているのが、あなたの『キングダム』キャラタイプ！

下の二次元コードを読み取ると、MEN'S NON-NO WEBの「水晶玉子の『キングダム』占い」のページへ。サイトでは1918～2019年生まれまで、無料で調べられます。SNSやLINEでシェアすることも！

1 婁宿 騰
2 胃宿 桓騎
3 昴宿 昌平君
4 畢宿 李牧
5 觜宿 昌文君
6 参宿 王翦
7 井宿 成蟜
8 鬼宿 麃公
9 柳宿 紫夏
10 星宿 李斯
11 張宿 王賁
12 翼宿 蔡沢
13 軫宿 蒙驁
14 角宿 蒙恬
15 亢宿 信
16 氐宿 廉頗

17 房宿 呂不韋
18 心宿 慶舎
19 尾宿 蒙武
20 箕宿 楊端和
21 斗宿 龐煖
22 女宿 媧燐
23 虚宿 嬴政
24 危宿 羌瘣
25 室宿 王騎
26 壁宿 壁
27 奎宿 河了貂

1935年 昭和10年

日＼月	1	2	3	4	5	6	7	8	9	10	11	12
1	尾	虚	虚	奎	昴	参	鬼	軫	房	尾	虚	壁
2	箕	危	危	婁	畢	井	柳	角	心	箕	危	奎
3	斗	室	室	胃	畢	鬼	星	亢	尾	斗	室	婁
4	女	室	壁	昴	觜	柳	張	氐	箕	女	壁	胃
5	虚	壁	奎	畢	参	星	翼	房	斗	虚	奎	昴
6	危	奎	婁	觜	井	張	軫	心	女	危	婁	畢
7	室	婁	胃	参	鬼	翼	角	尾	虚	室	胃	觜
8	壁	胃	昴	井	柳	軫	亢	箕	危	壁	昴	参
9	奎	昴	畢	鬼	星	角	氐	斗	室	奎	畢	井
10	婁	畢	觜	柳	張	亢	房	女	壁	婁	觜	鬼
11	胃	觜	参	星	翼	氐	心	虚	奎	胃	参	柳
12	昴	参	井	張	軫	房	尾	危	婁	昴	井	星
13	畢	井	鬼	翼	角	心	箕	室	胃	畢	鬼	張
14	觜	鬼	柳	軫	亢	尾	斗	壁	昴	觜	柳	翼
15	参	柳	星	角	氐	箕	女	奎	畢	参	星	軫
16	井	星	張	亢	房	斗	虚	婁	觜	井	張	角
17	鬼	張	翼	氐	心	女	危	胃	参	鬼	翼	亢
18	柳	翼	軫	房	尾	虚	室	昴	井	柳	軫	氐
19	星	軫	角	心	箕	危	壁	畢	鬼	星	角	房
20	張	角	亢	尾	斗	室	奎	觜	柳	張	亢	心
21	翼	亢	氐	箕	女	壁	婁	参	星	翼	氐	尾
22	軫	氐	房	斗	虚	奎	胃	井	張	軫	房	箕
23	角	房	心	女	危	婁	昴	鬼	翼	角	心	斗
24	亢	心	尾	虚	室	胃	畢	柳	軫	亢	尾	女
25	氐	尾	箕	危	壁	昴	觜	星	角	氐	箕	虚
26	房	箕	斗	室	奎	畢	参	張	亢	房	斗	虚
27	心	斗	女	壁	婁	觜	井	翼	氐	心	女	危
28	尾	女	虚	奎	胃	参	鬼	軫	氐	尾	虚	室
29	箕	-	危	婁	昴	井	柳	角	房	箕	危	壁
30	斗	-	室	胃	畢	鬼	張	亢	心	斗	室	奎
31	女	-	壁	-	觜	-	翼	氐	-	女	-	婁

1936年 昭和11年

日＼月	1	2	3	4	5	6	7	8	9	10	11	12
1	胃	参	井	張	翼	亢	心	斗	壁	胃	参	鬼
2	昴	井	鬼	翼	軫	氐	尾	女	奎	昴	井	柳
3	畢	鬼	柳	軫	角	房	箕	虚	婁	畢	鬼	星
4	觜	柳	星	角	亢	心	斗	危	胃	觜	柳	張
5	参	星	張	亢	氐	尾	女	室	昴	参	星	翼
6	井	張	翼	氐	房	箕	虚	壁	畢	井	張	軫
7	鬼	翼	軫	房	心	斗	危	奎	觜	鬼	翼	角
8	柳	軫	角	心	尾	女	室	婁	参	柳	軫	亢
9	星	角	亢	尾	箕	虚	壁	胃	井	星	角	氐
10	張	亢	氐	箕	斗	危	奎	昴	鬼	張	亢	房
11	翼	氐	房	斗	女	室	婁	畢	柳	翼	氐	心
12	軫	房	心	女	虚	壁	胃	觜	星	軫	房	尾
13	角	心	尾	虚	危	奎	昴	参	張	角	心	箕
14	亢	尾	箕	危	室	婁	畢	井	翼	亢	心	斗
15	氐	箕	斗	室	壁	胃	觜	鬼	軫	氐	尾	女
16	房	斗	女	壁	奎	昴	参	柳	角	房	箕	虚
17	心	女	虚	奎	婁	畢	井	張	亢	心	斗	危
18	尾	虚	危	婁	胃	觜	鬼	翼	氐	尾	女	室
19	箕	危	室	胃	昴	参	鬼	軫	房	箕	虚	壁
20	斗	室	壁	昴	畢	井	柳	角	心	斗	危	奎
21	女	壁	奎	胃	畢	鬼	星	亢	尾	女	室	婁
22	虚	奎	婁	昴	觜	柳	張	氐	箕	虚	壁	胃
23	危	奎	胃	畢	参	星	翼	房	斗	危	奎	昴
24	室	婁	昴	觜	井	張	軫	心	女	室	婁	畢
25	壁	胃	畢	参	鬼	翼	角	尾	虚	壁	胃	觜
26	奎	昴	觜	井	柳	軫	亢	箕	危	奎	昴	参
27	婁	畢	参	鬼	星	角	氐	斗	室	婁	畢	井
28	胃	觜	井	柳	張	亢	房	女	壁	胃	觜	鬼
29	昴	参	鬼	星	翼	氐	心	虚	奎	昴	参	柳
30	畢	-	柳	張	軫	房	尾	危	婁	畢	井	星
31	觜	-	星	-	角	-	箕	室	-	觜	-	張

1937年 昭和12年

日＼月	1	2	3	4	5	6	7	8	9	10	11	12
1	翼	亢	氐	尾	女	壁	婁	觜	星	軫	房	尾
2	軫	氐	房	箕	虚	奎	胃	参	張	角	心	箕
3	角	房	心	斗	危	婁	昴	井	翼	亢	心	斗
4	亢	心	尾	女	室	胃	畢	鬼	軫	氐	尾	女
5	氐	尾	箕	虚	壁	昴	觜	柳	角	房	箕	虚
6	房	箕	斗	危	奎	畢	参	張	亢	心	斗	危
7	心	斗	女	室	婁	觜	井	翼	氐	尾	女	室
8	尾	女	虚	壁	胃	参	鬼	軫	房	箕	虚	壁
9	箕	虚	危	奎	昴	参	柳	角	心	斗	危	奎
10	斗	危	室	婁	畢	井	星	亢	尾	女	室	婁
11	女	室	壁	胃	觜	鬼	張	氐	箕	虚	壁	胃
12	虚	壁	奎	昴	参	柳	翼	房	斗	危	奎	昴
13	虚	奎	奎	畢	井	星	軫	心	女	室	婁	畢
14	危	婁	婁	觜	鬼	張	角	尾	虚	壁	胃	觜
15	室	胃	胃	参	柳	翼	亢	箕	危	奎	昴	参
16	壁	昴	昴	井	星	軫	氐	斗	室	婁	畢	井
17	奎	畢	畢	鬼	張	角	房	女	壁	胃	觜	鬼
18	婁	觜	觜	柳	翼	亢	心	虚	奎	昴	参	柳
19	胃	参	参	星	軫	氐	尾	危	婁	畢	井	星
20	昴	井	井	張	角	房	箕	室	胃	觜	鬼	張
21	畢	鬼	鬼	翼	亢	心	斗	壁	昴	参	柳	翼
22	觜	柳	柳	軫	氐	尾	女	奎	畢	井	星	軫
23	参	星	星	角	房	箕	虚	婁	觜	鬼	張	角
24	井	張	張	亢	心	斗	危	胃	参	柳	翼	亢
25	鬼	翼	翼	氐	尾	女	室	昴	井	星	軫	氐
26	柳	軫	軫	房	箕	虚	壁	畢	鬼	張	角	房
27	星	角	角	心	斗	危	奎	觜	柳	翼	亢	心
28	張	亢	亢	尾	女	室	婁	参	星	軫	氐	尾
29	翼	-	氐	箕	虚	壁	胃	井	張	角	房	箕
30	軫	-	房	斗	危	奎	昴	鬼	翼	亢	心	斗
31	角	-	心	-	室	-	畢	柳	-	氐	-	女

1938年 昭和13年

日＼月	1	2	3	4	5	6	7	8	9	10	11	12
1	虚	壁	奎	胃	觜	柳	張	氐	心	斗	室	奎
2	虚	奎	奎	昴	参	星	翼	房	尾	女	壁	婁
3	危	婁	婁	畢	井	張	軫	心	箕	虚	奎	胃
4	室	胃	胃	觜	鬼	翼	角	尾	斗	危	婁	昴
5	壁	昴	昴	参	柳	軫	亢	箕	女	室	胃	畢
6	奎	畢	畢	井	星	角	氐	斗	虚	壁	昴	觜
7	婁	觜	觜	鬼	張	亢	房	女	危	奎	畢	参
8	胃	参	参	柳	翼	氐	心	虚	室	婁	觜	井
9	昴	井	井	星	軫	房	尾	危	壁	胃	参	鬼
10	畢	鬼	鬼	張	角	心	箕	室	奎	昴	井	柳
11	觜	柳	柳	翼	亢	尾	斗	壁	婁	畢	鬼	星
12	参	星	星	軫	氐	箕	女	奎	胃	觜	柳	張
13	井	張	張	角	房	斗	虚	婁	昴	参	星	翼
14	鬼	翼	翼	亢	心	女	危	胃	畢	井	張	軫
15	柳	軫	軫	氐	尾	虚	室	昴	觜	鬼	翼	角
16	星	角	角	房	箕	危	壁	畢	参	柳	軫	亢
17	張	亢	亢	心	斗	室	奎	觜	井	星	角	氐
18	翼	氐	氐	尾	女	壁	婁	参	鬼	張	亢	房
19	軫	房	房	箕	虚	奎	胃	井	柳	翼	氐	心
20	角	心	心	斗	危	婁	昴	鬼	星	軫	房	尾
21	亢	尾	尾	女	室	胃	畢	柳	張	角	心	箕
22	氐	箕	箕	虚	壁	昴	觜	星	翼	亢	心	斗
23	房	斗	斗	危	奎	畢	参	張	軫	氐	尾	女
24	心	女	女	室	婁	觜	井	翼	角	房	箕	虚
25	尾	虚	虚	壁	胃	参	鬼	張	亢	心	斗	危
26	箕	危	危	奎	昴	井	柳	翼	氐	尾	女	室
27	斗	室	室	婁	畢	鬼	張	軫	房	箕	虚	壁
28	女	壁	壁	胃	觜	鬼	翼	角	心	斗	危	奎
29	虚	-	奎	昴	参	柳	軫	亢	尾	女	室	婁
30	危	-	婁	畢	井	星	角	氐	箕	虚	壁	胃
31	室	-	胃	-	鬼	-	亢	房	-	危	-	昴

1939年 昭和14年

日＼月	1	2	3	4	5	6	7	8	9	10	11	12
1	畢	鬼	鬼	張	軫	房	箕	虚	婁	觜	鬼	張
2	觜	柳	柳	翼	角	心	斗	危	胃	参	柳	翼
3	参	星	星	軫	亢	尾	女	室	昴	井	星	軫
4	井	張	張	角	氐	箕	虚	壁	畢	鬼	張	角
5	鬼	翼	翼	亢	房	斗	危	奎	觜	柳	翼	亢
6	柳	軫	軫	氐	心	女	室	婁	参	星	軫	氐
7	星	角	角	房	尾	虚	壁	胃	井	張	角	房
8	張	亢	亢	心	箕	危	奎	昴	鬼	翼	亢	心
9	翼	氐	氐	尾	斗	室	婁	畢	柳	軫	氐	尾
10	軫	房	房	箕	女	壁	胃	觜	星	角	房	箕
11	角	心	心	斗	虚	奎	昴	参	張	亢	心	斗
12	亢	尾	尾	女	危	婁	畢	井	翼	氐	尾	女
13	氐	箕	箕	虚	室	胃	觜	鬼	角	氐	箕	虚
14	房	斗	斗	危	壁	昴	参	柳	亢	房	斗	危
15	心	女	女	室	奎	畢	井	張	氐	心	女	室
16	尾	虚	虚	壁	婁	觜	鬼	翼	房	尾	虚	壁
17	箕	危	危	奎	胃	参	鬼	軫	心	箕	危	奎
18	斗	室	室	婁	昴	井	柳	角	尾	斗	室	婁
19	女	室	壁	胃	畢	鬼	星	亢	箕	女	壁	胃
20	虚	壁	奎	胃	觜	柳	張	氐	斗	虚	奎	昴
21	危	奎	奎	昴	参	星	翼	房	女	危	婁	畢
22	室	婁	婁	畢	井	張	軫	心	虚	室	胃	觜
23	壁	胃	胃	觜	鬼	翼	角	尾	危	壁	昴	参
24	奎	昴	昴	参	柳	軫	亢	箕	室	奎	畢	井
25	婁	畢	畢	井	星	角	氐	斗	壁	婁	觜	鬼
26	胃	觜	觜	鬼	張	亢	房	女	奎	胃	参	柳
27	昴	参	参	柳	翼	氐	心	虚	婁	昴	井	星
28	畢	井	井	星	軫	房	尾	危	胃	畢	鬼	張
29	觜	-	鬼	張	角	心	箕	室	昴	觜	柳	翼
30	参	-	柳	翼	亢	尾	斗	壁	畢	参	星	軫
31	井	-	星	-	氐	-	女	奎	-	井	-	角

1940年 昭和15年

日＼月	1	2	3	4	5	6	7	8	9	10	11	12
1	亢	尾	箕	虚	室	胃	畢	鬼	翼	氐	尾	虚
2	氐	箕	斗	危	壁	昴	觜	柳	角	房	箕	危
3	房	斗	女	室	奎	畢	参	星	亢	心	斗	室
4	心	女	虚	壁	婁	觜	井	張	氐	尾	女	壁
5	尾	虚	危	奎	胃	参	鬼	翼	房	箕	虚	奎
6	箕	危	室	婁	昴	参	柳	軫	心	斗	危	婁
7	斗	室	壁	胃	畢	井	星	角	尾	女	室	胃
8	女	室	奎	胃	觜	鬼	張	亢	箕	虚	壁	昴
9	虚	壁	奎	昴	参	柳	翼	氐	斗	危	奎	畢
10	危	奎	婁	畢	井	星	軫	房	女	室	婁	觜
11	室	婁	胃	觜	鬼	張	角	心	虚	壁	胃	参
12	壁	胃	昴	参	柳	翼	亢	尾	危	奎	昴	井
13	奎	昴	畢	井	星	軫	氐	箕	室	婁	畢	鬼
14	婁	畢	觜	鬼	張	角	房	斗	壁	胃	觜	柳
15	胃	觜	参	柳	翼	亢	心	女	奎	昴	参	星
16	昴	参	井	星	軫	氐	尾	虚	婁	畢	井	張
17	畢	井	鬼	張	角	房	箕	危	胃	觜	鬼	翼
18	觜	鬼	柳	翼	亢	心	斗	室	昴	参	柳	軫
19	参	柳	星	軫	氐	尾	女	壁	畢	井	星	角
20	井	星	張	角	房	箕	虚	奎	觜	鬼	張	亢
21	鬼	張	翼	亢	心	斗	危	婁	参	柳	翼	氐
22	柳	翼	軫	氐	尾	女	室	胃	井	星	軫	房
23	星	軫	角	房	箕	虚	壁	昴	鬼	張	角	心
24	張	角	亢	心	斗	危	奎	畢	柳	翼	亢	尾
25	翼	亢	氐	尾	女	室	婁	觜	星	軫	氐	箕
26	軫	氐	房	箕	虚	壁	胃	参	張	角	房	斗
27	角	房	心	斗	危	奎	昴	井	翼	亢	心	女
28	亢	心	尾	女	室	婁	畢	鬼	軫	氐	尾	虚
29	氐	尾	箕	虚	壁	胃	觜	柳	角	房	斗	虚
30	房	-	斗	危	奎	昴	参	星	亢	心	女	危
31	心	-	女	-	婁	-	井	張	-	心	-	室

1941年 昭和16年

日＼月	1	2	3	4	5	6	7	8	9	10	11	12
1	壁	昴	昴	参	柳	翼	角	氐	箕	危	婁	昴
2	奎	畢	畢	井	星	軫	亢	房	斗	室	胃	畢
3	婁	觜	觜	鬼	張	角	氐	心	女	壁	昴	觜
4	胃	参	参	柳	翼	亢	房	尾	虚	奎	畢	参
5	昴	井	井	星	軫	氐	心	箕	危	婁	觜	井
6	畢	鬼	鬼	張	角	房	尾	斗	室	胃	参	鬼
7	觜	柳	柳	翼	亢	心	箕	女	壁	昴	井	柳
8	参	星	星	軫	氐	尾	斗	虚	奎	畢	鬼	星
9	井	張	張	角	房	箕	女	危	婁	觜	柳	張
10	鬼	翼	翼	亢	心	斗	虚	室	胃	参	星	翼
11	柳	軫	軫	氐	尾	女	危	壁	昴	井	張	軫
12	星	角	角	房	箕	虚	室	奎	畢	鬼	翼	角
13	張	亢	亢	心	斗	危	壁	婁	觜	柳	軫	亢
14	翼	氐	氐	尾	女	室	奎	胃	参	星	角	氐
15	軫	房	房	箕	虚	壁	婁	昴	井	張	亢	房
16	角	心	心	斗	危	奎	胃	畢	鬼	翼	氐	心
17	亢	尾	尾	女	室	婁	昴	觜	柳	軫	房	尾
18	氐	箕	箕	虚	壁	胃	畢	参	星	角	心	斗
19	房	斗	斗	危	奎	昴	觜	井	張	亢	心	女
20	心	女	女	室	婁	畢	参	鬼	翼	氐	尾	虚
21	尾	虚	虚	壁	胃	觜	井	柳	角	房	箕	危
22	箕	危	危	奎	昴	参	鬼	星	亢	心	斗	室
23	斗	室	室	婁	畢	井	柳	張	氐	尾	女	壁
24	女	壁	壁	胃	觜	鬼	鬼	翼	房	箕	虚	奎
25	虚	奎	奎	昴	参	鬼	柳	軫	心	斗	危	婁
26	危	奎	婁	畢	参	柳	星	角	尾	女	室	胃
27	室	婁	胃	觜	井	星	張	亢	箕	虚	壁	昴
28	壁	胃	胃	参	鬼	張	翼	氐	斗	危	奎	畢
29	奎	-	昴	井	柳	翼	軫	房	女	室	婁	觜
30	婁	-	畢	鬼	星	軫	角	心	虚	壁	胃	参
31	胃	-	觜	-	張	-	亢	尾	-	奎	-	井

1942年 昭和17年

日＼月	1	2	3	4	5	6	7	8	9	10	11	12
1	鬼	張	翼	亢	心	斗	虚	奎	畢	井	張	軫
2	柳	翼	軫	氐	尾	女	危	婁	觜	鬼	翼	角
3	星	軫	角	房	箕	虚	室	胃	参	柳	軫	亢
4	張	角	亢	心	斗	危	壁	昴	井	星	角	氐
5	翼	亢	氐	尾	女	室	奎	畢	鬼	張	亢	房
6	軫	氐	房	箕	虚	壁	婁	觜	柳	翼	氐	心
7	角	房	心	斗	危	奎	胃	参	星	軫	房	尾
8	亢	心	尾	女	室	婁	昴	井	張	角	心	斗
9	氐	尾	箕	虚	壁	胃	畢	鬼	翼	亢	心	女
10	房	箕	斗	危	奎	昴	觜	柳	軫	氐	尾	虚
11	心	斗	女	室	婁	畢	参	星	角	房	箕	危
12	尾	女	虚	壁	胃	觜	井	張	亢	心	斗	室
13	箕	虚	危	奎	昴	参	鬼	翼	氐	尾	女	壁
14	斗	危	室	婁	畢	参	柳	軫	房	箕	虚	奎
15	女	室	壁	胃	畢	井	星	角	心	斗	危	婁
16	虚	壁	奎	昴	觜	鬼	張	亢	尾	女	室	胃
17	虚	奎	奎	畢	参	柳	翼	氐	箕	虚	壁	昴
18	危	婁	婁	觜	井	星	軫	房	斗	危	奎	畢
19	室	胃	胃	参	鬼	張	角	心	女	室	婁	觜
20	壁	昴	昴	井	柳	翼	亢	尾	虚	壁	胃	参
21	奎	畢	畢	鬼	星	軫	氐	箕	危	奎	昴	井
22	婁	觜	觜	柳	張	角	房	斗	室	婁	畢	鬼
23	胃	参	参	星	翼	亢	心	女	壁	胃	觜	柳
24	昴	井	井	張	軫	氐	尾	虚	奎	昴	参	星
25	畢	鬼	鬼	翼	角	房	箕	危	婁	畢	井	張
26	觜	柳	柳	軫	亢	心	斗	室	胃	觜	鬼	翼
27	参	星	星	角	氐	尾	女	壁	昴	参	柳	軫
28	井	張	張	亢	房	箕	虚	奎	畢	井	星	角
29	鬼	-	翼	氐	心	斗	危	婁	觜	鬼	張	亢
30	柳	-	軫	房	尾	女	室	胃	参	柳	翼	氐
31	星	-	角	-	箕	-	壁	昴	-	星	-	房

1943年 昭和18年

日＼月	1	2	3	4	5	6	7	8	9	10	11	12
1	心	女	女	壁	婁	觜	井	張	亢	心	斗	危
2	尾	虚	虚	奎	胃	参	鬼	翼	氐	尾	女	室
3	箕	危	危	婁	昴	参	柳	軫	房	箕	虚	壁
4	斗	室	室	胃	畢	井	星	角	心	斗	危	奎
5	女	室	壁	胃	觜	鬼	張	亢	尾	女	室	婁
6	虚	壁	奎	昴	参	柳	翼	氐	箕	虚	壁	胃
7	危	奎	婁	畢	井	星	軫	房	斗	危	奎	昴
8	室	婁	胃	觜	鬼	張	角	心	女	室	婁	畢
9	壁	胃	昴	参	柳	翼	亢	尾	虚	壁	胃	觜
10	奎	昴	畢	井	星	軫	氐	箕	危	奎	昴	参
11	婁	畢	觜	鬼	張	角	房	斗	室	婁	畢	井
12	胃	觜	参	柳	翼	亢	心	女	壁	胃	觜	鬼
13	昴	参	井	星	軫	氐	尾	虚	奎	昴	参	柳
14	畢	井	鬼	張	角	房	箕	危	婁	畢	井	星
15	觜	鬼	柳	翼	亢	心	斗	室	胃	觜	鬼	張
16	参	柳	星	軫	氐	尾	女	壁	昴	参	柳	翼
17	井	星	張	角	房	箕	虚	奎	畢	井	星	軫
18	鬼	張	翼	亢	心	斗	危	婁	觜	鬼	張	角
19	柳	翼	軫	氐	尾	女	室	胃	参	柳	翼	亢
20	星	軫	角	房	箕	虚	壁	昴	井	星	軫	氐
21	張	角	亢	心	斗	危	奎	畢	鬼	張	角	房
22	翼	亢	氐	尾	女	室	婁	觜	柳	翼	亢	心
23	軫	氐	房	箕	虚	壁	胃	参	星	軫	氐	尾
24	角	房	心	斗	危	奎	昴	井	張	角	房	箕
25	亢	心	尾	女	室	婁	畢	鬼	翼	亢	心	斗
26	氐	尾	箕	虚	壁	胃	觜	柳	軫	氐	尾	女
27	房	箕	斗	危	奎	昴	参	星	角	房	箕	虚
28	心	斗	女	室	婁	畢	井	張	亢	心	斗	危
29	尾	-	虚	壁	胃	觜	鬼	翼	氐	心	女	室
30	箕	-	危	奎	昴	参	柳	軫	房	尾	虚	壁
31	斗	-	室	-	畢	-	星	角	-	箕	-	奎

1947年 昭和22年

日＼月	1	2	3	4	5	6	7	8	9	10	11	12
1	觜	鬼	鬼	柳	翼	氐	心	女	奎	昴	井	柳
2	参	柳	柳	星	軫	房	尾	虚	婁	畢	鬼	星
3	井	星	星	張	角	心	箕	危	胃	觜	柳	張
4	鬼	張	張	翼	亢	尾	斗	室	昴	参	星	翼
5	柳	翼	翼	軫	氐	箕	女	壁	畢	井	張	軫
6	星	軫	軫	角	房	斗	虚	奎	觜	鬼	翼	角
7	張	角	角	亢	心	女	危	婁	参	柳	軫	亢
8	翼	亢	亢	氐	尾	虚	室	胃	井	星	角	氐
9	軫	氐	氐	房	箕	危	壁	昴	鬼	張	亢	房
10	角	房	房	心	斗	室	奎	畢	柳	翼	氐	心
11	亢	心	心	尾	女	壁	婁	觜	星	軫	房	尾
12	氐	尾	尾	箕	虚	奎	胃	参	張	角	心	斗
13	房	箕	箕	斗	危	婁	昴	井	翼	亢	心	女
14	心	斗	斗	女	室	胃	畢	鬼	軫	氐	尾	虚
15	尾	女	女	虚	壁	昴	觜	柳	角	房	箕	危
16	箕	虚	虚	危	奎	畢	参	張	亢	心	斗	室
17	斗	危	危	室	婁	觜	井	翼	氐	尾	女	壁
18	女	室	室	壁	胃	参	鬼	軫	房	箕	虚	奎
19	虚	壁	壁	奎	昴	参	柳	角	心	斗	危	婁
20	危	奎	奎	婁	畢	井	星	亢	尾	女	室	胃
21	室	奎	婁	胃	觜	鬼	張	氐	箕	虚	壁	昴
22	室	婁	胃	昴	参	柳	翼	房	斗	危	奎	畢
23	壁	胃	奎	畢	井	星	軫	心	女	室	婁	觜
24	奎	昴	婁	觜	鬼	張	角	尾	虚	壁	胃	参
25	婁	畢	胃	参	柳	翼	亢	箕	危	奎	昴	井
26	胃	觜	昴	井	星	軫	氐	斗	室	婁	畢	鬼
27	昴	参	畢	鬼	張	角	房	女	壁	胃	觜	柳
28	畢	井	觜	柳	翼	亢	心	虚	奎	昴	参	星
29	觜	-	参	星	軫	氐	尾	危	婁	畢	井	張
30	参	-	井	張	角	房	箕	室	胃	觜	鬼	翼
31	井	-	鬼	-	亢	-	斗	壁	-	参	-	軫

1948年 昭和23年

日＼月	1	2	3	4	5	6	7	8	9	10	11	12
1	角	房	心	斗	危	奎	昴	参	張	亢	心	斗
2	亢	心	尾	女	室	婁	畢	井	翼	氐	尾	女
3	氐	尾	箕	虚	壁	胃	觜	鬼	角	氐	箕	虚
4	房	箕	斗	危	奎	昴	参	柳	亢	房	斗	危
5	心	斗	女	室	婁	畢	井	張	氐	心	女	室
6	尾	女	虚	壁	胃	觜	鬼	翼	房	尾	虚	壁
7	箕	虚	危	奎	昴	参	鬼	軫	心	箕	危	奎
8	斗	危	室	婁	畢	井	柳	角	尾	斗	室	婁
9	女	室	壁	胃	畢	鬼	星	亢	箕	女	壁	胃
10	虚	室	奎	昴	觜	柳	張	氐	斗	虚	奎	昴
11	虚	壁	奎	畢	参	星	翼	房	女	危	婁	畢
12	危	奎	婁	觜	井	張	軫	心	虚	室	胃	觜
13	室	婁	胃	参	鬼	翼	角	尾	危	壁	昴	参
14	壁	胃	昴	井	柳	軫	亢	箕	室	奎	畢	井
15	奎	昴	畢	鬼	星	角	氐	斗	壁	婁	觜	鬼
16	婁	畢	觜	柳	張	亢	房	女	奎	胃	参	柳
17	胃	觜	参	星	翼	氐	心	虚	婁	昴	井	星
18	昴	参	井	張	軫	房	尾	危	胃	畢	鬼	張
19	畢	井	鬼	翼	角	心	箕	室	昴	觜	柳	翼
20	觜	鬼	柳	軫	亢	尾	斗	壁	畢	参	星	軫
21	参	柳	星	角	氐	箕	女	奎	觜	井	張	角
22	井	星	張	亢	房	斗	虚	婁	参	鬼	翼	亢
23	鬼	張	翼	氐	心	女	危	胃	井	柳	軫	氐
24	柳	翼	軫	房	尾	虚	室	昴	鬼	星	角	房
25	星	軫	角	心	箕	危	壁	畢	柳	張	亢	心
26	張	角	亢	尾	斗	室	奎	觜	星	翼	氐	尾
27	翼	亢	氐	箕	女	壁	婁	参	張	軫	房	箕
28	軫	氐	房	斗	虚	奎	胃	井	翼	角	心	斗
29	角	房	心	女	危	婁	昴	鬼	軫	亢	尾	女
30	亢	-	尾	虚	室	胃	畢	柳	角	氐	箕	虚
31	氐	-	箕	-	壁	-	觜	星	-	房	-	危

1949年 昭和24年

日＼月	1	2	3	4	5	6	7	8	9	10	11	12
1	室	婁	婁	畢	井	星	軫	房	尾	虚	壁	胃
2	壁	胃	胃	觜	鬼	張	角	心	箕	危	奎	昴
3	奎	昴	昴	参	柳	翼	亢	尾	斗	室	婁	畢
4	婁	畢	畢	井	星	軫	氐	箕	女	壁	胃	觜
5	胃	觜	觜	鬼	張	角	房	斗	虚	奎	昴	参
6	昴	参	参	柳	翼	亢	心	女	危	婁	畢	井
7	畢	井	井	星	軫	氐	尾	虚	室	胃	觜	鬼
8	觜	鬼	鬼	張	角	房	箕	危	壁	昴	参	柳
9	参	柳	柳	翼	亢	心	斗	室	奎	畢	井	星
10	井	星	星	軫	氐	尾	女	壁	婁	觜	鬼	張
11	鬼	張	張	角	房	箕	虚	奎	胃	参	柳	翼
12	柳	翼	翼	亢	心	斗	危	婁	昴	井	星	軫
13	星	軫	軫	氐	尾	女	室	胃	畢	鬼	張	角
14	張	角	角	房	箕	虚	壁	昴	觜	柳	翼	亢
15	翼	亢	亢	心	斗	危	奎	畢	参	星	軫	氐
16	軫	氐	氐	尾	女	室	婁	觜	井	張	角	房
17	角	房	房	箕	虚	壁	胃	参	鬼	翼	亢	心
18	亢	心	心	斗	危	奎	昴	井	柳	軫	氐	尾
19	氐	尾	尾	女	室	婁	畢	鬼	星	角	房	箕
20	房	箕	箕	虚	壁	胃	觜	柳	張	亢	心	斗
21	心	斗	斗	危	奎	昴	参	星	翼	氐	尾	女
22	尾	女	女	室	婁	畢	井	張	角	氐	箕	虚
23	箕	虚	虚	壁	胃	觜	鬼	翼	亢	房	斗	危
24	斗	危	危	奎	昴	参	柳	張	氐	心	女	室
25	女	室	室	婁	畢	井	星	翼	房	尾	虚	壁
26	虚	壁	壁	胃	觜	鬼	張	軫	心	箕	危	奎
27	危	奎	奎	昴	参	柳	翼	角	尾	斗	室	婁
28	室	奎	婁	畢	参	星	軫	亢	箕	女	壁	胃
29	室	-	胃	觜	井	張	角	氐	斗	虚	奎	昴
30	壁	-	胃	参	鬼	翼	亢	房	女	危	婁	畢
31	奎	-	昴	-	柳	-	氐	心	-	室	-	觜

1944年 昭和19年

日＼月	1	2	3	4	5	6	7	8	9	10	11	12
1	婁	畢	参	星	翼	角	氐	箕	危	婁	畢	参
2	胃	觜	井	張	軫	亢	房	斗	室	胃	觜	井
3	昴	参	鬼	翼	角	氐	心	女	壁	昴	参	鬼
4	畢	井	柳	軫	亢	房	尾	虚	奎	畢	井	柳
5	觜	鬼	星	角	氐	心	箕	危	婁	觜	鬼	星
6	参	柳	張	亢	房	尾	斗	室	胃	参	柳	張
7	井	星	翼	氐	心	箕	女	壁	昴	井	星	翼
8	鬼	張	軫	房	尾	斗	虚	奎	畢	鬼	張	軫
9	柳	翼	角	心	箕	女	危	婁	觜	柳	翼	角
10	星	軫	亢	尾	斗	虚	室	胃	参	星	軫	亢
11	張	角	氐	箕	女	危	壁	昴	井	張	角	氐
12	翼	亢	房	斗	虚	室	奎	畢	鬼	翼	亢	房
13	軫	氐	心	女	危	壁	婁	觜	柳	軫	氐	心
14	角	房	尾	虚	室	奎	胃	参	星	角	房	尾
15	亢	心	箕	危	壁	婁	昴	井	張	亢	心	斗
16	氐	尾	斗	室	奎	胃	畢	鬼	翼	氐	心	女
17	房	箕	女	壁	婁	昴	觜	柳	角	氐	尾	虚
18	心	斗	虚	奎	胃	畢	参	星	亢	房	箕	危
19	尾	女	危	婁	昴	觜	井	張	氐	心	斗	室
20	箕	虚	室	胃	畢	参	鬼	翼	房	尾	女	壁
21	斗	危	壁	昴	觜	参	柳	軫	心	箕	虚	奎
22	女	室	奎	畢	畢	井	星	角	尾	斗	危	婁
23	虚	壁	婁	畢	觜	鬼	張	亢	箕	女	室	胃
24	危	奎	胃	觜	参	柳	翼	氐	斗	虚	壁	昴
25	室	婁	昴	参	井	星	軫	房	女	危	奎	畢
26	室	胃	畢	井	鬼	張	角	心	虚	室	婁	觜
27	壁	昴	觜	鬼	柳	翼	亢	尾	危	壁	胃	参
28	奎	畢	参	柳	星	軫	氐	箕	室	奎	昴	井
29	婁	觜	井	星	張	角	房	斗	壁	婁	畢	鬼
30	胃	-	鬼	張	翼	亢	心	女	奎	胃	觜	柳
31	昴	-	柳	-	軫	-	尾	虚	-	昴	-	星

1945年 昭和20年

日＼月	1	2	3	4	5	6	7	8	9	10	11	12
1	張	角	角	心	斗	危	奎	畢	鬼	翼	亢	房
2	翼	亢	亢	尾	女	室	婁	觜	柳	軫	氐	心
3	軫	氐	氐	箕	虚	壁	胃	参	星	角	房	尾
4	角	房	房	斗	危	奎	昴	井	張	亢	心	箕
5	亢	心	心	女	室	婁	畢	鬼	翼	氐	心	斗
6	氐	尾	尾	虚	壁	胃	觜	柳	角	氐	尾	女
7	房	箕	箕	危	奎	昴	参	星	亢	房	箕	虚
8	心	斗	斗	室	婁	畢	井	張	氐	心	斗	危
9	尾	女	女	壁	胃	觜	鬼	翼	房	尾	女	室
10	箕	虚	虚	奎	昴	参	柳	軫	心	箕	虚	壁
11	斗	危	危	婁	畢	井	星	角	尾	斗	危	奎
12	女	室	室	胃	畢	鬼	張	亢	箕	女	室	婁
13	虚	室	壁	昴	觜	柳	翼	氐	斗	虚	壁	胃
14	虚	壁	奎	畢	参	星	軫	房	女	危	奎	昴
15	危	奎	婁	觜	井	張	角	心	虚	室	婁	畢
16	室	婁	胃	参	鬼	翼	亢	尾	危	壁	胃	觜
17	壁	胃	昴	井	柳	軫	氐	箕	室	奎	昴	参
18	奎	昴	畢	鬼	星	角	房	斗	壁	婁	畢	井
19	婁	畢	觜	柳	張	亢	心	女	奎	胃	觜	鬼
20	胃	觜	参	星	翼	氐	尾	虚	婁	昴	参	柳
21	昴	参	井	張	軫	房	箕	危	胃	畢	井	星
22	畢	井	鬼	翼	角	心	斗	室	昴	觜	鬼	張
23	觜	鬼	柳	軫	亢	尾	女	壁	畢	参	柳	翼
24	参	柳	星	角	氐	箕	虚	奎	觜	井	星	軫
25	井	星	張	亢	房	斗	危	婁	参	鬼	張	角
26	鬼	張	翼	氐	心	女	室	胃	井	柳	翼	亢
27	柳	翼	軫	房	尾	虚	壁	昴	鬼	星	軫	氐
28	星	軫	角	心	箕	危	奎	畢	柳	張	角	房
29	張	-	亢	尾	斗	室	婁	觜	星	翼	亢	心
30	翼	-	氐	箕	女	壁	胃	参	張	軫	氐	尾
31	軫	-	房	-	虚	-	昴	井	-	角	-	箕

1946年 昭和21年

日＼月	1	2	3	4	5	6	7	8	9	10	11	12
1	斗	室	室	婁	畢	井	星	亢	尾	女	室	婁
2	女	室	壁	胃	觜	鬼	張	氐	箕	虚	壁	胃
3	虚	壁	奎	昴	参	柳	翼	房	斗	危	奎	昴
4	危	奎	奎	畢	井	星	軫	心	女	室	婁	畢
5	室	婁	婁	觜	鬼	張	角	尾	虚	壁	胃	觜
6	壁	胃	胃	参	柳	翼	亢	箕	危	奎	昴	参
7	奎	昴	昴	井	星	軫	氐	斗	室	婁	畢	井
8	婁	畢	畢	鬼	張	角	房	女	壁	胃	觜	鬼
9	胃	觜	觜	柳	翼	亢	心	虚	奎	昴	参	柳
10	昴	参	参	星	軫	氐	尾	危	婁	畢	井	星
11	畢	井	井	張	角	房	箕	室	胃	觜	鬼	張
12	觜	鬼	鬼	翼	亢	心	斗	壁	昴	参	柳	翼
13	参	柳	柳	軫	氐	尾	女	奎	畢	井	星	軫
14	井	星	星	角	房	箕	虚	婁	觜	鬼	張	角
15	鬼	張	張	亢	心	斗	危	胃	参	柳	翼	亢
16	柳	翼	翼	氐	尾	女	室	昴	井	星	軫	氐
17	星	軫	軫	房	箕	虚	壁	畢	鬼	張	角	房
18	張	角	角	心	斗	危	奎	觜	柳	翼	亢	心
19	翼	亢	亢	尾	女	室	婁	参	星	軫	氐	尾
20	軫	氐	氐	箕	虚	壁	胃	井	張	角	房	箕
21	角	房	房	斗	危	奎	昴	鬼	翼	亢	心	斗
22	亢	心	心	女	室	婁	畢	柳	軫	氐	尾	女
23	氐	尾	尾	虚	壁	胃	觜	星	角	房	箕	虚
24	房	箕	箕	危	奎	昴	参	張	亢	心	斗	危
25	心	斗	斗	室	婁	畢	井	翼	氐	心	女	室
26	尾	女	女	壁	胃	觜	鬼	軫	房	尾	虚	壁
27	箕	虚	虚	奎	昴	参	柳	角	心	箕	危	奎
28	斗	危	危	婁	畢	井	張	亢	尾	斗	室	婁
29	女	-	室	胃	觜	鬼	翼	氐	箕	女	壁	胃
30	虚	-	壁	昴	参	柳	軫	房	斗	虚	奎	昴
31	危	-	奎	-	参	-	角	心	-	危	-	畢

1950年 昭和25年

日＼月	1	2	3	4	5	6	7	8	9	10	11	12
1	参	星	星	軫	氐	尾	斗	室	胃	参	星	翼
2	井	張	張	角	房	箕	女	壁	昴	井	張	軫
3	鬼	翼	翼	亢	心	斗	虚	奎	畢	鬼	翼	角
4	柳	軫	軫	氐	尾	女	危	婁	觜	柳	軫	亢
5	星	角	角	房	箕	虚	室	胃	参	星	角	氐
6	張	亢	亢	心	斗	危	壁	昴	井	張	亢	房
7	翼	氐	氐	尾	女	室	奎	畢	鬼	翼	氐	心
8	軫	房	房	箕	虚	壁	婁	觜	柳	軫	房	尾
9	角	心	心	斗	危	奎	胃	参	星	角	心	斗
10	亢	尾	尾	女	室	婁	昴	井	張	亢	心	女
11	氐	箕	箕	虚	壁	胃	畢	鬼	翼	氐	尾	虚
12	房	斗	斗	危	奎	昴	觜	柳	角	房	箕	危
13	心	女	女	室	婁	畢	参	星	亢	心	斗	室
14	尾	虚	虚	壁	胃	觜	井	張	氐	尾	女	壁
15	箕	危	危	奎	昴	参	鬼	翼	房	箕	虚	奎
16	斗	室	室	婁	畢	参	柳	軫	心	斗	危	婁
17	女	室	壁	胃	畢	井	星	角	尾	女	室	胃
18	虚	壁	奎	昴	觜	鬼	張	亢	箕	虚	壁	昴
19	危	奎	奎	畢	参	柳	翼	氐	斗	危	奎	畢
20	室	婁	婁	觜	井	星	軫	房	女	室	婁	觜
21	壁	胃	胃	参	鬼	張	角	心	虚	壁	胃	参
22	奎	昴	昴	井	柳	翼	亢	尾	危	奎	昴	井
23	婁	畢	畢	鬼	星	軫	氐	箕	室	婁	畢	鬼
24	胃	觜	觜	柳	張	角	房	斗	壁	胃	觜	柳
25	昴	参	参	星	翼	亢	心	女	奎	昴	参	星
26	畢	井	井	張	軫	氐	尾	虚	婁	畢	井	張
27	觜	鬼	鬼	翼	角	房	箕	危	胃	觜	鬼	翼
28	参	柳	柳	軫	亢	心	斗	室	昴	参	柳	軫
29	井	-	星	角	氐	尾	女	壁	畢	井	星	角
30	鬼	-	張	亢	房	箕	虚	奎	觜	鬼	張	亢
31	柳	-	翼	-	心	-	危	婁	-	柳	-	氐

1951年 昭和26年

日＼月	1	2	3	4	5	6	7	8	9	10	11	12
1	房	箕	斗	危	奎	昴	觜	柳	角	氐	箕	虚
2	心	斗	女	室	婁	畢	参	星	亢	房	斗	危
3	尾	女	虚	壁	胃	觜	井	張	氐	心	女	室
4	箕	虚	危	奎	昴	参	鬼	翼	房	尾	虚	壁
5	斗	危	室	婁	畢	参	柳	軫	心	箕	危	奎
6	女	室	壁	胃	畢	井	星	角	尾	斗	室	婁
7	虚	壁	奎	昴	觜	鬼	張	亢	箕	女	壁	胃
8	虚	奎	奎	畢	参	柳	翼	氐	斗	虚	奎	昴
9	危	婁	婁	觜	井	星	軫	房	女	危	婁	畢
10	室	胃	胃	参	鬼	張	角	心	虚	室	胃	觜
11	壁	昴	昴	井	柳	翼	亢	尾	危	壁	昴	参
12	奎	畢	畢	鬼	星	軫	氐	箕	室	奎	畢	井
13	婁	觜	觜	柳	張	角	房	斗	壁	婁	觜	鬼
14	胃	参	参	星	翼	亢	心	女	奎	胃	参	柳
15	昴	井	井	張	軫	氐	尾	虚	婁	昴	井	星
16	畢	鬼	鬼	翼	角	房	箕	危	胃	畢	鬼	張
17	觜	柳	柳	軫	亢	心	斗	室	昴	觜	柳	翼
18	参	星	星	角	氐	尾	女	壁	畢	参	星	軫
19	井	張	張	亢	房	箕	虚	奎	觜	井	張	角
20	鬼	翼	翼	氐	心	斗	危	婁	参	鬼	翼	亢
21	柳	軫	軫	房	尾	女	室	胃	井	柳	軫	氐
22	星	角	角	心	箕	虚	壁	昴	鬼	星	角	房
23	張	亢	亢	尾	斗	危	奎	畢	柳	張	亢	心
24	翼	氐	氐	箕	女	室	婁	觜	星	翼	氐	尾
25	軫	房	房	斗	虚	壁	胃	参	張	軫	房	箕
26	角	心	心	女	危	奎	昴	井	翼	角	心	斗
27	亢	尾	尾	虚	室	婁	畢	鬼	軫	亢	尾	女
28	氐	箕	箕	危	壁	胃	觜	柳	角	氐	箕	虚
29	房	-	斗	室	奎	昴	参	星	亢	房	斗	危
30	心	-	女	壁	婁	畢	井	張	氐	心	女	室
31	尾	-	虚	-	胃	-	鬼	翼	-	尾	-	壁

1952年 昭和27年

日＼月	1	2	3	4	5	6	7	8	9	10	11	12
1	奎	昴	觜	鬼	張	角	亢	心	女	壁	胃	觜
2	婁	畢	参	柳	翼	亢	氐	尾	虚	奎	昴	参
3	胃	觜	井	星	軫	氐	房	箕	危	婁	畢	井
4	昴	参	鬼	張	角	房	心	斗	室	胃	觜	鬼
5	畢	井	柳	翼	亢	心	尾	女	壁	昴	参	柳
6	觜	鬼	星	軫	氐	尾	箕	虚	奎	畢	井	星
7	参	柳	張	角	房	箕	斗	危	婁	觜	鬼	張
8	井	星	翼	亢	心	斗	女	室	胃	参	柳	翼
9	鬼	張	軫	氐	尾	女	虚	壁	昴	井	星	軫
10	柳	翼	角	房	箕	虚	危	奎	畢	鬼	張	角
11	星	軫	亢	心	斗	危	室	婁	觜	柳	翼	亢
12	張	角	氐	尾	女	室	壁	胃	参	星	軫	氐
13	翼	亢	房	箕	虚	壁	奎	昴	井	張	角	房
14	軫	氐	心	斗	危	奎	婁	畢	鬼	翼	亢	心
15	角	房	尾	女	室	婁	胃	觜	柳	軫	氐	尾
16	亢	心	箕	虚	壁	胃	昴	参	星	角	房	箕
17	氐	尾	斗	危	奎	昴	畢	井	張	亢	心	斗
18	房	箕	女	室	婁	畢	觜	鬼	翼	氐	尾	女
19	心	斗	虚	壁	胃	觜	参	柳	角	氐	箕	虚
20	尾	女	危	奎	昴	参	井	星	亢	房	斗	危
21	箕	虚	室	婁	畢	井	鬼	張	氐	心	女	室
22	斗	危	壁	胃	觜	参	鬼	翼	房	尾	虚	壁
23	女	室	奎	昴	参	井	柳	軫	心	箕	危	奎
24	虚	壁	婁	畢	参	鬼	星	角	尾	斗	室	婁
25	危	奎	胃	觜	井	柳	張	亢	箕	女	壁	胃
26	室	婁	胃	参	鬼	星	翼	氐	斗	虚	奎	昴
27	室	胃	昴	井	柳	張	軫	房	女	危	婁	畢
28	壁	昴	畢	鬼	星	翼	角	心	虚	室	胃	觜
29	奎	畢	觜	柳	張	軫	亢	尾	危	壁	昴	参
30	婁	-	参	星	翼	角	氐	箕	室	奎	畢	井
31	胃	-	井	-	軫	-	房	斗	-	婁	-	鬼

1953年 昭和28年

日＼月	1	2	3	4	5	6	7	8	9	10	11	12
1	柳	軫	軫	房	尾	虚	壁	胃	参	星	軫	亢
2	星	角	角	心	箕	危	奎	昴	井	張	角	氐
3	張	亢	亢	尾	斗	室	婁	畢	鬼	翼	亢	房
4	翼	氐	氐	箕	女	壁	胃	觜	柳	軫	氐	心
5	軫	房	房	斗	虚	奎	昴	参	星	角	房	尾
6	角	心	心	女	危	婁	畢	井	張	亢	心	斗
7	亢	尾	尾	虚	室	胃	觜	鬼	翼	氐	心	女
8	氐	箕	箕	危	壁	昴	参	柳	角	氐	尾	虚
9	房	斗	斗	室	奎	畢	井	星	亢	房	箕	危
10	心	女	女	壁	婁	觜	鬼	張	氐	心	斗	室
11	尾	虚	虚	奎	胃	参	鬼	翼	房	尾	女	壁
12	箕	危	危	婁	昴	井	柳	軫	心	箕	虚	奎
13	斗	室	室	胃	畢	鬼	星	角	尾	斗	危	婁
14	女	室	壁	胃	觜	柳	張	亢	箕	女	室	胃
15	虚	壁	奎	昴	参	星	翼	氐	斗	虚	壁	昴
16	危	奎	婁	畢	井	張	軫	房	女	危	奎	畢
17	室	婁	胃	觜	鬼	翼	角	心	虚	室	婁	觜
18	壁	胃	昴	参	柳	軫	亢	尾	危	壁	胃	参
19	奎	昴	畢	井	星	角	氐	箕	室	奎	昴	井
20	婁	畢	觜	鬼	張	亢	房	斗	壁	婁	畢	鬼
21	胃	觜	参	柳	翼	氐	心	女	奎	胃	觜	柳
22	昴	参	井	星	軫	房	尾	虚	婁	昴	参	星
23	畢	井	鬼	張	角	心	箕	危	胃	畢	井	張
24	觜	鬼	柳	翼	亢	尾	斗	室	昴	觜	鬼	翼
25	参	柳	星	軫	氐	箕	女	壁	畢	参	柳	軫
26	井	星	張	角	房	斗	虚	奎	觜	井	星	角
27	鬼	張	翼	亢	心	女	危	婁	参	鬼	張	亢
28	柳	翼	軫	氐	尾	虚	室	胃	井	柳	翼	氐
29	星	-	角	房	箕	危	壁	昴	鬼	星	軫	房
30	張	-	亢	心	斗	室	奎	畢	柳	張	角	心
31	翼	-	氐	-	女	-	婁	觜	-	翼	-	尾

1954年 昭和29年

日＼月	1	2	3	4	5	6	7	8	9	10	11	12
1	箕	虚	虚	奎	昴	参	柳	軫	心	箕	虚	奎
2	斗	危	危	婁	畢	井	星	角	尾	斗	危	婁
3	女	室	室	胃	畢	鬼	張	亢	箕	女	室	胃
4	虚	室	壁	昴	觜	柳	翼	氐	斗	虚	壁	昴
5	虚	壁	奎	畢	参	星	軫	房	女	危	奎	畢
6	危	奎	婁	觜	井	張	角	心	虚	室	婁	觜
7	室	婁	胃	参	鬼	翼	亢	尾	危	壁	胃	参
8	壁	胃	昴	井	柳	軫	氐	箕	室	奎	昴	井
9	奎	昴	畢	鬼	星	角	房	斗	壁	婁	畢	鬼
10	婁	畢	觜	柳	張	亢	心	女	奎	胃	觜	柳
11	胃	觜	参	星	翼	氐	尾	虚	婁	昴	参	星
12	昴	参	井	張	軫	房	箕	危	胃	畢	井	張
13	畢	井	鬼	翼	角	心	斗	室	昴	觜	鬼	翼
14	觜	鬼	柳	軫	亢	尾	女	壁	畢	参	柳	軫
15	参	柳	星	角	氐	箕	虚	奎	觜	井	星	角
16	井	星	張	亢	房	斗	危	婁	参	鬼	張	亢
17	鬼	張	翼	氐	心	女	室	胃	井	柳	翼	氐
18	柳	翼	軫	房	尾	虚	壁	昴	鬼	星	軫	房
19	星	軫	角	心	箕	危	奎	畢	柳	張	角	心
20	張	角	亢	尾	斗	室	婁	觜	星	翼	亢	尾
21	翼	亢	氐	箕	女	壁	胃	参	張	軫	氐	箕
22	軫	氐	房	斗	虚	奎	昴	井	翼	角	房	斗
23	角	房	心	女	危	婁	畢	鬼	軫	亢	心	女
24	亢	心	尾	虚	室	胃	觜	柳	角	氐	尾	虚
25	氐	尾	箕	危	壁	昴	参	星	亢	房	斗	虚
26	房	箕	斗	室	奎	畢	井	張	氐	心	女	危
27	心	斗	女	壁	婁	觜	鬼	翼	氐	心	虚	室
28	尾	女	虚	奎	胃	参	柳	角	房	尾	危	壁
29	箕	-	危	婁	昴	井	星	亢	心	箕	室	奎
30	斗	-	室	胃	畢	鬼	張	氐	尾	斗	壁	婁
31	女	-	壁	-	觜	-	翼	房	-	女	-	胃

1955年 昭和30年

日＼月	1	2	3	4	5	6	7	8	9	10	11	12
1	昴	参	参	星	張	角	房	斗	室	胃	觜	鬼
2	畢	井	井	張	翼	亢	心	女	壁	昴	参	柳
3	觜	鬼	鬼	翼	軫	氐	尾	虚	奎	畢	井	星
4	参	柳	柳	軫	角	房	箕	危	婁	觜	鬼	張
5	井	星	星	角	亢	心	斗	室	胃	参	柳	翼
6	鬼	張	張	亢	氐	尾	女	壁	昴	井	星	軫
7	柳	翼	翼	氐	房	箕	虚	奎	畢	鬼	張	角
8	星	軫	軫	房	心	斗	危	婁	觜	柳	翼	亢
9	張	角	角	心	尾	女	室	胃	参	星	軫	氐
10	翼	亢	亢	尾	箕	虚	壁	昴	井	張	角	房
11	軫	氐	氐	箕	斗	危	奎	畢	鬼	翼	亢	心
12	角	房	房	斗	女	室	婁	觜	柳	軫	氐	尾
13	亢	心	心	女	虚	壁	胃	参	星	角	房	箕
14	氐	尾	尾	虚	危	奎	昴	井	張	亢	心	斗
15	房	箕	箕	危	室	婁	畢	鬼	翼	氐	尾	女
16	心	斗	斗	室	壁	胃	觜	柳	角	氐	箕	虚
17	尾	女	女	壁	奎	昴	参	星	亢	房	斗	危
18	箕	虚	虚	奎	婁	畢	井	張	氐	心	女	室
19	斗	危	危	婁	胃	觜	鬼	翼	房	尾	虚	壁
20	女	室	室	胃	昴	参	柳	軫	心	箕	危	奎
21	虚	壁	壁	昴	畢	井	星	角	尾	斗	室	婁
22	危	奎	奎	胃	畢	鬼	張	亢	箕	女	壁	胃
23	室	奎	婁	昴	觜	柳	翼	氐	斗	虚	奎	昴
24	室	婁	胃	畢	参	星	軫	房	女	危	婁	畢
25	壁	胃	昴	觜	井	張	角	心	虚	室	胃	觜
26	奎	昴	畢	参	鬼	翼	亢	尾	危	壁	昴	参
27	婁	畢	觜	井	柳	軫	氐	箕	室	奎	畢	井
28	胃	觜	参	鬼	星	角	房	斗	壁	婁	觜	鬼
29	昴	-	井	柳	張	亢	心	女	奎	胃	参	柳
30	畢	-	鬼	星	翼	氐	尾	虚	婁	昴	井	星
31	觜	-	柳	-	軫	-	箕	危	-	畢	-	張

1959年 昭和34年

日＼月	1	2	3	4	5	6	7	8	9	10	11	12
1	亢	尾	尾	虚	室	婁	畢	井	翼	亢	心	女
2	氐	箕	箕	危	壁	胃	觜	鬼	軫	氐	尾	虚
3	房	斗	斗	室	奎	昴	参	柳	角	房	箕	危
4	心	女	女	壁	婁	畢	井	張	亢	心	斗	室
5	尾	虚	虚	奎	胃	觜	鬼	翼	氐	尾	女	壁
6	箕	危	危	婁	昴	参	鬼	軫	房	箕	虚	奎
7	斗	室	室	胃	畢	井	柳	角	心	斗	危	婁
8	女	室	壁	胃	畢	鬼	星	亢	尾	女	室	胃
9	虚	壁	奎	昴	觜	柳	張	氐	箕	虚	壁	昴
10	危	奎	婁	畢	参	星	翼	房	斗	危	奎	畢
11	室	婁	胃	觜	井	張	軫	心	女	室	婁	觜
12	壁	胃	昴	参	鬼	翼	角	尾	虚	壁	胃	参
13	奎	昴	畢	井	柳	軫	亢	箕	危	奎	昴	井
14	婁	畢	觜	鬼	星	角	氐	斗	室	婁	畢	鬼
15	胃	觜	参	柳	張	亢	房	女	壁	胃	觜	柳
16	昴	参	井	星	翼	氐	心	虚	奎	昴	参	星
17	畢	井	鬼	張	軫	房	尾	危	婁	畢	井	張
18	觜	鬼	柳	翼	角	心	箕	室	胃	觜	鬼	翼
19	参	柳	星	軫	亢	尾	斗	壁	昴	参	柳	軫
20	井	星	張	角	氐	箕	女	奎	畢	井	星	角
21	鬼	張	翼	亢	房	斗	虚	婁	觜	鬼	張	亢
22	柳	翼	軫	氐	心	女	危	胃	参	柳	翼	氐
23	星	軫	角	房	尾	虚	室	昴	井	星	軫	房
24	張	角	亢	心	箕	危	壁	畢	鬼	張	角	心
25	翼	亢	氐	尾	斗	室	奎	觜	柳	翼	亢	尾
26	軫	氐	房	箕	女	壁	婁	参	星	軫	氐	箕
27	角	房	心	斗	虚	奎	胃	井	張	角	房	斗
28	亢	心	尾	女	危	婁	昴	鬼	翼	亢	心	女
29	氐	-	箕	虚	室	胃	畢	柳	軫	氐	尾	虚
30	房	-	斗	危	壁	昴	觜	星	角	房	斗	虚
31	心	-	女	-	奎	-	参	張	-	心	-	危

1960年 昭和35年

日＼月	1	2	3	4	5	6	7	8	9	10	11	12
1	室	胃	昴	井	柳	軫	亢	氐	斗	危	婁	昴
2	壁	昴	畢	鬼	星	角	氐	房	女	室	胃	畢
3	奎	畢	觜	柳	張	亢	房	心	虚	壁	昴	觜
4	婁	觜	参	星	翼	氐	心	尾	危	奎	畢	参
5	胃	参	井	張	軫	房	尾	箕	室	婁	觜	井
6	昴	井	鬼	翼	角	心	箕	斗	壁	胃	参	鬼
7	畢	鬼	柳	軫	亢	尾	斗	女	奎	昴	井	柳
8	觜	柳	星	角	氐	箕	女	虚	婁	畢	鬼	星
9	参	星	張	亢	房	斗	虚	危	胃	觜	柳	張
10	井	張	翼	氐	心	女	危	室	昴	参	星	翼
11	鬼	翼	軫	房	尾	虚	室	壁	畢	井	張	軫
12	柳	軫	角	心	箕	危	壁	奎	觜	鬼	翼	角
13	星	角	亢	尾	斗	室	奎	婁	参	柳	軫	亢
14	張	亢	氐	箕	女	壁	婁	胃	井	星	角	氐
15	翼	氐	房	斗	虚	奎	胃	昴	鬼	張	亢	房
16	軫	房	心	女	危	婁	昴	畢	柳	翼	氐	心
17	角	心	尾	虚	室	胃	畢	觜	星	軫	房	尾
18	亢	尾	箕	危	壁	昴	觜	参	張	角	心	斗
19	氐	箕	斗	室	奎	畢	参	井	翼	亢	心	女
20	房	斗	女	壁	婁	觜	井	鬼	軫	氐	尾	虚
21	心	女	虚	奎	胃	参	鬼	柳	角	房	箕	危
22	尾	虚	危	婁	昴	井	柳	張	亢	心	斗	室
23	箕	危	室	胃	畢	鬼	星	翼	氐	尾	女	壁
24	斗	室	壁	昴	觜	鬼	鬼	軫	房	箕	虚	奎
25	女	壁	奎	畢	参	柳	柳	角	心	斗	危	婁
26	虚	奎	婁	畢	井	星	星	亢	尾	女	室	胃
27	危	奎	胃	觜	鬼	張	張	氐	箕	虚	壁	昴
28	室	婁	昴	参	柳	翼	翼	房	斗	危	奎	畢
29	壁	胃	畢	井	星	軫	軫	心	女	室	婁	觜
30	奎	-	觜	鬼	張	角	角	尾	虚	壁	胃	参
31	婁	-	参	-	翼	-	亢	箕	-	奎	-	井

1961年 昭和36年

日＼月	1	2	3	4	5	6	7	8	9	10	11	12
1	鬼	張	翼	亢	心	斗	危	奎	觜	鬼	張	角
2	柳	翼	軫	氐	尾	女	室	婁	参	柳	翼	亢
3	星	軫	角	房	箕	虚	壁	胃	井	星	軫	氐
4	張	角	亢	心	斗	危	奎	昴	鬼	張	角	房
5	翼	亢	氐	尾	女	室	婁	畢	柳	翼	亢	心
6	軫	氐	房	箕	虚	壁	胃	觜	星	軫	氐	尾
7	角	房	心	斗	危	奎	昴	参	張	角	房	箕
8	亢	心	尾	女	室	婁	畢	井	翼	亢	心	斗
9	氐	尾	箕	虚	壁	胃	觜	鬼	軫	氐	尾	女
10	房	箕	斗	危	奎	昴	参	柳	角	氐	箕	虚
11	心	斗	女	室	婁	畢	井	張	亢	房	斗	危
12	尾	女	虚	壁	胃	觜	鬼	翼	氐	心	女	室
13	箕	虚	危	奎	昴	参	鬼	軫	房	尾	虚	壁
14	斗	危	室	婁	畢	井	柳	角	心	箕	危	奎
15	女	室	壁	胃	畢	鬼	星	亢	尾	斗	室	婁
16	虚	壁	奎	昴	觜	柳	張	氐	箕	女	壁	胃
17	虚	奎	奎	畢	参	星	翼	房	斗	虚	奎	昴
18	危	婁	婁	觜	井	張	軫	心	女	危	婁	畢
19	室	胃	胃	参	鬼	翼	角	尾	虚	室	胃	觜
20	壁	昴	昴	井	柳	軫	亢	箕	危	壁	昴	参
21	奎	畢	畢	鬼	星	角	氐	斗	室	奎	畢	井
22	婁	觜	觜	柳	張	亢	房	女	壁	婁	觜	鬼
23	胃	参	参	星	翼	氐	心	虚	奎	胃	参	柳
24	昴	井	井	張	軫	房	尾	危	婁	昴	井	星
25	畢	鬼	鬼	翼	角	心	箕	室	胃	畢	鬼	張
26	觜	柳	柳	軫	亢	尾	斗	壁	昴	觜	柳	翼
27	参	星	星	角	氐	箕	女	奎	畢	参	星	軫
28	井	張	張	亢	房	斗	虚	婁	觜	井	張	角
29	鬼	-	翼	氐	心	女	危	胃	参	鬼	翼	亢
30	柳	-	軫	房	尾	虚	室	昴	井	柳	軫	氐
31	星	-	角	-	箕	-	壁	畢	-	星	-	房

1956年 昭和31年

日＼月	1	2	3	4	5	6	7	8	9	10	11	12
1	翼	亢	氐	箕	女	壁	婁	觜	星	軫	房	尾
2	軫	氐	房	斗	虚	奎	胃	参	張	角	心	斗
3	角	房	心	女	危	婁	昴	井	翼	亢	心	女
4	亢	心	尾	虚	室	胃	畢	鬼	軫	氐	尾	虚
5	氐	尾	箕	危	壁	昴	觜	柳	角	房	箕	危
6	房	箕	斗	室	奎	畢	参	張	亢	心	斗	室
7	心	斗	女	壁	婁	觜	井	翼	氐	尾	女	壁
8	尾	女	虚	奎	胃	参	鬼	軫	房	箕	虚	奎
9	箕	虚	危	婁	昴	参	柳	角	心	斗	危	婁
10	斗	危	室	胃	畢	井	星	亢	尾	女	室	胃
11	女	室	壁	胃	觜	鬼	張	氐	箕	虚	壁	昴
12	虚	室	奎	昴	参	柳	翼	房	斗	危	奎	畢
13	虚	壁	婁	畢	井	星	軫	心	女	室	婁	觜
14	危	奎	胃	觜	鬼	張	角	尾	虚	壁	胃	参
15	室	婁	昴	参	柳	翼	亢	箕	危	奎	昴	井
16	壁	胃	畢	井	星	軫	氐	斗	室	婁	畢	鬼
17	奎	昴	觜	鬼	張	角	房	女	壁	胃	觜	柳
18	婁	畢	参	柳	翼	亢	心	虚	奎	昴	参	星
19	胃	觜	井	星	軫	氐	尾	危	婁	畢	井	張
20	昴	参	鬼	張	角	房	箕	室	胃	觜	鬼	翼
21	畢	井	柳	翼	亢	心	斗	壁	昴	参	柳	軫
22	觜	鬼	星	軫	氐	尾	女	奎	畢	井	星	角
23	参	柳	張	角	房	箕	虚	婁	觜	鬼	張	亢
24	井	星	翼	亢	心	斗	危	胃	参	柳	翼	氐
25	鬼	張	軫	氐	尾	女	室	昴	井	星	軫	房
26	柳	翼	角	房	箕	虚	壁	畢	鬼	張	角	心
27	星	軫	亢	心	斗	危	奎	觜	柳	翼	亢	尾
28	張	角	氐	尾	女	室	婁	参	星	軫	氐	箕
29	翼	亢	房	箕	虚	壁	胃	井	張	角	房	斗
30	軫	-	心	斗	危	奎	昴	鬼	翼	亢	心	女
31	角	-	尾	-	室	-	畢	柳	-	氐	-	虚

1957年 昭和32年

日＼月	1	2	3	4	5	6	7	8	9	10	11	12
1	虚	壁	奎	昴	觜	柳	張	氐	斗	斗	室	奎
2	危	奎	奎	畢	参	星	翼	房	女	女	壁	婁
3	室	婁	婁	觜	井	張	軫	心	虚	虚	奎	胃
4	壁	胃	胃	参	鬼	翼	角	尾	危	危	婁	昴
5	奎	昴	昴	井	柳	軫	亢	箕	室	室	胃	畢
6	婁	畢	畢	鬼	星	角	氐	斗	壁	壁	昴	觜
7	胃	觜	觜	柳	張	亢	房	女	奎	奎	畢	参
8	昴	参	参	星	翼	氐	心	虚	婁	婁	觜	井
9	畢	井	井	張	軫	房	尾	危	胃	胃	参	鬼
10	觜	鬼	鬼	翼	角	心	箕	室	昴	昴	井	柳
11	参	柳	柳	軫	亢	尾	斗	壁	畢	畢	鬼	星
12	井	星	星	角	氐	箕	女	奎	觜	觜	柳	張
13	鬼	張	張	亢	房	斗	虚	婁	参	参	星	翼
14	柳	翼	翼	氐	心	女	危	胃	井	井	張	軫
15	星	軫	軫	房	尾	虚	室	昴	鬼	鬼	翼	角
16	張	角	角	心	箕	危	壁	畢	柳	柳	軫	亢
17	翼	亢	亢	尾	斗	室	奎	觜	星	星	角	氐
18	軫	氐	氐	箕	女	壁	婁	参	張	張	亢	房
19	角	房	房	斗	虚	奎	胃	井	翼	翼	氐	心
20	亢	心	心	女	危	婁	昴	鬼	軫	軫	房	尾
21	氐	尾	尾	虚	室	胃	畢	柳	角	角	心	斗
22	房	箕	箕	危	壁	昴	觜	星	亢	亢	心	女
23	心	斗	斗	室	奎	畢	参	張	氐	氐	尾	虚
24	尾	女	女	壁	婁	觜	井	翼	角	房	箕	危
25	箕	虚	虚	奎	胃	参	鬼	角	亢	心	斗	室
26	斗	危	危	婁	昴	井	柳	亢	氐	尾	女	壁
27	女	室	室	胃	畢	鬼	張	氐	房	箕	虚	奎
28	虚	壁	壁	昴	觜	鬼	翼	房	心	斗	危	婁
29	危	-	奎	畢	参	柳	軫	心	尾	女	室	胃
30	室	-	婁	畢	井	星	角	尾	箕	虚	壁	昴
31	室	-	胃	-	鬼	-	亢	箕	-	危	-	畢

1958年 昭和33年

日＼月	1	2	3	4	5	6	7	8	9	10	11	12
1	觜	鬼	鬼	翼	角	房	箕	虚	婁	觜	鬼	張
2	参	柳	柳	軫	亢	心	斗	危	胃	参	柳	翼
3	井	星	星	角	氐	尾	女	室	昴	井	星	軫
4	鬼	張	張	亢	房	箕	虚	壁	畢	鬼	張	角
5	柳	翼	翼	氐	心	斗	危	奎	觜	柳	翼	亢
6	星	軫	軫	房	尾	女	室	婁	参	星	軫	氐
7	張	角	角	心	箕	虚	壁	胃	井	張	角	房
8	翼	亢	亢	尾	斗	危	奎	昴	鬼	翼	亢	心
9	軫	氐	氐	箕	女	室	婁	畢	柳	軫	氐	尾
10	角	房	房	斗	虚	壁	胃	觜	星	角	房	箕
11	亢	心	心	女	危	奎	昴	参	張	亢	心	斗
12	氐	尾	尾	虚	室	婁	畢	井	翼	氐	尾	女
13	房	箕	箕	危	壁	胃	觜	鬼	角	氐	箕	虚
14	心	斗	斗	室	奎	昴	参	柳	亢	房	斗	危
15	尾	女	女	壁	婁	畢	井	張	氐	心	女	室
16	箕	虚	虚	奎	胃	觜	鬼	翼	房	尾	虚	壁
17	斗	危	危	婁	昴	参	鬼	軫	心	箕	危	奎
18	女	室	室	胃	畢	井	柳	角	尾	斗	室	婁
19	虚	室	壁	胃	畢	鬼	星	亢	箕	女	壁	胃
20	虚	壁	奎	昴	觜	柳	張	氐	斗	虚	奎	昴
21	危	奎	婁	畢	参	星	翼	房	女	危	婁	畢
22	室	婁	胃	觜	井	張	軫	心	虚	室	胃	觜
23	壁	胃	昴	参	鬼	翼	角	尾	危	壁	昴	参
24	奎	昴	畢	井	柳	軫	亢	箕	室	奎	畢	井
25	婁	畢	觜	鬼	星	角	氐	斗	壁	婁	觜	鬼
26	胃	觜	参	柳	張	亢	房	女	奎	胃	参	柳
27	昴	参	井	星	翼	氐	心	虚	婁	昴	井	星
28	畢	井	鬼	張	軫	房	尾	危	胃	畢	鬼	張
29	觜	-	柳	翼	角	心	箕	室	昴	觜	柳	翼
30	参	-	星	軫	亢	尾	斗	壁	畢	参	星	軫
31	井	-	張	-	氐	-	女	奎	-	井	-	角

1962年 昭和37年

日＼月	1	2	3	4	5	6	7	8	9	10	11	12
1	心	女	女	壁	婁	觜	鬼	翼	氐	心	女	室
2	尾	虚	虚	奎	胃	参	鬼	軫	房	尾	虚	壁
3	箕	危	危	婁	昴	井	柳	角	心	箕	危	奎
4	斗	室	室	胃	畢	鬼	星	亢	尾	斗	室	婁
5	女	室	壁	胃	觜	柳	張	氐	箕	女	壁	胃
6	虚	壁	奎	昴	参	星	翼	房	斗	虚	奎	昴
7	危	奎	婁	畢	井	張	軫	心	女	危	婁	畢
8	室	婁	胃	觜	鬼	翼	角	尾	虚	室	胃	觜
9	壁	胃	昴	参	柳	軫	亢	箕	危	壁	昴	参
10	奎	昴	畢	井	星	角	氐	斗	室	奎	畢	井
11	婁	畢	觜	鬼	張	亢	房	女	壁	婁	觜	鬼
12	胃	觜	参	柳	翼	氐	心	虚	奎	胃	参	柳
13	昴	参	井	星	軫	房	尾	危	婁	昴	井	星
14	畢	井	鬼	張	角	心	箕	室	胃	畢	鬼	張
15	觜	鬼	柳	翼	亢	尾	斗	壁	昴	觜	柳	翼
16	参	柳	星	軫	氐	箕	女	奎	畢	参	星	軫
17	井	星	張	角	房	斗	虚	婁	觜	井	張	角
18	鬼	張	翼	亢	心	女	危	胃	参	鬼	翼	亢
19	柳	翼	軫	氐	尾	虚	室	昴	井	柳	軫	氐
20	星	軫	角	房	箕	危	壁	畢	鬼	星	角	房
21	張	角	亢	心	斗	室	奎	觜	柳	張	亢	心
22	翼	亢	氐	尾	女	壁	婁	参	星	翼	氐	尾
23	軫	氐	房	箕	虚	奎	胃	井	張	軫	房	箕
24	角	房	心	斗	危	婁	昴	鬼	翼	角	心	斗
25	亢	心	尾	女	室	胃	畢	柳	軫	亢	尾	女
26	氐	尾	箕	虚	壁	昴	觜	星	角	氐	箕	虚
27	房	箕	斗	危	奎	畢	参	張	亢	房	斗	虚
28	心	斗	女	室	婁	觜	井	翼	氐	心	女	危
29	尾	-	虚	壁	胃	参	鬼	軫	氐	尾	虚	室
30	箕	-	危	奎	昴	井	柳	角	房	箕	危	壁
31	斗	-	室	-	畢	-	張	亢	-	斗	-	奎

1963年 昭和38年

日＼月	1	2	3	4	5	6	7	8	9	10	11	12
1	婁	觜	觜	柳	張	軫	氐	尾	危	奎	畢	参
2	胃	参	参	星	翼	角	房	箕	室	婁	觜	井
3	昴	井	井	張	軫	亢	心	斗	壁	胃	参	鬼
4	畢	鬼	鬼	翼	角	氐	尾	女	奎	昴	井	柳
5	觜	柳	柳	軫	亢	房	箕	虚	婁	畢	鬼	星
6	参	星	星	角	氐	心	斗	危	胃	觜	柳	張
7	井	張	張	亢	房	尾	女	室	昴	参	星	翼
8	鬼	翼	翼	氐	心	箕	虚	壁	畢	井	張	軫
9	柳	軫	軫	房	尾	斗	危	奎	觜	鬼	翼	角
10	星	角	角	心	箕	女	室	婁	参	柳	軫	亢
11	張	亢	亢	尾	斗	虚	壁	胃	井	星	角	氐
12	翼	氐	氐	箕	女	危	奎	昴	鬼	張	亢	房
13	軫	房	房	斗	虚	室	婁	畢	柳	翼	氐	心
14	角	心	心	女	危	壁	胃	觜	星	軫	房	尾
15	亢	尾	尾	虚	室	奎	昴	参	張	角	心	箕
16	氐	箕	箕	危	壁	婁	畢	井	翼	亢	心	斗
17	房	斗	斗	室	奎	胃	觜	鬼	軫	氐	尾	女
18	心	女	女	壁	婁	昴	参	柳	角	房	箕	虚
19	尾	虚	虚	奎	胃	畢	井	張	亢	心	斗	危
20	箕	危	危	婁	昴	觜	鬼	翼	氐	尾	女	室
21	斗	室	室	胃	畢	参	鬼	軫	房	箕	虚	壁
22	女	壁	壁	昴	觜	井	柳	角	心	斗	危	奎
23	虚	奎	奎	畢	畢	鬼	星	亢	尾	女	室	婁
24	危	奎	婁	畢	觜	柳	張	氐	箕	虚	壁	胃
25	室	婁	胃	觜	参	星	翼	房	斗	危	奎	昴
26	壁	胃	昴	参	井	張	軫	心	女	室	婁	畢
27	奎	昴	畢	井	鬼	翼	角	尾	虚	壁	胃	觜
28	婁	畢	觜	鬼	柳	軫	亢	箕	危	奎	昴	参
29	胃	-	参	柳	星	角	氐	斗	室	婁	畢	井
30	昴	-	井	星	張	亢	房	女	壁	胃	觜	鬼
31	畢	-	鬼	-	翼	-	心	虚	-	昴	-	柳

1964年 昭和39年

日＼月	1	2	3	4	5	6	7	8	9	10	11	12
1	星	軫	亢	心	斗	危	奎	畢	鬼	翼	亢	心
2	張	角	氐	尾	女	室	婁	觜	柳	軫	氐	尾
3	翼	亢	房	箕	虚	壁	胃	参	星	角	房	箕
4	軫	氐	心	斗	危	奎	昴	井	張	亢	心	斗
5	角	房	尾	女	室	婁	畢	鬼	翼	氐	尾	女
6	亢	心	箕	虚	壁	胃	觜	柳	角	氐	箕	虚
7	氐	尾	斗	危	奎	昴	参	星	亢	房	斗	危
8	房	箕	女	室	婁	畢	井	張	氐	心	女	室
9	心	斗	虚	壁	胃	觜	鬼	翼	房	尾	虚	壁
10	尾	女	危	奎	昴	参	柳	軫	心	箕	危	奎
11	箕	虚	室	婁	畢	井	星	角	尾	斗	室	婁
12	斗	危	壁	胃	畢	鬼	張	亢	箕	女	壁	胃
13	女	室	奎	昴	觜	柳	翼	氐	斗	虚	奎	昴
14	虚	壁	奎	畢	参	星	軫	房	女	危	婁	畢
15	虚	奎	婁	觜	井	張	角	心	虚	室	胃	觜
16	危	婁	胃	参	鬼	翼	亢	尾	危	壁	昴	参
17	室	胃	昴	井	柳	軫	氐	箕	室	奎	畢	井
18	壁	昴	畢	鬼	星	角	房	斗	壁	婁	觜	鬼
19	奎	畢	觜	柳	張	亢	心	女	奎	胃	参	柳
20	婁	觜	参	星	翼	氐	尾	虚	婁	昴	井	星
21	胃	参	井	張	軫	房	箕	危	胃	畢	鬼	張
22	昴	井	鬼	翼	角	心	斗	室	昴	觜	柳	翼
23	畢	鬼	柳	軫	亢	尾	女	壁	畢	参	星	軫
24	觜	柳	星	角	氐	箕	虚	奎	觜	井	張	角
25	参	星	張	亢	房	斗	危	婁	参	鬼	翼	亢
26	井	張	翼	氐	心	女	室	胃	井	柳	軫	氐
27	鬼	翼	軫	房	尾	虚	壁	昴	鬼	星	角	房
28	柳	軫	角	心	箕	危	奎	畢	柳	張	亢	心
29	星	角	亢	尾	斗	室	婁	觜	星	翼	氐	尾
30	張	-	氐	箕	女	壁	胃	参	張	軫	房	箕
31	翼	-	房	-	虚	-	昴	井	-	角	-	斗

1965年 昭和40年

日＼月	1	2	3	4	5	6	7	8	9	10	11	12
1	女	室	室	胃	畢	井	星	亢	尾	女	壁	胃
2	虚	室	壁	胃	觜	鬼	張	氐	箕	虚	奎	昴
3	虚	壁	奎	昴	参	柳	翼	房	斗	危	婁	畢
4	危	奎	婁	畢	井	星	軫	心	女	室	胃	觜
5	室	婁	胃	觜	鬼	張	角	尾	虚	壁	昴	参
6	壁	胃	昴	参	柳	翼	亢	箕	危	奎	畢	井
7	奎	昴	畢	井	星	軫	氐	斗	室	婁	觜	鬼
8	婁	畢	觜	鬼	張	角	房	女	壁	胃	参	柳
9	胃	觜	参	柳	翼	亢	心	虚	奎	昴	井	星
10	昴	参	井	星	軫	氐	尾	危	婁	畢	鬼	張
11	畢	井	鬼	張	角	房	箕	室	胃	觜	柳	翼
12	觜	鬼	柳	翼	亢	心	斗	壁	昴	参	星	軫
13	参	柳	星	軫	氐	尾	女	奎	畢	井	張	角
14	井	星	張	角	房	箕	虚	婁	觜	鬼	翼	亢
15	鬼	張	翼	亢	心	斗	危	胃	参	柳	軫	氐
16	柳	翼	軫	氐	尾	女	室	昴	井	星	角	房
17	星	軫	角	房	箕	虚	壁	畢	鬼	張	亢	心
18	張	角	亢	心	斗	危	奎	觜	柳	翼	氐	尾
19	翼	亢	氐	尾	女	室	婁	参	星	軫	房	箕
20	軫	氐	房	箕	虚	壁	胃	井	張	角	心	斗
21	角	房	心	斗	危	奎	昴	鬼	翼	亢	尾	女
22	亢	心	尾	女	室	婁	畢	柳	軫	氐	箕	虚
23	氐	尾	箕	虚	壁	胃	觜	星	角	房	斗	虚
24	房	箕	斗	危	奎	昴	参	張	亢	心	女	危
25	心	斗	女	室	婁	畢	井	翼	氐	尾	虚	室
26	尾	女	虚	壁	胃	觜	鬼	軫	房	箕	危	壁
27	箕	虚	危	奎	昴	参	柳	角	心	斗	室	奎
28	斗	危	室	婁	畢	井	張	亢	尾	女	壁	婁
29	女	-	壁	胃	觜	鬼	翼	氐	箕	虚	奎	胃
30	虚	-	奎	昴	参	柳	軫	房	斗	危	婁	昴
31	危	-	婁	-	参	-	角	心	-	室	-	畢

1966年 昭和41年

日＼月	1	2	3	4	5	6	7	8	9	10	11	12
1	觜	鬼	柳	翼	翼	氐	心	女	奎	昴	井	柳
2	参	柳	星	軫	軫	房	尾	虚	婁	畢	鬼	星
3	井	星	張	角	角	心	箕	危	胃	觜	柳	張
4	鬼	張	翼	亢	亢	尾	斗	室	昴	参	星	翼
5	柳	翼	軫	氐	氐	箕	女	壁	畢	井	張	軫
6	星	軫	角	房	房	斗	虚	奎	觜	鬼	翼	角
7	張	角	亢	心	心	女	危	婁	参	柳	軫	亢
8	翼	亢	氐	尾	尾	虚	室	胃	井	星	角	氐
9	軫	氐	房	箕	箕	危	壁	昴	鬼	張	亢	房
10	角	房	心	斗	斗	室	奎	畢	柳	翼	氐	心
11	亢	心	尾	女	女	壁	婁	觜	星	軫	房	尾
12	氐	尾	箕	虚	虚	奎	胃	参	張	角	心	斗
13	房	箕	斗	危	危	婁	昴	井	翼	亢	心	女
14	心	斗	女	室	室	胃	畢	鬼	軫	氐	尾	虚
15	尾	女	虚	壁	壁	昴	觜	柳	角	房	箕	危
16	箕	虚	危	奎	奎	畢	参	張	亢	心	斗	室
17	斗	危	室	婁	婁	觜	井	翼	氐	尾	女	壁
18	女	室	壁	胃	胃	参	鬼	軫	房	箕	虚	奎
19	虚	壁	奎	昴	昴	参	柳	角	心	斗	危	婁
20	危	奎	婁	畢	畢	井	星	亢	尾	女	室	胃
21	室	婁	胃	胃	觜	鬼	張	氐	箕	虚	壁	昴
22	室	胃	胃	昴	参	柳	翼	房	斗	危	奎	畢
23	壁	昴	昴	畢	井	星	軫	心	女	室	婁	觜
24	奎	畢	畢	觜	鬼	張	角	尾	虚	壁	胃	参
25	婁	觜	觜	参	柳	翼	亢	箕	危	奎	昴	井
26	胃	参	参	井	星	軫	氐	斗	室	婁	畢	鬼
27	昴	井	井	鬼	張	角	房	女	壁	胃	觜	柳
28	畢	鬼	鬼	柳	翼	亢	心	虚	奎	昴	参	星
29	觜	-	柳	星	軫	氐	尾	危	婁	畢	井	張
30	参	-	星	張	角	房	箕	室	胃	觜	鬼	翼
31	井	-	張	-	亢	-	斗	壁	-	参	-	軫

1967年 昭和42年

日＼月	1	2	3	4	5	6	7	8	9	10	11	12
1	角	房	心	斗	虚	奎	胃	觜	星	角	房	箕
2	亢	心	尾	女	危	婁	昴	参	張	亢	心	斗
3	氐	尾	箕	虚	室	胃	畢	井	翼	氐	尾	女
4	房	箕	斗	危	壁	昴	觜	鬼	角	氐	箕	虚
5	心	斗	女	室	奎	畢	参	柳	亢	房	斗	危
6	尾	女	虚	壁	婁	觜	井	張	氐	心	女	室
7	箕	虚	危	奎	胃	参	鬼	翼	房	尾	虚	壁
8	斗	危	室	婁	昴	参	鬼	軫	心	箕	危	奎
9	女	室	壁	胃	畢	井	柳	角	尾	斗	室	婁
10	虚	壁	奎	胃	觜	鬼	星	亢	箕	女	壁	胃
11	虚	奎	奎	昴	参	柳	張	氐	斗	虚	奎	昴
12	危	婁	婁	畢	井	星	翼	房	女	危	婁	畢
13	室	胃	胃	觜	鬼	張	軫	心	虚	室	胃	觜
14	壁	昴	昴	参	柳	翼	角	尾	危	壁	昴	参
15	奎	畢	畢	井	星	軫	亢	箕	室	奎	畢	井
16	婁	觜	觜	鬼	張	角	氐	斗	壁	婁	觜	鬼
17	胃	参	参	柳	翼	亢	房	女	奎	胃	参	柳
18	昴	井	井	星	軫	氐	心	虚	婁	昴	井	星
19	畢	鬼	鬼	張	角	房	尾	危	胃	畢	鬼	張
20	觜	柳	柳	翼	亢	心	箕	室	昴	觜	柳	翼
21	参	星	星	軫	氐	尾	斗	壁	畢	参	星	軫
22	井	張	張	角	房	箕	女	奎	觜	井	張	角
23	鬼	翼	翼	亢	心	斗	虚	婁	参	鬼	翼	亢
24	柳	軫	軫	氐	尾	女	危	胃	井	柳	軫	氐
25	星	角	角	房	箕	虚	室	昴	鬼	星	角	房
26	張	亢	亢	心	斗	危	壁	畢	柳	張	亢	心
27	翼	氐	氐	尾	女	室	奎	觜	星	翼	氐	尾
28	軫	房	房	箕	虚	壁	婁	参	張	軫	房	箕
29	角	-	心	斗	危	奎	胃	井	翼	角	心	斗
30	亢	-	尾	女	室	婁	昴	鬼	軫	亢	尾	女
31	氐	-	箕	-	壁	-	畢	柳	-	氐	-	虚

1971年 昭和46年

日＼月	1	2	3	4	5	6	7	8	9	10	11	12
1	奎	昴	畢	井	星	角	角	心	女	壁	胃	畢
2	婁	畢	觜	鬼	張	亢	亢	尾	虚	奎	昴	觜
3	胃	觜	参	柳	翼	氐	氐	箕	危	婁	畢	参
4	昴	参	井	星	軫	房	房	斗	室	胃	觜	井
5	畢	井	鬼	張	角	心	心	女	壁	昴	参	鬼
6	觜	鬼	柳	翼	亢	尾	尾	虚	奎	畢	井	柳
7	参	柳	星	軫	氐	箕	箕	危	婁	觜	鬼	星
8	井	星	張	角	房	斗	斗	室	胃	参	柳	張
9	鬼	張	翼	亢	心	女	女	壁	昴	井	星	翼
10	柳	翼	軫	氐	尾	虚	虚	奎	畢	鬼	張	軫
11	星	軫	角	房	箕	危	危	婁	觜	柳	翼	角
12	張	角	亢	心	斗	室	室	胃	参	星	軫	亢
13	翼	亢	氐	尾	女	壁	壁	昴	井	張	角	氐
14	軫	氐	房	箕	虚	奎	奎	畢	鬼	翼	亢	房
15	角	房	心	斗	危	婁	婁	觜	柳	軫	氐	心
16	亢	心	尾	女	室	胃	胃	参	星	角	房	尾
17	氐	尾	箕	虚	壁	昴	昴	井	張	亢	心	箕
18	房	箕	斗	危	奎	畢	畢	鬼	翼	氐	心	斗
19	心	斗	女	室	婁	觜	觜	柳	角	氐	尾	女
20	尾	女	虚	壁	胃	参	参	星	亢	房	箕	虚
21	箕	虚	危	奎	昴	井	井	張	氐	心	斗	危
22	斗	危	室	婁	畢	鬼	鬼	翼	房	尾	女	室
23	女	室	壁	胃	觜	参	柳	軫	心	箕	虚	壁
24	虚	壁	奎	昴	参	井	星	角	尾	斗	危	奎
25	危	奎	婁	畢	井	鬼	張	亢	箕	女	室	婁
26	室	婁	胃	觜	鬼	柳	翼	氐	斗	虚	壁	胃
27	室	胃	胃	参	柳	星	軫	房	女	危	奎	昴
28	壁	昴	昴	井	星	張	角	心	虚	室	婁	畢
29	奎	-	畢	鬼	張	翼	亢	尾	危	壁	胃	觜
30	婁	-	觜	柳	翼	軫	氐	箕	室	奎	昴	参
31	胃	-	参	-	軫	-	房	斗	-	婁	-	井

1972年 昭和47年

日＼月	1	2	3	4	5	6	7	8	9	10	11	12
1	鬼	翼	軫	房	尾	虚	壁	胃	井	星	角	氐
2	柳	軫	角	心	箕	危	奎	昴	鬼	張	亢	房
3	星	角	亢	尾	斗	室	婁	畢	柳	翼	氐	心
4	張	亢	氐	箕	女	壁	胃	觜	星	軫	房	尾
5	翼	氐	房	斗	虚	奎	昴	参	張	角	心	箕
6	軫	房	心	女	危	婁	畢	井	翼	亢	心	斗
7	角	心	尾	虚	室	胃	觜	鬼	軫	氐	尾	女
8	亢	尾	箕	危	壁	昴	参	柳	角	房	箕	虚
9	氐	箕	斗	室	奎	畢	井	張	亢	心	斗	危
10	房	斗	女	壁	婁	觜	鬼	翼	氐	尾	女	室
11	心	女	虚	奎	胃	参	鬼	軫	房	箕	虚	壁
12	尾	虚	危	婁	昴	井	柳	角	心	斗	危	奎
13	箕	危	室	胃	畢	鬼	星	亢	尾	女	室	婁
14	斗	室	壁	胃	觜	柳	張	氐	箕	虚	壁	胃
15	女	室	奎	昴	参	星	翼	房	斗	危	奎	昴
16	虚	壁	婁	畢	井	張	軫	心	女	室	婁	畢
17	危	奎	胃	觜	鬼	翼	角	尾	虚	壁	胃	觜
18	室	婁	昴	参	柳	軫	亢	箕	危	奎	昴	参
19	壁	胃	畢	井	星	角	氐	斗	室	婁	畢	井
20	奎	昴	觜	鬼	張	亢	房	女	壁	胃	觜	鬼
21	婁	畢	参	柳	翼	氐	心	虚	奎	昴	参	柳
22	胃	觜	井	星	軫	房	尾	危	婁	畢	井	星
23	昴	参	鬼	張	角	心	箕	室	胃	觜	鬼	張
24	畢	井	柳	翼	亢	尾	斗	壁	昴	参	柳	翼
25	觜	鬼	星	軫	氐	箕	女	奎	畢	井	星	軫
26	参	柳	張	角	房	斗	虚	婁	觜	鬼	張	角
27	井	星	翼	亢	心	女	危	胃	参	柳	翼	亢
28	鬼	張	軫	氐	尾	虚	室	昴	井	星	軫	氐
29	柳	翼	角	房	箕	危	壁	畢	鬼	張	角	房
30	星	-	亢	心	斗	室	奎	觜	柳	翼	亢	心
31	張	-	氐	-	女	-	婁	参	-	軫	-	尾

1973年 昭和48年

日＼月	1	2	3	4	5	6	7	8	9	10	11	12
1	箕	虚	危	奎	昴	参	柳	軫	心	斗	危	奎
2	斗	危	室	婁	畢	井	星	角	尾	女	室	婁
3	女	室	壁	胃	畢	鬼	張	亢	箕	虚	壁	胃
4	虚	壁	奎	昴	觜	柳	翼	氐	斗	危	奎	昴
5	虚	奎	奎	畢	参	星	軫	房	女	室	婁	畢
6	危	婁	婁	觜	井	張	角	心	虚	壁	胃	觜
7	室	胃	胃	参	鬼	翼	亢	尾	危	奎	昴	参
8	壁	昴	昴	井	柳	軫	氐	箕	室	婁	畢	井
9	奎	畢	畢	鬼	星	角	房	斗	壁	胃	觜	鬼
10	婁	觜	觜	柳	張	亢	心	女	奎	昴	参	柳
11	胃	参	参	星	翼	氐	尾	虚	婁	畢	井	星
12	昴	井	井	張	軫	房	箕	危	胃	觜	鬼	張
13	畢	鬼	鬼	翼	角	心	斗	室	昴	参	柳	翼
14	觜	柳	柳	軫	亢	尾	女	壁	畢	井	星	軫
15	参	星	星	角	氐	箕	虚	奎	觜	鬼	張	角
16	井	張	張	亢	房	斗	危	婁	参	柳	翼	亢
17	鬼	翼	翼	氐	心	女	室	胃	井	星	軫	氐
18	柳	軫	軫	房	尾	虚	壁	昴	鬼	張	角	房
19	星	角	角	心	箕	危	奎	畢	柳	翼	亢	心
20	張	亢	亢	尾	斗	室	婁	觜	星	軫	氐	尾
21	翼	氐	氐	箕	女	壁	胃	参	張	角	房	箕
22	軫	房	房	斗	虚	奎	昴	井	翼	亢	心	斗
23	角	心	心	女	危	婁	畢	鬼	軫	氐	尾	女
24	亢	尾	尾	虚	室	胃	觜	柳	角	房	箕	虚
25	氐	箕	箕	危	壁	昴	参	星	亢	心	斗	虚
26	房	斗	斗	室	奎	畢	井	張	氐	心	女	危
27	心	女	女	壁	婁	觜	鬼	翼	房	尾	虚	室
28	尾	虚	虚	奎	胃	参	柳	角	心	箕	危	壁
29	箕	-	危	婁	昴	井	星	亢	尾	斗	室	奎
30	斗	-	室	胃	畢	鬼	張	氐	箕	女	壁	婁
31	女	-	壁	-	觜	-	翼	房	-	虚	-	胃

1968年 昭和43年

日＼月	1	2	3	4	5	6	7	8	9	10	11	12
1	危	奎	胃	觜	井	張	軫	心	尾	虚	壁	胃
2	室	婁	昴	参	鬼	翼	角	尾	箕	危	奎	昴
3	壁	胃	畢	井	柳	軫	亢	箕	斗	室	婁	畢
4	奎	昴	觜	鬼	星	角	氐	斗	女	壁	胃	觜
5	婁	畢	参	柳	張	亢	房	女	虚	奎	昴	参
6	胃	觜	井	星	翼	氐	心	虚	危	婁	畢	井
7	昴	参	鬼	張	軫	房	尾	危	室	胃	觜	鬼
8	畢	井	柳	翼	角	心	箕	室	壁	昴	参	柳
9	觜	鬼	星	軫	亢	尾	斗	壁	奎	畢	井	星
10	参	柳	張	角	氐	箕	女	奎	婁	觜	鬼	張
11	井	星	翼	亢	房	斗	虚	婁	胃	参	柳	翼
12	鬼	張	軫	氐	心	女	危	胃	昴	井	星	軫
13	柳	翼	角	房	尾	虚	室	昴	畢	鬼	張	角
14	星	軫	亢	心	箕	危	壁	畢	觜	柳	翼	亢
15	張	角	氐	尾	斗	室	奎	觜	参	星	軫	氐
16	翼	亢	房	箕	女	壁	婁	参	井	張	角	房
17	軫	氐	心	斗	虚	奎	胃	井	鬼	翼	亢	心
18	角	房	尾	女	危	婁	昴	鬼	柳	軫	氐	尾
19	亢	心	箕	虚	室	胃	畢	柳	星	角	房	箕
20	氐	尾	斗	危	壁	昴	觜	星	張	亢	心	斗
21	房	箕	女	室	奎	畢	参	張	翼	氐	尾	女
22	心	斗	虚	壁	婁	觜	井	翼	角	氐	箕	虚
23	尾	女	危	奎	胃	参	鬼	軫	亢	房	斗	危
24	箕	虚	室	婁	昴	井	柳	張	氐	心	女	室
25	斗	危	壁	胃	畢	鬼	張	翼	房	尾	虚	壁
26	女	室	奎	昴	觜	鬼	翼	軫	心	箕	危	奎
27	虚	壁	婁	畢	参	柳	軫	角	尾	斗	室	婁
28	危	奎	胃	畢	井	星	角	亢	箕	女	壁	胃
29	室	婁	胃	觜	鬼	張	亢	氐	斗	虚	奎	昴
30	室	-	昴	参	柳	翼	氐	房	女	危	婁	畢
31	壁	-	畢	-	星	-	房	心	-	室	-	觜

1969年 昭和44年

日＼月	1	2	3	4	5	6	7	8	9	10	11	12
1	参	星	星	角	氐	箕	女	壁	昴	参	星	翼
2	井	張	張	亢	房	斗	虚	奎	畢	井	張	軫
3	鬼	翼	翼	氐	心	女	危	婁	觜	鬼	翼	角
4	柳	軫	軫	房	尾	虚	室	胃	参	柳	軫	亢
5	星	角	角	心	箕	危	壁	昴	井	星	角	氐
6	張	亢	亢	尾	斗	室	奎	畢	鬼	張	亢	房
7	翼	氐	氐	箕	女	壁	婁	觜	柳	翼	氐	心
8	軫	房	房	斗	虚	奎	胃	参	星	軫	房	尾
9	角	心	心	女	危	婁	昴	井	張	角	心	斗
10	亢	尾	尾	虚	室	胃	畢	鬼	翼	亢	心	女
11	氐	箕	箕	危	壁	昴	觜	柳	軫	氐	尾	虚
12	房	斗	斗	室	奎	畢	参	星	角	房	箕	危
13	心	女	女	壁	婁	觜	井	張	亢	心	斗	室
14	尾	虚	虚	奎	胃	参	鬼	翼	氐	尾	女	壁
15	箕	危	危	婁	昴	参	柳	軫	房	箕	虚	奎
16	斗	室	室	胃	畢	井	星	角	心	斗	危	婁
17	女	室	壁	胃	觜	鬼	張	亢	尾	女	室	胃
18	虚	壁	奎	昴	参	柳	翼	氐	箕	虚	壁	昴
19	危	奎	婁	畢	井	星	軫	房	斗	危	奎	畢
20	室	婁	胃	觜	鬼	張	角	心	女	室	婁	觜
21	壁	胃	昴	参	柳	翼	亢	尾	虚	壁	胃	参
22	奎	昴	畢	井	星	軫	氐	箕	危	奎	昴	井
23	婁	畢	觜	鬼	張	角	房	斗	室	婁	畢	鬼
24	胃	觜	参	柳	翼	亢	心	女	壁	胃	觜	柳
25	昴	参	井	星	軫	氐	尾	虚	奎	昴	参	星
26	畢	井	鬼	張	角	房	箕	危	婁	畢	井	張
27	觜	鬼	柳	翼	亢	心	斗	室	胃	觜	鬼	翼
28	参	柳	星	軫	氐	尾	女	壁	昴	参	柳	軫
29	井	-	張	角	房	箕	虚	奎	畢	井	星	角
30	鬼	-	翼	亢	心	斗	危	婁	觜	鬼	張	亢
31	柳	-	軫	-	尾	-	室	胃	-	柳	-	氐

1970年 昭和45年

日＼月	1	2	3	4	5	6	7	8	9	10	11	12
1	房	箕	斗	危	奎	畢	参	柳	角	房	箕	虚
2	心	斗	女	室	婁	觜	井	張	亢	心	斗	危
3	尾	女	虚	壁	胃	参	鬼	翼	氐	尾	女	室
4	箕	虚	危	奎	昴	参	鬼	軫	房	箕	虚	壁
5	斗	危	室	婁	畢	井	柳	角	心	斗	危	奎
6	女	室	壁	胃	觜	鬼	星	亢	尾	女	室	婁
7	虚	壁	奎	昴	参	柳	張	氐	箕	虚	壁	胃
8	虚	奎	奎	畢	井	星	翼	房	斗	危	奎	昴
9	危	婁	婁	觜	鬼	張	軫	心	女	室	婁	畢
10	室	胃	胃	参	柳	翼	角	尾	虚	壁	胃	觜
11	壁	昴	昴	井	星	軫	亢	箕	危	奎	昴	参
12	奎	畢	畢	鬼	張	角	氐	斗	室	婁	畢	井
13	婁	觜	觜	柳	翼	亢	房	女	壁	胃	觜	鬼
14	胃	参	参	星	軫	氐	心	虚	奎	昴	参	柳
15	昴	井	井	張	角	房	尾	危	婁	畢	井	星
16	畢	鬼	鬼	翼	亢	心	箕	室	胃	觜	鬼	張
17	觜	柳	柳	軫	氐	尾	斗	壁	昴	参	柳	翼
18	参	星	星	角	房	箕	女	奎	畢	井	星	軫
19	井	張	張	亢	心	斗	虚	婁	觜	鬼	張	角
20	鬼	翼	翼	氐	尾	女	危	胃	参	柳	翼	亢
21	柳	軫	軫	房	箕	虚	室	昴	井	星	軫	氐
22	星	角	角	心	斗	危	壁	畢	鬼	張	角	房
23	張	亢	亢	尾	女	室	奎	觜	柳	翼	亢	心
24	翼	氐	氐	箕	虚	壁	婁	参	星	軫	氐	尾
25	軫	房	房	斗	危	奎	胃	井	張	角	房	箕
26	角	心	心	女	室	婁	昴	鬼	翼	亢	心	斗
27	亢	尾	尾	虚	壁	胃	畢	柳	軫	氐	尾	女
28	氐	箕	箕	危	奎	昴	觜	星	角	房	箕	虚
29	房	-	斗	室	婁	畢	参	張	亢	心	斗	危
30	心	-	女	壁	胃	觜	井	翼	氐	心	女	室
31	尾	-	虚	-	昴	-	鬼	軫	-	尾	-	壁

1974年 昭和49年

日＼月	1	2	3	4	5	6	7	8	9	10	11	12
1	昴	井	井	星	軫	角	房	斗	室	胃	参	鬼
2	畢	鬼	鬼	張	角	亢	心	女	壁	昴	井	柳
3	觜	柳	柳	翼	亢	氐	尾	虚	奎	畢	鬼	星
4	参	星	星	軫	氐	房	箕	危	婁	觜	柳	張
5	井	張	張	角	房	心	斗	室	胃	参	星	翼
6	鬼	翼	翼	亢	心	尾	女	壁	昴	井	張	軫
7	柳	軫	軫	氐	尾	箕	虚	奎	畢	鬼	翼	角
8	星	角	角	房	箕	斗	危	婁	觜	柳	軫	亢
9	張	亢	亢	心	斗	女	室	胃	参	星	角	氐
10	翼	氐	氐	尾	女	虚	壁	昴	井	張	亢	房
11	軫	房	房	箕	虚	危	奎	畢	鬼	翼	氐	心
12	角	心	心	斗	危	室	婁	觜	柳	軫	房	尾
13	亢	尾	尾	女	室	壁	胃	参	星	角	心	箕
14	氐	箕	箕	虚	壁	奎	昴	井	張	亢	心	斗
15	房	斗	斗	危	奎	婁	畢	鬼	翼	氐	尾	女
16	心	女	女	室	婁	胃	觜	柳	角	房	箕	虚
17	尾	虚	虚	壁	胃	昴	参	星	亢	心	斗	危
18	箕	危	危	奎	昴	畢	井	張	氐	尾	女	室
19	斗	室	室	婁	畢	觜	鬼	翼	房	箕	虚	壁
20	女	壁	壁	胃	觜	参	柳	軫	心	斗	危	奎
21	虚	奎	奎	昴	参	井	星	角	尾	女	室	婁
22	危	奎	婁	畢	畢	鬼	張	亢	箕	虚	壁	胃
23	室	婁	胃	觜	觜	柳	翼	氐	斗	危	奎	昴
24	壁	胃	胃	参	参	星	軫	房	女	室	婁	畢
25	奎	昴	昴	井	井	張	角	心	虚	壁	胃	觜
26	婁	畢	畢	鬼	鬼	翼	亢	尾	危	奎	昴	参
27	胃	觜	觜	柳	柳	軫	氐	箕	室	婁	畢	井
28	昴	参	参	星	星	角	房	斗	壁	胃	觜	鬼
29	畢	-	井	張	張	亢	心	女	奎	昴	参	柳
30	觜	-	鬼	翼	翼	氐	尾	虚	婁	畢	井	星
31	参	-	柳	-	軫	-	箕	危	-	觜	-	張

1975年 昭和50年

日＼月	1	2	3	4	5	6	7	8	9	10	11	12
1	翼	氐	氐	尾	斗	室	奎	畢	柳	翼	氐	尾
2	軫	房	房	箕	女	壁	婁	觜	星	軫	房	箕
3	角	心	心	斗	虚	奎	胃	参	張	角	心	斗
4	亢	尾	尾	女	危	婁	昴	井	翼	亢	尾	女
5	氐	箕	箕	虚	室	胃	畢	鬼	軫	氐	箕	虚
6	房	斗	斗	危	壁	昴	觜	柳	角	房	斗	危
7	心	女	女	室	奎	畢	参	張	亢	心	女	室
8	尾	虚	虚	壁	婁	觜	井	翼	氐	尾	虚	壁
9	箕	危	危	奎	胃	参	鬼	軫	房	箕	危	奎
10	斗	室	室	婁	昴	参	柳	角	心	斗	室	婁
11	女	室	壁	胃	畢	井	星	亢	尾	女	壁	胃
12	虚	壁	奎	胃	觜	鬼	張	氐	箕	虚	奎	昴
13	危	奎	奎	昴	参	柳	翼	房	斗	危	婁	畢
14	室	婁	婁	畢	井	星	軫	心	女	室	胃	觜
15	壁	胃	胃	觜	鬼	張	角	尾	虚	壁	昴	参
16	奎	昴	昴	参	柳	翼	亢	箕	危	奎	畢	井
17	婁	畢	畢	井	星	軫	氐	斗	室	婁	觜	鬼
18	胃	觜	觜	鬼	張	角	房	女	壁	胃	参	柳
19	昴	参	参	柳	翼	亢	心	虚	奎	昴	井	星
20	畢	井	井	星	軫	氐	尾	危	婁	畢	鬼	張
21	觜	鬼	鬼	張	角	房	箕	室	胃	觜	柳	翼
22	参	柳	柳	翼	亢	心	斗	壁	昴	参	星	軫
23	井	星	星	軫	氐	尾	女	奎	畢	井	張	角
24	鬼	張	張	角	房	箕	虚	婁	觜	鬼	翼	亢
25	柳	翼	翼	亢	心	斗	危	胃	参	柳	軫	氐
26	星	軫	軫	氐	尾	女	室	昴	井	星	角	房
27	張	角	角	房	箕	虚	壁	畢	鬼	張	亢	心
28	翼	亢	亢	心	斗	危	奎	觜	柳	翼	氐	尾
29	軫	-	氐	尾	女	室	婁	参	星	軫	房	箕
30	角	-	房	箕	虚	壁	胃	井	張	角	心	斗
31	亢	-	心	-	危	-	昴	鬼	-	亢	-	女

1976年 昭和51年

日＼月	1	2	3	4	5	6	7	8	9	10	11	12
1	虚	壁	奎	昴	参	柳	翼	氐	斗	斗	室	奎
2	危	奎	婁	畢	井	星	軫	房	女	女	壁	婁
3	室	婁	胃	觜	鬼	張	角	心	虚	虚	奎	胃
4	壁	胃	昴	参	柳	翼	亢	尾	危	危	婁	昴
5	奎	昴	畢	井	星	軫	氐	箕	室	室	胃	畢
6	婁	畢	觜	鬼	張	角	房	斗	壁	壁	昴	觜
7	胃	觜	参	柳	翼	亢	心	女	奎	奎	畢	参
8	昴	参	井	星	軫	氐	尾	虚	婁	婁	觜	井
9	畢	井	鬼	張	角	房	箕	危	胃	胃	参	鬼
10	觜	鬼	柳	翼	亢	心	斗	室	昴	昴	井	柳
11	参	柳	星	軫	氐	尾	女	壁	畢	畢	鬼	星
12	井	星	張	角	房	箕	虚	奎	觜	觜	柳	張
13	鬼	張	翼	亢	心	斗	危	婁	参	参	星	翼
14	柳	翼	軫	氐	尾	女	室	胃	井	井	張	軫
15	星	軫	角	房	箕	虚	壁	昴	鬼	鬼	翼	角
16	張	角	亢	心	斗	危	奎	畢	柳	柳	軫	亢
17	翼	亢	氐	尾	女	室	婁	觜	星	星	角	氐
18	軫	氐	房	箕	虚	壁	胃	参	張	張	亢	房
19	角	房	心	斗	危	奎	昴	井	翼	翼	氐	心
20	亢	心	尾	女	室	婁	畢	鬼	軫	軫	房	尾
21	氐	尾	箕	虚	壁	胃	觜	柳	角	角	心	斗
22	房	箕	斗	危	奎	昴	参	星	亢	亢	心	女
23	心	斗	女	室	婁	畢	井	張	氐	氐	尾	虚
24	尾	女	虚	壁	胃	觜	鬼	翼	角	房	箕	危
25	箕	虚	危	奎	昴	参	柳	角	亢	心	斗	室
26	斗	危	室	婁	畢	井	星	亢	氐	尾	女	壁
27	女	室	壁	胃	觜	鬼	張	氐	房	箕	虚	奎
28	虚	壁	奎	昴	参	柳	翼	房	心	斗	危	婁
29	危	奎	婁	畢	参	星	軫	心	尾	女	室	胃
30	室	-	胃	觜	井	張	角	尾	箕	虚	壁	昴
31	室	-	胃	-	鬼	-	亢	箕	-	危	-	畢

1979年 昭和54年

日＼月	1	2	3	4	5	6	7	8	9	10	11	12
1	室	胃	胃	参	柳	翼	亢	氐	箕	危	奎	胃
2	壁	昴	昴	井	星	軫	氐	房	斗	室	婁	昴
3	奎	畢	畢	鬼	張	角	房	心	女	壁	胃	畢
4	婁	觜	觜	柳	翼	亢	心	尾	虚	奎	昴	觜
5	胃	参	参	星	軫	氐	尾	箕	危	婁	畢	参
6	昴	井	井	張	角	房	箕	斗	室	胃	觜	井
7	畢	鬼	鬼	翼	亢	心	斗	女	壁	昴	参	鬼
8	觜	柳	柳	軫	氐	尾	女	虚	奎	畢	井	柳
9	参	星	星	角	房	箕	虚	危	婁	觜	鬼	星
10	井	張	張	亢	心	斗	危	室	胃	参	柳	張
11	鬼	翼	翼	氐	尾	女	室	壁	昴	井	星	翼
12	柳	軫	軫	房	箕	虚	壁	奎	畢	鬼	張	軫
13	星	角	角	心	斗	危	奎	婁	觜	柳	翼	角
14	張	亢	亢	尾	女	室	婁	胃	参	星	軫	亢
15	翼	氐	氐	箕	虚	壁	胃	昴	井	張	角	氐
16	軫	房	房	斗	危	奎	昴	畢	鬼	翼	亢	房
17	角	心	心	女	室	婁	畢	觜	柳	軫	氐	心
18	亢	尾	尾	虚	壁	胃	觜	参	星	角	房	尾
19	氐	箕	箕	危	奎	昴	参	井	張	亢	心	斗
20	房	斗	斗	室	婁	畢	井	鬼	翼	氐	心	女
21	心	女	女	壁	胃	觜	鬼	柳	角	氐	尾	虚
22	尾	虚	虚	奎	昴	参	柳	星	亢	房	箕	危
23	箕	危	危	婁	畢	井	星	張	氐	心	斗	室
24	斗	室	室	胃	觜	鬼	鬼	翼	房	尾	女	壁
25	女	壁	壁	昴	参	柳	柳	軫	心	箕	虚	奎
26	虚	奎	奎	畢	参	星	星	角	尾	斗	危	婁
27	危	奎	婁	觜	井	張	張	亢	箕	女	室	胃
28	室	婁	胃	参	鬼	翼	翼	氐	斗	虚	壁	昴
29	壁	-	昴	井	柳	軫	軫	房	女	危	奎	畢
30	奎	-	畢	鬼	星	角	角	心	虚	室	婁	觜
31	婁	-	觜	-	張	-	亢	尾	-	壁	-	参

1978年 昭和53年

日＼月	1	2	3	4	5	6	7	8	9	10	11	12
1	亢	尾	箕	虚	室	胃	畢	鬼	翼	亢	心	女
2	氐	箕	斗	危	壁	昴	觜	柳	軫	氐	尾	虚
3	房	斗	女	室	奎	畢	参	星	角	房	箕	危
4	心	女	虚	壁	婁	觜	井	張	亢	心	斗	室
5	尾	虚	危	奎	胃	参	鬼	翼	氐	尾	女	壁
6	箕	危	室	婁	昴	参	柳	軫	房	箕	虚	奎
7	斗	室	壁	胃	畢	井	星	角	心	斗	危	婁
8	女	壁	奎	胃	觜	鬼	張	亢	尾	女	室	胃
9	虚	奎	奎	昴	参	柳	翼	氐	箕	虚	壁	昴
10	危	婁	婁	畢	井	星	軫	房	斗	危	奎	畢
11	室	胃	胃	觜	鬼	張	角	心	女	室	婁	觜
12	壁	昴	昴	参	柳	翼	亢	尾	虚	壁	胃	参
13	奎	畢	畢	井	星	軫	氐	箕	危	奎	昴	井
14	婁	觜	觜	鬼	張	角	房	斗	室	婁	畢	鬼
15	胃	参	参	柳	翼	亢	心	女	壁	胃	觜	柳
16	昴	井	井	星	軫	氐	尾	虚	奎	昴	参	星
17	畢	鬼	鬼	張	角	房	箕	危	婁	畢	井	張
18	觜	柳	柳	翼	亢	心	斗	室	胃	觜	鬼	翼
19	参	星	星	軫	氐	尾	女	壁	昴	参	柳	軫
20	井	張	張	角	房	箕	虚	奎	畢	井	星	角
21	鬼	翼	翼	亢	心	斗	危	婁	觜	鬼	張	亢
22	柳	軫	軫	氐	尾	女	室	胃	参	柳	翼	氐
23	星	角	角	房	箕	虚	壁	昴	井	星	軫	房
24	張	亢	亢	心	斗	危	奎	畢	鬼	張	角	心
25	翼	氐	氐	尾	女	室	婁	觜	柳	翼	亢	尾
26	軫	房	房	箕	虚	壁	胃	参	星	軫	氐	箕
27	角	心	心	斗	危	奎	昴	井	張	角	房	斗
28	亢	尾	尾	女	室	婁	畢	鬼	翼	亢	心	女
29	氐	-	箕	虚	壁	胃	觜	柳	軫	氐	尾	虚
30	房	-	斗	危	奎	昴	参	星	角	房	斗	虚
31	心	-	女	-	婁	-	井	張	-	心	-	危

1977年 昭和52年

日＼月	1	2	3	4	5	6	7	8	9	10	11	12
1	觜	柳	柳	翼	亢	心	箕	危	婁	觜	鬼	張
2	参	星	星	軫	氐	尾	斗	室	胃	参	柳	翼
3	井	張	張	角	房	箕	女	壁	昴	井	星	軫
4	鬼	翼	翼	亢	心	斗	虚	奎	畢	鬼	張	角
5	柳	軫	軫	氐	尾	女	危	婁	觜	柳	翼	亢
6	星	角	角	房	箕	虚	室	胃	参	星	軫	氐
7	張	亢	亢	心	斗	危	壁	昴	井	張	角	房
8	翼	氐	氐	尾	女	室	奎	畢	鬼	翼	亢	心
9	軫	房	房	箕	虚	壁	婁	觜	柳	軫	氐	尾
10	角	心	心	斗	危	奎	胃	参	星	角	房	箕
11	亢	尾	尾	女	室	婁	昴	井	張	亢	心	斗
12	氐	箕	箕	虚	壁	胃	畢	鬼	翼	氐	尾	女
13	房	斗	斗	危	奎	昴	觜	柳	角	氐	箕	虚
14	心	女	女	室	婁	畢	参	星	亢	房	斗	危
15	尾	虚	虚	壁	胃	觜	井	張	氐	心	女	室
16	箕	危	危	奎	昴	参	鬼	翼	房	尾	虚	壁
17	斗	室	室	婁	畢	参	柳	軫	心	箕	危	奎
18	女	室	壁	胃	畢	井	星	角	尾	斗	室	婁
19	虚	壁	奎	昴	觜	鬼	張	亢	箕	女	壁	胃
20	危	奎	奎	畢	参	柳	翼	氐	斗	虚	奎	昴
21	室	婁	婁	觜	井	星	軫	房	女	危	婁	畢
22	壁	胃	胃	参	鬼	張	角	心	虚	室	胃	觜
23	奎	昴	昴	井	柳	翼	亢	尾	危	壁	昴	参
24	婁	畢	畢	鬼	星	軫	氐	箕	室	奎	畢	井
25	胃	觜	觜	柳	張	角	房	斗	壁	婁	觜	鬼
26	昴	参	参	星	翼	亢	心	女	奎	胃	参	柳
27	畢	井	井	張	軫	氐	尾	虚	婁	昴	井	星
28	觜	鬼	鬼	翼	角	房	箕	危	胃	畢	鬼	張
29	参	-	柳	軫	亢	心	斗	室	昴	觜	柳	翼
30	井	-	星	角	氐	尾	女	壁	畢	参	星	軫
31	鬼	-	張	-	房	-	虚	奎	-	井	-	角

1985年 昭和60年

日＼月	1	2	3	4	5	6	7	8	9	10	11	12
1	畢	井	井	張	軫	氐	尾	女	奎	昴	井	星
2	觜	鬼	鬼	翼	角	房	箕	虚	婁	畢	鬼	張
3	参	柳	柳	軫	亢	心	斗	危	胃	觜	柳	翼
4	井	星	星	角	氐	尾	女	室	昴	参	星	軫
5	鬼	張	張	亢	房	箕	虚	壁	畢	井	張	角
6	柳	翼	翼	氐	心	斗	危	奎	觜	鬼	翼	亢
7	星	軫	軫	房	尾	女	室	婁	参	柳	軫	氐
8	張	角	角	心	箕	虚	壁	胃	井	星	角	房
9	翼	亢	亢	尾	斗	危	奎	昴	鬼	張	亢	心
10	軫	氐	氐	箕	女	室	婁	畢	柳	翼	氐	尾
11	角	房	房	斗	虚	壁	胃	觜	星	軫	房	箕
12	亢	心	心	女	危	奎	昴	参	張	角	心	斗
13	氐	尾	尾	虚	室	婁	畢	井	翼	亢	尾	女
14	房	箕	箕	危	壁	胃	觜	鬼	軫	氐	箕	虚
15	心	斗	斗	室	奎	昴	参	柳	角	房	斗	危
16	尾	女	女	壁	婁	畢	井	張	亢	心	女	室
17	箕	虚	虚	奎	胃	觜	鬼	翼	氐	尾	虚	壁
18	斗	危	危	婁	昴	参	鬼	軫	房	箕	危	奎
19	女	室	室	胃	畢	井	柳	角	心	斗	室	婁
20	虚	室	壁	胃	畢	鬼	星	亢	尾	女	壁	胃
21	虚	壁	奎	昴	觜	柳	張	氐	箕	虚	奎	昴
22	危	奎	婁	畢	参	星	翼	房	斗	危	婁	畢
23	室	婁	胃	觜	井	張	軫	心	女	室	胃	觜
24	壁	胃	昴	参	鬼	翼	角	尾	虚	壁	昴	参
25	奎	昴	畢	井	柳	軫	亢	箕	危	奎	畢	井
26	婁	畢	觜	鬼	星	角	氐	斗	室	婁	觜	鬼
27	胃	觜	参	柳	張	亢	房	女	壁	胃	参	柳
28	昴	参	井	星	翼	氐	心	虚	奎	昴	井	星
29	畢	-	鬼	張	軫	房	尾	危	婁	畢	鬼	張
30	觜	-	柳	翼	角	心	箕	室	胃	觜	柳	翼
31	参	-	星	-	亢	-	斗	壁	-	参	-	軫

1984年 昭和59年

日＼月	1	2	3	4	5	6	7	8	9	10	11	12
1	女	室	壁	胃	畢	井	星	亢	尾	女	壁	壁
2	虚	室	奎	昴	觜	鬼	張	氐	箕	虚	奎	奎
3	虚	壁	奎	畢	参	柳	翼	房	斗	危	婁	婁
4	危	奎	婁	觜	井	星	軫	心	女	室	胃	胃
5	室	婁	胃	参	鬼	張	角	尾	虚	壁	昴	昴
6	壁	胃	昴	井	柳	翼	亢	箕	危	奎	畢	畢
7	奎	昴	畢	鬼	星	軫	氐	斗	室	婁	觜	觜
8	婁	畢	觜	柳	張	角	房	女	壁	胃	参	参
9	胃	觜	参	星	翼	亢	心	虚	奎	昴	井	井
10	昴	参	井	張	軫	氐	尾	危	婁	畢	鬼	鬼
11	畢	井	鬼	翼	角	房	箕	室	胃	觜	柳	柳
12	觜	鬼	柳	軫	亢	心	斗	壁	昴	参	星	星
13	参	柳	星	角	氐	尾	女	奎	畢	井	張	張
14	井	星	張	亢	房	箕	虚	婁	觜	鬼	翼	翼
15	鬼	張	翼	氐	心	斗	危	胃	参	柳	軫	軫
16	柳	翼	軫	房	尾	女	室	昴	井	星	角	角
17	星	軫	角	心	箕	虚	壁	畢	鬼	張	亢	亢
18	張	角	亢	尾	斗	危	奎	觜	柳	翼	氐	氐
19	翼	亢	氐	箕	女	室	婁	参	星	軫	房	房
20	軫	氐	房	斗	虚	壁	胃	井	張	角	心	心
21	角	房	心	女	危	奎	昴	鬼	翼	亢	尾	尾
22	亢	心	尾	虚	室	婁	畢	柳	軫	氐	箕	斗
23	氐	尾	箕	危	壁	胃	觜	星	角	房	心	女
24	房	箕	斗	室	奎	昴	参	張	亢	心	尾	虚
25	心	斗	女	壁	婁	畢	井	翼	氐	尾	箕	危
26	尾	女	虚	奎	胃	觜	鬼	軫	房	箕	斗	室
27	箕	虚	危	婁	昴	参	柳	角	心	斗	女	壁
28	斗	危	室	胃	畢	井	張	亢	尾	女	虚	奎
29	女	室	壁	昴	觜	鬼	翼	氐	箕	虚	危	婁
30	虚	-	奎	畢	参	柳	軫	房	斗	危	室	胃
31	危	-	婁	-	参	-	角	心	-	室	-	昴

1983年 昭和58年

日＼月	1	2	3	4	5	6	7	8	9	10	11	12
1	張	角	角	房	箕	虚	壁	昴	井	張	亢	房
2	翼	亢	亢	心	斗	危	奎	畢	鬼	翼	氐	心
3	軫	氐	氐	尾	女	室	婁	觜	柳	軫	房	尾
4	角	房	房	箕	虚	壁	胃	参	星	角	心	斗
5	亢	心	心	斗	危	奎	昴	井	張	亢	心	女
6	氐	尾	尾	女	室	婁	畢	鬼	翼	氐	尾	虚
7	房	箕	箕	虚	壁	胃	觜	柳	角	房	箕	危
8	心	斗	斗	危	奎	昴	参	星	亢	心	斗	室
9	尾	女	女	室	婁	畢	井	張	氐	尾	女	壁
10	箕	虚	虚	壁	胃	觜	鬼	翼	房	箕	虚	奎
11	斗	危	危	奎	昴	参	柳	軫	心	斗	危	婁
12	女	室	室	婁	畢	井	星	角	尾	女	室	胃
13	虚	室	壁	胃	畢	鬼	張	亢	箕	虚	壁	昴
14	虚	壁	奎	昴	觜	柳	翼	氐	斗	危	奎	畢
15	危	奎	奎	畢	参	星	軫	房	女	室	婁	觜
16	室	婁	婁	觜	井	張	角	心	虚	壁	胃	参
17	壁	胃	胃	参	鬼	翼	亢	尾	危	奎	昴	井
18	奎	昴	昴	井	柳	軫	氐	箕	室	婁	畢	鬼
19	婁	畢	畢	鬼	星	角	房	斗	壁	胃	觜	柳
20	胃	觜	觜	柳	張	亢	心	女	奎	昴	参	星
21	昴	参	参	星	翼	氐	尾	虚	婁	畢	井	張
22	畢	井	井	張	軫	房	箕	危	胃	觜	鬼	翼
23	觜	鬼	鬼	翼	角	心	斗	室	昴	参	柳	軫
24	参	柳	柳	軫	亢	尾	女	壁	畢	井	星	角
25	井	星	星	角	氐	箕	虚	奎	觜	鬼	張	亢
26	鬼	張	張	亢	房	斗	危	婁	参	柳	翼	氐
27	柳	翼	翼	氐	心	女	室	胃	井	星	軫	房
28	星	軫	軫	房	尾	虚	壁	昴	鬼	張	角	心
29	張	-	角	心	箕	危	奎	畢	柳	翼	亢	尾
30	翼	-	亢	尾	斗	室	婁	觜	星	軫	氐	箕
31	軫	-	氐	-	女	-	胃	参	-	角	-	斗

1980年 昭和55年

日＼月	1	2	3	4	5	6	7	8	9	10	11	12
1	井	星	翼	亢	心	女	危	婁	觜	柳	翼	角
2	鬼	張	軫	氐	尾	虚	室	胃	参	星	軫	亢
3	柳	翼	角	房	箕	危	壁	昴	井	張	角	氐
4	星	軫	亢	心	斗	室	奎	畢	鬼	翼	亢	房
5	張	角	氐	尾	女	壁	婁	觜	柳	軫	氐	心
6	翼	亢	房	箕	虚	奎	胃	参	星	角	房	尾
7	軫	氐	心	斗	危	婁	昴	井	張	亢	心	斗
8	角	房	尾	女	室	胃	畢	鬼	翼	氐	心	女
9	亢	心	箕	虚	壁	昴	觜	柳	角	氐	尾	虚
10	氐	尾	斗	危	奎	畢	参	星	亢	房	箕	危
11	房	箕	女	室	婁	觜	井	張	氐	心	斗	室
12	心	斗	虚	壁	胃	参	鬼	翼	房	尾	女	壁
13	尾	女	危	奎	昴	参	柳	軫	心	箕	虚	奎
14	箕	虚	室	婁	畢	井	星	角	尾	斗	危	婁
15	斗	危	壁	胃	觜	鬼	張	亢	箕	女	室	胃
16	女	室	奎	昴	参	柳	翼	氐	斗	虚	壁	昴
17	虚	壁	奎	畢	井	星	軫	房	女	危	奎	畢
18	虚	奎	婁	觜	鬼	張	角	心	虚	室	婁	觜
19	危	婁	胃	参	柳	翼	亢	尾	危	壁	胃	参
20	室	胃	昴	井	星	軫	氐	箕	室	奎	昴	井
21	壁	昴	畢	鬼	張	角	房	斗	壁	婁	畢	鬼
22	奎	畢	觜	柳	翼	亢	心	女	奎	胃	觜	柳
23	婁	觜	参	星	軫	氐	尾	虚	婁	昴	参	星
24	胃	参	井	張	角	房	箕	危	胃	畢	井	張
25	昴	井	鬼	翼	亢	心	斗	室	昴	觜	鬼	翼
26	畢	鬼	柳	軫	氐	尾	女	壁	畢	参	柳	軫
27	觜	柳	星	角	房	箕	虚	奎	觜	井	星	角
28	参	星	張	亢	心	斗	危	婁	参	鬼	張	亢
29	井	張	翼	氐	尾	女	室	胃	井	柳	翼	氐
30	鬼	-	軫	房	箕	虚	壁	昴	鬼	星	軫	房
31	柳	-	角	-	斗	-	奎	畢	-	張	-	心

1981年 昭和56年

日＼月	1	2	3	4	5	6	7	8	9	10	11	12
1	尾	女	女	壁	婁	觜	鬼	翼	房	尾	女	壁
2	箕	虚	虚	奎	胃	参	鬼	軫	心	箕	虚	奎
3	斗	危	危	婁	昴	井	柳	角	尾	斗	危	婁
4	女	室	室	胃	畢	鬼	星	亢	箕	女	室	胃
5	虚	室	壁	胃	觜	柳	張	氐	斗	虚	壁	昴
6	虚	壁	奎	昴	参	星	翼	房	女	危	奎	畢
7	危	奎	婁	畢	井	張	軫	心	虚	室	婁	觜
8	室	婁	胃	觜	鬼	翼	角	尾	危	壁	胃	参
9	壁	胃	昴	参	柳	軫	亢	箕	室	奎	昴	井
10	奎	昴	畢	井	星	角	氐	斗	壁	婁	畢	鬼
11	婁	畢	觜	鬼	張	亢	房	女	奎	胃	觜	柳
12	胃	觜	参	柳	翼	氐	心	虚	婁	昴	参	星
13	昴	参	井	星	軫	房	尾	危	胃	畢	井	張
14	畢	井	鬼	張	角	心	箕	室	昴	觜	鬼	翼
15	觜	鬼	柳	翼	亢	尾	斗	壁	畢	参	柳	軫
16	参	柳	星	軫	氐	箕	女	奎	觜	井	星	角
17	井	星	張	角	房	斗	虚	婁	参	鬼	張	亢
18	鬼	張	翼	亢	心	女	危	胃	井	柳	翼	氐
19	柳	翼	軫	氐	尾	虚	室	昴	鬼	星	軫	房
20	星	軫	角	房	箕	危	壁	畢	柳	張	角	心
21	張	角	亢	心	斗	室	奎	觜	星	翼	亢	尾
22	翼	亢	氐	尾	女	壁	婁	参	張	軫	氐	箕
23	軫	氐	房	箕	虚	奎	胃	井	翼	角	房	斗
24	角	房	心	斗	危	婁	昴	鬼	軫	亢	心	女
25	亢	心	尾	女	室	胃	畢	柳	角	氐	尾	虚
26	氐	尾	箕	虚	壁	昴	觜	星	亢	房	斗	虚
27	房	箕	斗	危	奎	畢	参	張	氐	心	女	危
28	心	斗	女	室	婁	觜	井	翼	氐	心	虚	室
29	尾	-	虚	壁	胃	参	鬼	角	房	尾	危	壁
30	箕	-	危	奎	昴	井	柳	亢	心	箕	室	奎
31	斗	-	室	-	畢	-	張	氐	-	斗	-	婁

1982年 昭和57年

日＼月	1	2	3	4	5	6	7	8	9	10	11	12
1	胃	觜	觜	柳	張	軫	氐	尾	危	婁	畢	参
2	昴	参	参	星	翼	角	房	箕	室	胃	觜	井
3	畢	井	井	張	軫	亢	心	斗	壁	昴	参	鬼
4	觜	鬼	鬼	翼	角	氐	尾	女	奎	畢	井	柳
5	参	柳	柳	軫	亢	房	箕	虚	婁	觜	鬼	星
6	井	星	星	角	氐	心	斗	危	胃	参	柳	張
7	鬼	張	張	亢	房	尾	女	室	昴	井	星	翼
8	柳	翼	翼	氐	心	箕	虚	壁	畢	鬼	張	軫
9	星	軫	軫	房	尾	斗	危	奎	觜	柳	翼	角
10	張	角	角	心	箕	女	室	婁	参	星	軫	亢
11	翼	亢	亢	尾	斗	虚	壁	胃	井	張	角	氐
12	軫	氐	氐	箕	女	危	奎	昴	鬼	翼	亢	房
13	角	房	房	斗	虚	室	婁	畢	柳	軫	氐	心
14	亢	心	心	女	危	壁	胃	觜	星	角	房	尾
15	氐	尾	尾	虚	室	奎	昴	参	張	亢	心	斗
16	房	箕	箕	危	壁	婁	畢	井	翼	氐	心	女
17	心	斗	斗	室	奎	胃	觜	鬼	角	氐	尾	虚
18	尾	女	女	壁	婁	昴	参	柳	亢	房	箕	危
19	箕	虚	虚	奎	胃	畢	井	張	氐	心	斗	室
20	斗	危	危	婁	昴	觜	鬼	翼	房	尾	女	壁
21	女	室	室	胃	畢	参	鬼	軫	心	箕	虚	奎
22	虚	壁	壁	昴	觜	井	柳	角	尾	斗	危	婁
23	危	奎	奎	畢	畢	鬼	星	亢	箕	女	室	胃
24	室	奎	婁	畢	觜	柳	張	氐	斗	虚	壁	昴
25	室	婁	胃	觜	参	星	翼	房	女	危	奎	畢
26	壁	胃	昴	参	井	張	軫	心	虚	室	婁	觜
27	奎	昴	畢	井	鬼	翼	角	尾	危	壁	胃	参
28	婁	畢	觜	鬼	柳	軫	亢	箕	室	奎	昴	井
29	胃	-	参	柳	星	角	氐	斗	壁	婁	畢	鬼
30	昴	-	井	星	張	亢	房	女	奎	胃	觜	柳
31	畢	-	鬼	-	翼	-	心	虚	-	昴	-	星

1986年 昭和61年

日＼月	1	2	3	4	5	6	7	8	9	10	11	12
1	角	心	心	女	危	奎	昴	参	星	角	房	箕
2	亢	尾	尾	虚	室	婁	畢	井	張	亢	心	斗
3	氐	箕	箕	危	壁	胃	觜	鬼	翼	氐	尾	女
4	房	斗	斗	室	奎	昴	参	柳	角	氐	箕	虚
5	心	女	女	壁	婁	畢	井	星	亢	房	斗	危
6	尾	虚	虚	奎	胃	觜	鬼	張	氐	心	女	室
7	箕	危	危	婁	昴	参	鬼	翼	房	尾	虚	壁
8	斗	室	室	胃	畢	井	柳	軫	心	箕	危	奎
9	女	室	壁	胃	畢	鬼	星	角	尾	斗	室	婁
10	虚	壁	奎	昴	觜	柳	張	亢	箕	女	壁	胃
11	危	奎	婁	畢	参	星	翼	氐	斗	虚	奎	昴
12	室	婁	胃	觜	井	張	軫	房	女	危	婁	畢
13	壁	胃	昴	参	鬼	翼	角	心	虚	室	胃	觜
14	奎	昴	畢	井	柳	軫	亢	尾	危	壁	昴	参
15	婁	畢	觜	鬼	星	角	氐	箕	室	奎	畢	井
16	胃	觜	参	柳	張	亢	房	斗	壁	婁	觜	鬼
17	昴	参	井	星	翼	氐	心	女	奎	胃	参	柳
18	畢	井	鬼	張	軫	房	尾	虚	婁	昴	井	星
19	觜	鬼	柳	翼	角	心	箕	危	胃	畢	鬼	張
20	参	柳	星	軫	亢	尾	斗	室	昴	觜	柳	翼
21	井	星	張	角	氐	箕	女	壁	畢	参	星	軫
22	鬼	張	翼	亢	房	斗	虚	奎	觜	井	張	角
23	柳	翼	軫	氐	心	女	危	婁	参	鬼	翼	亢
24	星	軫	角	房	尾	虚	室	胃	井	柳	軫	氐
25	張	角	亢	心	箕	危	壁	昴	鬼	星	角	房
26	翼	亢	氐	尾	斗	室	奎	畢	柳	張	亢	心
27	軫	氐	房	箕	女	壁	婁	觜	星	翼	氐	尾
28	角	房	心	斗	虚	奎	胃	参	張	軫	房	箕
29	亢	-	尾	女	危	婁	昴	井	翼	角	心	斗
30	氐	-	箕	虚	室	胃	畢	鬼	軫	亢	尾	女
31	房	-	斗	-	壁	-	觜	柳	-	氐	-	虚

1987年 昭和62年

日＼月	1	2	3	4	5	6	7	8	9	10	11	12
1	危	婁	婁	觜	井	星	軫	角	尾	女	室	婁
2	室	胃	胃	参	鬼	張	角	亢	箕	虚	壁	胃
3	壁	昴	昴	井	柳	翼	亢	氐	斗	危	奎	昴
4	奎	畢	畢	鬼	星	軫	氐	房	女	室	婁	畢
5	婁	觜	觜	柳	張	角	房	心	虚	壁	胃	觜
6	胃	参	参	星	翼	亢	心	尾	危	奎	昴	参
7	昴	井	井	張	軫	氐	尾	箕	室	婁	畢	井
8	畢	鬼	鬼	翼	角	房	箕	斗	壁	胃	觜	鬼
9	觜	柳	柳	軫	亢	心	斗	女	奎	昴	参	柳
10	参	星	星	角	氐	尾	女	虚	婁	畢	井	星
11	井	張	張	亢	房	箕	虚	危	胃	觜	鬼	張
12	鬼	翼	翼	氐	心	斗	危	室	昴	参	柳	翼
13	柳	軫	軫	房	尾	女	室	壁	畢	井	星	軫
14	星	角	角	心	箕	虚	壁	奎	觜	鬼	張	角
15	張	亢	亢	尾	斗	危	奎	婁	参	柳	翼	亢
16	翼	氐	氐	箕	女	室	婁	胃	井	星	軫	氐
17	軫	房	房	斗	虚	壁	胃	昴	鬼	張	角	房
18	角	心	心	女	危	奎	昴	畢	柳	翼	亢	心
19	亢	尾	尾	虚	室	婁	畢	觜	星	軫	氐	尾
20	氐	箕	箕	危	壁	胃	觜	参	張	角	房	箕
21	房	斗	斗	室	奎	昴	参	井	翼	亢	心	斗
22	心	女	女	壁	婁	畢	井	鬼	軫	氐	尾	女
23	尾	虚	虚	奎	胃	觜	鬼	柳	角	氐	箕	虚
24	箕	危	危	婁	昴	参	柳	張	亢	房	斗	危
25	斗	室	室	胃	畢	井	星	翼	氐	心	女	室
26	女	壁	壁	昴	觜	鬼	鬼	軫	房	尾	虚	壁
27	虚	奎	奎	畢	参	柳	柳	角	心	箕	危	奎
28	危	奎	婁	畢	参	星	星	亢	尾	斗	室	婁
29	室	-	胃	觜	井	張	張	氐	箕	女	壁	胃
30	壁	-	昴	参	鬼	翼	翼	房	斗	虚	奎	昴
31	奎	-	畢	-	柳	-	軫	心	-	危	-	畢

1988年 昭和63年

日＼月	1	2	3	4	5	6	7	8	9	10	11	12
1	觜	柳	星	角	房	箕	虚	壁	畢	井	星	軫
2	参	星	張	亢	心	斗	危	奎	觜	鬼	張	角
3	井	張	翼	氐	尾	女	室	婁	参	柳	翼	亢
4	鬼	翼	軫	房	箕	虚	壁	胃	井	星	軫	氐
5	柳	軫	角	心	斗	危	奎	昴	鬼	張	角	房
6	星	角	亢	尾	女	室	婁	畢	柳	翼	亢	心
7	張	亢	氐	箕	虚	壁	胃	觜	星	軫	氐	尾
8	翼	氐	房	斗	危	奎	昴	参	張	角	房	箕
9	軫	房	心	女	室	婁	畢	井	翼	亢	心	斗
10	角	心	尾	虚	壁	胃	觜	鬼	軫	氐	尾	女
11	亢	尾	箕	危	奎	昴	参	柳	角	氐	箕	虚
12	氐	箕	斗	室	婁	畢	井	張	亢	房	斗	危
13	房	斗	女	壁	胃	觜	鬼	翼	氐	心	女	室
14	心	女	虚	奎	昴	参	鬼	軫	房	尾	虚	壁
15	尾	虚	危	婁	畢	井	柳	角	心	箕	危	奎
16	箕	危	室	胃	畢	鬼	星	亢	尾	斗	室	婁
17	斗	室	壁	昴	觜	柳	張	氐	箕	女	壁	胃
18	女	室	奎	畢	参	星	翼	房	斗	虚	奎	昴
19	虚	壁	婁	觜	井	張	軫	心	女	危	婁	畢
20	危	奎	胃	参	鬼	翼	角	尾	虚	室	胃	觜
21	室	婁	昴	井	柳	軫	亢	箕	危	壁	昴	参
22	壁	胃	畢	鬼	星	角	氐	斗	室	奎	畢	井
23	奎	昴	觜	柳	張	亢	房	女	壁	婁	觜	鬼
24	婁	畢	参	星	翼	氐	心	虚	奎	胃	参	柳
25	胃	觜	井	張	軫	房	尾	危	婁	昴	井	星
26	昴	参	鬼	翼	角	心	箕	室	胃	畢	鬼	張
27	畢	井	柳	軫	亢	尾	斗	壁	昴	觜	柳	翼
28	觜	鬼	星	角	氐	箕	女	奎	畢	参	星	軫
29	参	柳	張	亢	房	斗	虚	婁	觜	井	張	角
30	井	-	翼	氐	心	女	危	胃	参	鬼	翼	亢
31	鬼	-	軫	-	尾	-	室	昴	-	柳	-	氐

1991年 平成3年

日＼月	1	2	3	4	5	6	7	8	9	10	11	12
1	柳	翼	翼	氐	心	女	室	婁	参	星	軫	氐
2	星	軫	軫	房	尾	虚	壁	胃	井	張	角	房
3	張	角	角	心	箕	危	奎	昴	鬼	翼	亢	心
4	翼	亢	亢	尾	斗	室	婁	畢	柳	軫	氐	尾
5	軫	氐	氐	箕	女	壁	胃	觜	星	角	房	箕
6	角	房	房	斗	虚	奎	昴	参	張	亢	心	斗
7	亢	心	心	女	危	婁	畢	井	翼	氐	尾	女
8	氐	尾	尾	虚	室	胃	觜	鬼	角	氐	箕	虚
9	房	箕	箕	危	壁	昴	参	柳	亢	房	斗	危
10	心	斗	斗	室	奎	畢	井	張	氐	心	女	室
11	尾	女	女	壁	婁	觜	鬼	翼	房	尾	虚	壁
12	箕	虚	虚	奎	胃	参	鬼	軫	心	箕	危	奎
13	斗	危	危	婁	昴	井	柳	角	尾	斗	室	婁
14	女	室	室	胃	畢	鬼	星	亢	箕	女	壁	胃
15	虚	室	壁	胃	觜	柳	張	氐	斗	虚	奎	昴
16	虚	壁	奎	昴	参	星	翼	房	女	危	婁	畢
17	危	奎	婁	畢	井	張	軫	心	虚	室	胃	觜
18	室	婁	胃	觜	鬼	翼	角	尾	危	壁	昴	参
19	壁	胃	昴	参	柳	軫	亢	箕	室	奎	畢	井
20	奎	昴	畢	井	星	角	氐	斗	壁	婁	觜	鬼
21	婁	畢	觜	鬼	張	亢	房	女	奎	胃	参	柳
22	胃	觜	参	柳	翼	氐	心	虚	婁	昴	井	星
23	昴	参	井	星	軫	房	尾	危	胃	畢	鬼	張
24	畢	井	鬼	張	角	心	箕	室	昴	觜	柳	翼
25	觜	鬼	柳	翼	亢	尾	斗	壁	畢	参	星	軫
26	参	柳	星	軫	氐	箕	女	奎	觜	井	張	角
27	井	星	張	角	房	斗	虚	婁	参	鬼	翼	亢
28	鬼	張	翼	亢	心	女	危	胃	井	柳	軫	氐
29	柳	-	軫	氐	尾	虚	室	昴	鬼	星	角	房
30	星	-	角	房	箕	危	壁	畢	柳	張	亢	心
31	張	-	亢	-	斗	-	奎	觜	-	翼	-	尾

1990年 平成2年

日＼月	1	2	3	4	5	6	7	8	9	10	11	12
1	奎	昴	畢	井	星	角	角	心	虚	壁	胃	觜
2	婁	畢	觜	鬼	張	亢	亢	尾	危	奎	昴	参
3	胃	觜	参	柳	翼	氐	氐	箕	室	婁	畢	井
4	昴	参	井	星	軫	房	房	斗	壁	胃	觜	鬼
5	畢	井	鬼	張	角	心	心	女	奎	昴	参	柳
6	觜	鬼	柳	翼	亢	尾	尾	虚	婁	畢	井	星
7	参	柳	星	軫	氐	箕	箕	危	胃	觜	鬼	張
8	井	星	張	角	房	斗	斗	室	昴	参	柳	翼
9	鬼	張	翼	亢	心	女	女	壁	畢	井	星	軫
10	柳	翼	軫	氐	尾	虚	虚	奎	觜	鬼	張	角
11	星	軫	角	房	箕	危	危	婁	参	柳	翼	亢
12	張	角	亢	心	斗	室	室	胃	井	星	軫	氐
13	翼	亢	氐	尾	女	壁	壁	昴	鬼	張	角	房
14	軫	氐	房	箕	虚	奎	奎	畢	柳	翼	亢	心
15	角	房	心	斗	危	婁	婁	觜	星	軫	氐	尾
16	亢	心	尾	女	室	胃	胃	参	張	角	房	箕
17	氐	尾	箕	虚	壁	昴	昴	井	翼	亢	心	斗
18	房	箕	斗	危	奎	畢	畢	鬼	軫	氐	尾	女
19	心	斗	女	室	婁	觜	觜	柳	角	氐	箕	虚
20	尾	女	虚	壁	胃	参	参	張	亢	房	斗	危
21	箕	虚	危	奎	昴	井	井	翼	氐	心	女	室
22	斗	危	室	婁	畢	鬼	鬼	軫	房	尾	虚	壁
23	女	室	壁	胃	觜	参	柳	角	心	箕	危	奎
24	虚	壁	奎	昴	参	井	星	亢	尾	斗	室	婁
25	危	奎	婁	畢	井	鬼	張	氐	箕	女	壁	胃
26	室	婁	胃	觜	鬼	柳	翼	房	斗	虚	奎	昴
27	室	胃	胃	参	柳	星	軫	心	女	危	婁	畢
28	壁	昴	昴	井	星	張	角	尾	虚	室	胃	觜
29	奎	-	畢	鬼	張	翼	亢	箕	危	壁	昴	参
30	婁	-	觜	柳	翼	軫	氐	斗	室	奎	畢	井
31	胃	-	参	-	軫	-	房	女	-	婁	-	鬼

1989年 昭和64年／平成元年

日＼月	1	2	3	4	5	6	7	8	9	10	11	12
1	房	箕	斗	危	奎	畢	参	星	亢	房	箕	危
2	心	斗	女	室	婁	觜	井	張	氐	心	斗	室
3	尾	女	虚	壁	胃	参	鬼	翼	房	尾	女	壁
4	箕	虚	危	奎	昴	参	柳	軫	心	箕	虚	奎
5	斗	危	室	婁	畢	井	星	角	尾	斗	危	婁
6	女	室	壁	胃	觜	鬼	張	亢	箕	女	室	胃
7	虚	壁	奎	昴	参	柳	翼	氐	斗	虚	壁	昴
8	虚	奎	奎	畢	井	星	軫	房	女	危	奎	畢
9	危	婁	婁	觜	鬼	張	角	心	虚	室	婁	觜
10	室	胃	胃	参	柳	翼	亢	尾	危	壁	胃	参
11	壁	昴	昴	井	星	軫	氐	箕	室	奎	昴	井
12	奎	畢	畢	鬼	張	角	房	斗	壁	婁	畢	鬼
13	婁	觜	觜	柳	翼	亢	心	女	奎	胃	觜	柳
14	胃	参	参	星	軫	氐	尾	虚	婁	昴	参	星
15	昴	井	井	張	角	房	箕	危	胃	畢	井	張
16	畢	鬼	鬼	翼	亢	心	斗	室	昴	觜	鬼	翼
17	觜	柳	柳	軫	氐	尾	女	壁	畢	参	柳	軫
18	参	星	星	角	房	箕	虚	奎	觜	井	星	角
19	井	張	張	亢	心	斗	危	婁	参	鬼	張	亢
20	鬼	翼	翼	氐	尾	女	室	胃	井	柳	翼	氐
21	柳	軫	軫	房	箕	虚	壁	昴	鬼	星	軫	房
22	星	角	角	心	斗	危	奎	畢	柳	張	角	心
23	張	亢	亢	尾	女	室	婁	觜	星	翼	亢	尾
24	翼	氐	氐	箕	虚	壁	胃	参	張	軫	氐	箕
25	軫	房	房	斗	危	奎	昴	井	翼	角	房	斗
26	角	心	心	女	室	婁	畢	鬼	軫	亢	心	女
27	亢	尾	尾	虚	壁	胃	觜	柳	角	氐	尾	虚
28	氐	箕	箕	危	奎	昴	参	星	亢	房	斗	虚
29	房	-	斗	室	婁	畢	井	張	氐	心	女	危
30	心	-	女	壁	胃	觜	鬼	翼	氐	心	虚	室
31	尾	-	虚	-	昴	-	柳	角	-	尾	-	壁

1997年 平成9年

日＼月	1	2	3	4	5	6	7	8	9	10	11	12
1	亢	尾	尾	虚	壁	胃	觜	鬼	軫	氐	尾	女
2	氐	箕	箕	危	奎	昴	参	柳	角	氐	箕	虚
3	房	斗	斗	室	婁	畢	井	張	亢	房	斗	危
4	心	女	女	壁	胃	觜	鬼	翼	氐	心	女	室
5	尾	虚	虚	奎	昴	参	鬼	軫	房	尾	虚	壁
6	箕	危	危	婁	畢	井	柳	角	心	箕	危	奎
7	斗	室	室	胃	畢	鬼	星	亢	尾	斗	室	婁
8	女	室	壁	昴	觜	柳	張	氐	箕	女	壁	胃
9	虚	壁	奎	畢	参	星	翼	房	斗	虚	奎	昴
10	危	奎	婁	觜	井	張	軫	心	女	危	婁	畢
11	室	婁	胃	参	鬼	翼	角	尾	虚	室	胃	觜
12	壁	胃	昴	井	柳	軫	亢	箕	危	壁	昴	参
13	奎	昴	畢	鬼	星	角	氐	斗	室	奎	畢	井
14	婁	畢	觜	柳	張	亢	房	女	壁	婁	觜	鬼
15	胃	觜	参	星	翼	氐	心	虚	奎	胃	参	柳
16	昴	参	井	張	軫	房	尾	危	婁	昴	井	星
17	畢	井	鬼	翼	角	心	箕	室	胃	畢	鬼	張
18	觜	鬼	柳	軫	亢	尾	斗	壁	昴	觜	柳	翼
19	参	柳	星	角	氐	箕	女	奎	畢	参	星	軫
20	井	星	張	亢	房	斗	虚	婁	觜	井	張	角
21	鬼	張	翼	氐	心	女	危	胃	参	鬼	翼	亢
22	柳	翼	軫	房	尾	虚	室	昴	井	柳	軫	氐
23	星	軫	角	心	箕	危	壁	畢	鬼	星	角	房
24	張	角	亢	尾	斗	室	奎	觜	柳	張	亢	心
25	翼	亢	氐	箕	女	壁	婁	参	星	翼	氐	尾
26	軫	氐	房	斗	虚	奎	胃	井	張	軫	房	箕
27	角	房	心	女	危	婁	昴	鬼	翼	角	心	斗
28	亢	心	尾	虚	室	胃	畢	柳	軫	亢	尾	女
29	氐	-	箕	危	壁	昴	觜	星	角	氐	箕	虚
30	房	-	斗	室	奎	畢	参	張	亢	房	斗	虚
31	心	-	女	-	婁	-	井	翼	-	心	-	危

1996年 平成8年

日＼月	1	2	3	4	5	6	7	8	9	10	11	12
1	畢	鬼	柳	軫	亢	尾	斗	危	胃	觜	柳	張
2	觜	柳	星	角	氐	箕	女	室	昴	参	星	翼
3	参	星	張	亢	房	斗	虚	壁	畢	井	張	軫
4	井	張	翼	氐	心	女	危	奎	觜	鬼	翼	角
5	鬼	翼	軫	房	尾	虚	室	婁	参	柳	軫	亢
6	柳	軫	角	心	箕	危	壁	胃	井	星	角	氐
7	星	角	亢	尾	斗	室	奎	昴	鬼	張	亢	房
8	張	亢	氐	箕	女	壁	婁	畢	柳	翼	氐	心
9	翼	氐	房	斗	虚	奎	胃	觜	星	軫	房	尾
10	軫	房	心	女	危	婁	昴	参	張	角	心	箕
11	角	心	尾	虚	室	胃	畢	井	翼	亢	心	斗
12	亢	尾	箕	危	壁	昴	觜	鬼	軫	氐	尾	女
13	氐	箕	斗	室	奎	畢	参	柳	角	房	箕	虚
14	房	斗	女	壁	婁	觜	井	張	亢	心	斗	危
15	心	女	虚	奎	胃	参	鬼	翼	氐	尾	女	室
16	尾	虚	危	婁	昴	参	鬼	軫	房	箕	虚	壁
17	箕	危	室	胃	畢	井	柳	角	心	斗	危	奎
18	斗	室	壁	胃	觜	鬼	星	亢	尾	女	室	婁
19	女	室	奎	昴	参	柳	張	氐	箕	虚	壁	胃
20	虚	壁	婁	畢	井	星	翼	房	斗	危	奎	昴
21	危	奎	胃	觜	鬼	張	軫	心	女	室	婁	畢
22	室	婁	昴	参	柳	翼	角	尾	虚	壁	胃	觜
23	壁	胃	畢	井	星	軫	亢	箕	危	奎	昴	参
24	奎	昴	觜	鬼	張	角	氐	斗	室	婁	畢	井
25	婁	畢	参	柳	翼	亢	房	女	壁	胃	觜	鬼
26	胃	觜	井	星	軫	氐	心	虚	奎	昴	参	柳
27	昴	参	鬼	張	角	房	尾	危	婁	畢	井	星
28	畢	井	柳	翼	亢	心	箕	室	胃	觜	鬼	張
29	觜	鬼	星	軫	氐	尾	斗	壁	昴	参	柳	翼
30	参	-	張	角	房	箕	女	奎	畢	井	星	軫
31	井	-	翼	-	心	-	虚	婁	-	鬼	-	角

1995年 平成7年

日＼月	1	2	3	4	5	6	7	8	9	10	11	12
1	虚	壁	奎	昴	觜	柳	張	亢	箕	箕	危	壁
2	危	奎	婁	畢	参	星	翼	氐	斗	斗	室	奎
3	室	婁	胃	觜	井	張	軫	房	女	女	壁	婁
4	壁	胃	昴	参	鬼	翼	角	心	虚	虚	奎	胃
5	奎	昴	畢	井	柳	軫	亢	尾	危	危	婁	昴
6	婁	畢	觜	鬼	星	角	氐	箕	室	室	胃	畢
7	胃	觜	参	柳	張	亢	房	斗	壁	壁	昴	觜
8	昴	参	井	星	翼	氐	心	女	奎	奎	畢	参
9	畢	井	鬼	張	軫	房	尾	虚	婁	婁	觜	井
10	觜	鬼	柳	翼	角	心	箕	危	胃	胃	参	鬼
11	参	柳	星	軫	亢	尾	斗	室	昴	昴	井	柳
12	井	星	張	角	氐	箕	女	壁	畢	畢	鬼	星
13	鬼	張	翼	亢	房	斗	虚	奎	觜	觜	柳	張
14	柳	翼	軫	氐	心	女	危	婁	参	参	星	翼
15	星	軫	角	房	尾	虚	室	胃	井	井	張	軫
16	張	角	亢	心	箕	危	壁	昴	鬼	鬼	翼	角
17	翼	亢	氐	尾	斗	室	奎	畢	柳	柳	軫	亢
18	軫	氐	房	箕	女	壁	婁	觜	星	星	角	氐
19	角	房	心	斗	虚	奎	胃	参	張	張	亢	房
20	亢	心	尾	女	危	婁	昴	井	翼	翼	氐	心
21	氐	尾	箕	虚	室	胃	畢	鬼	軫	軫	房	尾
22	房	箕	斗	危	壁	昴	觜	柳	角	角	心	斗
23	心	斗	女	室	奎	畢	参	星	亢	亢	心	女
24	尾	女	虚	壁	婁	觜	井	張	氐	氐	尾	虚
25	箕	虚	危	奎	胃	参	鬼	翼	角	房	箕	危
26	斗	危	室	婁	昴	井	柳	角	亢	心	斗	室
27	女	室	壁	胃	畢	鬼	星	亢	氐	尾	女	壁
28	虚	壁	奎	昴	觜	鬼	張	氐	房	箕	虚	奎
29	危	-	婁	畢	参	柳	翼	房	心	斗	危	婁
30	室	-	胃	畢	井	星	軫	心	尾	女	室	胃
31	室	-	胃	-	鬼	-	角	尾	-	虚	-	昴

1994年 平成6年

日＼月	1	2	3	4	5	6	7	8	9	10	11	12
1	軫	氐	房	箕	女	室	婁	畢	柳	翼	氐	尾
2	角	房	心	斗	虚	壁	胃	觜	星	軫	房	箕
3	亢	心	尾	女	危	奎	昴	参	張	角	心	斗
4	氐	尾	箕	虚	室	婁	畢	井	翼	亢	尾	女
5	房	箕	斗	危	壁	胃	觜	鬼	軫	氐	箕	虚
6	心	斗	女	室	奎	昴	参	柳	角	房	斗	危
7	尾	女	虚	壁	婁	畢	井	張	亢	心	女	室
8	箕	虚	危	奎	胃	觜	鬼	翼	氐	尾	虚	壁
9	斗	危	室	婁	昴	参	鬼	軫	房	箕	危	奎
10	女	室	壁	胃	畢	井	柳	角	心	斗	室	婁
11	虚	壁	奎	胃	畢	鬼	星	亢	尾	女	壁	胃
12	虚	奎	奎	昴	觜	柳	張	氐	箕	虚	奎	昴
13	危	婁	婁	畢	参	星	翼	房	斗	危	婁	畢
14	室	胃	胃	觜	井	張	軫	心	女	室	胃	觜
15	壁	昴	昴	参	鬼	翼	角	尾	虚	壁	昴	参
16	奎	畢	畢	井	柳	軫	亢	箕	危	奎	畢	井
17	婁	觜	觜	鬼	星	角	氐	斗	室	婁	觜	鬼
18	胃	参	参	柳	張	亢	房	女	壁	胃	参	柳
19	昴	井	井	星	翼	氐	心	虚	奎	昴	井	星
20	畢	鬼	鬼	張	軫	房	尾	危	婁	畢	鬼	張
21	觜	柳	柳	翼	角	心	箕	室	胃	觜	柳	翼
22	参	星	星	軫	亢	尾	斗	壁	昴	参	星	軫
23	井	張	張	角	氐	箕	女	奎	畢	井	張	角
24	鬼	翼	翼	亢	房	斗	虚	婁	觜	鬼	翼	亢
25	柳	軫	軫	氐	心	女	危	胃	参	柳	軫	氐
26	星	角	角	房	尾	虚	室	昴	井	星	角	房
27	張	亢	亢	心	箕	危	壁	畢	鬼	張	亢	心
28	翼	氐	氐	尾	斗	室	奎	觜	柳	翼	氐	尾
29	軫	-	房	箕	女	壁	婁	参	星	軫	房	箕
30	角	-	心	斗	虚	奎	胃	井	張	角	心	斗
31	亢	-	尾	-	危	-	昴	鬼	-	亢	-	女

1993年 平成5年

日＼月	1	2	3	4	5	6	7	8	9	10	11	12
1	畢	井	鬼	張	張	亢	房	斗	室	胃	参	鬼
2	觜	鬼	柳	翼	翼	氐	心	女	壁	昴	井	柳
3	参	柳	星	軫	軫	房	尾	虚	奎	畢	鬼	星
4	井	星	張	角	角	心	箕	危	婁	觜	柳	張
5	鬼	張	翼	亢	亢	尾	斗	室	胃	参	星	翼
6	柳	翼	軫	氐	氐	箕	女	壁	昴	井	張	軫
7	星	軫	角	房	房	斗	虚	奎	畢	鬼	翼	角
8	張	角	亢	心	心	女	危	婁	觜	柳	軫	亢
9	翼	亢	氐	尾	尾	虚	室	胃	参	星	角	氐
10	軫	氐	房	箕	箕	危	壁	昴	井	張	亢	房
11	角	房	心	斗	斗	室	奎	畢	鬼	翼	氐	心
12	亢	心	尾	女	女	壁	婁	觜	柳	軫	房	尾
13	氐	尾	箕	虚	虚	奎	胃	参	星	角	心	斗
14	房	箕	斗	危	危	婁	昴	井	張	亢	心	女
15	心	斗	女	室	室	胃	畢	鬼	翼	氐	尾	虚
16	尾	女	虚	壁	壁	昴	觜	柳	角	房	箕	危
17	箕	虚	危	奎	奎	畢	参	星	亢	心	斗	室
18	斗	危	室	婁	婁	觜	井	張	氐	尾	女	壁
19	女	室	壁	胃	胃	参	鬼	翼	房	箕	虚	奎
20	虚	壁	奎	昴	昴	参	柳	軫	心	斗	危	婁
21	危	奎	婁	畢	畢	井	星	角	尾	女	室	胃
22	室	婁	胃	胃	觜	鬼	張	亢	箕	虚	壁	昴
23	室	胃	胃	昴	参	柳	翼	氐	斗	危	奎	畢
24	壁	昴	昴	畢	井	星	軫	房	女	室	婁	觜
25	奎	畢	畢	觜	鬼	張	角	心	虚	壁	胃	参
26	婁	觜	觜	参	柳	翼	亢	尾	危	奎	昴	井
27	胃	参	参	井	星	軫	氐	箕	室	婁	畢	鬼
28	昴	井	井	鬼	張	角	房	斗	壁	胃	觜	柳
29	畢	-	鬼	柳	翼	亢	心	女	奎	昴	参	星
30	觜	-	柳	星	軫	氐	尾	虚	婁	畢	井	張
31	参	-	星	-	角	-	箕	危	-	觜	-	翼

1992年 平成4年

日＼月	1	2	3	4	5	6	7	8	9	10	11	12
1	箕	虚	危	婁	昴	参	柳	軫	心	斗	危	婁
2	斗	危	室	胃	畢	井	星	角	尾	女	室	胃
3	女	室	壁	胃	畢	鬼	張	亢	箕	虚	壁	昴
4	虚	室	奎	昴	觜	柳	翼	氐	斗	危	奎	畢
5	虚	壁	婁	畢	参	星	軫	房	女	室	婁	觜
6	危	奎	胃	觜	井	張	角	心	虚	壁	胃	参
7	室	婁	昴	参	鬼	翼	亢	尾	危	奎	昴	井
8	壁	胃	畢	井	柳	軫	氐	箕	室	婁	畢	鬼
9	奎	昴	觜	鬼	星	角	房	斗	壁	胃	觜	柳
10	婁	畢	参	柳	張	亢	心	女	奎	昴	参	星
11	胃	觜	井	星	翼	氐	尾	虚	婁	畢	井	張
12	昴	参	鬼	張	軫	房	箕	危	胃	觜	鬼	翼
13	畢	井	柳	翼	角	心	斗	室	昴	参	柳	軫
14	觜	鬼	星	軫	亢	尾	女	壁	畢	井	星	角
15	参	柳	張	角	氐	箕	虚	奎	觜	鬼	張	亢
16	井	星	翼	亢	房	斗	危	婁	参	柳	翼	氐
17	鬼	張	軫	氐	心	女	室	胃	井	星	軫	房
18	柳	翼	角	房	尾	虚	壁	昴	鬼	張	角	心
19	星	軫	亢	心	箕	危	奎	畢	柳	翼	亢	尾
20	張	角	氐	尾	斗	室	婁	觜	星	軫	氐	箕
21	翼	亢	房	箕	女	壁	胃	参	張	角	房	斗
22	軫	氐	心	斗	虚	奎	昴	井	翼	亢	心	女
23	角	房	尾	女	危	婁	畢	鬼	軫	氐	尾	虚
24	亢	心	箕	虚	室	胃	觜	柳	角	房	斗	虚
25	氐	尾	斗	危	壁	昴	参	星	亢	心	女	危
26	房	箕	女	室	奎	畢	井	張	氐	心	虚	室
27	心	斗	虚	壁	婁	觜	鬼	翼	房	尾	危	壁
28	尾	女	危	奎	胃	参	柳	角	心	箕	室	奎
29	箕	虚	室	婁	昴	井	星	亢	尾	斗	壁	婁
30	斗	-	壁	胃	畢	鬼	張	氐	箕	女	奎	胃
31	女	-	奎	-	觜	-	翼	房	-	虚	-	昴

2000年 平成12年

日＼月	1	2	3	4	5	6	7	8	9	10	11	12
1	心	斗	虚	壁	婁	觜	鬼	翼	房	尾	虚	壁
2	尾	女	危	奎	胃	参	鬼	軫	心	箕	危	奎
3	箕	虚	室	婁	昴	井	柳	角	尾	斗	室	婁
4	斗	危	壁	胃	畢	鬼	星	亢	箕	女	壁	胃
5	女	室	奎	胃	觜	柳	張	氐	斗	虚	奎	昴
6	虚	壁	奎	昴	参	星	翼	房	女	危	婁	畢
7	虚	奎	婁	畢	井	張	軫	心	虚	室	胃	觜
8	危	婁	胃	觜	鬼	翼	角	尾	危	壁	昴	参
9	室	胃	昴	参	柳	軫	亢	箕	室	奎	畢	井
10	壁	昴	畢	井	星	角	氐	斗	壁	婁	觜	鬼
11	奎	畢	觜	鬼	張	亢	房	女	奎	胃	参	柳
12	婁	觜	参	柳	翼	氐	心	虚	婁	昴	井	星
13	胃	参	井	星	軫	房	尾	危	胃	畢	鬼	張
14	昴	井	鬼	張	角	心	箕	室	昴	觜	柳	翼
15	畢	鬼	柳	翼	亢	尾	斗	壁	畢	参	星	軫
16	觜	柳	星	軫	氐	箕	女	奎	觜	井	張	角
17	参	星	張	角	房	斗	虚	婁	参	鬼	翼	亢
18	井	張	翼	亢	心	女	危	胃	井	柳	軫	氐
19	鬼	翼	軫	氐	尾	虚	室	昴	鬼	星	角	房
20	柳	軫	角	房	箕	危	壁	畢	柳	張	亢	心
21	星	角	亢	心	斗	室	奎	觜	星	翼	氐	尾
22	張	亢	氐	尾	女	壁	婁	参	張	軫	房	箕
23	翼	氐	房	箕	虚	奎	胃	井	翼	角	心	斗
24	軫	房	心	斗	危	婁	昴	鬼	軫	亢	尾	女
25	角	心	尾	女	室	胃	畢	柳	角	氐	箕	虚
26	亢	尾	箕	虚	壁	昴	觜	星	亢	房	斗	虚
27	氐	箕	斗	危	奎	畢	参	張	氐	心	女	危
28	房	斗	女	室	婁	觜	井	翼	氐	尾	虚	室
29	心	女	虚	壁	胃	参	鬼	角	房	箕	危	壁
30	尾	-	危	奎	昴	井	柳	亢	心	斗	室	奎
31	箕	-	室	-	畢	-	張	氐	-	女	-	婁

1999年 平成11年

日＼月	1	2	3	4	5	6	7	8	9	10	11	12
1	井	星	張	角	房	斗	虚	奎	觜	鬼	翼	角
2	鬼	張	翼	亢	心	女	危	婁	参	柳	軫	亢
3	柳	翼	軫	氐	尾	虚	室	胃	井	星	角	氐
4	星	軫	角	房	箕	危	壁	昴	鬼	張	亢	房
5	張	角	亢	心	斗	室	奎	畢	柳	翼	氐	心
6	翼	亢	氐	尾	女	壁	婁	觜	星	軫	房	尾
7	軫	氐	房	箕	虚	奎	胃	参	張	角	心	箕
8	角	房	心	斗	危	婁	昴	井	翼	亢	心	斗
9	亢	心	尾	女	室	胃	畢	鬼	軫	氐	尾	女
10	氐	尾	箕	虚	壁	昴	觜	柳	角	房	箕	虚
11	房	箕	斗	危	奎	畢	参	張	亢	心	斗	危
12	心	斗	女	室	婁	觜	井	翼	氐	尾	女	室
13	尾	女	虚	壁	胃	参	鬼	軫	房	箕	虚	壁
14	箕	虚	危	奎	昴	参	柳	角	心	斗	危	奎
15	斗	危	室	婁	畢	井	星	亢	尾	女	室	婁
16	女	室	壁	胃	觜	鬼	張	氐	箕	虚	壁	胃
17	虚	壁	奎	昴	参	柳	翼	房	斗	危	奎	昴
18	虚	奎	奎	畢	井	星	軫	心	女	室	婁	畢
19	危	婁	婁	觜	鬼	張	角	尾	虚	壁	胃	觜
20	室	胃	胃	参	柳	翼	亢	箕	危	奎	昴	参
21	壁	昴	昴	井	星	軫	氐	斗	室	婁	畢	井
22	奎	畢	畢	鬼	張	角	房	女	壁	胃	觜	鬼
23	婁	觜	觜	柳	翼	亢	心	虚	奎	昴	参	柳
24	胃	参	参	星	軫	氐	尾	危	婁	畢	井	星
25	昴	井	井	張	角	房	箕	室	胃	觜	鬼	張
26	畢	鬼	鬼	翼	亢	心	斗	壁	昴	参	柳	翼
27	觜	柳	柳	軫	氐	尾	女	奎	畢	井	星	軫
28	参	星	星	角	房	箕	虚	婁	觜	鬼	張	角
29	井	-	張	亢	心	斗	危	胃	参	柳	翼	亢
30	鬼	-	翼	氐	尾	女	室	昴	井	星	軫	氐
31	柳	-	軫	-	箕	-	壁	畢	-	張	-	房

1998年 平成10年

日＼月	1	2	3	4	5	6	7	8	9	10	11	12
1	室	胃	胃	参	柳	翼	軫	房	斗	危	婁	昴
2	壁	昴	昴	井	星	軫	角	心	女	室	胃	畢
3	奎	畢	畢	鬼	張	角	亢	尾	虚	壁	昴	觜
4	婁	觜	觜	柳	翼	亢	氐	箕	危	奎	畢	参
5	胃	参	参	星	軫	氐	房	斗	室	婁	觜	井
6	昴	井	井	張	角	房	心	女	壁	胃	参	鬼
7	畢	鬼	鬼	翼	亢	心	尾	虚	奎	昴	井	柳
8	觜	柳	柳	軫	氐	尾	箕	危	婁	畢	鬼	星
9	参	星	星	角	房	箕	斗	室	胃	觜	柳	張
10	井	張	張	亢	心	斗	女	壁	昴	参	星	翼
11	鬼	翼	翼	氐	尾	女	虚	奎	畢	井	張	軫
12	柳	軫	軫	房	箕	虚	危	婁	觜	鬼	翼	角
13	星	角	角	心	斗	危	室	胃	参	柳	軫	亢
14	張	亢	亢	尾	女	室	壁	昴	井	星	角	氐
15	翼	氐	氐	箕	虚	壁	奎	畢	鬼	張	亢	房
16	軫	房	房	斗	危	奎	婁	觜	柳	翼	氐	心
17	角	心	心	女	室	婁	胃	参	星	軫	房	尾
18	亢	尾	尾	虚	壁	胃	昴	井	張	角	心	箕
19	氐	箕	箕	危	奎	昴	畢	鬼	翼	亢	心	斗
20	房	斗	斗	室	婁	畢	觜	柳	軫	氐	尾	女
21	心	女	女	壁	胃	觜	参	星	角	房	箕	虚
22	尾	虚	虚	奎	昴	参	井	張	亢	心	斗	危
23	箕	危	危	婁	畢	井	鬼	翼	氐	尾	女	室
24	斗	室	室	胃	觜	参	柳	軫	房	箕	虚	壁
25	女	壁	壁	昴	参	井	星	角	心	斗	危	奎
26	虚	奎	奎	畢	参	鬼	張	亢	尾	女	室	婁
27	危	奎	婁	觜	井	柳	翼	氐	箕	虚	壁	胃
28	室	婁	胃	参	鬼	星	軫	房	斗	危	奎	昴
29	壁	-	昴	井	柳	張	角	心	女	室	婁	畢
30	奎	-	畢	鬼	星	翼	亢	尾	虚	壁	胃	觜
31	婁	-	觜	-	張	-	氐	箕	-	奎	-	参

2001年 平成13年

日＼月	1	2	3	4	5	6	7	8	9	10	11	12
1	胃	参	参	柳	張	軫	氐	尾	危	婁	畢	井
2	昴	井	井	星	翼	角	房	箕	室	胃	觜	鬼
3	畢	鬼	鬼	張	軫	亢	心	斗	壁	昴	参	柳
4	觜	柳	柳	翼	角	氐	尾	女	奎	畢	井	星
5	参	星	星	軫	亢	房	箕	虚	婁	觜	鬼	張
6	井	張	張	角	氐	心	斗	危	胃	参	柳	翼
7	鬼	翼	翼	亢	房	尾	女	室	昴	井	星	軫
8	柳	軫	軫	氐	心	箕	虚	壁	畢	鬼	張	角
9	星	角	角	房	尾	斗	危	奎	觜	柳	翼	亢
10	張	亢	亢	心	箕	女	室	婁	参	星	軫	氐
11	翼	氐	氐	尾	斗	虚	壁	胃	井	張	角	房
12	軫	房	房	箕	女	危	奎	昴	鬼	翼	亢	心
13	角	心	心	斗	虚	室	婁	畢	柳	軫	氐	尾
14	亢	尾	尾	女	危	壁	胃	觜	星	角	房	箕
15	氐	箕	箕	虚	室	奎	昴	参	張	亢	心	斗
16	房	斗	斗	危	壁	婁	畢	井	翼	氐	尾	女
17	心	女	女	室	奎	胃	觜	鬼	角	氐	箕	虚
18	尾	虚	虚	壁	婁	昴	参	柳	亢	房	斗	危
19	箕	危	危	奎	胃	畢	井	張	氐	心	女	室
20	斗	室	室	婁	昴	觜	鬼	翼	房	尾	虚	壁
21	女	壁	壁	胃	畢	参	鬼	軫	心	箕	危	奎
22	虚	奎	奎	昴	觜	井	柳	角	尾	斗	室	婁
23	危	奎	婁	畢	畢	鬼	星	亢	箕	女	壁	胃
24	室	婁	胃	畢	觜	柳	張	氐	斗	虚	奎	昴
25	壁	胃	胃	觜	参	星	翼	房	女	危	婁	畢
26	奎	昴	昴	参	井	張	軫	心	虚	室	胃	觜
27	婁	畢	畢	井	鬼	翼	角	尾	危	壁	昴	参
28	胃	觜	觜	鬼	柳	軫	亢	箕	室	奎	畢	井
29	昴	-	参	柳	星	角	氐	斗	壁	婁	觜	鬼
30	畢	-	井	星	張	亢	房	女	奎	胃	参	柳
31	觜	-	鬼	-	翼	-	心	虚	-	昴	-	星

2002年 平成14年

日＼月	1	2	3	4	5	6	7	8	9	10	11	12
1	張	亢	亢	心	箕	危	壁	昴	井	張	亢	房
2	翼	氐	氐	尾	斗	室	奎	畢	鬼	翼	氐	心
3	軫	房	房	箕	女	壁	婁	觜	柳	軫	房	尾
4	角	心	心	斗	虚	奎	胃	参	星	角	心	斗
5	亢	尾	尾	女	危	婁	昴	井	張	亢	心	女
6	氐	箕	箕	虚	室	胃	畢	鬼	翼	氐	尾	虚
7	房	斗	斗	危	壁	昴	觜	柳	角	房	箕	危
8	心	女	女	室	奎	畢	参	星	亢	心	斗	室
9	尾	虚	虚	壁	婁	觜	井	張	氐	尾	女	壁
10	箕	危	危	奎	胃	参	鬼	翼	房	箕	虚	奎
11	斗	室	室	婁	昴	参	柳	軫	心	斗	危	婁
12	女	室	壁	胃	畢	井	星	角	尾	女	室	胃
13	虚	壁	奎	胃	觜	鬼	張	亢	箕	虚	壁	昴
14	危	奎	奎	昴	参	柳	翼	氐	斗	危	奎	畢
15	室	婁	婁	畢	井	星	軫	房	女	室	婁	觜
16	壁	胃	胃	觜	鬼	張	角	心	虚	壁	胃	参
17	奎	昴	昴	参	柳	翼	亢	尾	危	奎	昴	井
18	婁	畢	畢	井	星	軫	氐	箕	室	婁	畢	鬼
19	胃	觜	觜	鬼	張	角	房	斗	壁	胃	觜	柳
20	昴	参	参	柳	翼	亢	心	女	奎	昴	参	星
21	畢	井	井	星	軫	氐	尾	虚	婁	畢	井	張
22	觜	鬼	鬼	張	角	房	箕	危	胃	觜	鬼	翼
23	参	柳	柳	翼	亢	心	斗	室	昴	参	柳	軫
24	井	星	星	軫	氐	尾	女	壁	畢	井	星	角
25	鬼	張	張	角	房	箕	虚	奎	觜	鬼	張	亢
26	柳	翼	翼	亢	心	斗	危	婁	参	柳	翼	氐
27	星	軫	軫	氐	尾	女	室	胃	井	星	軫	房
28	張	角	角	房	箕	虚	壁	昴	鬼	張	角	心
29	翼	-	亢	心	斗	危	奎	畢	柳	翼	亢	尾
30	軫	-	氐	尾	女	室	婁	觜	星	軫	氐	箕
31	角	-	房	-	虚	-	胃	参	-	角	-	斗

2003年 平成15年

日＼月	1	2	3	4	5	6	7	8	9	10	11	12
1	女	室	壁	胃	畢	井	柳	角	心	斗	室	婁
2	虚	壁	奎	胃	觜	鬼	星	亢	尾	女	壁	胃
3	虚	奎	奎	昴	参	柳	張	氐	箕	虚	奎	昴
4	危	婁	婁	畢	井	星	翼	房	斗	危	婁	畢
5	室	胃	胃	觜	鬼	張	軫	心	女	室	胃	觜
6	壁	昴	昴	参	柳	翼	角	尾	虚	壁	昴	参
7	奎	畢	畢	井	星	軫	亢	箕	危	奎	畢	井
8	婁	觜	觜	鬼	張	角	氐	斗	室	婁	觜	鬼
9	胃	参	参	柳	翼	亢	房	女	壁	胃	参	柳
10	昴	井	井	星	軫	氐	心	虚	奎	昴	井	星
11	畢	鬼	鬼	張	角	房	尾	危	婁	畢	鬼	張
12	觜	柳	柳	翼	亢	心	箕	室	胃	觜	柳	翼
13	参	星	星	軫	氐	尾	斗	壁	昴	参	星	軫
14	井	張	張	角	房	箕	女	奎	畢	井	張	角
15	鬼	翼	翼	亢	心	斗	虚	婁	觜	鬼	翼	亢
16	柳	軫	軫	氐	尾	女	危	胃	参	柳	軫	氐
17	星	角	角	房	箕	虚	室	昴	井	星	角	房
18	張	亢	亢	心	斗	危	壁	畢	鬼	張	亢	心
19	翼	氐	氐	尾	女	室	奎	觜	柳	翼	氐	尾
20	軫	房	房	箕	虚	壁	婁	参	星	軫	房	箕
21	角	心	心	斗	危	奎	胃	井	張	角	心	斗
22	亢	尾	尾	女	室	婁	昴	鬼	翼	亢	尾	女
23	氐	箕	箕	虚	壁	胃	畢	柳	軫	氐	箕	虚
24	房	斗	斗	危	奎	昴	觜	星	角	房	斗	危
25	心	女	女	室	婁	畢	参	張	亢	心	女	室
26	尾	虚	虚	壁	胃	觜	井	翼	氐	尾	虚	壁
27	箕	危	危	奎	昴	参	鬼	軫	房	箕	危	奎
28	斗	室	室	婁	畢	井	柳	角	心	斗	室	婁
29	女	-	壁	胃	觜	鬼	張	亢	尾	女	壁	胃
30	虚	-	奎	昴	参	鬼	翼	氐	箕	虚	奎	昴
31	危	-	婁	-	参	-	軫	房	-	危	-	畢

2007年 平成19年

日＼月	1	2	3	4	5	6	7	8	9	10	11	12
1	参	柳	柳	軫	氐	尾	女	壁	昴	井	星	翼
2	井	星	星	角	房	箕	虚	奎	畢	鬼	張	軫
3	鬼	張	張	亢	心	斗	危	婁	觜	柳	翼	角
4	柳	翼	翼	氐	尾	女	室	胃	参	星	軫	亢
5	星	軫	軫	房	箕	虚	壁	昴	井	張	角	氐
6	張	角	角	心	斗	危	奎	畢	鬼	翼	亢	房
7	翼	亢	亢	尾	女	室	婁	觜	柳	軫	氐	心
8	軫	氐	氐	箕	虚	壁	胃	参	星	角	房	尾
9	角	房	房	斗	危	奎	昴	井	張	亢	心	箕
10	亢	心	心	女	室	婁	畢	鬼	翼	氐	心	斗
11	氐	尾	尾	虚	壁	胃	觜	柳	角	氐	尾	女
12	房	箕	箕	危	奎	昴	参	星	亢	房	箕	虚
13	心	斗	斗	室	婁	畢	井	張	氐	心	斗	危
14	尾	女	女	壁	胃	觜	鬼	翼	房	尾	女	室
15	箕	虚	虚	奎	昴	参	柳	軫	心	箕	虚	壁
16	斗	危	危	婁	畢	井	星	角	尾	斗	危	奎
17	女	室	室	胃	畢	鬼	張	亢	箕	女	室	婁
18	虚	室	壁	昴	觜	柳	翼	氐	斗	虚	壁	胃
19	虚	壁	奎	畢	参	星	軫	房	女	危	奎	昴
20	危	奎	婁	觜	井	張	角	心	虚	室	婁	畢
21	室	婁	胃	参	鬼	翼	亢	尾	危	壁	胃	觜
22	壁	胃	昴	井	柳	軫	氐	箕	室	奎	昴	参
23	奎	昴	畢	鬼	星	角	房	斗	壁	婁	畢	井
24	婁	畢	觜	柳	張	亢	心	女	奎	胃	觜	鬼
25	胃	觜	参	星	翼	氐	尾	虚	婁	昴	参	柳
26	昴	参	井	張	軫	房	箕	危	胃	畢	井	星
27	畢	井	鬼	翼	角	心	斗	室	昴	觜	鬼	張
28	觜	鬼	柳	軫	亢	尾	女	壁	畢	参	柳	翼
29	参	-	星	角	氐	箕	虚	奎	觜	井	星	軫
30	井	-	張	亢	房	斗	危	婁	参	鬼	張	角
31	鬼	-	翼	-	心	-	室	胃	-	柳	-	亢

2008年 平成20年

日＼月	1	2	3	4	5	6	7	8	9	10	11	12
1	氐	箕	斗	危	奎	畢	参	張	亢	心	斗	危
2	房	斗	女	室	婁	觜	井	翼	氐	尾	女	室
3	心	女	虚	壁	胃	参	鬼	軫	房	箕	虚	壁
4	尾	虚	危	奎	昴	参	柳	角	心	斗	危	奎
5	箕	危	室	婁	畢	井	星	亢	尾	女	室	婁
6	斗	室	壁	胃	觜	鬼	張	氐	箕	虚	壁	胃
7	女	室	奎	昴	参	柳	翼	房	斗	危	奎	昴
8	虚	壁	奎	畢	井	星	軫	心	女	室	婁	畢
9	危	奎	婁	觜	鬼	張	角	尾	虚	壁	胃	觜
10	室	婁	胃	参	柳	翼	亢	箕	危	奎	昴	参
11	壁	胃	昴	井	星	軫	氐	斗	室	婁	畢	井
12	奎	昴	畢	鬼	張	角	房	女	壁	胃	觜	鬼
13	婁	畢	觜	柳	翼	亢	心	虚	奎	昴	参	柳
14	胃	觜	参	星	軫	氐	尾	危	婁	畢	井	星
15	昴	参	井	張	角	房	箕	室	胃	觜	鬼	張
16	畢	井	鬼	翼	亢	心	斗	壁	昴	参	柳	翼
17	觜	鬼	柳	軫	氐	尾	女	奎	畢	井	星	軫
18	参	柳	星	角	房	箕	虚	婁	觜	鬼	張	角
19	井	星	張	亢	心	斗	危	胃	参	柳	翼	亢
20	鬼	張	翼	氐	尾	女	室	昴	井	星	軫	氐
21	柳	翼	軫	房	箕	虚	壁	畢	鬼	張	角	房
22	星	軫	角	心	斗	危	奎	觜	柳	翼	亢	心
23	張	角	亢	尾	女	室	婁	参	星	軫	氐	尾
24	翼	亢	氐	箕	虚	壁	胃	井	張	角	房	箕
25	軫	氐	房	斗	危	奎	昴	鬼	翼	亢	心	斗
26	角	房	心	女	室	婁	畢	柳	軫	氐	尾	女
27	亢	心	尾	虚	壁	胃	觜	星	角	房	箕	虚
28	氐	尾	箕	危	奎	昴	参	張	亢	心	斗	危
29	房	箕	斗	室	婁	畢	井	翼	氐	心	女	室
30	心	-	女	壁	胃	觜	鬼	軫	房	尾	虚	壁
31	尾	-	虚	-	昴	-	柳	角	-	箕	-	奎

2009年 平成21年

日＼月	1	2	3	4	5	6	7	8	9	10	11	12
1	婁	畢	畢	井	星	角	角	心	虚	壁	昴	觜
2	胃	觜	觜	鬼	張	亢	亢	尾	危	奎	畢	参
3	昴	参	参	柳	翼	氐	氐	箕	室	婁	觜	井
4	畢	井	井	星	軫	房	房	斗	壁	胃	参	鬼
5	觜	鬼	鬼	張	角	心	心	女	奎	昴	井	柳
6	参	柳	柳	翼	亢	尾	尾	虚	婁	畢	鬼	星
7	井	星	星	軫	氐	箕	箕	危	胃	觜	柳	張
8	鬼	張	張	角	房	斗	斗	室	昴	参	星	翼
9	柳	翼	翼	亢	心	女	女	壁	畢	井	張	軫
10	星	軫	軫	氐	尾	虚	虚	奎	觜	鬼	翼	角
11	張	角	角	房	箕	危	危	婁	参	柳	軫	亢
12	翼	亢	亢	心	斗	室	室	胃	井	星	角	氐
13	軫	氐	氐	尾	女	壁	壁	昴	鬼	張	亢	房
14	角	房	房	箕	虚	奎	奎	畢	柳	翼	氐	心
15	亢	心	心	斗	危	婁	婁	觜	星	軫	房	尾
16	氐	尾	尾	女	室	胃	胃	参	張	角	心	斗
17	房	箕	箕	虚	壁	昴	昴	井	翼	亢	心	女
18	心	斗	斗	危	奎	畢	畢	鬼	軫	氐	尾	虚
19	尾	女	女	室	婁	觜	觜	柳	角	房	箕	危
20	箕	虚	虚	壁	胃	参	参	張	亢	心	斗	室
21	斗	危	危	奎	昴	井	井	翼	氐	尾	女	壁
22	女	室	室	婁	畢	鬼	鬼	軫	房	箕	虚	奎
23	虚	壁	壁	胃	觜	参	柳	角	心	斗	危	婁
24	危	奎	奎	昴	参	井	星	亢	尾	女	室	胃
25	室	奎	婁	畢	井	鬼	張	氐	箕	虚	壁	昴
26	室	婁	胃	觜	鬼	柳	翼	房	斗	危	奎	畢
27	壁	胃	胃	参	柳	星	軫	心	女	室	婁	觜
28	奎	昴	昴	井	星	張	角	尾	虚	壁	胃	参
29	婁	-	畢	鬼	張	翼	亢	箕	危	奎	昴	井
30	胃	-	觜	柳	翼	軫	氐	斗	室	婁	畢	鬼
31	昴	-	参	-	軫	-	房	女	-	胃	-	柳

2006年 平成18年

日＼月	1	2	3	4	5	6	7	8	9	10	11	12
1	危	婁	婁	觜	井	張	軫	心	尾	虚	壁	婁
2	室	胃	胃	参	鬼	翼	角	尾	箕	危	奎	胃
3	壁	昴	昴	井	柳	軫	亢	箕	斗	室	婁	昴
4	奎	畢	畢	鬼	星	角	氐	斗	女	壁	胃	畢
5	婁	觜	觜	柳	張	亢	房	女	虚	奎	昴	觜
6	胃	参	参	星	翼	氐	心	虚	危	婁	畢	参
7	昴	井	井	張	軫	房	尾	危	室	胃	觜	井
8	畢	鬼	鬼	翼	角	心	箕	室	壁	昴	参	鬼
9	觜	柳	柳	軫	亢	尾	斗	壁	奎	畢	井	柳
10	参	星	星	角	氐	箕	女	奎	婁	觜	鬼	星
11	井	張	張	亢	房	斗	虚	婁	胃	参	柳	張
12	鬼	翼	翼	氐	心	女	危	胃	昴	井	星	翼
13	柳	軫	軫	房	尾	虚	室	昴	畢	鬼	張	軫
14	星	角	角	心	箕	危	壁	畢	觜	柳	翼	角
15	張	亢	亢	尾	斗	室	奎	觜	参	星	軫	亢
16	翼	氐	氐	箕	女	壁	婁	参	井	張	角	氐
17	軫	房	房	斗	虚	奎	胃	井	鬼	翼	亢	房
18	角	心	心	女	危	婁	昴	鬼	柳	軫	氐	心
19	亢	尾	尾	虚	室	胃	畢	柳	星	角	房	尾
20	氐	箕	箕	危	壁	昴	觜	星	張	亢	心	斗
21	房	斗	斗	室	奎	畢	参	張	翼	氐	心	女
22	心	女	女	壁	婁	觜	井	翼	角	氐	尾	虚
23	尾	虚	虚	奎	胃	参	鬼	軫	亢	房	箕	危
24	箕	危	危	婁	昴	井	柳	張	氐	心	斗	室
25	斗	室	室	胃	畢	鬼	張	翼	房	尾	女	壁
26	女	壁	壁	昴	觜	鬼	翼	軫	心	箕	虚	奎
27	虚	奎	奎	畢	参	柳	軫	角	尾	斗	危	婁
28	危	奎	婁	畢	井	星	角	亢	箕	女	室	胃
29	室	-	胃	觜	鬼	張	亢	氐	斗	虚	壁	昴
30	壁	-	昴	参	柳	翼	氐	房	女	危	奎	畢
31	奎	-	畢	-	星	-	房	心	-	室	-	觜

2005年 平成17年

日＼月	1	2	3	4	5	6	7	8	9	10	11	12
1	角	心	心	女	危	婁	昴	井	張	角	心	箕
2	亢	尾	尾	虚	室	胃	畢	鬼	翼	亢	心	斗
3	氐	箕	箕	危	壁	昴	觜	柳	軫	氐	尾	女
4	房	斗	斗	室	奎	畢	参	星	角	房	箕	虚
5	心	女	女	壁	婁	觜	井	張	亢	心	斗	危
6	尾	虚	虚	奎	胃	参	鬼	翼	氐	尾	女	室
7	箕	危	危	婁	昴	参	柳	軫	房	箕	虚	壁
8	斗	室	室	胃	畢	井	星	角	心	斗	危	奎
9	女	室	壁	胃	觜	鬼	張	亢	尾	女	室	婁
10	虚	壁	奎	昴	参	柳	翼	氐	箕	虚	壁	胃
11	危	奎	婁	畢	井	星	軫	房	斗	危	奎	昴
12	室	婁	胃	觜	鬼	張	角	心	女	室	婁	畢
13	壁	胃	昴	参	柳	翼	亢	尾	虚	壁	胃	觜
14	奎	昴	畢	井	星	軫	氐	箕	危	奎	昴	参
15	婁	畢	觜	鬼	張	角	房	斗	室	婁	畢	井
16	胃	觜	参	柳	翼	亢	心	女	壁	胃	觜	鬼
17	昴	参	井	星	軫	氐	尾	虚	奎	昴	参	柳
18	畢	井	鬼	張	角	房	箕	危	婁	畢	井	星
19	觜	鬼	柳	翼	亢	心	斗	室	胃	觜	鬼	張
20	参	柳	星	軫	氐	尾	女	壁	昴	参	柳	翼
21	井	星	張	角	房	箕	虚	奎	畢	井	星	軫
22	鬼	張	翼	亢	心	斗	危	婁	觜	鬼	張	角
23	柳	翼	軫	氐	尾	女	室	胃	参	柳	翼	亢
24	星	軫	角	房	箕	虚	壁	昴	井	星	軫	氐
25	張	角	亢	心	斗	危	奎	畢	鬼	張	角	房
26	翼	亢	氐	尾	女	室	婁	觜	柳	翼	亢	心
27	軫	氐	房	箕	虚	壁	胃	参	星	軫	氐	尾
28	角	房	心	斗	危	奎	昴	井	張	角	房	箕
29	亢	-	尾	女	室	婁	畢	鬼	翼	亢	心	斗
30	氐	-	箕	虚	壁	胃	觜	柳	軫	氐	尾	女
31	房	-	斗	-	奎	-	参	星	-	房	-	虚

2004年 平成16年

日＼月	1	2	3	4	5	6	7	8	9	10	11	12
1	觜	鬼	星	張	角	房	尾	虚	奎	畢	井	星
2	参	柳	張	翼	亢	心	箕	危	婁	觜	鬼	張
3	井	星	翼	軫	氐	尾	斗	室	胃	参	柳	翼
4	鬼	張	軫	角	房	箕	女	壁	昴	井	星	軫
5	柳	翼	角	亢	心	斗	虚	奎	畢	鬼	張	角
6	星	軫	亢	氐	尾	女	危	婁	觜	柳	翼	亢
7	張	角	氐	房	箕	虚	室	胃	参	星	軫	氐
8	翼	亢	房	心	斗	危	壁	昴	井	張	角	房
9	軫	氐	心	尾	女	室	奎	畢	鬼	翼	亢	心
10	角	房	尾	箕	虚	壁	婁	觜	柳	軫	氐	尾
11	亢	心	箕	斗	危	奎	胃	参	星	角	房	箕
12	氐	尾	斗	女	室	婁	昴	井	張	亢	心	斗
13	房	箕	女	虚	壁	胃	畢	鬼	翼	氐	尾	女
14	心	斗	虚	危	奎	昴	觜	柳	角	氐	箕	虚
15	尾	女	危	室	婁	畢	参	星	亢	房	斗	危
16	箕	虚	室	壁	胃	觜	井	張	氐	心	女	室
17	斗	危	壁	奎	昴	参	鬼	翼	房	尾	虚	壁
18	女	室	奎	婁	畢	参	柳	軫	心	箕	危	奎
19	虚	壁	婁	胃	畢	井	星	角	尾	斗	室	婁
20	危	奎	胃	昴	觜	鬼	張	亢	箕	女	壁	胃
21	室	婁	奎	畢	参	柳	翼	氐	斗	虚	奎	昴
22	室	胃	婁	觜	井	星	軫	房	女	危	婁	畢
23	壁	昴	胃	参	鬼	張	角	心	虚	室	胃	觜
24	奎	畢	昴	井	柳	翼	亢	尾	危	壁	昴	参
25	婁	觜	畢	鬼	星	軫	氐	箕	室	奎	畢	井
26	胃	参	觜	柳	張	角	房	斗	壁	婁	觜	鬼
27	昴	井	参	星	翼	亢	心	女	奎	胃	参	柳
28	畢	鬼	井	張	軫	氐	尾	虚	婁	昴	井	星
29	觜	柳	鬼	翼	角	房	箕	危	胃	畢	鬼	張
30	参	-	柳	軫	亢	心	斗	室	昴	觜	柳	翼
31	井	-	星	-	氐	-	女	壁	-	参	-	軫

2012年 平成24年

日＼月	1	2	3	4	5	6	7	8	9	10	11	12
1	昴	井	鬼	翼	翼	亢	房	斗	室	胃	参	鬼
2	畢	鬼	柳	軫	軫	氐	心	女	壁	昴	井	柳
3	觜	柳	星	角	角	房	尾	虚	奎	畢	鬼	星
4	参	星	張	亢	亢	心	箕	危	婁	觜	柳	張
5	井	張	翼	氐	氐	尾	斗	室	胃	参	星	翼
6	鬼	翼	軫	房	房	箕	女	壁	昴	井	張	軫
7	柳	軫	角	心	心	斗	虚	奎	畢	鬼	翼	角
8	星	角	亢	尾	尾	女	危	婁	觜	柳	軫	亢
9	張	亢	氐	箕	箕	虚	室	胃	参	星	角	氐
10	翼	氐	房	斗	斗	危	壁	昴	井	張	亢	房
11	軫	房	心	女	女	室	奎	畢	鬼	翼	氐	心
12	角	心	尾	虚	虚	壁	婁	觜	柳	軫	房	尾
13	亢	尾	箕	危	危	奎	胃	参	星	角	心	斗
14	氐	箕	斗	室	室	婁	昴	井	張	亢	心	女
15	房	斗	女	壁	壁	胃	畢	鬼	翼	氐	尾	虚
16	心	女	虚	奎	奎	昴	觜	柳	角	房	箕	危
17	尾	虚	危	婁	婁	畢	参	星	亢	心	斗	室
18	箕	危	室	胃	胃	觜	井	張	氐	尾	女	壁
19	斗	室	壁	昴	昴	参	鬼	翼	房	箕	虚	奎
20	女	壁	奎	畢	畢	参	柳	軫	心	斗	危	婁
21	虚	奎	婁	胃	畢	井	星	角	尾	女	室	胃
22	危	奎	胃	昴	觜	鬼	張	亢	箕	虚	壁	昴
23	室	婁	昴	畢	参	柳	翼	氐	斗	危	奎	畢
24	壁	胃	畢	觜	井	星	軫	房	女	室	婁	觜
25	奎	昴	觜	参	鬼	張	角	心	虚	壁	胃	参
26	婁	畢	参	井	柳	翼	亢	尾	危	奎	昴	井
27	胃	觜	井	鬼	星	軫	氐	箕	室	婁	畢	鬼
28	昴	参	鬼	柳	張	角	房	斗	壁	胃	觜	柳
29	畢	井	柳	星	翼	亢	心	女	奎	昴	参	星
30	觜	-	星	張	軫	氐	尾	虚	婁	畢	井	張
31	参	-	張	-	角	-	箕	危	-	觜	-	翼

2011年 平成23年

日＼月	1	2	3	4	5	6	7	8	9	10	11	12
1	箕	危	危	奎	昴	参	鬼	翼	房	箕	虚	奎
2	斗	室	室	婁	畢	参	柳	軫	心	斗	危	婁
3	女	室	壁	胃	畢	井	星	角	尾	女	室	胃
4	虚	壁	奎	昴	觜	鬼	張	亢	箕	虚	壁	昴
5	危	奎	奎	畢	参	柳	翼	氐	斗	危	奎	畢
6	室	婁	婁	觜	井	星	軫	房	女	室	婁	觜
7	壁	胃	胃	参	鬼	張	角	心	虚	壁	胃	参
8	奎	昴	昴	井	柳	翼	亢	尾	危	奎	昴	井
9	婁	畢	畢	鬼	星	軫	氐	箕	室	婁	畢	鬼
10	胃	觜	觜	柳	張	角	房	斗	壁	胃	觜	柳
11	昴	参	参	星	翼	亢	心	女	奎	昴	参	星
12	畢	井	井	張	軫	氐	尾	虚	婁	畢	井	張
13	觜	鬼	鬼	翼	角	房	箕	危	胃	觜	鬼	翼
14	参	柳	柳	軫	亢	心	斗	室	昴	参	柳	軫
15	井	星	星	角	氐	尾	女	壁	畢	井	星	角
16	鬼	張	張	亢	房	箕	虚	奎	觜	鬼	張	亢
17	柳	翼	翼	氐	心	斗	危	婁	参	柳	翼	氐
18	星	軫	軫	房	尾	女	室	胃	井	星	軫	房
19	張	角	角	心	箕	虚	壁	昴	鬼	張	角	心
20	翼	亢	亢	尾	斗	危	奎	畢	柳	翼	亢	尾
21	軫	氐	氐	箕	女	室	婁	觜	星	軫	氐	箕
22	角	房	房	斗	虚	壁	胃	参	張	角	房	斗
23	亢	心	心	女	危	奎	昴	井	翼	亢	心	女
24	氐	尾	尾	虚	室	婁	畢	鬼	軫	氐	尾	虚
25	房	箕	箕	危	壁	胃	觜	柳	角	房	斗	虚
26	心	斗	斗	室	奎	昴	参	星	亢	心	女	危
27	尾	女	女	壁	婁	畢	井	張	氐	心	虚	室
28	箕	虚	虚	奎	胃	觜	鬼	翼	房	尾	危	壁
29	斗	-	危	婁	昴	参	柳	角	心	箕	室	奎
30	女	-	室	胃	畢	井	星	亢	尾	斗	壁	婁
31	虚	-	壁	-	觜	-	張	氐	-	女	-	胃

2010年 平成22年

日＼月	1	2	3	4	5	6	7	8	9	10	11	12
1	星	軫	軫	氐	尾	女	室	婁	参	星	軫	氐
2	張	角	角	房	箕	虚	壁	胃	井	張	角	房
3	翼	亢	亢	心	斗	危	奎	昴	鬼	翼	亢	心
4	軫	氐	氐	尾	女	室	婁	畢	柳	軫	氐	尾
5	角	房	房	箕	虚	壁	胃	觜	星	角	房	箕
6	亢	心	心	斗	危	奎	昴	参	張	亢	心	斗
7	氐	尾	尾	女	室	婁	畢	井	翼	氐	尾	女
8	房	箕	箕	虚	壁	胃	觜	鬼	角	氐	箕	虚
9	心	斗	斗	危	奎	昴	参	柳	亢	房	斗	危
10	尾	女	女	室	婁	畢	井	張	氐	心	女	室
11	箕	虚	虚	壁	胃	觜	鬼	翼	房	尾	虚	壁
12	斗	危	危	奎	昴	参	鬼	軫	心	箕	危	奎
13	女	室	室	婁	畢	井	柳	角	尾	斗	室	婁
14	虚	室	壁	胃	畢	鬼	星	亢	箕	女	壁	胃
15	虚	壁	奎	昴	觜	柳	張	氐	斗	虚	奎	昴
16	危	奎	奎	畢	参	星	翼	房	女	危	婁	畢
17	室	婁	婁	觜	井	張	軫	心	虚	室	胃	觜
18	壁	胃	胃	参	鬼	翼	角	尾	危	壁	昴	参
19	奎	昴	昴	井	柳	軫	亢	箕	室	奎	畢	井
20	婁	畢	畢	鬼	星	角	氐	斗	壁	婁	觜	鬼
21	胃	觜	觜	柳	張	亢	房	女	奎	胃	参	柳
22	昴	参	参	星	翼	氐	心	虚	婁	昴	井	星
23	畢	井	井	張	軫	房	尾	危	胃	畢	鬼	張
24	觜	鬼	鬼	翼	角	心	箕	室	昴	觜	柳	翼
25	参	柳	柳	軫	亢	尾	斗	壁	畢	参	星	軫
26	井	星	星	角	氐	箕	女	奎	觜	井	張	角
27	鬼	張	張	亢	房	斗	虚	婁	参	鬼	翼	亢
28	柳	翼	翼	氐	心	女	危	胃	井	柳	軫	氐
29	星	-	軫	房	尾	虚	室	昴	鬼	星	角	房
30	張	-	角	心	箕	危	壁	畢	柳	張	亢	心
31	翼	-	亢	-	斗	-	奎	觜	-	翼	-	尾

2013年 平成25年

日＼月	1	2	3	4	5	6	7	8	9	10	11	12
1	軫	氐	房	箕	虚	壁	婁	觜	柳	軫	氐	尾
2	角	房	心	斗	危	奎	胃	参	星	角	房	箕
3	亢	心	尾	女	室	婁	昴	井	張	亢	心	斗
4	氐	尾	箕	虚	壁	胃	畢	鬼	翼	氐	尾	女
5	房	箕	斗	危	奎	昴	觜	柳	角	氐	箕	虚
6	心	斗	女	室	婁	畢	参	星	亢	房	斗	危
7	尾	女	虚	壁	胃	觜	井	張	氐	心	女	室
8	箕	虚	危	奎	昴	参	鬼	翼	房	尾	虚	壁
9	斗	危	室	婁	畢	参	柳	軫	心	箕	危	奎
10	女	室	壁	胃	畢	井	星	角	尾	斗	室	婁
11	虚	壁	奎	昴	觜	鬼	張	亢	箕	女	壁	胃
12	虚	奎	奎	畢	参	柳	翼	氐	斗	虚	奎	昴
13	危	婁	婁	觜	井	星	軫	房	女	危	婁	畢
14	室	胃	胃	参	鬼	張	角	心	虚	室	胃	觜
15	壁	昴	昴	井	柳	翼	亢	尾	危	壁	昴	参
16	奎	畢	畢	鬼	星	軫	氐	箕	室	奎	畢	井
17	婁	觜	觜	柳	張	角	房	斗	壁	婁	觜	鬼
18	胃	参	参	星	翼	亢	心	女	奎	胃	参	柳
19	昴	井	井	張	軫	氐	尾	虚	婁	昴	井	星
20	畢	鬼	鬼	翼	角	房	箕	危	胃	畢	鬼	張
21	觜	柳	柳	軫	亢	心	斗	室	昴	觜	柳	翼
22	参	星	星	角	氐	尾	女	壁	畢	参	星	軫
23	井	張	張	亢	房	箕	虚	奎	觜	井	張	角
24	鬼	翼	翼	氐	心	斗	危	婁	参	鬼	翼	亢
25	柳	軫	軫	房	尾	女	室	胃	井	柳	軫	氐
26	星	角	角	心	箕	虚	壁	昴	鬼	星	角	房
27	張	亢	亢	尾	斗	危	奎	畢	柳	張	亢	心
28	翼	氐	氐	箕	女	室	婁	觜	星	翼	氐	尾
29	軫	-	房	斗	虚	壁	胃	参	張	軫	房	箕
30	角	-	心	女	危	奎	昴	井	翼	角	心	斗
31	亢	-	尾	-	室	-	畢	鬼	-	亢	-	女

2014年 平成26年

日＼月	1	2	3	4	5	6	7	8	9	10	11	12
1	虚	壁	奎	昴	参	柳	翼	氐	斗	虚	危	奎
2	危	奎	婁	畢	井	星	軫	房	女	危	室	婁
3	室	婁	胃	觜	鬼	張	角	心	虚	室	壁	胃
4	壁	胃	昴	参	柳	翼	亢	尾	危	壁	奎	昴
5	奎	昴	畢	井	星	軫	氐	箕	室	奎	婁	畢
6	婁	畢	觜	鬼	張	角	房	斗	壁	婁	胃	觜
7	胃	觜	参	柳	翼	亢	心	女	奎	胃	昴	参
8	昴	参	井	星	軫	氐	尾	虚	婁	昴	畢	井
9	畢	井	鬼	張	角	房	箕	危	胃	畢	觜	鬼
10	觜	鬼	柳	翼	亢	心	斗	室	昴	觜	参	柳
11	参	柳	星	軫	氐	尾	女	壁	畢	参	井	星
12	井	星	張	角	房	箕	虚	奎	觜	井	鬼	張
13	鬼	張	翼	亢	心	斗	危	婁	参	鬼	柳	翼
14	柳	翼	軫	氐	尾	女	室	胃	井	柳	星	軫
15	星	軫	角	房	箕	虚	壁	昴	鬼	星	張	角
16	張	角	亢	心	斗	危	奎	畢	柳	張	翼	亢
17	翼	亢	氐	尾	女	室	婁	觜	星	翼	軫	氐
18	軫	氐	房	箕	虚	壁	胃	参	張	軫	角	房
19	角	房	心	斗	危	奎	昴	井	翼	角	亢	心
20	亢	心	尾	女	室	婁	畢	鬼	軫	亢	氐	尾
21	氐	尾	箕	虚	壁	胃	觜	柳	角	氐	房	箕
22	房	箕	斗	危	奎	昴	参	星	亢	房	心	斗
23	心	斗	女	室	婁	畢	井	張	氐	心	尾	女
24	尾	女	虚	壁	胃	觜	鬼	翼	氐	氐	箕	虚
25	箕	虚	危	奎	昴	参	柳	角	房	房	斗	危
26	斗	危	室	婁	畢	井	星	亢	心	心	女	室
27	女	室	壁	胃	觜	鬼	張	氐	尾	尾	虚	壁
28	虚	壁	奎	昴	参	柳	翼	房	箕	箕	危	奎
29	危	-	婁	畢	参	星	軫	心	斗	斗	室	婁
30	室	-	胃	觜	井	張	角	尾	女	女	壁	胃
31	室	-	胃	-	鬼	-	亢	箕	-	虚	-	昴

2015年 平成27年

日＼月	1	2	3	4	5	6	7	8	9	10	11	12
1	畢	鬼	鬼	翼	角	心	斗	危	胃	觜	鬼	星
2	觜	柳	柳	軫	亢	尾	女	室	昴	参	柳	張
3	参	星	星	角	氐	箕	虚	壁	畢	井	星	翼
4	井	張	張	亢	房	斗	危	奎	觜	鬼	張	軫
5	鬼	翼	翼	氐	心	女	室	婁	参	柳	翼	角
6	柳	軫	軫	房	尾	虚	壁	胃	井	星	軫	亢
7	星	角	角	心	箕	危	奎	昴	鬼	張	角	氐
8	張	亢	亢	尾	斗	室	婁	畢	柳	翼	亢	房
9	翼	氐	氐	箕	女	壁	胃	觜	星	軫	氐	心
10	軫	房	房	斗	虚	奎	昴	参	張	角	房	尾
11	角	心	心	女	危	婁	畢	井	翼	亢	心	斗
12	亢	尾	尾	虚	室	胃	觜	鬼	軫	氐	心	女
13	氐	箕	箕	危	壁	昴	参	柳	角	氐	尾	虚
14	房	斗	斗	室	奎	畢	井	張	亢	房	箕	危
15	心	女	女	壁	婁	觜	鬼	翼	氐	心	斗	室
16	尾	虚	虚	奎	胃	参	鬼	軫	房	尾	女	壁
17	箕	危	危	婁	昴	井	柳	角	心	箕	虚	奎
18	斗	室	室	胃	畢	鬼	星	亢	尾	斗	危	婁
19	女	室	壁	胃	觜	柳	張	氐	箕	女	室	胃
20	虚	壁	奎	昴	参	星	翼	房	斗	虚	壁	昴
21	危	奎	婁	畢	井	張	軫	心	女	危	奎	畢
22	室	婁	胃	觜	鬼	翼	角	尾	虚	室	婁	觜
23	壁	胃	昴	参	柳	軫	亢	箕	危	壁	胃	参
24	奎	昴	畢	井	星	角	氐	斗	室	奎	昴	井
25	婁	畢	觜	鬼	張	亢	房	女	壁	婁	畢	鬼
26	胃	觜	参	柳	翼	氐	心	虚	奎	胃	觜	柳
27	昴	参	井	星	軫	房	尾	危	婁	昴	参	星
28	畢	井	鬼	張	角	心	箕	室	胃	畢	井	張
29	觜	-	柳	翼	亢	尾	斗	壁	昴	觜	鬼	翼
30	参	-	星	軫	氐	箕	女	奎	畢	参	柳	軫
31	井	-	張	-	房	-	虚	婁	-	井	-	角

2019年 平成31年／令和元年

日＼月	1	2	3	4	5	6	7	8	9	10	11	12
1	尾	女	女	室	婁	畢	井	張	氐	心	女	室
2	箕	虚	虚	壁	胃	觜	鬼	翼	房	尾	虚	壁
3	斗	危	危	奎	昴	参	鬼	軫	心	箕	危	奎
4	女	室	室	婁	畢	井	柳	角	尾	斗	室	婁
5	虚	室	壁	胃	畢	鬼	星	亢	箕	女	壁	胃
6	虚	壁	奎	昴	觜	柳	張	氐	斗	虚	奎	昴
7	危	奎	奎	畢	参	星	翼	房	女	危	婁	畢
8	室	婁	婁	觜	井	張	軫	心	虚	室	胃	觜
9	壁	胃	胃	参	鬼	翼	角	尾	危	壁	昴	参
10	奎	昴	昴	井	柳	軫	亢	箕	室	奎	畢	井
11	婁	畢	畢	鬼	星	角	氐	斗	壁	婁	觜	鬼
12	胃	觜	觜	柳	張	亢	房	女	奎	胃	参	柳
13	昴	参	参	星	翼	氐	心	虚	婁	昴	井	星
14	畢	井	井	張	軫	房	尾	危	胃	畢	鬼	張
15	觜	鬼	鬼	翼	角	心	箕	室	昴	觜	柳	翼
16	参	柳	柳	軫	亢	尾	斗	壁	畢	参	星	軫
17	井	星	星	角	氐	箕	女	奎	觜	井	張	角
18	鬼	張	張	亢	房	斗	虚	婁	参	鬼	翼	亢
19	柳	翼	翼	氐	心	女	危	胃	井	柳	軫	氐
20	星	軫	軫	房	尾	虚	室	昴	鬼	星	角	房
21	張	角	角	心	箕	危	壁	畢	柳	張	亢	心
22	翼	亢	亢	尾	斗	室	奎	觜	星	翼	氐	尾
23	軫	氐	氐	箕	女	壁	婁	参	張	軫	房	箕
24	角	房	房	斗	虚	奎	胃	井	翼	角	心	斗
25	亢	心	心	女	危	婁	昴	鬼	軫	亢	尾	女
26	氐	尾	尾	虚	室	胃	畢	柳	角	氐	箕	虚
27	房	箕	箕	危	壁	昴	觜	星	亢	房	斗	危
28	心	斗	斗	室	奎	畢	参	張	氐	心	女	室
29	尾	-	女	壁	婁	觜	井	翼	氐	尾	虚	壁
30	箕	-	虚	奎	胃	参	鬼	角	房	箕	危	奎
31	斗	-	危	-	昴	-	柳	亢	-	斗	-	婁

2020年 令和2年

日＼月	1	2	3	4	5	6	7	8	9	10	11	12
1	胃	觜	参	星	翼	軫	氐	尾	危	婁	畢	井
2	昴	参	井	張	軫	角	房	箕	室	胃	觜	鬼
3	畢	井	鬼	翼	角	亢	心	斗	壁	昴	参	柳
4	觜	鬼	柳	軫	亢	氐	尾	女	奎	畢	井	星
5	参	柳	星	角	氐	房	箕	虚	婁	觜	鬼	張
6	井	星	張	亢	房	心	斗	危	胃	参	柳	翼
7	鬼	張	翼	氐	心	尾	女	室	昴	井	星	軫
8	柳	翼	軫	房	尾	箕	虚	壁	畢	鬼	張	角
9	星	軫	角	心	箕	斗	危	奎	觜	柳	翼	亢
10	張	角	亢	尾	斗	女	室	婁	参	星	軫	氐
11	翼	亢	氐	箕	女	虚	壁	胃	井	張	角	房
12	軫	氐	房	斗	虚	危	奎	昴	鬼	翼	亢	心
13	角	房	心	女	危	室	婁	畢	柳	軫	氐	尾
14	亢	心	尾	虚	室	壁	胃	觜	星	角	房	箕
15	氐	尾	箕	危	壁	奎	昴	参	張	亢	心	斗
16	房	箕	斗	室	奎	婁	畢	井	翼	氐	尾	女
17	心	斗	女	壁	婁	胃	觜	鬼	角	氐	箕	虚
18	尾	女	虚	奎	胃	昴	参	柳	亢	房	斗	危
19	箕	虚	危	婁	昴	畢	井	張	氐	心	女	室
20	斗	危	室	胃	畢	觜	鬼	翼	房	尾	虚	壁
21	女	室	壁	昴	觜	参	鬼	軫	心	箕	危	奎
22	虚	壁	奎	畢	参	井	柳	角	尾	斗	室	婁
23	危	奎	婁	畢	畢	鬼	星	亢	箕	女	壁	胃
24	室	奎	胃	觜	觜	柳	張	氐	斗	虚	奎	昴
25	室	婁	昴	参	参	星	翼	房	女	危	婁	畢
26	壁	胃	畢	井	井	張	軫	心	虚	室	胃	觜
27	奎	昴	觜	鬼	鬼	翼	角	尾	危	壁	昴	参
28	婁	畢	参	柳	柳	軫	亢	箕	室	奎	畢	井
29	胃	觜	井	星	星	角	氐	斗	壁	婁	觜	鬼
30	昴	-	鬼	張	張	亢	房	女	奎	胃	参	柳
31	畢	-	柳	-	翼	-	心	虚	-	昴	-	星

2021年 令和3年

日＼月	1	2	3	4	5	6	7	8	9	10	11	12
1	張	亢	亢	尾	斗	危	奎	昴	鬼	張	亢	房
2	翼	氐	氐	箕	女	室	婁	畢	柳	翼	氐	心
3	軫	房	房	斗	虚	壁	胃	觜	星	軫	房	尾
4	角	心	心	女	危	奎	昴	参	張	角	心	斗
5	亢	尾	尾	虚	室	婁	畢	井	翼	亢	心	女
6	氐	箕	箕	危	壁	胃	觜	鬼	軫	氐	尾	虚
7	房	斗	斗	室	奎	昴	参	柳	角	房	箕	危
8	心	女	女	壁	婁	畢	井	張	亢	心	斗	室
9	尾	虚	虚	奎	胃	觜	鬼	翼	氐	尾	女	壁
10	箕	危	危	婁	昴	参	鬼	軫	房	箕	虚	奎
11	斗	室	室	胃	畢	井	柳	角	心	斗	危	婁
12	女	室	壁	胃	畢	鬼	星	亢	尾	女	室	胃
13	虚	壁	奎	昴	觜	柳	張	氐	箕	虚	壁	昴
14	危	奎	婁	畢	参	星	翼	房	斗	危	奎	畢
15	室	婁	胃	觜	井	張	軫	心	女	室	婁	觜
16	壁	胃	昴	参	鬼	翼	角	尾	虚	壁	胃	参
17	奎	昴	畢	井	柳	軫	亢	箕	危	奎	昴	井
18	婁	畢	觜	鬼	星	角	氐	斗	室	婁	畢	鬼
19	胃	觜	参	柳	張	亢	房	女	壁	胃	觜	柳
20	昴	参	井	星	翼	氐	心	虚	奎	昴	参	星
21	畢	井	鬼	張	軫	房	尾	危	婁	畢	井	張
22	觜	鬼	柳	翼	角	心	箕	室	胃	觜	鬼	翼
23	参	柳	星	軫	亢	尾	斗	壁	昴	参	柳	軫
24	井	星	張	角	氐	箕	女	奎	畢	井	星	角
25	鬼	張	翼	亢	房	斗	虚	婁	觜	鬼	張	亢
26	柳	翼	軫	氐	心	女	危	胃	参	柳	翼	氐
27	星	軫	角	房	尾	虚	室	昴	井	星	軫	房
28	張	角	亢	心	箕	危	壁	畢	鬼	張	角	心
29	翼	-	氐	尾	斗	室	奎	觜	柳	翼	亢	尾
30	軫	-	房	箕	女	壁	婁	参	星	軫	氐	箕
31	角	-	心	-	虚	-	胃	井	-	角	-	斗

2018年 平成30年

日＼月	1	2	3	4	5	6	7	8	9	10	11	12
1	鬼	張	張	亢	房	斗	虚	奎	觜	鬼	翼	角
2	柳	翼	翼	氐	心	女	危	婁	参	柳	軫	亢
3	星	軫	軫	房	尾	虚	室	胃	井	星	角	氐
4	張	角	角	心	箕	危	壁	昴	鬼	張	亢	房
5	翼	亢	亢	尾	斗	室	奎	畢	柳	翼	氐	心
6	軫	氐	氐	箕	女	壁	婁	觜	星	軫	房	尾
7	角	房	房	斗	虚	奎	胃	参	張	角	心	斗
8	亢	心	心	女	危	婁	昴	井	翼	亢	心	女
9	氐	尾	尾	虚	室	胃	畢	鬼	軫	氐	尾	虚
10	房	箕	箕	危	壁	昴	觜	柳	角	房	箕	危
11	心	斗	斗	室	奎	畢	参	張	亢	心	斗	室
12	尾	女	女	壁	婁	觜	井	翼	氐	尾	女	壁
13	箕	虚	虚	奎	胃	参	鬼	軫	房	箕	虚	奎
14	斗	危	危	婁	昴	参	柳	角	心	斗	危	婁
15	女	室	室	胃	畢	井	星	亢	尾	女	室	胃
16	虚	室	壁	胃	觜	鬼	張	氐	箕	虚	壁	昴
17	虚	壁	奎	昴	参	柳	翼	房	斗	危	奎	畢
18	危	奎	婁	畢	井	星	軫	心	女	室	婁	觜
19	室	婁	胃	觜	鬼	張	角	尾	虚	壁	胃	参
20	壁	胃	昴	参	柳	翼	亢	箕	危	奎	昴	井
21	奎	昴	畢	井	星	軫	氐	斗	室	婁	畢	鬼
22	婁	畢	觜	鬼	張	角	房	女	壁	胃	觜	柳
23	胃	觜	参	柳	翼	亢	心	虚	奎	昴	参	星
24	昴	参	井	星	軫	氐	尾	危	婁	畢	井	張
25	畢	井	鬼	張	角	房	箕	室	胃	觜	鬼	翼
26	觜	鬼	柳	翼	亢	心	斗	壁	昴	参	柳	軫
27	参	柳	星	軫	氐	尾	女	奎	畢	井	星	角
28	井	星	張	角	房	箕	虚	婁	觜	鬼	張	亢
29	鬼	-	翼	亢	心	斗	危	胃	参	柳	翼	氐
30	柳	-	軫	氐	尾	女	室	昴	井	星	軫	房
31	星	-	角	-	箕	-	壁	畢	-	張	-	心

2017年 平成29年

日＼月	1	2	3	4	5	6	7	8	9	10	11	12
1	壁	胃	昴	参	柳	翼	軫	房	斗	室	婁	畢
2	奎	昴	畢	井	星	軫	角	心	女	壁	胃	觜
3	婁	畢	觜	鬼	張	角	亢	尾	虚	奎	昴	参
4	胃	觜	参	柳	翼	亢	氐	箕	危	婁	畢	井
5	昴	参	井	星	軫	氐	房	斗	室	胃	觜	鬼
6	畢	井	鬼	張	角	房	心	女	壁	昴	参	柳
7	觜	鬼	柳	翼	亢	心	尾	虚	奎	畢	井	星
8	参	柳	星	軫	氐	尾	箕	危	婁	觜	鬼	張
9	井	星	張	角	房	箕	斗	室	胃	参	柳	翼
10	鬼	張	翼	亢	心	斗	女	壁	昴	井	星	軫
11	柳	翼	軫	氐	尾	女	虚	奎	畢	鬼	張	角
12	星	軫	角	房	箕	虚	危	婁	觜	柳	翼	亢
13	張	角	亢	心	斗	危	室	胃	参	星	軫	氐
14	翼	亢	氐	尾	女	室	壁	昴	井	張	角	房
15	軫	氐	房	箕	虚	壁	奎	畢	鬼	翼	亢	心
16	角	房	心	斗	危	奎	婁	觜	柳	軫	氐	尾
17	亢	心	尾	女	室	婁	胃	参	星	角	房	箕
18	氐	尾	箕	虚	壁	胃	昴	井	張	亢	心	斗
19	房	箕	斗	危	奎	昴	畢	鬼	翼	氐	尾	女
20	心	斗	女	室	婁	畢	觜	柳	角	氐	箕	虚
21	尾	女	虚	壁	胃	觜	参	星	亢	房	斗	危
22	箕	虚	危	奎	昴	参	井	張	氐	心	女	室
23	斗	危	室	婁	畢	井	鬼	翼	房	尾	虚	壁
24	女	室	壁	胃	觜	参	柳	軫	心	箕	危	奎
25	虚	壁	奎	昴	参	井	星	角	尾	斗	室	婁
26	危	奎	婁	畢	参	鬼	張	亢	箕	女	壁	胃
27	室	婁	胃	觜	井	柳	翼	氐	斗	虚	奎	昴
28	室	胃	胃	参	鬼	星	軫	房	女	危	婁	畢
29	壁	-	昴	井	柳	張	角	心	虚	室	胃	觜
30	奎	-	畢	鬼	星	翼	亢	尾	危	壁	昴	参
31	婁	-	觜	-	張	-	氐	箕	-	奎	-	井

2016年 平成28年

日＼月	1	2	3	4	5	6	7	8	9	10	11	12
1	亢	心	箕	虚	壁	胃	觜	柳	角	氐	尾	虚
2	氐	尾	斗	危	奎	昴	参	星	亢	房	箕	危
3	房	箕	女	室	婁	畢	井	張	氐	心	斗	室
4	心	斗	虚	壁	胃	觜	鬼	翼	房	尾	女	壁
5	尾	女	危	奎	昴	参	柳	軫	心	箕	虚	奎
6	箕	虚	室	婁	畢	井	星	角	尾	斗	危	婁
7	斗	危	壁	胃	畢	鬼	張	亢	箕	女	室	胃
8	女	室	奎	昴	觜	柳	翼	氐	斗	虚	壁	昴
9	虚	壁	奎	畢	参	星	軫	房	女	危	奎	畢
10	虚	奎	婁	觜	井	張	角	心	虚	室	婁	觜
11	危	婁	胃	参	鬼	翼	亢	尾	危	壁	胃	参
12	室	胃	昴	井	柳	軫	氐	箕	室	奎	昴	井
13	壁	昴	畢	鬼	星	角	房	斗	壁	婁	畢	鬼
14	奎	畢	觜	柳	張	亢	心	女	奎	胃	觜	柳
15	婁	觜	参	星	翼	氐	尾	虚	婁	昴	参	星
16	胃	参	井	張	軫	房	箕	危	胃	畢	井	張
17	昴	井	鬼	翼	角	心	斗	室	昴	觜	鬼	翼
18	畢	鬼	柳	軫	亢	尾	女	壁	畢	参	柳	軫
19	觜	柳	星	角	氐	箕	虚	奎	觜	井	星	角
20	参	星	張	亢	房	斗	危	婁	参	鬼	張	亢
21	井	張	翼	氐	心	女	室	胃	井	柳	翼	氐
22	鬼	翼	軫	房	尾	虚	壁	昴	鬼	星	軫	房
23	柳	軫	角	心	箕	危	奎	畢	柳	張	角	心
24	星	角	亢	尾	斗	室	婁	觜	星	翼	亢	尾
25	張	亢	氐	箕	女	壁	胃	参	張	軫	氐	箕
26	翼	氐	房	斗	虚	奎	昴	井	翼	角	房	斗
27	軫	房	心	女	危	婁	畢	鬼	軫	亢	心	女
28	角	心	尾	虚	室	胃	觜	柳	角	氐	尾	虚
29	亢	尾	箕	危	壁	昴	参	星	亢	房	斗	虚
30	氐	-	斗	室	奎	畢	井	張	氐	心	女	危
31	房	-	女	-	婁	-	鬼	翼	-	心	-	室

2024年 令和6年

日＼月	1	2	3	4	5	6	7	8	9	10	11	12
1	軫	房	心	女	危	婁	畢	井	翼	亢	心	斗
2	角	心	尾	虚	室	胃	觜	鬼	軫	氐	尾	女
3	亢	尾	箕	危	壁	昴	参	柳	角	氐	箕	虚
4	氐	箕	斗	室	奎	畢	井	張	亢	房	斗	危
5	房	斗	女	壁	婁	觜	鬼	翼	氐	心	女	室
6	心	女	虚	奎	胃	参	鬼	軫	房	尾	虚	壁
7	尾	虚	危	婁	昴	井	柳	角	心	箕	危	奎
8	箕	危	室	胃	畢	鬼	星	亢	尾	斗	室	婁
9	斗	室	壁	胃	觜	柳	張	氐	箕	女	壁	胃
10	女	室	奎	昴	参	星	翼	房	斗	虚	奎	昴
11	虚	壁	婁	畢	井	張	軫	心	女	危	婁	畢
12	危	奎	胃	觜	鬼	翼	角	尾	虚	室	胃	觜
13	室	婁	昴	参	柳	軫	亢	箕	危	壁	昴	参
14	壁	胃	畢	井	星	角	氐	斗	室	奎	畢	井
15	奎	昴	觜	鬼	張	亢	房	女	壁	婁	觜	鬼
16	婁	畢	参	柳	翼	氐	心	虚	奎	胃	参	柳
17	胃	觜	井	星	軫	房	尾	危	婁	昴	井	星
18	昴	参	鬼	張	角	心	箕	室	胃	畢	鬼	張
19	畢	井	柳	翼	亢	尾	斗	壁	昴	觜	柳	翼
20	觜	鬼	星	軫	氐	箕	女	奎	畢	参	星	軫
21	参	柳	張	角	房	斗	虚	婁	觜	井	張	角
22	井	星	翼	亢	心	女	危	胃	参	鬼	翼	亢
23	鬼	張	軫	氐	尾	虚	室	昴	井	柳	軫	氐
24	柳	翼	角	房	箕	危	壁	畢	鬼	星	角	房
25	星	軫	亢	心	斗	室	奎	觜	柳	張	亢	心
26	張	角	氐	尾	女	壁	婁	参	星	翼	氐	尾
27	翼	亢	房	箕	虚	奎	胃	井	張	軫	房	箕
28	軫	氐	心	斗	危	婁	昴	鬼	翼	角	心	斗
29	角	房	尾	女	室	胃	畢	柳	軫	亢	尾	女
30	亢	-	箕	虚	壁	昴	觜	星	角	氐	箕	虚
31	氐	-	斗	-	奎	-	参	張	-	房	-	虚

2023年 令和5年

日＼月	1	2	3	4	5	6	7	8	9	10	11	12
1	觜	鬼	柳	星	軫	氐	尾	女	奎	昴	参	柳
2	参	柳	星	張	角	房	箕	虚	婁	畢	井	星
3	井	星	張	翼	亢	心	斗	危	胃	觜	鬼	張
4	鬼	張	翼	軫	氐	尾	女	室	昴	参	柳	翼
5	柳	翼	軫	角	房	箕	虚	壁	畢	井	星	軫
6	星	軫	角	亢	心	斗	危	奎	觜	鬼	張	角
7	張	角	亢	氐	尾	女	室	婁	参	柳	翼	亢
8	翼	亢	氐	房	箕	虚	壁	胃	井	星	軫	氐
9	軫	氐	房	心	斗	危	奎	昴	鬼	張	角	房
10	角	房	心	尾	女	室	婁	畢	柳	翼	亢	心
11	亢	心	尾	箕	虚	壁	胃	觜	星	軫	氐	尾
12	氐	尾	箕	斗	危	奎	昴	参	張	角	房	箕
13	房	箕	斗	女	室	婁	畢	井	翼	亢	心	斗
14	心	斗	女	虚	壁	胃	觜	鬼	軫	氐	尾	女
15	尾	女	虚	危	奎	昴	参	柳	角	氐	箕	虚
16	箕	虚	危	室	婁	畢	井	張	亢	房	斗	危
17	斗	危	室	壁	胃	觜	鬼	翼	氐	心	女	室
18	女	室	壁	奎	昴	参	鬼	軫	房	尾	虚	壁
19	虚	壁	奎	婁	畢	井	柳	角	心	箕	危	奎
20	危	奎	婁	胃	畢	鬼	星	亢	尾	斗	室	婁
21	室	婁	胃	昴	觜	柳	張	氐	箕	女	壁	胃
22	室	胃	奎	畢	参	星	翼	房	斗	虚	奎	昴
23	壁	昴	婁	觜	井	張	軫	心	女	危	婁	畢
24	奎	畢	胃	参	鬼	翼	角	尾	虚	室	胃	觜
25	婁	觜	昴	井	柳	軫	亢	箕	危	壁	昴	参
26	胃	参	畢	鬼	星	角	氐	斗	室	奎	畢	井
27	昴	井	觜	柳	張	亢	房	女	壁	婁	觜	鬼
28	畢	鬼	参	星	翼	氐	心	虚	奎	胃	参	柳
29	觜	-	井	張	軫	房	尾	危	婁	昴	井	星
30	参	-	鬼	翼	角	心	箕	室	胃	畢	鬼	張
31	井	-	柳	-	亢	-	斗	壁	-	觜	-	翼

2022年 令和4年

日＼月	1	2	3	4	5	6	7	8	9	10	11	12
1	女	室	壁	胃	畢	鬼	星	角	尾	斗	室	婁
2	虚	壁	奎	昴	觜	柳	張	亢	箕	女	壁	胃
3	虚	奎	奎	畢	参	星	翼	氐	斗	虚	奎	昴
4	危	婁	婁	觜	井	張	軫	房	女	危	婁	畢
5	室	胃	胃	参	鬼	翼	角	心	虚	室	胃	觜
6	壁	昴	昴	井	柳	軫	亢	尾	危	壁	昴	参
7	奎	畢	畢	鬼	星	角	氐	箕	室	奎	畢	井
8	婁	觜	觜	柳	張	亢	房	斗	壁	婁	觜	鬼
9	胃	参	参	星	翼	氐	心	女	奎	胃	参	柳
10	昴	井	井	張	軫	房	尾	虚	婁	昴	井	星
11	畢	鬼	鬼	翼	角	心	箕	危	胃	畢	鬼	張
12	觜	柳	柳	軫	亢	尾	斗	室	昴	觜	柳	翼
13	参	星	星	角	氐	箕	女	壁	畢	参	星	軫
14	井	張	張	亢	房	斗	虚	奎	觜	井	張	角
15	鬼	翼	翼	氐	心	女	危	婁	参	鬼	翼	亢
16	柳	軫	軫	房	尾	虚	室	胃	井	柳	軫	氐
17	星	角	角	心	箕	危	壁	昴	鬼	星	角	房
18	張	亢	亢	尾	斗	室	奎	畢	柳	張	亢	心
19	翼	氐	氐	箕	女	壁	婁	觜	星	翼	氐	尾
20	軫	房	房	斗	虚	奎	胃	参	張	軫	房	箕
21	角	心	心	女	危	婁	昴	井	翼	角	心	斗
22	亢	尾	尾	虚	室	胃	畢	鬼	軫	亢	尾	女
23	氐	箕	箕	危	壁	昴	觜	柳	角	氐	箕	虚
24	房	斗	斗	室	奎	畢	参	星	亢	房	斗	危
25	心	女	女	壁	婁	觜	井	張	氐	心	女	室
26	尾	虚	虚	奎	胃	参	鬼	翼	氐	尾	虚	壁
27	箕	危	危	婁	昴	井	柳	角	房	箕	危	奎
28	斗	室	室	胃	畢	鬼	星	亢	心	斗	室	婁
29	女	-	壁	昴	觜	鬼	張	氐	尾	女	壁	胃
30	虚	-	奎	畢	参	柳	翼	房	箕	虚	奎	昴
31	危	-	婁	-	井	-	軫	心	-	危	-	畢

乱世を生き抜く!

水晶玉子の『キングダム』占い

原 泰久原作　水晶玉子著

本書は「MEN'S NON-NO WEB」の「水晶玉子の『キングダム』占い」に加筆修正し、書き下ろしを追加したものです。

2023年11月29日　第1刷発行

発行人　海老原美登里

株式会社　集英社
〒101-8050　東京都千代田区一ツ橋2-5-10
［編集部］03-3230-6399
［読者係］03-3230-6080
［販売部］03-3230-6393（書店専用）

印刷・製本　大日本印刷株式会社

デザイン　銘苅俊幸、島寿（ビーワークス）
協力　渡邉朋子、石井絵里、神山典子、筒井皓子
編集　萱島治子、俵理佳子、木村美紀

Special Thanks
大沢太郎（ヤングジャンプ編集部）、メンズノンノ編集部

ISBN978-4-08-333174-9 C0076
定価はカバーに表示してあります。